戦争まで

歴史を決めた交渉と日本の失敗

加藤陽子
東京大学文学部教授

JN246941

朝日出版社

戦争まで　歴史を決めた交渉と日本の失敗

加藤陽子

朝日出版社

本書は2015年12月～2016年5月に行なった講義を再構成し、大幅に加筆したものです。

なお、国際情勢等については、適宜、講義時以降の動きを加えています。
※引用文中の筆者による注記は［　］で示しています。旧仮名遣いは現代仮名遣いに改め、読みやすいよう漢字をひらき、句読点を加えているところがあります。なお、本文中には、今日の視点では民族差別を反映すると考えられる表記も登場しますが、当時の意識を正確に伝えるための引用的な用法であるため、そのまま用いています。

はじめに

本書は、「高校生に語る」と銘《めい》打ってはいません。しかし、六回にわたる連続講義を聴いてくれたのは、中学生を若干含むものの大多数は高校生でした。ならば、高校生に歴史を語り、彼らとの問答《もんどう》をなぜ本にまとめようと思ったのか。そこが問われるでしょう。

普段の私は大学で歴史を教えていますから、あえて高校生に教えなくとも、彼らが大学へ入ってくるまで数年待てばよいのではないか、との声も聞こえてきそうです。また、本書を手に取って読んでくださる方々の多くが、心と頭の柔らかさなら中高生には負けない、と自負する中高年であっても、全くかまわないわけです。ならば、なぜなのか。

その問いには、高校生というものが、選択を迫られる、有限の時間を生きているから、と答えておきたいと思います。彼ら高校生の前には、卒業後、働き始めるのか大学に進むのか、故郷で暮らすのか都会へ出て行くのか、文系なのか理系なのか、等々の人生最初の大きな岐路《きろ》が待ちかまえています。次の歌をご存じですか。一九六三年にリリースされた、舟木一夫《ふなきかずお》さんの歌う「高校三年生」では、校舎を染める赤い夕陽といった詞《ことば》が、また、二〇〇一年にリリースされた、森山直太朗（発表時は直太朗）さんの歌う「高校3年生」では、授業中の君の背中といった詞が、有限の時間の持つ、かけがえのなさを見事に捉《とら》えていました。高校生を実際の年齢より大人に見せている理由は、彼らが、就職、受験、友人・家族との別れなど、大きな岐路を前にして日々を送る存在ゆえ、その緊張感ゆえ、とまとめられるでしょうか。

ですから、私が講義を行なった中高生というのは、いわば理念型であって（生身の生徒さんに向かって理念型というのは、まことに失礼な話です）、この社会に生き、日々の選択を切実に促《うなが》される立場にある人なら、中学生であろうと大学生であろうと子育て中の方であろうと社会人であろうと退職した方であろうと、すべて私が本を届けたい対象の方々に入ります。

幸か不幸か、現代社会は我々に、選ぶのがきわめて難しい問題を日々投げかけ、起こらないと思われていたことも起こるようになってきました。二〇一六年六月二十三日、国民投票でＥＵ（欧州連合）離脱の是非を問うたイギリスが、残留優勢との予測を大きく裏切り、僅差《きんさ》で離脱の道を選択して世界を驚かせたのは、みなさんの記憶に新しいところでしょう。

難しいのは、選択という行為が真空状態でなされるわけではなく、さまざまな前提や制約下になされる点にあります。たとえば、民主政治の根幹をなす国政選挙で見れば、二〇一六年七月の参議院選挙から、これまで二〇歳以上であった選挙権が一八歳以上となり、新たに約二四〇万人の有権者が増えました。これは、将来的に国を担う層による、国の行方に関する意思決定を早く反映させたい、との考えによって導入されたものでしたが、以下のデータを見れば、国民一人ひとりの選択が、同じ重みを持っていない現実に気づかれるはずです。

二〇一四年十二月の第四七回衆議院選挙を例にとれば、年代別投票率に人口をかけて得られる六〇歳代以上の票数は、二〇歳代の票数の約六倍にも達していました（「脱「シルバー」政治」、『日本経済新聞』二〇一六年六月十八日付朝刊）。年齢層によって、国に対して代議される際の実質的な重さが異なっているのです。

また、「東京大学谷口将紀《たにぐちまさき》研究室・朝日新聞共同調査」が、この同じ第四七回衆議院選挙について調査したデータによれば、憲法改正について、有権者の賛成派（賛成・どちらかといえば賛成）が33％だったのに対し、当選議員中の賛成派は84％に達しました。自民党の比例区に投票した有権者に限ってみた場合、賛成派が46％だったのに対し、自民党の当選議員中の賛成派は97％に上ったこともわかっています（『朝日新聞』二〇一五年二月八日付朝刊）。

憲法改正を例にとりましたが、一つの政策項目に対する有権者の意向と、当選議員の意向との間に、大きなズレの生じている現状が確認できるでしょう。社会に暮らす国民の意見の総体と、国会に参集する政治家の意見の総体に差異があるのです。多くの要因が考えられますが、その一つに、衆議院選挙における小選挙区制の問題や、参議院選挙における一人区《いちにんく》の問題など、結果の出方に癖のある選挙制度自体の問題があるのは確実だと思われます。

次に、新たに選挙権を得ることになった一八歳と一九歳を対象にＮＨＫが行なった世論調査を見ておきましょう。彼らが最も関心を持っている政治テーマは、雇用・労働環境、社会保障、景気対策だということがわかりました（「NHK世論調査　政治と社会に関する若者意識調査」）。この結果と、先の選挙の話を合わせて考えてみたとき、若者が重視する雇用・労働環境といった政策項目を、六〇歳代以上が重視する社会保障といった政策項目とともに、限られた国家予算の枠内で実現するのは、本当に難しいはずだと予想できそうです。

イギリス国民が国民投票でEU離脱を選択した理由を、国際政治評論家のイアン・ブレマー氏は、次のように読み解いています。移民や主権をめぐる問題以上に、国家への国民の信頼感が希薄になり、国家と国民の間の社会契約が途絶えたと感じた、国民の側から国家への抗議の表現だったのではないか、と（『日本経済新聞』二〇一六年七月二日付朝刊）。

私もまた、日本と世界の双方で、国家と国民との関係の軸が、過去にない規模で大きく揺れ動いているのではないかと感じています。このように見てくれば、人生の岐路に立たされた人々に対し、さあ選択せよと背中を押すだけではダメだということが見えてくるのではないでしょうか。彼らが選択から顔を背《そむ》け、沈黙するのは、ある意味で無理からぬことなのです。

そうではなく、選択の入口の地点で、ゲームのルールが不公正であったり、レフリーが不公平であったりする現状を目にしたとき、国家との社会契約が途絶えたと絶望する道をとるのではなく、ゲームのルールを公正なものに、レフリーを公平な人に代えていく、その方法や方略を過去の歴史から知ること、それが今、最も大切なことだと私は考えています。

昨年、二〇一五年は、太平洋戦争が日本の敗北に終わってから七十年目にあたっており、日本政府は、同年八月十四日、閣議決定を経た文書として、「内閣総理大臣談話」を発表しました。そこに示された、幕末維新期から現在にいたる日本の歩みへの歴史的評価と、世界の繁栄を牽引する国家としての決意表明については、内外から多くの論評がなされ、本書の1章でもくわしく論じておきました。ただ、一人の歴史家として私がここで強調しておきたいことは、この談話が、国家によって書かれた「歴史」の一つにほかならないということです。

では、国家が歴史を書く、歴史を語ろうと思うのは、いかなる場合なのか、また、一人の人間あるいは国民が歴史を書く、歴史を語ろうと思うのは、いかなる瞬間なのか。過去の歴史を正確に描きながら、そうすることで未来をつくるお手伝いをするのが歴史家の本分と心得て、1章では、国家と国民の関係が大きく動くとき、国家と国民の間でやりとりされた問題がなんだったのかを、遺《のこ》された史料や演説の言葉から跡づけ、最新の研究の成果を取り入れて、論じておきました。

続く、2章から4章にかけての三つの章は、本書の中核部分にあたります。選択という行為が真空状態でなされるのではなく、さまざまな制度の制約を受け、国際環境や国内政治情勢の影響下でなされることは、先にも述べました。そうであれば、国や個人が選択を求められる場合に重要なのは、問題の本質が正しいかたちで選択肢に反映されているのか、という点です。当時の為政者やジャーナリズムが誘導した見せかけの選択肢ではなく、世界が日本に示した本当の選択肢のかたちと内容を明らかにしつつ、日本側が対置した選択肢のかたちと内容についても正確に再現しながら、世界と日本が切り結ぶ瞬間を捉えようと努めました。

問題の本質が正しいかたちで選択肢に反映されているか。この点に思いが至れば、恐怖や好悪という人間の根源的な感情に訴えかけられたり、「もし、こうすれば、確実に〜できる」といった偽《にせ》の確実性に訴えかけられても、冷静な判断が下せそうです。「歴史を選ぶ」際の作法を、過去の三つの歴史的事例から、みなさんと考えたかった理由は、ここにあります。

世界が日本に、「どちらを選ぶのか」と真剣に問いかけてきた交渉事は、三度ありました。2章では、一九三一（昭和六）年九月、関東軍の謀略によって引き起こされた満州事変に対し、国際連盟によって派遣された調査団が作成したリットン報告書をめぐっての交渉と日本の選択を扱いました。リットン報告書が展開していた論理と提示していた選択肢は、実のところどのようなものであったのか、それをくわしく論じました。

当時の日本の新聞などは、リットン報告書が出た瞬間、「支那側狂喜」などの煽動《せんどう》的な見出しを掲《かか》げ、報告書が中国の主張を全面的に支持していたかのような報道を行ないました。しかし、本文で述べたように、中国側の本当の反応は、リットン報告書を日本側の既成事実に配慮しすぎだと厳しく批判したものでしたし、報告書の実態も見出しとは違っていました。2章を読んでいただければ、報告書が、満州（中国東北部）に対する日本側の歴史的経緯に配慮しておらず、中国側に一方的に肩入れしたものだったとのイメージは一変するはずです。

3章では、一九四〇年九月、ヨーロッパでの戦争と太平洋での日米対立を結び付けることになった日独伊三国軍事同盟条約締結について、イギリスやアメリカなどの動向も視野に入れながら、ドイツとの外交交渉や国内での合意形成の過程に焦点を当てました。この時期の日本は、一九三七年七月からの日中戦争を三年戦っていましたが、三九年九月からヨーロッパで開始された第二次世界大戦には中立の立場をとっていました。しかし、四〇年春から初夏にかけてのドイツの電撃戦によって、オランダやフランスなどが敗退した結果、ドイツと戦っている欧州の国は、実質的にイギリスだけとなっていました。

ナチス＝ドイツは、第一次世界大戦後に構築されたヴェルサイユ体制の打破を呼号し、国民の圧倒的支持を得て政権につきました。欧州で電撃戦の勝利を挙げた、そのドイツが、それでは次に、東南アジアや太平洋へ向け、いかなる政策をとってくるのか。この点については、当然、日本側も注視していたはずです。3章では、内外の最新の研究成果を参照しつつ、日独伊三国軍事同盟条約交渉の裏面にあった日本側の意外な真意や、中国側の意外な反応などを明らかにしました。この章をお読みいただければ、日本の軍部がドイツの戦勝に幻惑《げんわく》され、「バスに乗り遅れるな」とばかりに同盟を締結したとのイメージも変わるはずです。

4章では、一九四一年四月から十一月まで日本とアメリカの間で交渉がなされた日米交渉を取り上げました。交渉が頓挫《とんざ》した後に、同年十二月八日、日本によってなされた真珠湾攻撃については、七十有余年が過ぎた今もなお、実証的な歴史研究のほか、さまざまな解釈をとる本が多数刊行されています。歴史的には支持されないが、依然として人気のある解釈として、次のようなものが挙げられるでしょうか——いわく、欧州においてドイツと戦ってきたイギリスに援助を与え、ドイツの中南米地域への影響力の浸透を阻止したいアメリカは、かねてから欧州の戦争に参戦したいと考えていた。しかし、戦争に消極的な国内世論に苦慮した大統領らは、日本による真珠湾攻撃の予兆を暗号解読によって知りながらも、敢えて日本が奇襲攻撃を行なうのを待ち、国内世論を戦争へと燃え立たせたのだ、と。あるいは、石油の全面禁輸を行なえば、日本は対米攻撃を決意するはずだから、敢えて強硬《きょうこう》な経済制裁を行なったのだ、と——。

真珠湾攻撃に関する、このような解釈は、それに先立って半年余りなされた日米交渉の始まり、交渉内容、日米双方の思惑《おもわく》を史料から見ていくことで、だんだんと否定されていくはずです。意外なことに、日本側もまたアメリカ側の暗号を高度に解読し、手の内を知りつつ交渉に臨《のぞ》んでいました。むしろ、日米双方にとって、交渉が不可欠とされた真の理由について、一つひとつ史料を吟味《ぎんみ》しながら考察していますので、楽しみに4章まで読み進めてください。戦争の惨禍《さんか》の中で日本が自ら選び取った道については、終章をご覧ください。

わずかな偶然が世界のありようを大きく変えてしまうかもしれない、そのような大きな時代の激変期に私たちは立ち会っています。戦争までの歴史を決めた三つの交渉、そこから今、学べることは決して少なくないはずです。

もくじ

2章 「選択」するとき、そこでなにが起きているのか

リットン報告書を読む

3章 軍事同盟とはなにか

二十日間で結ばれた三国軍事同盟

1章

国家が歴史を書くとき、歴史が生まれるとき

第一回：二〇一五年十二月二十六日

「歴史のものさし」で世の中をはかってみる

年齢で、伝える内容に制限をかけない

こんにちは。誰でも忙しい土曜の晩に、このような歴史の講義を聞きに来てくださって、ありがとうございます。いちばん若い方は中学二年生、いちばん年齢が上の方は定時制高校に通われている三〇代の高校生の方。ざっと見たところ男女比は半々くらいでしょうか。あと、先生方が五人ほど来てくださっているので、混成部隊ですね。

心と頭が若くて柔らかいみなさんを前にしますと、なんだかドキドキしてしまいます。ふだんの私は、すべて死んだ人、死んだ人の遺《のこ》した史料を相手に暮らしているので、生きている人を相手とするのは、教えている大学生、大学院生だけといった感じでしょうか。ニーチェ（ドイツの哲学者。一八四四―一九〇〇年）などは、歴史研究者のことを「墓掘り人夫《にんぷ》」などと呼んで罵倒《ばとう》[1]していましたが、あながち間違っていないので困ります。でも、誰も注目しない土の中には、びっくりするほど面白いものが埋《う》まっているかもしれません。ときの権力や権威などとはいっさい無縁の境地で、地面を掘り続けるのは楽しいですよ。もちろん、これは喩《たと》え話です。

さて、これからお話しする歴史の講義と、学校の授業との違いは、学年や年齢によって学習

する内容に制限をかけないところにあるでしょうか。学校での勉強を山登りにたとえますと、まずは登山の準備をしっかりとする。たとえば、天気図をどう読むか、装備をどう整えるかなどの点に注意し、登る力に見合った山に段階的に向かわせる。学校の先生は、そのような観点で、みなさんを教えているはずです。

私はといえば、一九八九年から大学の先生になり、日本近代史を教える仕事を、もう三〇年ばかり続けてきました。大学や大学院という学びの最終段階で長年教え、また自ら研究も続けてきた人間ならではの役割があるとすれば、それは、山登りの準備過程をすっ飛ばし、富士山を登りきったとき、山頂から見える風景や見晴らしを語ることにあるのではないかと感じています。

大学や大学院という場で歴史を研究している人間が目にしている光景はどのようなものなのか。この時間はそれを先回りして教えてしまおう、そういう時間だと思ってください。

長いスパンでものを見る態度

ただ、ここまで聞いて、山頂の景色など、先に教えてもらわなくてもいい、自分は一歩ずつ足下を見ながら登り続ける、そこに山があるのだから（笑）、と心に誓った方もいるかもしれません。むろん、それはハードボイルドでいいのですが、私がみなさんにお伝えしたいのは、長いスパンでものを見る態度、長い時間のものさしを使いながら時代や社会を見ていく姿勢です。いつもは足下を見つめていても、時々顔をあげて、時間のものさしを使って世の中をはかってみれば、自らの位置が違う視角から見えてくるかもしれません。

たとえば、二〇一五年、フランスのパリで、「イスラーム国」を名乗る過激派組織（以下、IS）に傾倒《けいとう》する若者によって、劇場での襲撃、レストランでの自爆テロが起こったと報じられる。テロの犠牲者を悼《いた》みつつ、宗教対立の愚かしさと寛容の必要性を説く集会が広場で開かれる。その一方で、ヨーロッパに百万人も押し寄せたという難民や移民がテロリストの温床《おんしょう》になっていると主張する排外主義者のデモがドイツなどで起こる。近年では、こうした光景が連日、テレビで報じられるようになりました。

このような映像を目にしたとき、私の頭の中には、次のような問いが浮かびます。この時代、なぜ百万人もの難民がシリアなどから欧州へと押し寄せることになったのだろうか、との問いです。そして、シリアの難民を生んだ背景には、シリア政府軍と反政府軍との間の内戦（二〇一一年から始まり、現在も続く）があったのだなと思い浮かべる。

そして次に、この規模の人々が海を渡ったことは前にもあったな、という類推《るいすい》が頭の中に浮かびます。ああそうだ、十九世紀半ばにアイルランドで起きた「ポテト飢饉《ききん》」と、その結果生じた、アメリカ合衆国とカナダへの移民[2]だった、と連想が続いていきます。

みなさんはアイルランドと聞いて、すぐにその場所が浮かびますか。イングランド（イギリ

「時間のものさし」で
世の中を計ってみると、
今、立っている位置が見えてくる。

ス）の西に位置する国で、一九四九年に完全に独立しますが、それまで、隣の大国イギリスから長い支配を受けていた国でした。

十六世紀に新大陸からヨーロッパへ伝えられたジャガイモは、小麦より安く大量に供給できる作物だったので、それまでずっと伸びなかったアイルランドの人口を、十八から十九世紀の百年間で一挙に二・六倍に増加させました。

ですが、ジャガイモというのは、ときに一斉に病気にかかって大凶作《きょうさく》を引き起こす作物としても知られています。それが最も深刻なかたちでアイルランドを襲ったのが十九世紀半ばで、百万人の規模で餓死者《がししゃ》が出たほか、アイルランド国内の農業の大規模化と、伝統的なリネン産業（亜麻《あま》という植物の繊維を用いた織物産業）の衰退《すいたい》による失業者が増大したことで、八〇万人ものアイルランド移民が、アメリカやカナダへと海を越えたのです。このときの移民の子孫の一人に、アメリカの第三五代大統領となるジョン・F・ケネディもいるんですよ。

十九世紀半ば、飢饉《ききん》だけでなく、失業問題も大きな要因となって、多くの移民がアイルランドから大西洋を渡っていたことを思い浮かべる。そして、二十一世紀はじめの現在、内戦や国内の混乱を背景として、中東から地中海を渡り、欧州へと大量の難民が向かっている事実を見る。過去の歴史から事例を拾い集め、なにが同じでなにが違っているか、ひとまずくらべてみれば、現在の難民問題が、イスラーム原理主義の宗教対立に由来するのだから解決不能、などと簡単に結論を下せないものだと、気づくのではないでしょうか。

アイルランドからの移民が渡った先の、当時のアメリカの社会や産業構造や労働市場はどのようなものだったのかに目が向けば、アメリカは、慢性的に労働力が不足していた、新興の経済成長著《いちじる》しい場所だったのだろう、と想像もつきそうです。では、EU（欧州連合）の産業構造や労働市場はどうなっているかというと、二〇一六年六月時点でのEU二七ヵ国[3]のうちの二六ヵ国（アイルランドは除く）は、域内の国境移動の自由を定めた協定（シェンゲン協定）[4]に署名しています。この協定があるために、難民は、EU加盟国であるギリシャまで、とにかくたどり着きさえすれば、そこから、EU経済圏で最も魅力的な労働市場であり、難民の受け入れ態勢の整っているドイツをめざせるわけです。

十九世紀はじめのアメリカが、経済的に魅力的な場所だったのと同じように、二十一世紀はじめのドイツが、二〇〇二年からEUの共通通貨となったユーロ導入の結果、最も経済的に魅力的な場所となった点にも目が行くでしょう。難民がドイツをめざす背景には、域内移動の自由や共通通貨の導入という経済システムの存在があります。

このようなことを、墓を掘りつつ考えていますと（安心してください。比喩《ひゆ》です）、なにかこう、目の前が開けていく感じがしませんか。人間の集団は、ときに海を渡って移動するもの、そこに魅力的な経済システムがあるなら人は動くもの、といった達観《たっかん》が、歴史の長いものさしによ

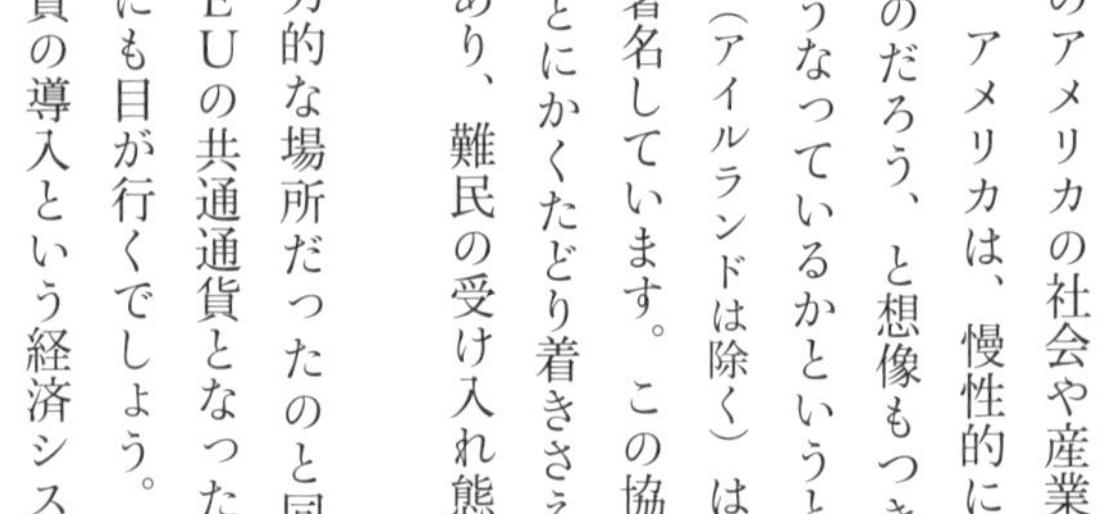
時間
19世紀なかば：
大西洋を渡りアメリカ、カナダへ
なにが同じで、なにが違う？

って、頭に浮かんでくるのではないでしょうか。

　このように目を動かすことができれば、シリアで内戦が起き、ＩＳの影響力が拡大している要因についても、目の前の、石油利権の争奪や宗教対立だけに帰すのではなく、より深い要因、中東という地域がその地域外の大国との間に紡《つむ》いできた、複雑な関係を歴史的に見ていこうじゃないか、との気概《きがい》もわいてくるはずです。

現代の史料を、過去のデータと照らし合わせて読む

戦争と政治・外交は地続き

　今回の講義の大きなテーマは、戦後七十年の節目にあたり、日本の過去をどのように理解し、未来をどのように形作っていくのか、それを考えることにあります。

　こういう話を聞くと、ああこれは、お説教的な話をされてしまうのではないか、日本の過去を反省しなきゃいけない、そして未来を考えなきゃいけないんですね、と、まずは身構えてしまいます。でも、私は「墓掘り人夫」ですから、お説教は柄《がら》ではありません。みなさんの頭の中に、ある過去の一部分が正確に浮かぶようにお手伝いをすることで、気づいたら、未来を創

造するお手伝いをしていた、そういうお話になるようにしたいと思います。

戦後日本の七十年の歩みを振り返るためには、一九四五年八月に終結した戦争の全容について、いま一度振り返る必要があると考えています。戦後から現在までを振り返るのに、なぜ先の大戦について考えなければならないのか、その理由をお話ししましょう。

長《は》谷《せ》部《べ》恭《やす》男《お》さんという、東大から早稲田大学に移られた憲法学の先生がいます。二〇一五年六月四日、安全保障関連法案に関して、衆議院の憲法審査会に、自民党の参考人として呼ばれたとき、政府の進める安保法制は違憲だと言っちゃった、あの長谷部先生です。

これは、前に私が書いた本、『それでも、日本人は「戦争」を選んだ』で紹介し、いろいろな場所でも話してきたことですが、長谷部さんは、フランスの思想家であるジャン＝ジャック・ルソーの論文を読んで、ルソーは戦争がなぜ起こるのかを一言で答えてくれているよ、と教えてくれた先生です。ルソーは、フランス革命の頃に生きていた十八世紀の人で、国民主権の概念を初めて打ち立てた人とされています。

戦争とは、相手方の権力の正統性原理である憲法を攻撃目標とする。戦争は、主権や社会契約に対する攻撃であり、敵対する国家の憲法に対する攻撃というかたちをとるものだ、と。この場合の憲法とは、憲法第〇〇条というような、具体的な憲法の条文ではなく、社会を成り立たせている基本的秩序、憲法原理を意味しています。

フランス革命を思想的に準備したといわれるルソーは、古代以来、無数になされてきた戦争の本質をまとめて考えてくれていたのです。戦争の原因としては、豊かな資源を有する地域を併合《へいごう》したいからとか、相手方の国に報復するためにとか、表面的な理由はいろいろあるかもしれない。けれども、戦争というのは、相手国と自国の間で、必ず不退転《ふたいてん》の決意で守らなければならないような原則をめぐって争われているのではないか、と思い至るのです。そのために人々は殺し合いまでする。

ルソーがいっていたのは、相手国の社会の基本を成り立たせている基本的秩序＝憲法にまで手を突っ込んで、それを書き換えるのが戦争だ、ということでした。

そう考えれば、一九四五年八月に日本の敗北で終結した戦争の前と後で、日本は社会の基本的秩序＝憲法原理を変えさせられた、ということになります。逆からいえば、アメリカをはじめとする連合国は、武力戦によって、日本の憲法原理を変えたということになります。ですから、憲法原理が変容した後の世界のこと、つまり戦後から今までの時間が紡《つむ》いできた現在の社会を考えるためには、憲法原理が変容する前の世界のこと、つまり戦前から戦中について考える必要があるのです。

ルソーに加えて、ここで、もう一人、クラウゼヴィッツという軍事思想家に登場してもらいましょう。クラウゼヴィッツは、革命後のフランスに現れたナポレオンの軍隊と戦って敗退した時代、十九世紀前半のプロイセンの軍人でした。ベルリンの一般士官学校校長時代に執筆した著作『戦争論』[6]がとても有名です。「戦争は政治

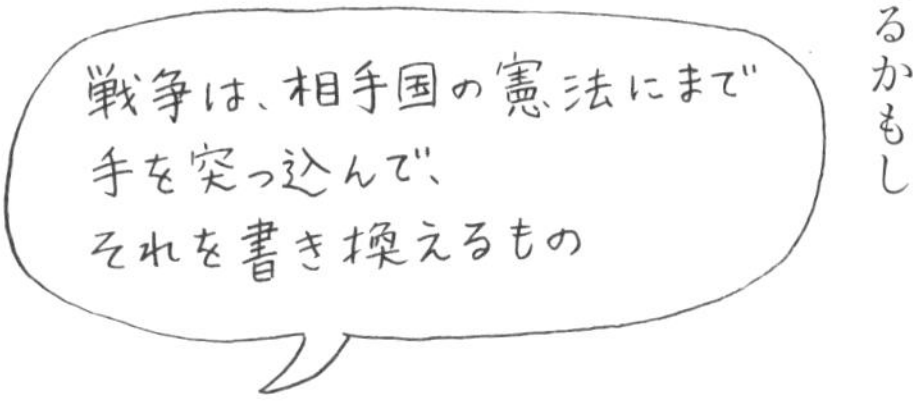
戦争は、相手国の憲法にまで
手を突っ込んで、
それを書き換えるもの

ジャン＝ジャック・ルソー

的交渉の一部であり、従ってまたそれだけで独立に存在するものではない」[7]、というフレーズを耳にしたことはありませんか。戦争は別の手段を用いてする政治、という表現も知られていますね。

　クラウゼヴィッツが述べていることは、戦争にいたるまでの外交交渉と、交渉が決裂した後に始まる戦争は地続きのもので、政治・外交と戦争は、異なった手段を用いているけれども、同じ目的のもとになされる連続したものだ、ということです。ルソーとクラウゼヴィッツの主張を合わせ技で考えてみると、戦争を見ていくには、戦争そのものだけでなく、それ以前の交渉過程をも合わせて見る必要がある、ということになりそうです。

　前置きが長くなりましたが、これから六回のお話では、一九四一年十二月に始まった太平洋戦争にいたるまでに、日本と世界の間で交わされた政治・外交交渉の過程を追っていきます。日本と世界は、どのような憲法原理をぶつけあっていたのか、それを、みなさんと一緒に史料を読みながら考える、というものです。これを見ていくことで、戦前期における日本や日本人がなにを考えてきたのか、不退転の決意で守ろうと考えていたものはなんだったかが明らかになるはずですし、それを正確に描くことができれば、これからの日本の未来を世界の進運《しんうん》と摺《す》り合わせることもできそうです。

　戦争は、手段として武力を用います。それに対して、政治と外交が用いる手段は、言葉の力

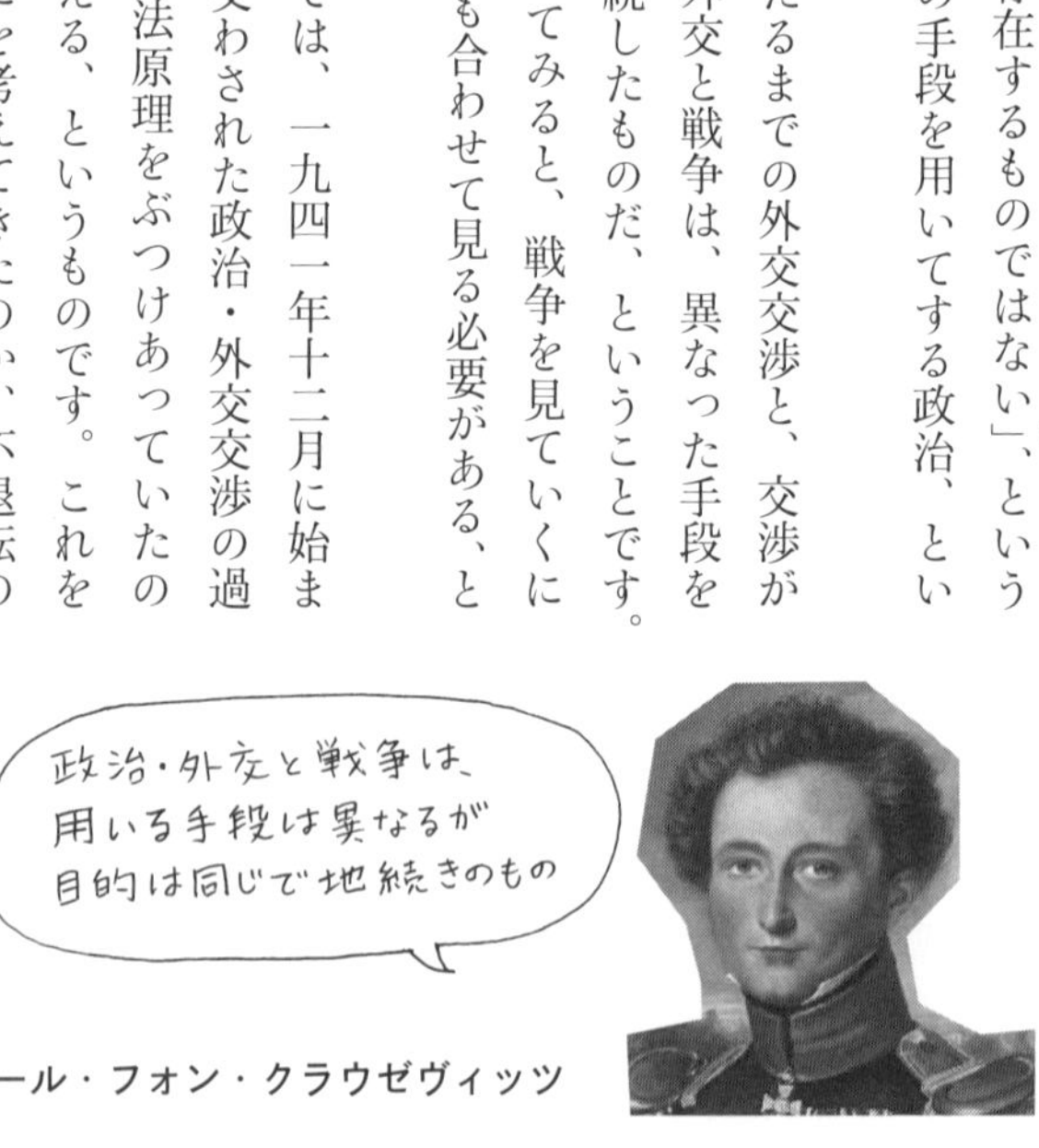
政治・外交と戦争は、
用いる手段は異なるが
目的は同じで地続きのもの

カール・フォン・クラウゼヴィッツ

となるでしょうか。相手方の社会の基本秩序、社会契約、憲法原理などに迫っていく際に、「言葉」で迫っていく。

日本と世界の、がつんがつんというぶつかりあいを見ていくのは、いかにも骨が折れそうな作業ですね。ですから、一日目の今日は、入念なウォーミング・アップとして、私たちがふだん生活しながら触れている、歴史にまつわる言葉を取り上げます。

そこでまず、戦後七十年という節目の年にあたっていた二〇一五年に、さまざまな立場の人が、戦争の歴史にちなんだ発言を行なった、その際の言葉を見ていこうと思います。

いくつもの「戦後」、見えにくかった犠牲の姿

さて、戦後七十年といったとき、「戦後」というからには、どの戦争の後かが本来は問題となるはずです。日本は、太平洋戦争の終結以降、戦争をしない国となったので、戦後といえば、一九四五年八月十五日に終わった戦争以降というのは自明です。しかし、四九年まで共産党と国民党の内戦が続いた中国、五〇年に朝鮮戦争が勃発《ぼっぱつ》した韓国、六〇年代からベトナム戦争に本格的に介入したアメリカなどにとって、「戦後」は一つでもなければ自明でもありません。

先ほど、戦後七十年を節目の年だといいました。中高生のみなさんは、七十年の長さなど、なかなか体感しにくいでしょう。七十年という時間は、人が健康に暮らせる一生の平均的な時間

だという点で、五十年や六十年とは少し違っています。人々の集合知として、「この国のかたち」といった記憶の蓄積がなされ、その記憶に従って、人々は国家に対して歴史的な評価を下す。七十年はそうするのに適切な時間なのではないでしょうか。

一つ例を挙げますと、一九一七年のロシア革命を経て、ソ連が誕生したのは一九二二年でした。その崩壊は、約七十年後の一九九一年にやってきます。人々に幸福をもたらすはずの社会主義の実験国家は、一人の人間の一生分の時間の評価でいえば失敗だったとみえて、国民から支持を失いました。国民が国家の実験に対して一つの判断を下したわけです。

こう考えながら、自国民も他国民も戦争行為では一人も殺されず殺さずにやってきた日本国憲法下の戦後日本の七十年の歩みが、いかなる歴史的評価を受けるのかを考えるのは、興味深いものです。このような意味での戦後七十年目に、どのような人が、どのようなことを言っていたか、ちょっと思いだしてくれますか。

――天皇誕生日のとき、天皇が、戦後七十年の節目ということで第二次大戦を振り返って、様々な面で戦争のことを考えて過ごした一年だった、という発言をされていました。

はい。なにか、打ち合わせしていたかのようにスムーズに答えてくれましたが（笑）。今上《きんじょう》天皇による、十二月二十三日の天皇誕生日にあたっての記者会見での言葉ですね。宮内記者会による代表質問は、「戦争や平和への思いに触れながら、この一年を振り返るとともに、来年へ

70年。人々の集合知として、「この国のかたち」の記憶の蓄積がなされる時間。

のお考えをお聞かせください」というもので、それへの答えです。記者会見での天皇の言葉は、天皇自身が入念に準備されるといわれています。

天皇は、戦争中に軍に徴用《ちょうよう》（国家が国民を強制的に動員し、特定の仕事に就かせることをいいます）された民間船舶の船員たちの労苦に言及し、「制空権がなく、輸送船を守るべき軍艦などもない状況下でも、輸送業務に携《たずさ》わらなければならなかった船員の気持ちを本当に痛ましく思います」と述べていました。制空権というのは、航空兵力によって、その地域の空域を制圧している状態をいいます。戦闘員である軍人、非戦闘員である民間人、そのような区分けが困難な境界的な業務に従事した船員を取り上げたところに特徴がありました。

一九三七年七月の日中戦争から、太平洋戦争終結までの八年間に海没《かいぼつ》した船員数については、あまりに犠牲が多かったこともあり、きちんとしたデータがとられ、六万六〇九人[8]という数が明らかにされています。

天皇が言及したのは民間人の海没者についてですが、軍人・軍属（軍を構成する人的要員のうち軍人でない者の総称。技術者や通訳官など）の海没者数も甚大《じんだい》なものとなりました。海軍が一八万二千人、陸軍が一七万六千人、総計で三五万八千人[9]にも上ります。太平洋戦争末期、制空権・制海権を失った状態で戦争を続けた結果がこれでした。先の大戦での軍人・軍属の全

海没者
（日中戦争から太平洋戦争終結まで）

海　軍	182,000人	民間人	60,609人
陸　軍	176,000人		
合　計	358,000人		

※軍人・軍属全戦没者数の16%弱

戦没者数は約二三〇万人[10]といわれていますが、その16％弱が海没によるものだったことが、記者会見の天皇の言葉から見えてきます。

歴史の中の沖縄

他に、どのような総括《そうかつ》をした人がいましたか。たとえば、メディアからとくにスポットライトを当てられた地域がありましたね。

――沖縄ですか。

そうです。沖縄県は、日本の国土のうち、住民を巻き込んでの大規模な地上戦が唯一行なわれた場所でした。

太平洋戦争の最終盤、沖縄で組織的な戦闘が終結したとされる六月二十三日、沖縄では毎年、全戦没者追悼式が行なわれてきました。二〇一五年の式典での翁長雄志《おながたけし》知事の「平和宣言」[11]は、戦後七十年を強く意識したものとなっていました。

例年の平和宣言は、①悲惨《ひさん》を極めた沖縄戦と戦後のたゆまぬ努力、②米軍基地集中などによる加重負担による沖縄の現状、③恒久平和実現に向けた決意、この三つの柱から成っています。二〇一五年もこの構成は同じでしたが、②の基地のところで、「沖縄の米軍基地問題は、我が国の安全保障の問題であり、国民全体で負担すべき重要な課題」と述べ、日本という国家と、日本国民全体に、沖縄を自らの問題として考えよと促《うなが》した点が新しい視角だったと思います。この立場は、普天間《ふてんま》基地を辺野古《へのこ》へ移設する作業の中止を求め、基地負担の軽減を迫った部分に、さらにはっきりと現れていました。

戦後七十年が強く意識された言葉は、「国民の自由、平等、人権、民主主義が等しく保障されずして、平和の礎《いしずえ》を築くことはできない」との部分です。日本国憲法の基本原理（国民主権、基本的人権の尊重、平和主義）が沖縄では守られていないとの認識が読み取れます。究極のところで憲法を書き換えるのが戦争であり、その戦争によって書き換えられたはずの憲法が、戦争の惨禍《さんか》を最も蒙《こうむ》った沖縄で守られていない、との胸を衝《つ》く真理が語られているのです。

平和宣言には、「アジアの国々を繋《つな》ぐ架け橋として活躍した先人たちの万国津梁《ばんこくしんりょう》の精神を胸に刻み」という一文があります。万国津梁とは、琉球《りゅうきゅう》王朝時代の鐘に刻まれた銘文の一部で、多くの国々との交易《こうえき》の架け橋となってきた沖縄を誇らしく象徴する言葉です。

下の絵は、かつての世界地図の一部を描いたものですが、

万国津梁の鐘

アジア世界の中に日本中世史を鋭く位置づけてきた村井章介《しょうすけ》先生による研究は面白いですよ。十六世紀半ばのポルトガル製の世界地図にかつての沖縄がどのように描かれていたか。[12] まず、中国大陸の東に横たわる列島が描かれ、その列島全体の名として、「琉球」を意味するポルトガル語が記されていました。驚くべきはその後で、琉球という名をもつ列島の中の一つの島に名前が書き込まれていたのですが、その名前がなんと「日本」だった。日本は、琉球（沖縄）の一部だとの認識が、当時の世界にあったということになります。

日本や日本人は沖縄を我が事として考えてください、と二十一世紀の翁長《おなが》知事は呼びかけましたが、十六世紀半ばの地図では、日本は琉球の一部だったとも言いうるわけです。

全国戦没者追悼式における象徴天皇の式辞

先ほど、天皇誕生日の記者会見を見ましたが、二〇一五年八月十五日の全国戦没者追悼式での天皇の式辞「おことば[13]」には、例年とは異なった部分が多く見られました。ほぼ毎年、同じ構成と言葉で式辞が読まれてきました。①戦没者と遺族への思い（第一段落）、②国民のたゆみない努力によって戦後の平和と繁栄が築かれたこと（第二段落）、③平和と発展を祈念（第三段落）、の三本の柱がそれです。

ところが二〇一五年で、それが変わった。第一段落は前年と同じでしたが、第二段落と第三段落に、かなりの変更が見られます。その部分に傍線《ぼうせん》を引いておきました。

第二段落

終戦以来既に七十年、戦争による荒廃からの復興、発展に向け払われた国民のたゆみない努力と、平和の存続を切望する国民の意識に支えられ、我が国は今日の平和と繁栄を築いてきました。戦後という、この長い期間における国民の尊い歩みに思いを致すとき、感慨《かんがい》は誠に尽きることがありません。[14]

第三段落

ここに過去を顧《かえり》み、さきの大戦に対する深い反省と共に、今後、戦争の惨禍が再び繰り返されぬことを切に願い、全国民と共に、戦陣《せんじん》に散り戦禍《せんか》に倒れた人々に対し、心からなる追悼の意を表し、世界の平和と我が国の一層の発展を祈ります。

平和の存続を切望する
国民の意識に支えられ…

戦後70年、
初めて加わった言葉とは。

提供：共同通信社

明仁天皇

第二段落を見てください。前年までのものですと、今日の平和と繁栄を築いてきたのは国民のたゆみない努力の結果である、との認識でまとめられる内容でした。それが二〇一五年の式辞では、今日の平和と繁栄が築かれた背景に、「平和の存続を切望する国民の意識」があったとの、新たな認識が付加されています。

そして第三段落。これは、内外の報道で注目された部分でした。

「さきの大戦に対する深い反省」という言葉は、例年になかったもので、さらに、これまでずっと使われてきた、「戦争の惨禍が再び繰り返されぬこと」の前に、「今後」という言葉が入りました。決して繰り返さないという意志が、より強く表現されるようになっていますね。

ところで、日本の国における天皇の位置づけについてですが、みなさんは、日本国憲法の「第一章　天皇」の部分を読んだことはありますか。関連の条項を挙げておきましょう。

第一条【天皇の地位・国民主権】　天皇は、日本国の象徴であり日本国民統合の象徴であつて、この地位は、主権の存する日本国民の総意に基く。

第四条【天皇の権能の限界、天皇の国事行為の委任】　①天皇は、この憲法の定める国事に関する行為のみを行ひ、国政に関する権能を有しない。［中略］

日本国憲法第1条
天皇の地位
「主権の存する日本国民の総意に基く」

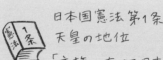

第七条【天皇の国事行為】 天皇は、内閣の助言と承認により、国民のために、左の国事に関する行為を行ふ。

一 憲法改正、法律、政令及び条約を公布すること。

二 国会を召集《しょうしゅう》すること。

〔中略〕

十 儀式を行ふこと。

式辞が読まれる全国戦没者追悼式は、政府主催で日本武道館において、毎年八月十五日に行なわれるものです。天皇皇后は、政府主催の式典に臨席《りんせき》を求められるとの位置づけであるため、天皇の式辞は、天皇の国事行為（日本国憲法が定める、内閣の助言と承認によって行なわれる国事に関する行為）のうちの「儀式」の概念には入らないもの、すなわち国事行為ではなく、公的行為（天皇が象徴としての地位に基づいて行なう公的行為）と分類されます。

第一回の式典は、連合国と日本の講和条約である、サンフランシスコ講和条約が発効した一九五二年四月二十八日の後、同年五月二日、新宿御苑《ぎょえん》で行なわれました。この式典を定めた閣議決定[15]は、式典の追悼する「戦没者」を、「支那《しな》事変〔日中戦争〕以降の戦争に因《よ》る死没者（戦災死者等を含み、軍人軍属に限らない）」と定めていました。当時、日本政府が、戦没者の範囲をどう認識しようとしていたかがわかります。

ところで、「さきの大戦に対する深い反省」を述べた天皇について、象徴天皇制から逸脱《いつだつ》しかねない行為ではないか、とする見方もあったといいます。ただ、他の部分で新たに付加された言葉を読めば、そのような誤解も氷解《ひょうかい》するはずなのです。

国民と象徴天皇との関係

先ほど、第二段落を読んだとき、今日の日本の平和と繁栄を築いた背景に、「平和の存続を切望する国民の意識」があった、との位置づけがなされていると述べました。つまり、ここで天皇の式辞は、現在の日本をつくってきた要因について考察しているわけです。戦後の日本の平和と繁栄を築いたものは、「平和の存続を切望する」国民意識と国民の努力によるとの認識です。報道によれば、天皇皇后は、実に多くの種類の新聞を読まれているということです。七紙という説もあります。各種の新聞には、たとえば、二〇一五年九月に成立した安全保障関連法案について、報道機関や新聞が行なった、そのときどきの世論調査が掲載されているはずですね。ならば、二〇一五年の式典において、天皇の言葉が変更された理由を、世論調査などから明らかになった、国民の意志を受けとめた結果、とみることも可能かもしれません。象徴天皇制を基礎づけた日本国憲法第一条には、「日本国民統合の象徴」であり、この「地位は、主権の存する日本国民の総意」に基づくとの規定があります。

複数の世論調査の大勢《たいせい》は、集団的自衛権の解釈変更や安全保障関連法案に対する国民の懸念《けねん》を浮かび上がらせるものでした。式典の後の数値となりますが、二〇一五年九月十四日のNHKの世論調査では、安全保障関連法案の「今国会で成立」の政府方針に対し、賛成19%、反対45%、どちらともいえない30%という数値が出ています。[16]

これまで、安全保障関連法案などとすら述べてきましたが、これは、戦後七十年の中で最大の安全保障政策の転換にほかなりませんでした。これまで日本は、憲法九条の縛りもあり、武力の行使は日本が直接攻撃された場合のみに限定していたからです。

ここで、日本国憲法「第二章　戦争の放棄」を挙げておきましょう。

第九条【戦争の放棄、戦力及び交戦権の否認】①日本国民は、正義と秩序を基調とする国際平和を誠実に希求し、国権の発動たる戦争と、武力による威嚇《いかく》又は武力の行使は、国際紛争を解決する手段としては、永久にこれを放棄する。

②前項の目的を達するため、陸海空軍その他の戦力は、これを保持しない。国の交戦権は、これを認めない。

集団的自衛権の容認や、安全保障関連法制の整備は、憲法九条の許す範囲を超えているのではないかとの危惧《きぐ》が、多くの憲法学者、歴代の法制局長官、最高裁判事経験者などから表明される中で、二〇一五年九月、安全保障関連法案は国会を通過しました。

そのような中で、現在の日本国民の意識のありかが、「平和の存続を切望する」ものだとの判断を前提に、新たな表現を含む式辞が準備されたのではないか、と私は推測するものです。

天皇誕生日のときの会見では、近年は年齢を感じることが多くなり、間違いもずいぶん犯すようになりました、などとフランクに述べていました。二〇一五年の式典では、これまで読み上げてきた言葉とはかなり異なる式辞を読まれたわけですから、少し緊張されたのかもしれません。私は式典の様子をテレビでリアルタイムで見ていましたが、固唾《かたず》を呑んで見守るという行為がどのようなものなのか、初めてわかった気がしたものでした。

では、日本の政府としては、どのようなことを国民や世界に向けて述べたのか、それを次に読んでいきましょう。

日本政府はどのような言葉で、国民と国際社会に訴えたか

安倍総理は、談話のベースとなる歴史認識を準備するための有識者会議（21世紀構想懇談会）をつくり、そこで作成された報告書を参照しつつ、日本の内閣としては、戦後七十年をこう考えている、との認識を明らかにしました。

共同通信の調査では、安倍談話を「評価する」が44%、「評価しない」が37%、読売新聞の調査でも、「評価する」が48%、「評価しない」が34%となり、どの調査でも評価する人の割合が上回りました。国民は談話に一定の評価を与えたといえるでしょう。

談話に先だって内閣側が述べていたことは、二〇一五年の談話は、戦前への反省だけではなく、未来志向のものにしたい、とのことでした。二十一世紀に向けた日本の役割の重要性を、国民と世界の前で明らかにしようとしたところに、一九九五年八月十五日に発表された村山談話や、二〇〇五年の同じ日に発表された小泉談話とは違った、新たなスタンスが認められるでしょうか。

少しおさらいしますと、村山談話で政府は、「国策を誤り、戦争への道を歩んで国民を存亡の危機に陥れ、植民地支配と侵略によって、多くの国々、とりわけアジア諸国の人々に対して多大の損害と苦痛を与え」たことに、痛切な反省の意を表明しました。また、小泉談話で政府は、戦後の意義に踏み込み、「我が国の戦後の歴史は、まさに戦争への反省を行動で示した平和の六十年」だと謳《うた》いました。

私自身は、村山談話が、「わが国は」を主語として明示しつつ、国策を誤り戦争を行なったことで「国民を存亡の危機に陥れ」た、と書いた部分に心打たれました。植民地支配と侵略によるアジア諸国に対する日本の責任があるのはもちろんのことですが、それより前に、自国民を存亡の危機に陥れた事実を、まずは書く。為政者

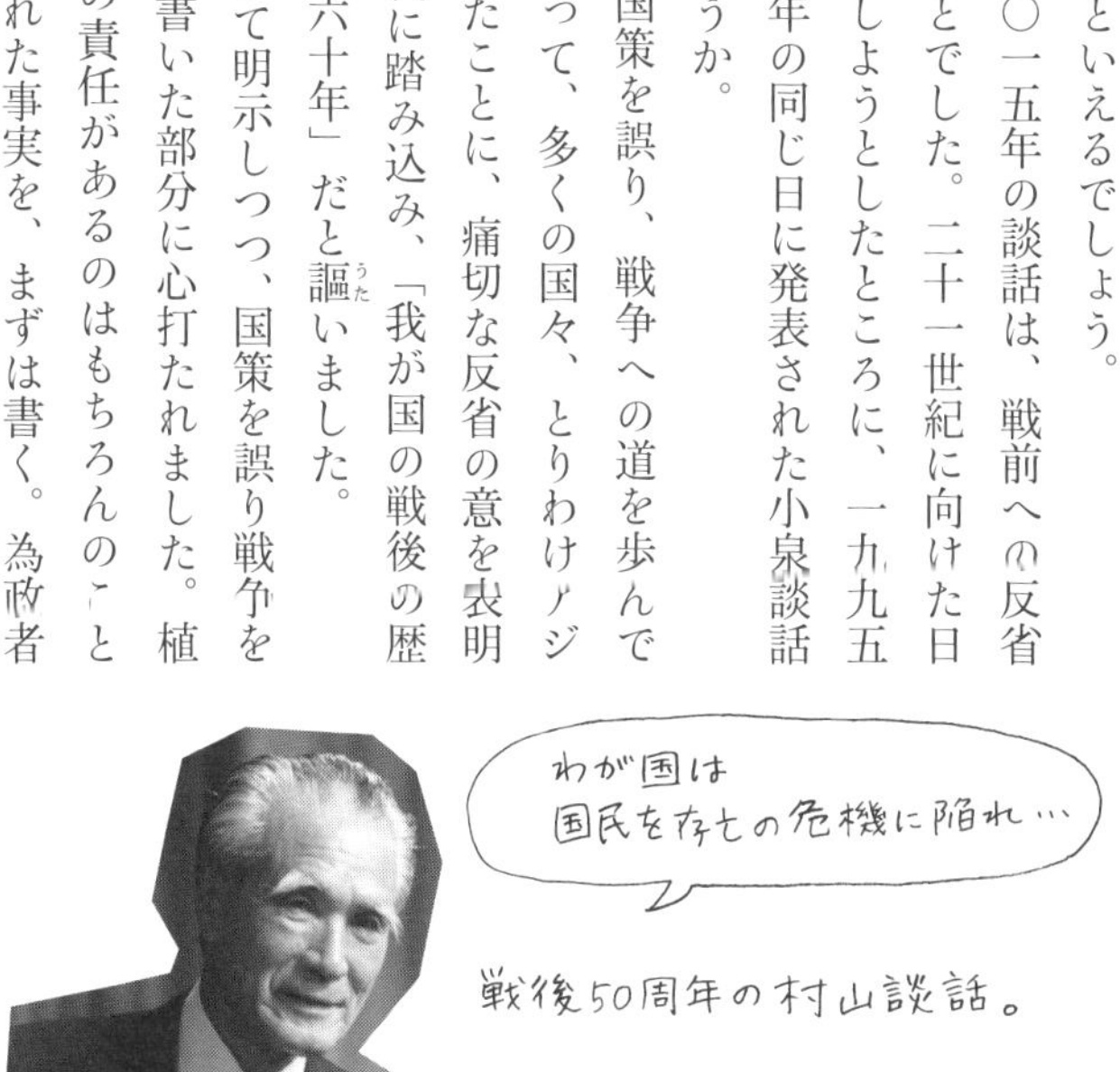
わが国は
国民を存亡の危機に陥れ…
戦後50周年の村山談話。

村山富市
第81代内閣総理大臣

提供：毎日新聞社

が国家を明確に主語にし、自国民に対して犯した誤りを明言するというのは、あまりなかったことではないでしょうか。

では、戦後七十年にあたって、日本政府はどのような言葉で国際社会や国民に訴えかけたのでしょう。談話を一つの歴史史料として、その言葉を読んでいきましょう。

談話の中の日本近代の歩み

みなさんの中で、首相官邸ホームページを常に見ている方は少ないと思いますが（笑）、官邸ホームページに、「平成27年8月14日　内閣総理大臣談話」が掲載されています。韓国語、中国語、英語の各版もありますから、各国語をくらべながら見るのも面白いですし、勉強になります。

談話全体は三〇段落からなり、三三五四文字で書かれた大部のものです。みなさんと一緒に読むのは談話の一部だけですが、歴史史料として「言葉」を読んでいく場合には、全体を見なければいけない。都合のよいところを摘《つ》まみ食いしていては公正さを欠き、背景も摑《つか》めないことになるからです。冒頭を引用しますと、次のように始まります。

戦後70年。
日本政府はどのような言葉で
国際社会と国民に訴えかけたか。

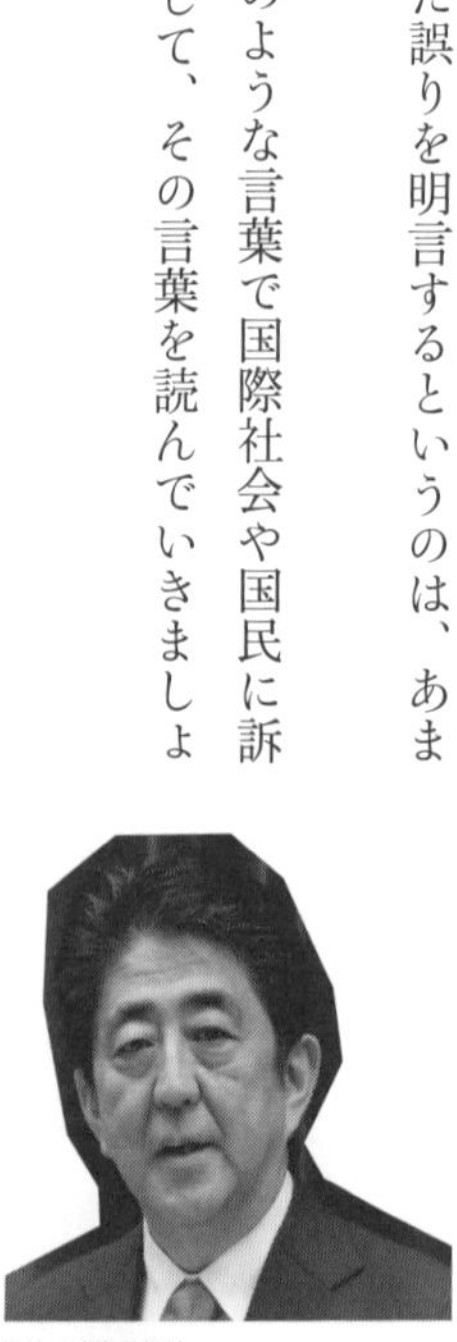

安倍晋三
第97代内閣総理大臣

提供：時事通信社

第一段落 終戦七十年を迎えるにあたり、先の大戦への道のり、戦後の歩み、二十世紀という時代を、私たちは、心静かに振り返り、その歴史の教訓の中から、未来への知恵を学ばなければならないと考えます。

戦争への過程、戦後の歩み、二十世紀を振り返り、歴史の教訓から未来への知恵を学ぼう、と述べています。つづいて、日本の開国から明治維新、そして敗戦にいたる過程を述べた、第二段落から第四段落を見ていきましょう。

第二段落 百年以上前の世界には、西洋諸国を中心とした国々の広大な植民地が、広がっていました。圧倒的な技術優位を背景に、植民地支配の波は、十九世紀、アジアにも押し寄せました。その危機感が、日本にとって、近代化の原動力となったことは、間違いありません。アジアで最初に立憲政治を打ち立て、独立を守り抜きました。日露戦争は、植民地支配のもとにあった、多くのアジアやアフリカの人々を勇気づけました。

第三段落 世界を巻き込んだ第一次世界大戦を経て、民族自決の動きが広がり、それまでの植民地化にブレーキがかかりました。この戦争は、一千万人もの戦死者を出す、悲惨な戦争でありました。人々は「平和」を強く願い、国際連盟を創設し、不戦条約を生み出しました。戦争自体を違法化する、新たな国際社会の潮流《ちょうりゅう》が生まれました。

第四段落 当初は、日本も足並みを揃えました。しかし、世界恐慌が発生し、欧米諸国が、植民地経済を巻き込んだ、経済のブロック化を進めると、日本経済は大きな打撃を受けました。その中で日本は、孤立感を深め、外交的、経済的な行き詰まりを、力の行使によって解決しようと試みました。国内の政治システムは、その歯止めたりえなかった。こうして、日本は、世界の大勢を見失っていきました。

このような説明の後で、一九三一年の満州事変、三三年の国際連盟からの脱退の話が来ます。日本は、しだいに、第一次世界大戦後の国際社会が築こうとした「新しい国際秩序」への「挑戦者」となり、進むべき針路を誤って、戦争への道を進み（第五段落）、今から七十年前に敗戦にいたった（第六段落）、という流れで説明がなされていました。

一八五四年の開国から一九四五年の敗戦まで、ほぼ九十年の歩みが七〇〇字でまとめられている、マジックのような文章です。教科書がこれだけ簡潔であればよかったのに、とみなさん、思ってやしませんか（笑）。

年号などを補足しながら、談話の文章をたどっておきましょう。第二段落の二行目あたり、革新的な技術を持った西洋諸国が日本に開国を迫り、植民地化される危機に対応するため、日本は一八六八年、国内体制の変革である明治維新を行ないました、と。そして五行目で、一九〇四、五年の日露戦争に飛びます。この間、四十年分くらいが一気に飛びますね。

第三段落では一九一四年から始まる第一次世界大戦、第四段落では一九二九年にアメリカを襲った世界恐慌への言及がなされ、戦争と恐慌が世界の歴史を変容させる原動力となったことが示唆《しさ》されます。第一次大戦の犠牲があまりにも大きかったために、国際連盟、不戦条約、戦争違法化など、新たな国際協調の潮流も生み出された、と。

しかし、第四段落の一行目ではもう、それまで世界と足並みを揃えていた日本が、世界恐慌と欧米諸国による経済のブロック化で打撃を受け、その経済的打撃を武力によって埋《う》め合わせようと図り、世界の大勢から逸脱《いつだつ》していきました、との起承転結になります。そもそも短い文章で書かれた談話を、より簡潔にすれば、こうなるでしょうか。ここまで読んできて、なにか気づいたことはありますか。

——日清戦争が書かれていないなと。日露戦争で日本が勝つことで、「アジアやアフリカの人々を勇気づけました」と第二段落にありますが、ここでは中国との関係が捉えられていない。

ああ、面白いところに気づきましたね。仮に、この談話が全体の字数のバランスなど考慮しなくてよく、日清戦争（一八九四―九五年）についてもたくさん書いてよいとすれば、いったいどう書かれていたか、そのような観点から想像してみると面白いですね。

日露戦争について書けば、遅れてきたアジアの非白人国家である日本がロシアを敗北させたことで、植民地支配のもとにあったアジアやアフリカの人々に元気を与えたと書けるわけですね。日清戦争について書くと、なにをいうことになってしまうのか。

――日本の立場がレベルアップした。

そう、清（中国）が日本に敗北したことで、日本は、朝鮮の李王朝《りおうちょう》（一八九七年から大韓帝国）など東アジア情勢に発言力を持つ国になっていった。よいところを摑《つか》んでいますが、もう少し。日清戦争が、世界へ与えた衝撃といえば、なんでしょうか。

――それまでは「眠れる獅子《しし》」と呼ばれていた中国が敗けてしまった。

眠れる獅子という表現はなかなか古風で、中学生のあなたからこの言葉が出て来るとは思いませんでした（笑）。

日本の開国に先駆《さきが》け、列強に開国を迫られたのは清でした。ただ、清が、一八四〇年のアヘン戦争のイギリスに対する敗北で国力を一気に喪失《そうしつ》したなどと考えるのは早計《そうけい》です。日清戦争にいたる十年、清は、官界の最高実力者となった李鴻章《りこうしょう》のもとで諸改革を進め、英国やロシアなど列強との関係も再調整しつつ、朝鮮との外交関係も近代的に再編しつつあった、というのが実態です。そして、日清戦争の敗北で背負った賠償金負担がその財政を圧迫し、東アジアにおける清の権威が決定的に下がったことも事実です。

政府が書いた近代の歴史を読んで、気がつくことは？

政府の談話が、日清戦争を直接書かないことにしたのは、なかなか意味深長かもしれません。日清戦争を書いてしまうと、現在の中国の人々が感じているはずの「この国のかたち」、民族としての歴史認識を刺戟《しげき》することになるので避けた、とも考えられます。我々日本人は、戦後七十年という言い方をして、ああ、「先の大戦」の敗北から七十年が経ったな、と思うわけですが、中国にとって二〇一五年は、日清戦争敗北の百二十周年に当たるわけです。アヘン戦争から始まる一連の国辱《こくじょく》の歴史にあって、大きな画期となったのが日清戦争でしょう。

この談話に書かれていないことで、私が思うことをついでにお話ししておきますと、文化や学術について書かれていないな、ということです。戦前期の日本の学問が東アジアに与えた影響は、実のところ相当に大きいのではないか。

戦前期の日本には、政治史という学問を初めて本格的に作り上げた吉野作造《よしのさくぞう》や、初めて精緻《せいち》な憲法学を作り上げた美濃部達吉《みのべたつきち》などがおり、漢字文化圏に強い影響を与えていました。確かに、談話の第二段落では、日本がアジアで最初の立憲政治を導入し、独立を守ったことが語られていますが、日本とアジアとの連関の中で学問の影響関係が語られてもよかった。

今、日本のアニメ『進撃《しんげき》の巨人』などが、字幕をつけられて、アジアでも広く観られているでしょう。それと同じことが、かつてもあったということです。アニメと比較するとは、と、泉下《せんか》の吉野先生や美濃部先生は絶句しているかもしれませんが、比喩にアニメを持ってきたのは、その影響力が同じくらい大きいと言いたかったからです。

中華民国時代の中国の憲法思想を研究している中村元哉《もとや》先生が明らかにしたこと[17]ですが、日中関係が必ずしも順調ではなかった一九二八年から三七年にかけて、むしろ、中国における日本語書籍の翻訳は最盛期を迎えていたといいます。この期間でいえば、アメリカなど、中国と関係の良かった国の本がたくさん翻訳されていたと思いきや、そうではなく、日本語の書籍が依然《いぜん》としていちばん翻訳されていたことが出版データからわかるのです。

そして、美濃部でいえば、憲法学や議会制度論などが翻訳されていただけではありません。注目すべきは、美濃部憲法学が、中華民国の憲法起草《きそう》にかかわっていた張知本《ちょうちほん》さんという学者に、批判的に受容されていたというのです。民国期の中国においては、日本の知事にあたる人物が、政治行政の権力だけでなく、軍事力も握っていました。張知本は、この政軍関係の現状に、なんとかメスを入れられないかと考えていたといいます。

政軍関係を分けたいと考えていた張知本は、中華民国の政治と軍事のトップであった蔣介石《しょうかいせき》ににらまれ、何度か失脚《しっきゃく》させられますが、戦後の国共内戦で国民党が敗れると、台湾に渡り、憲法学の大家《たいか》として天寿《てんじゅ》をまっとうしています。東アジアの大切な二つの国である、日本と中国の憲法学者が、軍事権力を憲法によってなんとか制御しようと奮闘していたことを知ると、なんだか胸に迫るものがあります。

さて、話を戻しましょう。談話をじっくり読んで私として印象深かったのは、幕末段階における西洋諸国と日本の差異を、技術力という一点で捉えているところでした。技術力の圧倒的

中国での、日本語書籍の翻訳
最盛期は1928年〜37年。

な格差といった場合、軍事力がその最たるものとなりましょうが、圧倒的な技術力を武器に西洋諸国が、当時にあっては自らの経済的利益を最大化するためのルールであった自由貿易主義を振りかざして、日本に開国を迫った。近代的軍事力などで劣《おと》るアジア諸国は、ひとたまりもなく開国を余儀なくされた、そのように歴史を捉えています。

ただ、ここで考える必要があるのは、植民地化されるかどうかの分かれ目が技術力かといったら、それだけでは一面的なのではないかと思うのです。なぜ、西洋諸国が高い技術力を備えていたかといえば、その背景には、産業革命の達成はむろんのことですが、国民の力を最大化しうるための国内の体制、たとえば、憲法典の編《へん》纂《さん》や議会制度の整備、近代的な経済システムや金融制度の整備が不可欠だったのではないでしょうか。せっかく第二段落で、立憲政治と独立というキーワードに触れながら、もったいないです。

日本を含め、当時のアジア諸国には、そのような政治的経済的文化的な基礎がなかったとして、文化や学術など、思想的な側面に触れずに、技術力で劣っていたとポンと書いてしまう。確かにこのように書けば、西洋諸国に対する日本の劣等感を顕在化《けんざいか》させることなく、歴史を見ることができてしまうメリットなどはありそうです。

美濃部《みのべ》達吉

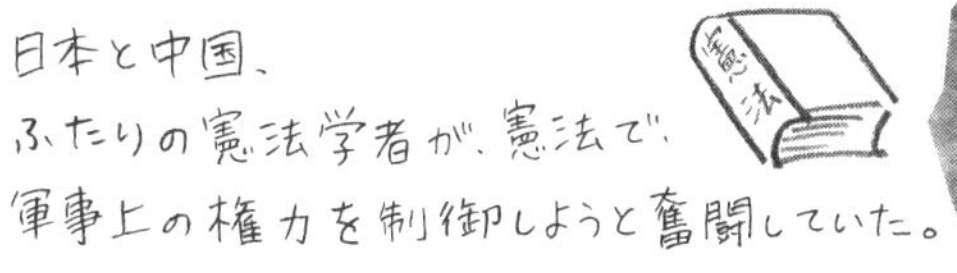
日本と中国、
ふたりの憲法学者が、憲法で、
軍事上の権力を制御しようと奮闘していた。
憲法

張知本《ちょうちほん》

提供：高砂市

技術力で負けた、というのは、太平洋戦争の敗け方を戦後の日本人が総括《そうかつ》するときにも用いられた認識の枠組みでした。ただ、技術力で負けたとすれば、先に書いたような、軍事と政治を切り分ける憲法論を美濃部などがしっかりと持っていたにもかかわらず、その理論を国内的な事情から自ら葬《ほうむ》ってしまった（一九三五年の天皇機関説事件のことです。天皇は法人たる国家の最高機関だとする美濃部の憲法理論が帝国議会などで批判され、著書が絶版にされた事件）、日本の国内政治の決定的な失敗に目が向かなくなるのではないでしょうか。

日本にとっての戦後とは

談話が描く、維新から敗戦までの歴史像については、経済史研究からの批判が可能なのですが、それをお話しする前に、戦前期の歴史の後に展開されている、第七段落以降の談話の内容を、まずはきちんとおさえておきましょう。一〇ほどの骨子《こっし》からなっています。

①広島・長崎・沖縄、中国、東南アジア、太平洋の島々など、戦場となった地域での犠牲者への哀悼《あいとう》の意が示され（第七―一一段落）、②いかなる武力の威嚇《いかく》や行使も、「国際紛争を解決する手段としては」もう二度と用いないとの誓いが述べられ（第一二―一四段落）、③インドネシア・フィリピンをはじめとする東南アジアの人々、台湾・韓国・中国など隣人であるアジアの人々へ日本が示してきた痛切な反省と心からのお詫びの気持ちが表明されています（第

「技術力で敗けた」という総括では
日本の決定的な失敗に目が向かなくなる。

一五―一七段落)。

そのうえで、④アジア太平洋地域からの引揚《ひきあ》げ、中国残留孤児の帰国などに尽力《じんりょく》した関係国への謝意、米国・英国・オランダなどの元捕虜による日本訪問、慰霊《いれい》への取組みなどが紹介され(第一八―二二段落)、⑤世界が日本に示した寛容のおかげで、日本が国際社会に復帰できたことに感謝し、歴史の教訓を胸に刻んで平和と繁栄の維持に努めるが、「私たちの子や孫、そしてその先の世代の子どもたちに、謝罪を続ける宿命を背負わせてはならない、との意思が示されています(第二三―二五段落)。

⑥武力を用いて現状を打破した過去に鑑《かんが》み、核兵器の不拡散と究極の廃絶を目指し(第二六段落)、⑦戦時下、「多くの女性たちの尊厳や名誉が深く傷つけられた過去」を胸に刻み(第二七段落)、⑧経済のブロック化が紛争の芽を育てたことに鑑み、自由で公正な国際経済システムの発展に努め(第二八段落)、⑨「国際秩序への挑戦者となってしまった過去を、この胸に刻み続け」、「積極的平和主義」の旗を高く掲げ(第二九段落)、⑩これまで述べてきた理念に支えられた日本を、今後も国民とともに創り上げる決意(第三〇段落)、で締めくくられています。

戦前の過誤の認識と将来への決意を上手くつなぎつつ、日本の目指す方向性が語られています。ただ、戦後の歩みとして、平和憲法を基軸にアジア・太平洋諸国との信頼関係を打ち立て、穏健な外交政策をとり、経済大国として歩んできた、その戦後七十年間の日本そのものについての描写が、意外にも少ないことに驚かされました。

戦後七十年の節目といっても、そこで語られるのは「戦後の七十年間」ではなく、あくまでも、「戦後七十年たった時点から振り返る戦前」だということが、あらためて、しみじみと胸に落ちます。「先の大戦」それ自体が、国の内外に持った巨大な意味を感じずにはいられません。日本にとっての戦後とは、戦前を振り返りつつ考えるための時間そのものだったのではないか、そのような感慨が浮かびます。

植民地帝国日本の経済力とは

少し情念を前に出して語ってしまいましたが、ここからは安心して聞いていただけます（笑）。談話を読んで、日本近代史の研究成果と関連づけたとき、不満に感じられた箇所は、世界恐慌、ブロック経済、植民地支配について、この三つを関連づけた展開部分です。先ほど引用した、日露戦争の戦勝について述べた第二段落と、植民地経済について書いた第四段落をつなぐ部分、そのつなぎ方に、私はひっかかりを覚えました。植民地帝国を早くから築いていた西欧列強が世界恐慌に際し、いち早く経済のブロック化を進めたのに対して、遅れてきた帝国主義国であり、経済的に脆弱《ぜいじゃく》な資本主義国であった日本が、経済的な打撃を受け、打開の道を武力による侵攻に求めた、そのような理解でこの部分は書かれています。

左のグラフ（「イギリス・フランス・日本の対植民地輸出」）[18]を見てください。これは、戦前期に植

日本にとっての戦後とは、
戦前を振り返りつつ
考えるための時間そのもの。

民地帝国となっていた日本の経済史について、画期的な研究を進められてきた京都大学経済学部の堀和生《ほりかずお》先生がつくったグラフです。これがめっぽう面白い。

イギリス、フランス、日本、この三つの国が、それぞれの植民地に向けて、どのくらい輸出していたかを表すグラフです。イギリスの数値から、自治領（カナダ、ニュージーランド、南ア連邦、オーストラリア、ニューファウンドランド、アイルランド）は除かれています。それらを除いても、これだけの輸出額を叩きだしていたイギリスはやはり、巨大な植民地帝国だったといえますね。

横軸の年代を確認しておきましょう。左端の一九二一年時点では、やはりイギリスは力がある。インドなどの英国植民地へ向けて輸出した額は、フランスや日本を引き離して八億ドルに迫っている。

対して、同じ時点での日本の対植民地輸出額は二億ドルに届かない。

［イギリス・フランス・日本の対植民地輸出］

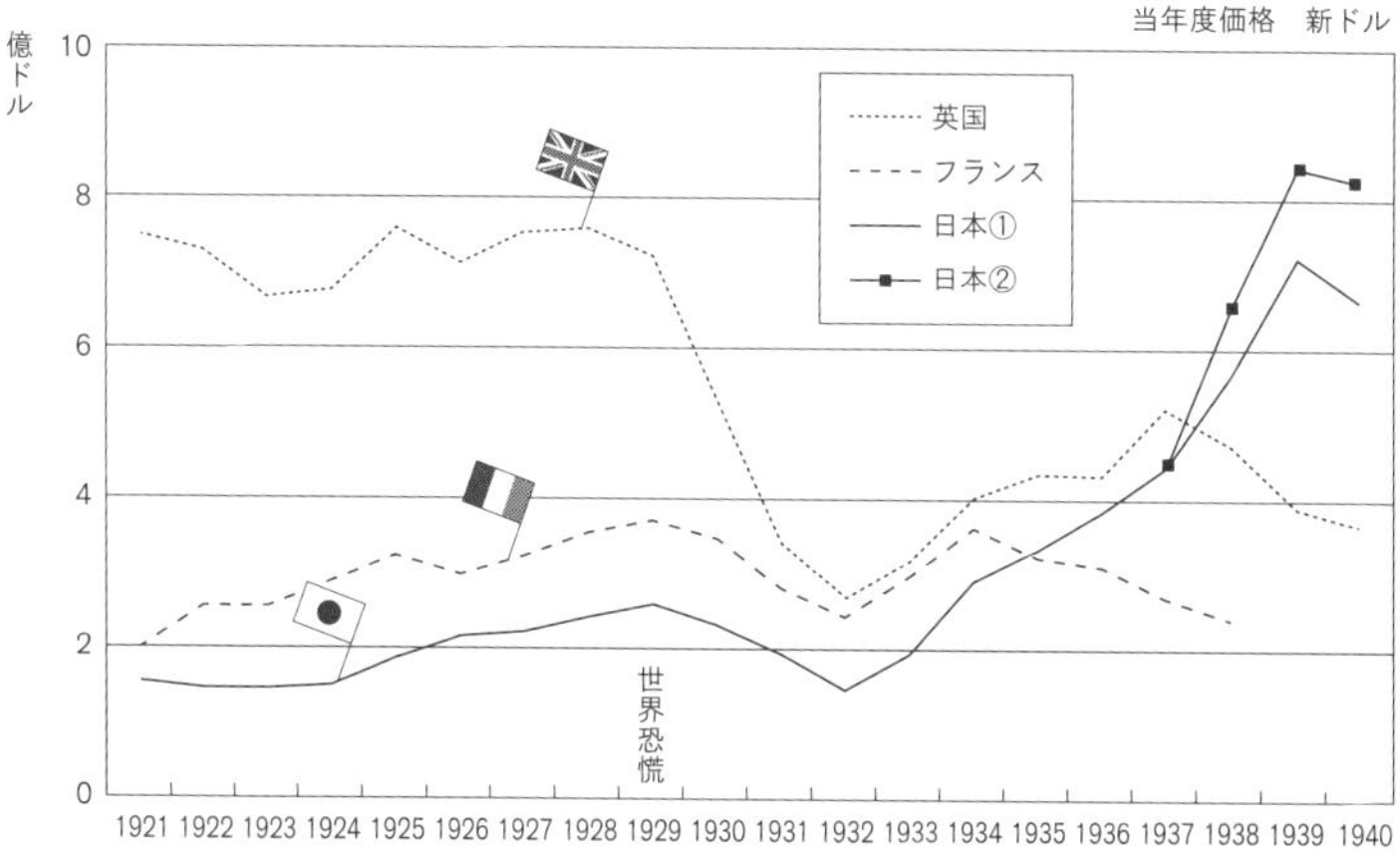

出典：堀和生『東アジア資本主義史論』I、ミネルヴァ書房、2009年、216頁

では、世界恐慌が起きた一九二九年あたりはどうだったのか。その年の数値を見ますと、一九二九年から三〇年のところで、イギリスは急激に下げます。一方、フランスと日本は、比較的緩やかな下降をたどりました。そして、三国ともに、一九三一年に最低値の底をついて、その後は上がっていく。一九三一年といえば日本が満州事変を起こす年ですが、この年にイギリスがまずは金本位制を離脱し、続いて日本も金本位を脱して管理通貨制度に移行します（金を国内通貨発行の裏付けとし、国際通貨として流通させる金本位制から、通貨の発行量を調節することで、経済の安定を図る管理通貨制度へ移行）。

日本の折れ線グラフを見ると、一九三七年における日本の対植民地輸出額の伸張《しんちょう》がすごいことになっている。この年は日本と中国が日中戦争に突入する時期ですが、日本がイギリスの数値を追い越すさまを見てください。

ここでグラフの線が、日本①と、日本②と、二つの線に分けて表示されていますが、日本①というのは、日本の植民地として、台湾・朝鮮・関東州（旅順と大連を中心とした地域です。58ページ地図）のほか、一九三二年に建国した満州国への輸出分が含まれる数値です（満州国は日本の傀儡《かいらい》国家でしたから、厳密な意味では日本の植民地ではありませんが、事実上の植民地と考え、数値が処理されています）。

日本②は、日中戦争が始まり、日本がこれまた中国側に傀儡政権をつくり、事実上の占領地行政を行なっていた華北《かほく》、北京《ぺきん》・天津《てんしん》・上海《しゃんはい》・南京《なんきん》などの都市部や沿岸部地域への日本の輸出額を示したものです（58ページ地図の長江流域などの地域です）。

このグラフからは、まず、世界恐慌の影響による経済の収縮が極めて激しかった英国と、あまり大きな打撃のなかったフランス・日本、という対照的な傾向が読み取れます。次に、英国・フランスはともに、特恵関税（本国と自国植民地との貿易を有利に展開するために関税同盟を結び、第三国に対しては高率関税などの関税障壁《しょうへき》を設定する措置《そち》）にもとづくブロック化を進展させたかのように理解されそうですが、実際は、英仏両国がブロック化によって、対植民地向け輸出を量的に増大させたとはいえないことがわかります。

英仏が、自国と植民地間の帝国経済をブロック化し、自国の利益のみを考えて、他国を出し抜いた結果、英仏ほどは経済の強くなかった日本などが損害を蒙《こうむ》り、国際協調に背を向けてグレました、とのイメージが頭の中に根強くある方もいるかもしれませんが、それは実態とは違うのです。このようなイメージは、太平洋戦争が始まって以降、特に戦況が悪化して以降の新聞やジャーナリズムにおいて、徹底して描かれたイメージに過ぎません。

――日本の貿易額が増えていったのは、満州事変や日中戦争と関係があるんですか？

そうですね、一見、日本の増加は、一九三一年からの満州事変による、満州地域への日本軍の侵入によって、早くも叩《たた》き出された輸出増だと見てとれるかもしれない。でも、そんなに早く、侵略の結果が経済指標として顕著《けんちょ》に出てくるものでしょうか。

堀先生が書かれた他の論文[19]も参照しながら、日本の工業生産力について説明しておきましょう。輸出において、工業製品の割合の高い国は、高度に発達した資本主義国であると一般的にはいえるはずですね。国際連盟のデータを用いると、各国輸出中の工業製品比率を算出することができ、これを見ると日本は、一九一三年段階で30％くらいだった比率を、二六年から二九年の間に50％くらいまで上げ、三八年には84・4％にまで上げていました。三八年時点での工業製品比率でいえば、日本は、スイス、ドイツに続き、英国を押さえて三位につけるようになっていた。輸出額の規模で見ても、ドイツ、英国、米国についで、世界第四位につけていたのです。日本の工業製品輸出は、第一次世界大戦を機に増大し、一九二〇年代前半には十分な力をつけていました。日本の工業製品は、イギリスの工業製品を駆逐《くちく》しつつ、世界市場に出て行っていました（機械製品では、鉄道車輌などを植民地に向けて多く輸出）。日本の数値の高さを、武力などの非経済的手段で獲得された成果と見たのでは、日本の資本主義の強さを見誤ることにもなるのです。

　帝国日本の経済力を正確に計ることがなぜ重要かといいますと、「世界恐慌↓列強のブロック化↓日本も真似《まね》してブロック化するが失敗↓武力を背景とした経済侵略」という物語では、植民地と日本の関係が、正確に描けないからです。先ほどのグラフと、工業製品輸出の高さを合わせ技で考えますと、日本は植民地に向けて、ずいぶん工業

輸出額規模

1位	ドイツ
2位	イギリス
3位	アメリカ
4位	日本

各国輸出中の工業製品比率

1位	スイス
2位	ドイツ
3位	日本

1938年、国際連盟のデータより

製品を輸出していたのだろうな、と推測がつきますね。たとえば、自転車を見てみましょうか。[20]

一九三七年の日中戦争勃発までの平時にあっては、自転車は中南米諸国を含め、帝国内に限らず輸出されていた立派な輸出品でした。三六年の輸出額は三七〇〇万円に上っています。では、この年、植民地台湾に向けて、どのくらいの額の自転車が輸出されていたかといえば、三五〇万円で、全輸出の一割です。その程度かと思うかもしれませんが、一九四〇年時点の台湾の人口は約五八〇万人でしたから、台湾における日本製自転車の存在感は大きかったといえます（ちなみに、三六年段階の朝鮮向けの自転車輸出額は約八五〇万円で、台湾向けより額面では大きいですが、朝鮮の人口は四〇年時点で約二四〇〇万人で、台湾の約四倍です）。逆にいえば、自転車などを購買しうる層が、確実に台湾、朝鮮の中に広がっていたということです。

経済のブロック化といったとき、たとえば、イギリスなどは植民地に向けて、自動車タイヤなどを輸出したかった。しかし植民地側に、それを購入するだけの階層と経済的余力がなかったために、輸出額が増えなかったというジレンマがありました。

植民地帝国としての日本の、実のところの大きさを過小評価するのは間違いです。

植民地帝国・日本の大きさを過小評価するのは間違い。

日本帝国と植民地との緊密な経済的結びつき

当時の日本と植民地との関係を、別の側面からも見ておきましょう。58ページの表（「アジア植民地の貿易における対本国比率」）を見てください。欧米列強の各アジア植民地の貿易について、それぞれの対本国取引が占める比率を示したものです。

一行目のインドは、宗主国イギリスからどれだけ輸入し、どれだけ輸出しているか、インド全体の割合の中の本国の地位を見ますと、輸入も輸出も30％台となっていますね。

表の二行目のマラヤというのは英領マレーともいい、マレー半島とシンガポール島に存在した海峡《かいきょう》植民地のことですが、本国イギリスからの輸入は輸入全体の15％—18％くらい、輸出では8％—14％くらいにしかなっていません。

インドシナは、当時の仏領インドシナ（現在のベトナム・ラオス・カンボジアにまたがる地域）で、ここでは宗主国からの輸入が50％を超えていますね。

では、台湾、朝鮮を見てみましょうか。台湾が一九三七年に日本から輸入しているのは83％。日本への輸出は92％で、ほとんどが日本向けですね。朝鮮を見ても、輸入、輸出の両方とも日本との関係が八割を超えている。

ここからなにがいえるかといえば、戦前期の日本は、植民地と非常に緊密な、深い経済的連携をつくっていた国だったということです。意外にも英仏は、手から水がこぼれていっている。なんだか、こう、イメージが変わっていきませんか。英仏など世界帝国がブロック経済化を

［アジア植民地の貿易における対本国比率］

（%）

植民地	本国	輸入			輸出		
		1937	1938	1939	1937	1938	1939
インド	イギリス	39.0	31.5	31.4	33.2	32.3	33.7
マラヤ	イギリス	15.1	15.7	18.4	8.8	11.1	14.2
東インド	オランダ	16.7	19.1	22.2	23.6	20.1	20.4
インドシナ	フランス	53.4	53.5	53.1	55.2	46.1	47.3
フィリピン	アメリカ	60.8	58.0	68.1	80.4	81.7	77.2
台湾	日本	83.3	86.3	89.4	92.5	93.2	92.0
朝鮮	日本	85.0	82.2	87.3	87.4	83.5	80.8
満州国	日本	52.8	75.1	78.9	47.4	50.0	57.5

出典：堀和生『東アジア資本主義史論』Ⅰ、ミネルヴァ書房、2009年、216頁

進めた結果、後発の遅れた帝国主義国日本は経済的に生きる道を絶たれ、やむなく武力に手を出したというイメージが。

日本と台湾・朝鮮など植民地との関係性は、経済的な側面から確認すると、英・仏とその植民地との関係性よりも、ずっと密なものでした。支配される側から見れば、それは親密な関係というより、息もつけないほどの逃げ場のない緊密さだったのではないでしょうか。ですから、考えをめぐらせば、韓国など、日本の植民地にされた国の人々の記憶が、他の欧米の植民地であった国々の人々の記憶と異なったものとなったのは、ある意味では当然だといえるのです。

堀先生によれば、台湾よりも朝鮮のほうが、日本帝国への包摂《ほうせつ》の度合いが高かった[21]といいます。一九三〇年代においては、朝鮮から輸出される産品の97%から98%が日本帝国内に向けたものでした。台湾には日本向けではなく、世界市場に向けて輸出しうる品目があった。このあたりに、戦後の日本に対する認識という点で、現在の韓国と台湾の間に違いが見られる要因の一つがあるのかもしれません。帝国の本国であった日本側からは与《あずか》りしれない、植民地とされた国の側の戦後の歴史認識の生まれる原風景があると思います。

内閣総理大臣談話について、安倍内閣の歴史認識は右だとか、朝鮮、韓国に対する植民地支配の責任を自覚していない、などという批判をする前に、植民地というものを日本が持っていた、その日本の強さとはなにかが言えなければダメだと思います。この二

1930年代、
朝鮮から輸出される産品の
97~98%が日本国内向け。

つのグラフを頭の中に浮かべて、考えるためのスタート地点とできるか。それができれば、談話を、経済史の領域から批判しうることになります。

経済史が我々に教えてくれることというのは、ものすごく大きいのです。日本側は、一等国と認められたくて、しっかりと国際連盟などに貿易に関するデータを出していました。このようなデータを用い、統計的な分析を加えれば、戦前期日本のイメージも変わってくるはずです。

歴史が書かれるとき

国家は歴史を形成する

みなさんと読んだ、安倍内閣による戦後七十年談話は、自国の過去と現在について、国家が書いた一つの「歴史」にほかなりませんでした。戦後長らく日本が維持してきた集団的自衛権解釈を変えた、その内閣が、日中戦争から太平洋戦争にかけての歴史、あるいは、戦前から戦後にかけての日本と世界の関係について、いかなる評価を下すのか、中国・韓国・アメリカなどをはじめ、世界も注視していたことでしょう。みなさんは同時代人とし

？ 国家が「歴史」を書き残そうとするのはどのようなときか？

て、国家が書いた一つの「歴史」に立ち会ったことになります。

ところで、国家が歴史を書き残そうとするのは、どのようなときだと思いますか。

——戦後七十年みたいに、時間がたって一区切りついたときとか、新しくやっていくという気持ちをこめたりするとき。

そのとおりですね。一つは対外的に、日本は現在こう考えています、といった表明をしたいときでしょうか。では、日本で最初に書かれた国家の歴史って、なんでしたっけ。

——『古事記』と『日本書紀』。

はい、即答でした。ともに国家によって編纂《へんさん》された歴史書で、『古事記』は七一二年、『日本書紀』は七二〇年の成立といわれています。中国の唐の制度に模して整備された、律令国家のできた奈良時代、八世紀に書かれました。天皇を中心とした古代国家ができて、ある意味、その完成を記念して書かれたといえる。

みなさんは『風土』や『古寺巡礼《こじじゅんれい》』という本を書いた和辻哲郎《わつじてつろう》（一八八九—一九六〇年）という哲学者の名前を聞いたことはありますか。この和辻先生は、国家の成り立ちをこう説明しています。国家というものは、戦争において形成され、戦争において成育する、と。ぶっそうなことをいっていますね。国家は他の国家と対峙《たいじ》することで、共同体の中からおのずから生まれる、ともいっています。

国家は歴史を形成する。従って歴史は国家の自覚であるといってよい。自己の認識は必ず他を媒介《ばいかい》とするものであるが、国家もまたおのれを自覚するためには他の国家との交渉をまたなくてはならぬ。そうしてそこに得られる自覚が、歴史的自覚として、歴史を形成するのである。[22]

和辻先生は、他との関係で国家が生まれ、国家が生まれれば、歴史が書かれる、という因果関係を一気に述べています。みなさんの顔を見ていますと、哲学者のいうことはわかりにくい、と書いてありますので、考古学者の意見も聞いておきましょう。三世紀のはじめ、中国の南方がその発祥の地といわれる呪術である「鬼道《きどう》」、これは現在のシャーマンにあたるでしょうか、その卑弥呼《ひみこ》が、倭国《わこく》（邪馬台国《やまたいこく》連合、当時の日本が名乗っていた国名）の大王《おおきみ》となった。これについては、中国の史書『三国志』魏《ぎ》書東夷伝倭人条《しょとういでんわじんのじょう》、いわゆる魏志倭人伝《ぎしわじんでん》に記述がありますので、よく知られています。

どうも、中国から眺めていると、倭国は卑弥呼を王として立て、それまで盛んに戦われていた内乱をすっと終わらせて、国を一つにまとめちゃったらしい。倭国として国家が急速にまとまったということは正確らしく、考古学者の寺沢薫《てらさわかおる》先生によれば、日本的な首長権力=王権は、実のところ短期間に一挙に誕生したといいます。[23]

なぜ卑弥呼がお祈りをしつつ、急速に国をまとめあげられたのか。私が一九七〇年くらいま

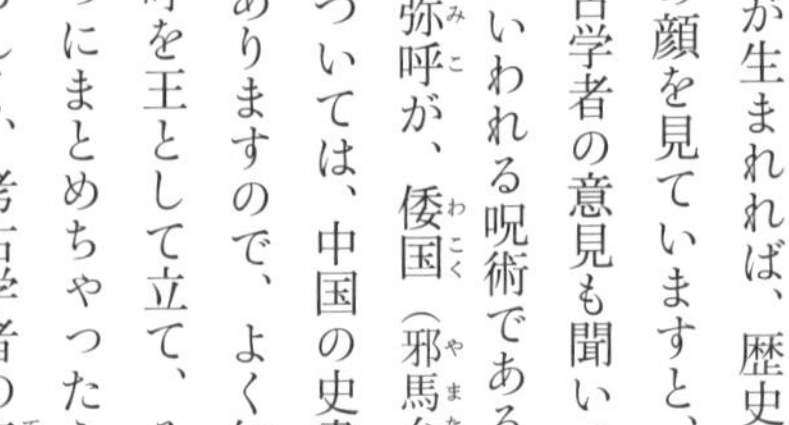
他国との交渉（対峙）から
国家が生まれ、
その自覚が、歴史を書かせる。

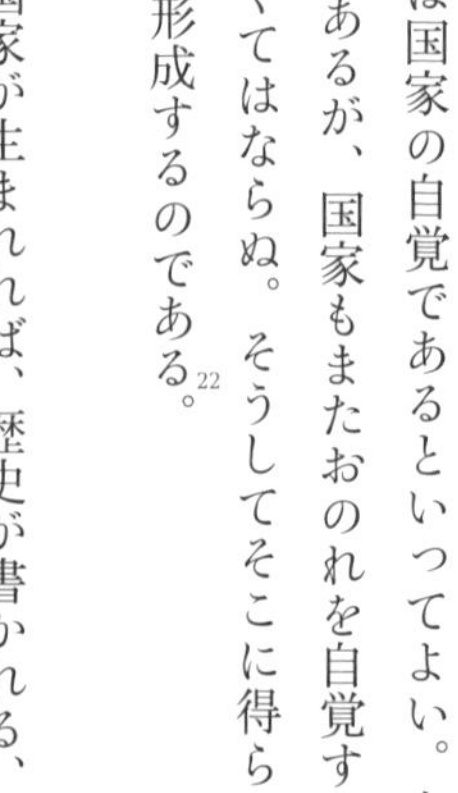

和辻哲郎

提供：朝日新聞社

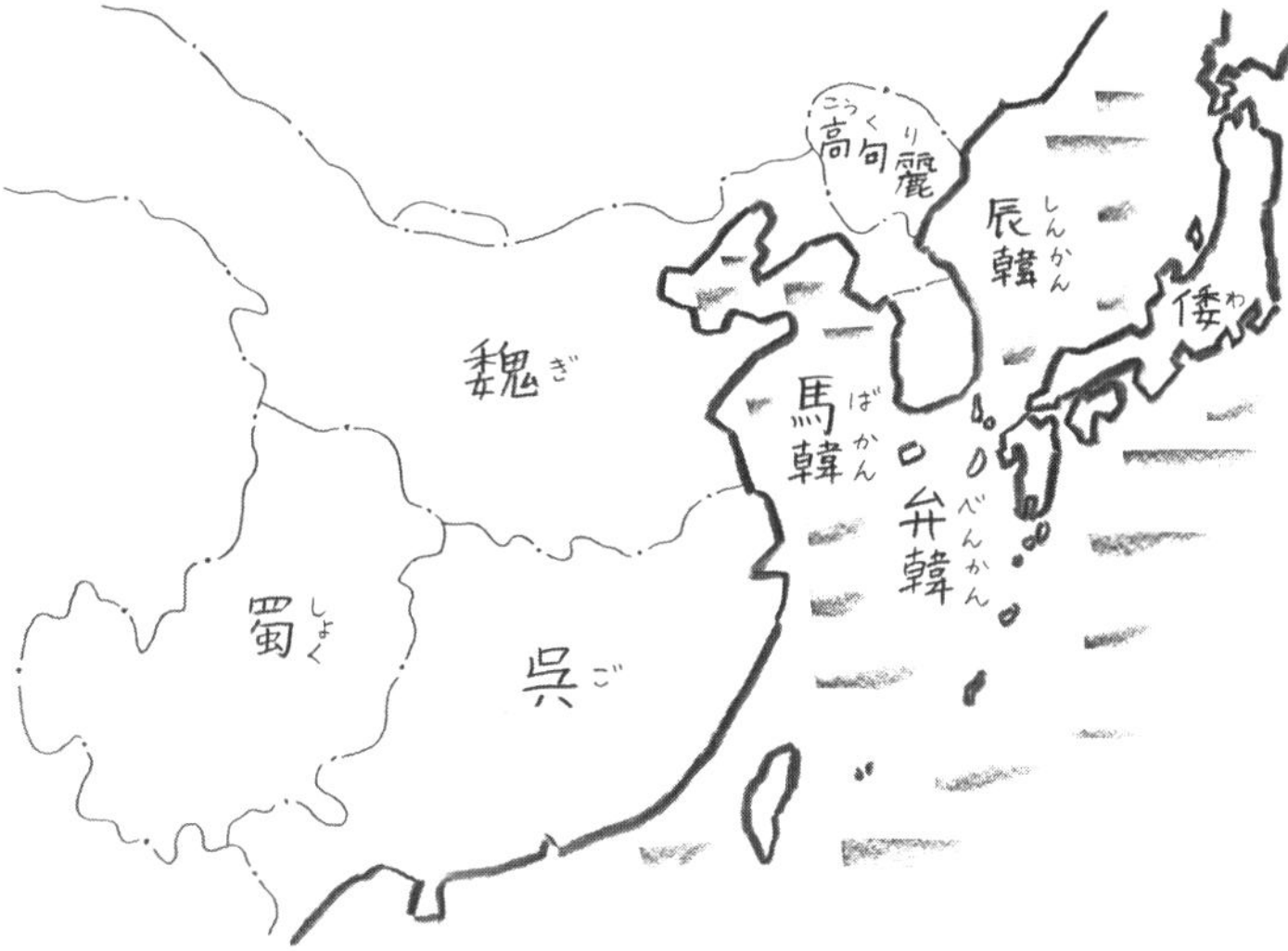

［**3世紀の東アジア**］
朝鮮半島が緊張した結果、倭がまとまる。

でに受けた学校教育では、次のように説明されていました。日本のように流れの速い河川《かせん》が狭い平野を流れる国家では、大規模な治水《ちすい》工事が必要となる。よって、集約的な農耕を必要とした日本においては、そのような技術を管掌《かんしょう》する王権が発達した、と。

でも、どうもそうではない。現在では、倭が、一気に国家としてまとまった背景として、緊迫した朝鮮半島の軍事情勢へ対応するため、という説が有力になっています。この頃の中国の北半分に魏《ぎ》という国があって、中国と朝鮮との国境地帯から朝鮮半島の南まで支配を及ぼすようになっていました。この魏からすれば、中国の南で勢力を張る呉《ご》という国の存在が気になる。当時の中国の地図では、日本列島の場所は、実際よりももっと南にあると信じられていました。この呉と日本が連合すると困るな、あるいは、呉を日本が南の海上から牽制《けんせい》してくれるといいな、と北の国家・魏は考えます。

魏が、金印紫綬《きんいんしじゅ》を与えて、卑弥呼を親魏倭王《しんぎわおう》に任じた背景には、このような、中国における魏と呉の対立、朝鮮半島に対する魏の支配の浸透という東アジアの新情勢がありました。

戦争は、ある共同体が、外部へ向けて権力を行使する最も究極の姿だといえます。首長が共同体の命運をかけて戦争の軍事指揮官としてその責務を担うとき、彼あるいは彼女は、真の首長権力者へと転進しうるのではないか。共同体の命運をかけた戦争の過程で、古代国家は形成されたということです。

七世紀、東アジアで戦われた、日中戦争

それでは、日本という国家が書いた歴史書『日本書紀』が、どのような背景で生まれてきたのか、それを中国大陸、朝鮮半島の情勢とからめてお話ししましょう。誰が、どのような意図で、この書を書かせたのか、順々に見ていきますね。まずは、中国大陸と朝鮮半島が連動するかたちで、その中に対立の萌芽《ほうが》が生まれます。

六一八年、隋《ずい》が滅亡し、より強大な中央集権国家である唐《とう》が興《おこ》りますと、朝鮮半島にあった高句麗《こうくり》・新羅《しらぎ》・百済《くだら》の三国は、六二四年、そろって唐の冊封体制《さくほうたいせい》（中国の皇帝が周

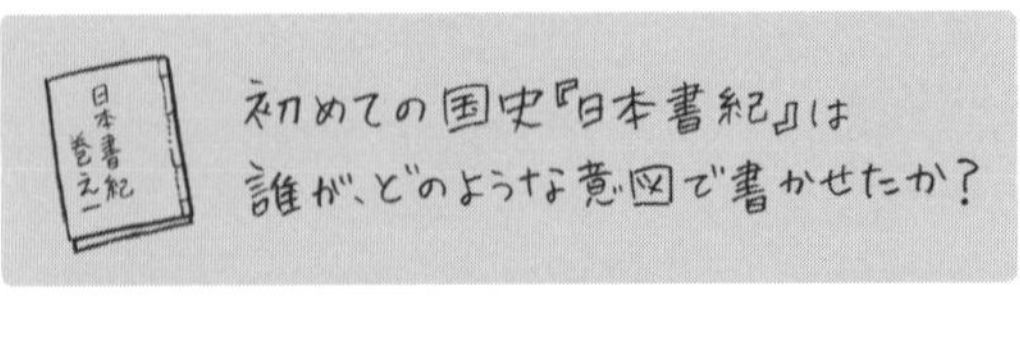
日本書紀 巻之一
初めての国史『日本書紀』は
誰が、どのような意図で書かせたか？

辺諸国の首長に王・侯などの爵位を授け、そのような国々を統属させるシステム）下に入り、唐の皇帝に、臣下《しんか》の礼をとるようになりました。大陸と半島は地続きですので、七世紀前半のこのとき、唐を中心とする東アジアの国際秩序が形成されたといえるでしょう。

ところが、半島からさらに海を隔《へだ》てて東に位置していた倭国は、六三三年、唐から官《かん》爵《しゃく》の授与を受けない関係、つまり、唐からの冊封の外に立つ道を選びとりました。

唐は南から高句麗を牽制しうる新羅と手を組み、高句麗に圧力をかけます。圧力をかけられた高句麗は百済と結び、錯綜《さくそう》した対抗関係が、大陸と半島の間に結ばれ、このような情勢のもと、日本は高句麗や百済と結び、唐と新羅に対抗するようになります。

六四五年になりますと、唐の太宗《たいそう》（第二代皇帝）は、一〇万の大軍で高句麗の領土に攻め込みました。倭国は、高句麗・百済と親交を結んでおりましたから、このように唐が、軍事的な圧力を直接、高句麗にかけてきたことは、衝撃をもって受け止めたはずです。高句麗の次に、唐が攻めてくるのは倭国なのではないか、と。

唐がまさに一線を越えた六四五年という年、倭において、中大兄皇子《なかのおおえのおうじ》などを中心とした宮廷勢力が、豪族の長である蘇我《そが》氏を滅ぼし、国内改革である「大化《たいか》の改新」を行ないますが、それは偶然ではありません。中大兄皇子、後の天智《てんじ》天皇が、蘇我氏を滅ぼさなければならなかったのは、単なる権力争いなどではありませんでした。それぞれの地域で豪族が連立した状態では、対外的に結束できない。唐からの攻撃が予想され、東ア

645年

・唐が、10万の大軍で高句麗に攻め込む。

・中大兄皇子らが「大化の改新」を行なう。

ジア世界が軍事的に極度に緊張する中で、倭国としては、国内の権力を、天皇のもとに集中して対外危機に備える必要がありました。この国内改革に力があった人が中大兄皇子、後の天智《てんじ》天皇であり、改革に協力をしたのが弟の大海人《おおあまの》皇子、後の天武《てんむ》天皇です。天武は、『日本書紀』など国史の編纂を命じた天皇でした。

高句麗を攻めあぐねていた唐の高宗《こうそう》（第三代皇帝）は、高句麗と親交を結んでいた百済を先に討つ作戦に出て、六六〇年、百済を滅ぼしました。倭国は、百済の遺臣《いしん》からの派兵要請を受けて、一歩、唐との戦争への道に進みます。朝鮮半島へ派兵したのです。

当時の天皇であった斉明《さいめい》天皇に加えて、中大兄皇子なども、半島への出撃拠点であった九州まで下向《げこう》していました。国の存亡を賭け、倭国は、唐・新羅連合軍に挑みますが、六六三年、白《はく》村江《そんこう》の戦いで大敗を喫《きっ》します。

［7世紀の日中戦争　白村江の戦い］

白村江で大敗した倭は、防衛策をとった。

戦争に敗れた後、倭国の緊張は続きます。今度は唐と新羅は日本の海岸に現れるだろう、と。ですから、対馬《つしま》、壱岐《いき》島に防衛施設をつくり、筑紫《つくし》の大宰府《だざいふ》に堤防である水城《みずき》を築き、怖れと緊張感をもって日本は備えていたのです。これは意外でしょう。

七世紀の日本に、外国からの侵略を受けるという怖れを感じなければならないような客観的状態がある。日本は島国だという言い方をしますが、大陸と中国の緊張感というものが、古代の時代にもたらしたものは、ものすごく大きいのです。

東アジアで、唐と新羅vs日本と百済（遺臣）という海戦が起きていた。朝鮮半島の二つの勢力、新羅と百済が関与していますが、白村江の戦いは、七世紀に起きた、もう一つの日中戦争といえそうです。

「日本という、新しい国の遣いとして来ました」

歴史は苛酷《かこく》です。六六八年、唐は遂に高句麗を滅ぼします。百済はすでに滅んでおりましたから、六七六年、朝鮮半島は新羅により統一をみます。

倭国は、またまたここで悩んだはずです。白村江で大敗を喫した倭国が、このまま唐の冊封《さくほう》の外側にいることはできるのだろうか、と。まずい対応をとれば、高句麗の二の舞になる。ならば、ということで、倭国はここに必死の方向転換策を試みました。唐に対し、三十二年ぶりに、これまで中断されていた遣唐使を再開し、唐との関係の修復に乗り出します。その時の説明の論理がふるっていました。

七〇二年に唐に派遣された遣唐使、粟田真人《あわたのまひと》は、唐の則天武后《そくてんぶこう》に向かい、今回、私が唐にやってきたのは、倭国の遣《つか》いとしてではなく、日本という新しい国の遣いとして来ました、とこう説明したのです。則天武后は粟田真人を気に入り、倭国から日本国への国号変更を認めました。まさに日本は、唐との間の七世紀後半の緊張した関係を、日本という新たな国だと主張することによって清算したのです。[24]

絶体絶命の危機にあって、国内的には大宝律令《たいほうりつりょう》という新しい法令を整備し、対外的には新しい国・日本を建国しましたといって、かつての敵国と外交関係を再開し、従来の敵対関係をゼロにすることを、古代の日本国家はやり遂げました。そして、唐に向かって、日本という国は、このような国であると説明するための本が、まさに『日本書紀』という、国家の編纂による最初の歴史書だったのです。

戦いに敗北し、その戦後を生きるために、国家が自らの出自を歴史書として書く、戦勝国に見せるために書くわけです。これは、ある意味で、自ら憲法原理を書き換えたということになりますね。それを行なったのが、天武天皇の時代でした。

ちなみに、このときの白村江の戦いを、「歴史の長いものさし」を使って、自分が置かれてい

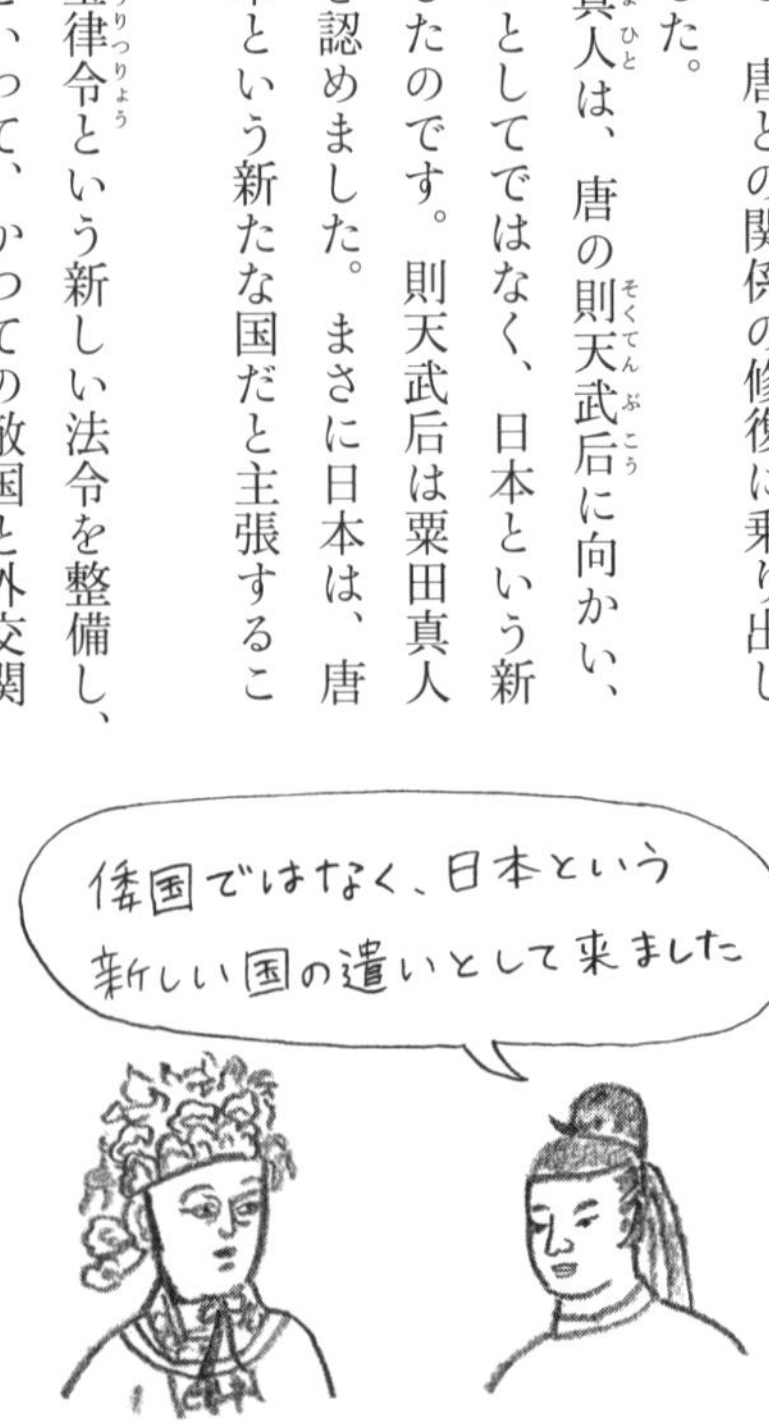
倭国ではなく、日本という
新しい国の遣いとして来ました

る状況と比較した人がいます。それは、敗戦後の昭和天皇です。

昭和天皇は、太平洋戦争に負けた翌年、一九四六年八月十四日に、敗戦時の首相の鈴木貫太郎《かんたろう》、幣原喜重郎《しではらきじゅうろう》、当時の首相の吉田茂《しげる》などを呼んで、茶話会《さわかい》を催すのです。天皇が関係閣僚を呼んで司会もするのですが、まず、こういう話を始めます。

戦争に敗けて、申し訳なかった。みんなには苦労させた。けれども、日本が敗けたのは初めてではない。昔、六六三年、白村江の戦いで朝鮮に兵を出し、敗北した。そこで改新が行なわれ、これが日本の文化の発展に大きな転機となったのだ。これを考えれば、日本の進むべき道もおのずからわかると思う、と。

昭和天皇からすれば、太平洋戦争を除けば、敗けた戦争は、七世紀の白村江の戦いとなる。二代前が明治天皇で、それを八〇代余遡《さかのぼ》れば、天武天皇へと行きつく。むろん神話ですが。

白村江の戦いと、太平洋戦争と、この二つの時代は七世紀と二十世紀ですから、大きく離れています。けれども、似たところもある。今の憲法は、太平洋戦争で敗けて、書き換えられたものですね。対外的に新生国家だと表明する、国内的には新しい法令体系を整備するという、外と内に憲法の書き換えを同時に表明したのは、古代だけではなかったのです。

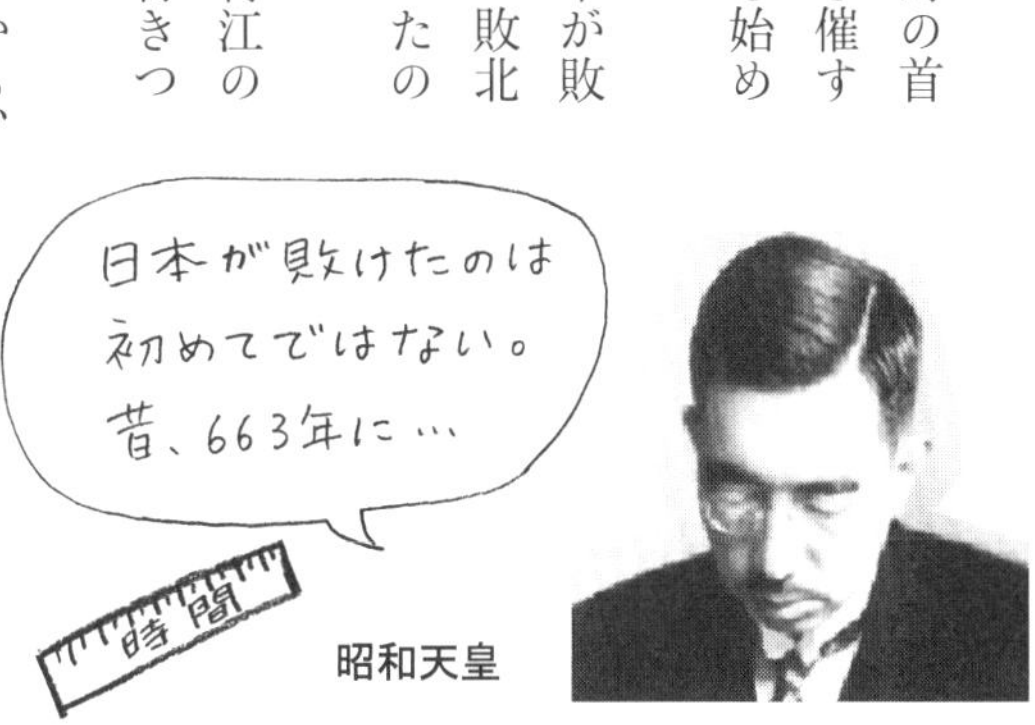
日本が敗けたのは
初めてではない。
昔、663年に…
時間
昭和天皇

歴史の始まりとは

紀元前五世紀に生まれた歴史の問い

ここまで、国家が歴史を書こうとするときについて、お話ししてきました。しかし、歴史は国家だけが書くものではありませんね。ある人間が、ある事態を見て、これは後世の人間のために書き残さなければならないと思って歴史を書き始める。そのときの、ある事態というものが、戦争である場合が、実に多いのです。

ローマの政治家キケロが歴史の父と呼んだのは、紀元前五世紀のギリシャに生きたヘロドトス（紀元前四八四年頃―前四三〇年以後）という人物です。ヘロドトスには、『歴史』[25]という著作がありますが、これは、ヘロドトスが書いたギリシャとペルシャの戦争の本に、後世の人間が「歴史」とタイトルをつけたものです。だとすれば、歴史というものはそもそも、戦争の歴史を書くことから始まったのではないかといえそうです。

今日は、ヘロドトスより二〇歳ほど若い、古代ギリシャのアテーナイ（アテネのことです）出身であるトゥーキュディデース（紀元前四六〇年頃―前四〇〇年頃）を見ていきますが、彼は、歴史という学問をつくりあげた人物の一人で、そのものズバリのタイトル、『戦史』[26]を

？ 紀元前、「歴史」は戦史から始まった？

書きました。

彼が描いたのは、紀元前四三一年に起こったペロポネーソス戦争です。この戦争は、ギリシャの代表的なポリスのアテーナイ（とその陣営デロス同盟）に対して、スパルタ率いるペロポネーソス諸同盟が戦いを挑んだ戦争でした。

戦争の始まりは、表面的にはケルキュラ（現在のコルフ島）をめぐる小さな対立に過ぎませんでした。しかし、それが全ギリシャを二分する大戦争へと発展してしまったのです。[27]二十七年にわたって戦われ、紀元前四〇四年、アテーナイの敗北で戦争が終わります。

アテーナイは海を制し、高い文化を生み出した中心地で、当時にあっては、もっとも優《すぐ》れた民主政を行なっていた都市国家でした。

一方、スパルタは、王様や貴族など、身分的

［ペロポネーソス戦争］
小さな島をめぐる対立が大戦争に。

な階級が力を持っている貴族制をとる国家で、アテーナイとくらべれば文化的に劣る国であったと、哲学者たちは言っています。

母国のアテーナイが、なぜ、劣った文化の、劣った政治制度の段階にあったスパルタに負けてしまったのか。トゥーキュディデースは深く悩み、そこから生まれた歴史的な問いと格闘していくのです。

この戦争を描く際に、トゥーキュディデースは、二つの方法を採りました。まずは、5W1H（いつ、誰が、どこで、何を、なぜ、どのように）に従った方法で、簡潔に出来事の流れを描く。ただ、どうも戦争の原因を考えていきますと、小さな島をめぐる対立だけではなさそうなのです。戦争のより深い原因、真の争点は、アテーナイの勢力伸長《しんちょう》を恐れたペロポネーソス同盟軍側が、その勢力をあらかじめ殺《そ》ぐため、開戦を決したことにあるのではないか、と、トゥーキュディデースはこう考えるようになるのです。

では、アテーナイへの恐怖心や警戒心といった、心理面での対立をどう描けばいいか。目に見えないものは、5W1Hで書くのは難しい。そこでトゥーキュディデースは、ポリス各国の政治家や軍人たちが述べる演説の言葉から、そこに展開された争点を探っていくのです。このような試行錯誤を行なったところに、彼が、「ザ・戦史」を書き残せた秘訣《ひけつ》があるのだと思います。

母国アテーナイは、なぜ
スパルタに敗けてしまったのか…
トーキュディデース

真実に近づくための言葉の営み

戦争が始まる前年、紀元前四三二年、スパルタで開かれたペロポネーソス同盟側の会議でなされた演説を、トゥーキュディデースはしっかりと再現していました。スパルタ側に立つコリントス人の代表は、アテーナイに対して今こそ開戦すべき理由を次のように演説し、開戦決議のための過半数の獲得に成功したのです。[28]

> この戦《いくさ》に敗れるという、耳にするさえ忌《い》まわしい仮定が実現すれば、われらは容赦なく奴隷に落されることを覚悟せねばならぬ。〔中略〕怯懦《きょうだ》のために父祖《ふそ》に劣るの汚名に甘んじたとも思われよう。わが父たちはギリシャに自由を与えたが、われらは己が自由さえ守り抜くことができず、〔中略〕一つのポリスが独裁者として列国に君臨するのを座視《ざし》することになる。

今、開戦の決意をしなければ、戦いに敗れることもありえ、そうなれば奴隷に落とされ、臆病者だと後世の同胞から笑われる。こう唱えて、開戦へと煽動《せんどう》していますね。「怯懦」とは、臆病に恐れおののいているさまのことを言います。

戦争に敗北すれば奴隷にされるというのは、とてもわかりやすい煽《あお》り方ですね。古今東西、この煽りは有効とみえて、日本においても太平洋戦争末期、英米などの連合国が枢軸《すうじく》国に提示した無条件降伏方針などを論ずる際など、新聞は、敗ければ「奴隷にされる」といった言葉をさかんに紙面に踊らせていました。

トゥーキュディデースは、政治家や軍人たちが行なう演説の言葉を集めて、なにをしようとしていたのか。そして、彼が出来事と言葉の関係をどう捉えていたのか。それについて『戦史』を全訳したギリシャ古典学の大家《たいか》である久保正彰《くぼまさあき》先生は、解説で次のように説明しています。[29]「真実とは、行動的事実だけをもって成［り］立っているのではなく、「言葉」にあらわれた知性の営みと、行動的事実との両面から捕捉される」と。

なぜ戦争に至ったのか。その原因をたずねていけば、重要な位置にある島の領有をめぐる対立、航海路の自由の確保など、経済的政治的な対立点は、明らかになっていくだろう。ただ、両陣営の根深い対立、不倶戴天《ふぐたいてん》といった対立を理解するには、物量のデータを調べることだけでは不十分だ。そこでトゥーキュディデースは、国家と国家が生死をかけて戦うときに、総動員される知性の営み、言葉として結実される知性の力そのものを分析するのです。

この時代にあっては、それは、政治家や軍人が市民の士気を鼓舞《こぶ》するために行なった演説の言葉だったと考えられます。

≪歴史学の始まり≫
対立点が「言葉」へと昇華される過程、
国家が総動員した知性の営みを調べる。

国民を主人公とした歴史が書かれるとき

ここまで、国家が歴史を書くとき、人が歴史を書き始めるときを振り返ってまいりましたが、そこで書かれた歴史には、いったい誰のことが描かれていたのでしょうか。みなさんもいずれ、未来から今を振り返ったとき、歴史に書かれる一人となるはずですね。ただ、歴史学が、その始まりから、個々の国民を対象として描き始めていたかというと、そうではないのです。

極端なことをいいますと、古代において、奴隷は数じゃない。アテーナイなどで民会に参加できるのは市民ですが、市民の数はとても少ない。また、王権が登場してからは、国家の意思決定を行なうのは究極的には王様だけということで、歴史の描く対象となる人間の数は一人であるかもしれません。

中世ともなれば、支配階層としては、天皇・貴族・武士といった具合に三つくらいのグループとなり、江戸時代になりますと、士農工商《しのうこうしょう》という言葉があるように、さまざまな技術者・商人も含めて、「職分《しょくぶん》」という観念が生まれ、国家をそれぞれの階層の人が職分として支えているという意識が生まれてくる。時代が近代に近づき、人間社会が複雑な社会経済構造を営むようになれば、国家を支えるべき人間の数が、だんだんと増加してくる様子はイメージできますね。けれども、本来は最も占める人数の多い普通の人々、農民や商人や職人が歴史学の対象として、主人公として描かれるのは、明治維新以降、近代になってからのことだと思います。

私は、最も多数の国民を対象とした歴史学を日本においてつくりあげたのは、吉野作造《さくぞう》ではないかと考えています。吉野は、西欧、中国、日本という三つの地域の政治史を初めて本格的に講じた先生です。吉野は、近代とはなにかという「問い」からスタートしました。近代の画期をなにに置くのか。いろいろな答えが考えられますが、共同体の解体、身分制の解体、市場を軸とした再生産構造、このあたりが揃《そろ》ったとき、近代になった、と言えそうですね[30]。

吉野先生が面白いのは、このような通常の近代の指標ではダメだ、国民の中に「近代的政治意識」が発生したときが近代[31]だ、と大胆なことを言います。共同体や身分制を解体させる主体は、当時の為政者ということになりますから、その側面に注目して近代を描くと、どうしても分析の対象は、政府ということになってしまう。吉野先生は、国民をじっと観察して、その国民の頭に、近代的政治意識といったものが生まれるのはいつ頃で、なにを契機としていたのか、そこに興味を持ちました。彼は国民のこの意識を、「政治を我が事とする態度」と言い換えています。

吉野先生の論文は、すごく読みやすくて、読み始めると最後まで読みたくなりますよ[32]。

永い間の封建制度に圧せられ、天下の大政《たいせい》に容喙《ようかい》することを一大罪悪と教えこまれて来た日本国民が、近代に至り、いかにして突如政治をもってわれら自身の仕事なりと確信するに至ったかを闡明《せんめい》せんとするにある。

容喙《ようかい》というのは、横から口を出すことですが、長い間、政治に口出しすることを一大罪悪と教え込まれてきた日本国民が、近代になって、どのようにして政治を自分のこととして考えるようになったか、それを明らかにしたいというのです。考えてみれば確かに不思議ですね。近世期まで、政治などは幕府や藩の侍《さむらい》が行なうもの、自分たちは農工商にいそしむもの、といった職分意識の中で暮らしてきた人々が、突然、明治になって、政治を「自身の仕事」と考えるようになったとすれば、それはなぜなのか。

吉野先生の説明は、少し「ひねり」がありますので、しっかりと流れを追ってください。まず、江戸幕府を倒した明治政府が、維新直後、窮地《きゅうち》に陥ったのではないかと吉野先生は考える。どうしてそうなったのか。明治政府を担った、三条実美《さんじょうさねとみ》、岩倉具視《いわくらともみ》、大久保利通《としみち》、彼らは、幕末の時期、なにを声高《こわだか》に論じていましたか。

——……討幕？

そうそう。で、そのとき、幕府のなにがいけないといって批判していましたか。

——尊王攘夷《そんのうじょうい》といって、開国するのは駄目だと言ったことですか。

そうです。幕府が諸外国と条約を結んで開国しようとした点を批判した。

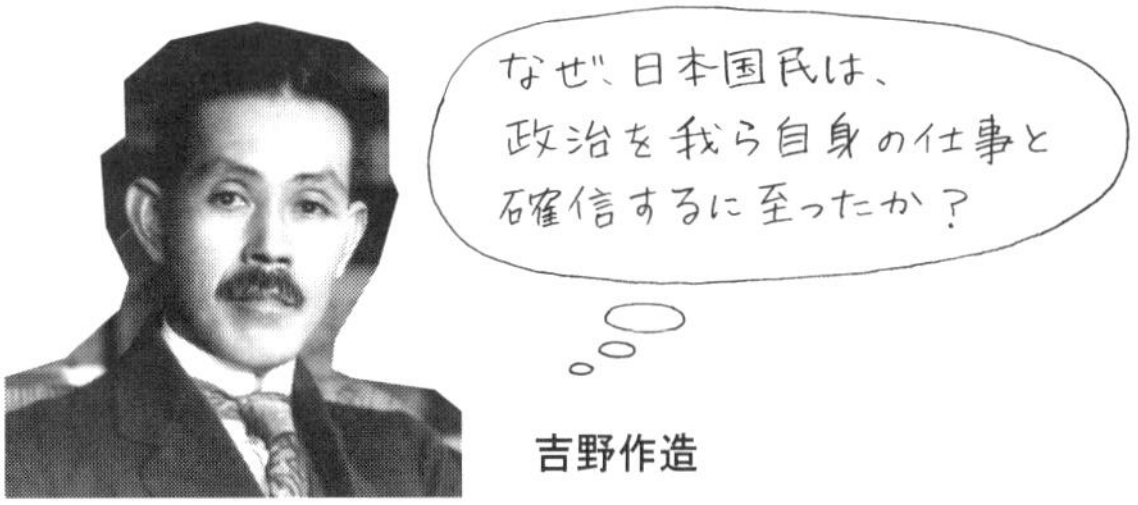
なぜ、日本国民は、
政治を我ら自身の仕事と
確信するに至ったか？
吉野作造

提供：吉野作造記念館

明治維新の結果、討幕派だった人たちは、政府の主人となりました。しかし、彼らは、はたと困ってしまった。幕末まで彼らは、外国人は出て行けと言っていた。けれども、さあ明治の世の中になって、彼らがやったことといえば、まさに自分が批判していた幕府がやったのと同じこと、つまり、外国との交際だったわけです。たとえば、外国の使臣《ししん》を明治天皇と会わせるとか。これが、一八六九（明治二）年あたりのことでした。

討幕攘夷を唱えていればよかった人たちが、新たに主人となった明治政府で、開国和親《かいこくわしん》を唱えなければならなくなる。民衆から見れば、外国人出て行けと言ったその当人が、外国人に媚《こ》びを売っている、けしからん、となるでしょう。このような批判の高まりを見た政府は、民衆を説得しようとするのですが、その説得の論理がなかなか卓抜《たくばつ》だった。

明治政府ができる前までの日本人は、外国人を夷狄禽獣《いてききんじゅう》などと呼んで、獣《けもの》のように劣ったものと毛嫌いしていた。けれども、よく調べてみると、外国人の側には、万国公法《ばんこくこうほう》という、人間のつきあいの方法を定めた法があるらしい。そして、我々日本人に向かって、「天下の公道《こうどう》」に従って、交際しようと言っている。ならば、日本人の側も、その公法とやらに従って、交際してみたらどうだろう。みだりに、交際を拒絶するのは、「古来の仁義の道」に背《そむ》くことになるし、お天道様《てんとさま》の公道にも反すのではないか、と。

明治政府は、このような、噛《か》んで含めるような言い回しで、人々に向かって、開国和親や万国交際の必要を説《と》いていました。ポイントは、万国公法だの国際法だのを説明する際、これは、東から上った太陽が西に沈むというのと同じ、天下の公道、お天道様の道なのだ、と政府側が国民に説明した、その点にあります。

このような説明を、支配者が被支配者にしなければならなくなった時代、それが近代なのですね。これまでだったら、被支配者への説明など必要なかった。しかし、幕府を批判していた側が政府の中枢《ちゅうすう》になると、言っていたことに齟齬《そご》が生ずる。その窮地を自ら救うため、国家は必死に国民への説得の論理を考えた。国家と国民の関係が変化しているのです。

万国公法に従うのはお天道様の道だなんて、乱暴です。けれども、このようなわかりやすい説明を聞いた人々は、なぜ、外国人を襲撃してはならず、通商も行わなければならないのか、深く納得し、初めて世界を理解する政治の言葉を手にしたのではないでしょうか。

政治を我が事とするといった際、人々を国家と結ぶのは選挙ですね。二五歳以上の男子に、いわゆる普通選挙権が付与《ふよ》されたのは一九二五年のことでした。一八九〇年、第一回帝国議会が開設された際に選挙権を持っていた人は、全人口の1％強といわれています。本当にごく少数の地主層しか持てないものだった。しかし、人々は、選挙の演説会にわーっと押しかけて、熱心に演説を聴いていたのです。選挙権を持たない国民が、帽子をかぶってお寺に出かけていく（明治時代の選挙演説会場はお寺のことが多かったのです）。演説会場やその庭には四千、五千人も集まり、当時の選挙権の保有者数の少なさを思えば、本当にみんな、熱心に聴いていました。

明治になって、国民というものが生まれ、近代的政治意識を持つようになった、その理由を、

国家が真剣に国民に物事を説明しようとしなければならなくなった瞬間に求めた、吉野の分析視角の鋭さが光ります。国家の主人公は、王様一人ではなく、貴族やブルジョアの多数でもなく、国民全部、「マス」なのだという見極めが、吉野にはありました。

国民に国家が真剣に働きかける、その働きかけ方、また逆に、国民が国家に真剣に働きかける、その働きかけ方、相互の間でやりとりされた力、その痕跡を、遺された史料から見出すこと、これが歴史学がなすべきことの一つなのだと思います。

経済学の目的とは

みなさんは、大学に進んだらどの学部を選ぼうかと悩んでいませんか。現在、多くの大学はオープン・キャンパスを行なって、模擬授業や学部紹介などで汗をかきつつ、高校生のみなさんに説明しようと努力していますから(笑)、それに出てみるのも一案です。また、この学部はどのような学問をするところか、そこで学ぶ大学生の声も交えた紹介をウェブ上に設けたりもしています。

私の場合は、高校生の頃から不遜《ふそん》な生徒でしたから、図書館の本の蔵書数が多い大学、教授陣の数が多い大学などに着目して、大学を選んでいました。せっかく、初めて自分の好きな専門を選べるのですから、研究や教育の質をじっくりと見て選んでください。

さて、その中で、歴史とはどのような学問なのでしょうね。歴史学部や文学部日本史学科などの紹介で必ず書かれているのは、「史料を用いて」、人間の過去の営みや社会のあり方を考える学問だ、ということです。それはどのようなことなのか。二回目以降の授業では、実際に史料を一緒に読みながら、歴史学というものを体感してもらいたいと思います。さまざまな人たちが発した言葉に触れていきますので、楽しみにしていてください。

これからの授業で歴史学というものを考えていくためにも、他の学問にはどのような特徴があるのか、最後に、ちょっと覗いてみたいと思います。先ほど、戦後七十年談話を批判的に読むにあたって、経済からの観点は大事だよねといいました。ですので、経済学の面白さも見てみましょう。もちろん、経済学をだしにして、歴史学万歳というつもりは毛頭《もうとう》ありません。

私自身もかつてそうでしたが、経済学と聞くと、お金持ちになるためのノウハウを教える学問だ、などというイメージを持っている人もいるのではないですか。東京大学経済学部の小野《おの》塚知二《づかともじ》先生という方が、駒場の一、二年生に向けて、経済学部にいらっしゃいと宣伝している中で、経済学とは何をやる学問か、次のようにまとめてくれています。

経済学の目的は、「○○の諸△△と、それに関連する人の行動や意図とを合理的に説明すること」[33]だと。この「○○の諸△△」の部分には、なにが入るでしょう。文章の続きには、人はさまざまだけれども、人間の幸福を実現する条件には多くの人に共通する部分がある、よって、人間の幸福を実現する条件を解明すること、これもまた経済学の目的だと述べられています。

ヒントを出しますと、十八世紀に生きた、あるイギリス人が、うんうん唸《うな》りながら、世の中の人を幸福にするための学問が必要だと考え、その思索《しさく》が基になって、現在の経済学の基礎がつくられました。イギリスで産業革命などが起こる頃です。

「〇〇の諸△△」ってなんだろう。

――……「社会の諸契約」？

なかなかよい勘をしています。その後に、「人の行動や意図」とありますので、「人」と対になる言葉を探して、「社会」がまずは浮かんだ。そして、「社会」ときて、十八世紀ですから、ルソーの『社会契約論』が思い浮かんだのかもしれない。ただ、ルソーはフランス人ですね。

この「諸△△」の部分は、なかなか難しいので、先に言ってしまいましょう。△△には「現象」が入ります。「〇〇の諸現象」。ヒントは、人間のある行動を説明するため、想像上の概念をモデルとしてつくってみる。そのモデルで説明すると、諸現象が上手く説明できる、というものなのですが……。

――市場《しじょう》？

そうです、よく出ました。「いちば」の意味の市場はマーケットのことで、誰もが実感できる具体的な場所です。しかし、市場《しじょう》は見ることも触れることもできない、人の知恵が生み出したフィクションです。このフィクションをモデルとして考え

〇〇の諸△△と、
それに関連する人の行動、意図を説明する。
人間の幸福の条件を解明するため…。

ると、さまざまな人間の行為が非常に上手く説明できる。

小野塚先生は、経済学の目的を、市場の諸現象と、それに関連する人の行動や意図とを合理的に説明すること、また、人間の幸福を実現する条件を解明すること、この二つから説明しました。逆にいうと、経済学の父と呼ばれる、十八世紀のあるイギリス人が、この二つのことを、両方考えた人だったのです。

このイギリス人は、一七五九年、初めて書いた本の冒頭で、こう書いています。

人間がどんなに利己《りこ》的なものと想定されうるにしても、明らかに人間の本性の中には、何か別の原理があり、それによって、人間は他人の運不運に関心を持ち、他人の幸福を――それを見る喜びの他には何も引き出さないにもかかわらず――自分にとって必要なものだと感じるのである。この種類に属するのは、哀《あわ》れみまたは同情であり、それはわれわれが他の人々の悲惨な様子を見たり、生々しく心に描いたりしたときに感じる情動である。

人間には、他人の幸福を望む本性がある。同情や共感といった感情が人間の本性だと洞察《どうさつ》していますね。たとえば、こんな実験を聞いたことはありませんか。生後十ヵ月の乳児に、攻撃している人の絵と、攻撃されている人の絵を見せると、赤ちゃんは攻撃されている人の絵に接近行動をとるという実験結果があるそうです。乳児の段階でも、犠牲者の側に同情を示すような原初的感情があるらしい[34]。

この十八世紀のイギリス人の洞察は、人間というものの本質をついたものだったのでしょう。その同じ人が、経済学の法則を考えていったというのが面白いですね。さて、この人は誰でしょう。

――アダム・スミス。

そうです。十八世紀のイギリス人としつこくいいました（笑）。イギリス人で経済学者といえばケインズ（一八八三―一九四六年）ですが、彼だと世紀が違ってしまいます。アダム・スミスは、知れば知るほど、意外性に満ちた人です。慶應大学の堂目卓生《どうめたくお》先生[35]がとてもわかりやすい本を書かれていますので、興味のある方はお読みください。

アダム・スミスといえば、私のような素人《しろうと》は、政府による市場の規制を撤廃《てっぱい》し、競争を促進することによって、豊かで強い国をつくるべきだという主張を、『国富論』（一七七六年）で展開した人だと考えてきたわけですが、どうもそうではないらしい。先ほど引用した、アダム・スミスが最初に書いた本は『道徳感情論』といいますが、『国富論』を書く十七年前にスミスが取り組んでいたものが、この本だったことを、頭の隅に置いておきましょう。

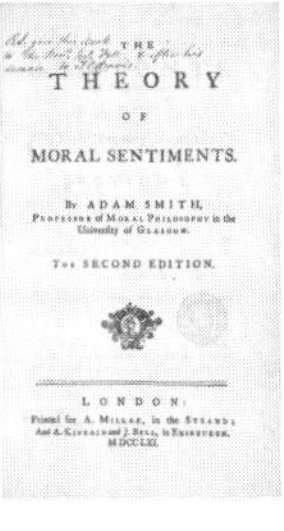

『道徳感情論』

「経済学の父」は、
『国富論』を書く17年前、
『道徳感情論』を書いていた。

アメリカを独立させるべきか否か

分業や資本蓄積という、経済学の諸原理を考えた当のアダム・スミスが、まずは、人間の本性や幸福の条件を考えていた人だったとわかりました。では、スミスにそのような問題を考えさせるにいたった、当時のイギリス社会は、どのような状態だったのでしょうか。

政治という点では一六八八年の名誉革命と翌年の権利の章典（ジェームズ二世の国王大権の濫用、カトリック復興政策に対し、議会が王を追放した市民革命。臣民の権利と自由を宣言した権利の章典を成文化したもの）によって議会の権利が既に確立され、植民地獲得という点ではフランスとの四度にわたる戦争を経て、大西洋を中心とした帝国を確立しつつありました。しかし、スミスが二冊目の本を書く頃、イギリスは経済的に困難の度を増していたのです。

オーストリア継承戦争（一七四〇―四八年）、七年戦争（一七五六―六三年）、アメリカ独立戦争（一七七五―八三年）など、イギリスは、十年から二十年ごとに対外戦争を行なっていた国で、戦費が国の財政を圧迫していました。そもそも、イギリスの植民地であったアメリカが本国イギリスに対して独立戦争を起こしたのは、イギリスがフランスとの七年戦争の戦費捻出《ねんしゅつ》のために、アメリカ側に新たな課税を行なったからでした。

『国富論』には、意外にも、アメリカを独立させるべきか否かの議論が展開されています。一つの案は、アメリカへの課税権はそのままにしてイギリス本国議会への代表権を認め、アメリカをイギリス帝国の中に統合するかたちで、和平を結ぶ案でした。二つ目の案は、アメリカを自発的に分離し、独立国として承認する案でした。

スミスが自らの案として選択したのは、第二案のほうです。もし、イギリスがアメリカ植民地を維持しようとすれば、貿易を独占するために、イギリスは巨額の防衛費を負担し続けなければならなくなり、独占的な植民地貿易は、多くの国民が自由に参入できる自由貿易にくらべた場合、利益を生み出さない。スミスはこう考えます。そして、『国富論』の最後で、スミスはもっと端的に、次のように述べています。[36]

ブリテン〔英国〕の支配者たちは、過去一世紀以上の間、大西洋の西側に大きな帝国〔アメリカのこと〕をもっているという想像で国民を楽しませてきた。〔中略〕それは、何の利益ももたらさないのに巨大な経費がかかってきたし、現在もかかり続けている。また、今までどおりのやり方で追求されるならば、これからもかかりそうな計画である。なぜなら、すでに示したように、植民地貿易の独占の結果は、国民の大多数にとって、利益ではなく、単なる損失だからである。

これをスミスが書いたのは、一七七六年、まさにアメリカ独立宣言が出された年で、独立戦争がアメリカの勝利に終わるまで、まだ七年の年月が必要でした。スミスの論は、この時点でのイギリスでは少数派でしたが、アメリカという植民地を持ち続けることは正義に反し、経済的にも国民の利益を害する、との結論をスミスが大著で導いたこと、これは大きな決断であったと思います。

人間の幸福の増大、国民の利益の増大という観点から、アメリカ植民地を自ら分離して独立させるという方向性を選択したアダム・スミスは、やはり偉大だと思いました。国を二分するような、国民の将来の豊かさを決める、そのような煩悶《はんもん》の岐路に立ったとき、経済学という新しい学問が産声《うぶごえ》をあげたということですね。

世界の大きな分岐点

ところで、みなさんの目の前にも、実はアダム・スミスが煩悶していたのと同じような、大きな経済的な岐路がありますよね。先ほどイギリスの戦費のお話をしましたが、当時のイギリスはこれを増税ではなく、国債《こくさい》（政府が発行する債券《さいけん》。証券会社、銀行、保険会社、個人投資家が債券を購入することで、国に金を貸し、利子を受け取る）によってまかないました。増税するには、議会の承認が必要ですし、国債であれば、利子さえ払っていれば、手軽に買ってもらえるからです。

イギリスも国債残高がすごかったわけですが、現在の日本もなかなかすごいですよ。財務省

アメリカ独立を承認すべき。
独占的な植民地貿易は
国民にとっては、単なる損失。

アダム・スミス

のホームページに行きますと、すっかり暗くなれます。二〇一四年末段階で国の借金の残高は約七八〇兆円、債務残高の対GDP（国内総生産）比は、世界で最悪のレベルに達していることが丁寧なグラフで描かれています。

一方で、グローバル化と、機械・人工知能による代替化《だいたいか》のために、中間層的な職種は、どの先進国も同じですが、日本においても急速に減少し、少数のトップエリートと大多数の低所得者・非正規雇用者という、大きな経済格差も生まれています。そして、環太平洋パートナーシップ協定（TPP）という、太平洋周辺の国々の間で、ヒト、モノ、サービス、お金の移動をほぼ完全に自由化しようという国際協定が準備されているわけですね。

――EUを統合したヨーロッパには、アジアより先に分岐点が来ていたということですか。

そうですね。ヨーロッパというのは、本来なんの問題もない優等生のはずだった。国の力に差がある状態の中で、地域の面積や人の数を大きくすることで問題を解決しようとする方針をとっていたのがヨーロッパだった。

これまで、アメリカの一極支配が崩れても、中国やロシアの台頭《たいとう》があっても、EUが安定していてくれさえすれば、という世界の思い込みがありました。これが難民の流入によって一挙に流動化したのが、昨今《さっこん》の世界の動きでしょう。グローバルな数と量で問題を解決するという方針が、通用しなくなるというのが、今なのです。

その中で、なにか人間が苦しみの中で考え抜き、ようやく発見した真理、それらを自国民に広めるだけでなく、他国民も共感を持って受容できるよう、言葉にして訴えかけ、形にして提示しうる知の力を持つ国や人々が、世界をリードしていくと思います。産業革命を契機に国民の経済学がイギリスで生まれ、明治維新を契機に国民の歴史学が日本で生まれたように、また何かの学問がどこかで生まれてくるのではないでしょうか。

みなさんが立っている世界は、今、まさに大きな分岐点、大きな曲がり角にあります。次回から、かつての日本が直面した、大きな分岐点を見ていきましょう。

≪2015年以降、現在の地点≫
グローバルな数と量で
問題を解決するという方針が通用しなくなった。

2章

「選択」するとき、そこでなにが起きているのか

リットン報告書を読む

第二回：二〇一六年一月三十日
第三回：二〇一六年二月二十日

満州事変、リットン報告書　1931-33 年

1894　日清戦争
1904　日露戦争
1910　韓国併合
1911　辛亥革命（翌年、清朝滅亡）
1914　第一次世界大戦
1915　対華二十一ヵ条要求
1917　ロシア革命
1919　パリ講和会議
1920　国際連盟発足
1922　ワシントン会議（九ヵ国条約ほか）
1923　関東大震災
1928　張作霖爆殺事件
1929　世界恐慌
1931　**満州事変（9月18日）**
1933　**日、連盟に脱退を通告（3月27日）**
1937　日中戦争が始まる
1939　第二次世界大戦
1940　日独伊三国軍事同盟調印
1941　日米交渉（4月〜11月）

1931年
9.21　中国が日本を国際連盟に提訴

1932年
1.28　上海事変
2.29　リットン調査団が来日（中国、満州を視察し9月帰国）
3.1　満州国建国
3.5　団琢磨暗殺（血盟団事件）
5.15　犬養毅首相暗殺（五・一五事件）
9.15　日、満州国を承認（日満議定書調印）
10.1　リットン報告書が連盟に提出される（翌日公表）
10.19　チャタム・ハウスでリットンが講演
11.21　国際連盟理事会での審議開始（33 年 3月まで）

日本が「世界の道」を提示されるとき

日本と世界が「斬り結ぶ」瞬間

こんにちは。前回は、さまざまな立場の方が発した戦後七十年のまとめを読みながら、国や個人が歴史を書くとき、一体なにが起きていたかということをお話ししました。

本日からは、日本と世界が斬り結んだ歴史的瞬間を見ていきたいと思います。今、「斬り結ぶ」と言いましたが、この言葉を聞いたことはありますか。斬るという字と、結ぶという字から構成されている言葉、斬り結ぶって、どのような意味だろう。「切り結ぶ」とも書きます。

——斬ると結ぶが逆なので……。

相手に対する動作の方向性が逆なのに、一つの言葉になっているところに目がいった。

——すれちがった後に、なにか交渉、妥協する。

まずは斬りかかって、その後は交渉に転ずるといった感じでしょうか。みなさんの中で、クラブ活動をやっている人には、縁のある言葉かもしれません。

——新しいことをみんなでつくっていく、一新する感じのイメージがある。

ほう。この言葉を聞いて、新しさに関するイメージが湧《わ》くというのは、言葉に対する独特の感性で、ハッとさせられます。確かに「斬新な」デザインなどといった表現もありますね。クラブ活動といったとき私の頭にあったのは剣道部などのことですが、ちょっと浮かばないかな。

時代劇といえば昔は『水戸黄門』で決まりだったのですが、今では『るろうに剣心《けんしん》』といえばイメージが湧きますか。双方が剣と剣を振りかざして睨《にら》み合う。そして、お互い一歩を踏み出して刀と刀が火花を散らしてバシッと交叉《こうさ》する。両者が刀を交叉させて斬り合う。これが「斬り結ぶ」の原義、もとの意味です。そこから転じて、激しく対立するという意味に使われるようになりました。鋭く対立するものがバンッとぶつかってそこに火花も生ずる、そういったイメージを持つ言葉です。

本日お話しする満州事変とリットン報告書、三回目のテーマである日独伊三国同盟、四回目に取り上げる日米交渉、これら三つに共通しているのは、これらの案件が日本の近代史上において歴史の転換点だっただけでなく、日本と世界が火花を散らすように議論を戦わせ、日本が世界と対峙《たいじ》した問題だったということです。

リットン報告書というのは、中学生の方は初めて聞くかもしれません。一九三一年九月十八日に起こった満州事変に関し、その事実関係を現地で調査し、国際連盟理事会に報告するため派遣された調査委員会、これを日本ではリットン調査団と呼びならわしてきました。この調査団が三二年十月にまとめた報告書が、リットン報告書です。

リットン報告書を受け取った国際連盟理事会では、日中紛争に関する審議が一九三二年十一月二十一日から始まり、日本政府全権の松岡洋右《まつおかようすけ》と中国政府全権の顧維鈞《こいきん》が演説しました。スイスのジュネーブを舞台に、ともに英語での演説を得意とする日本の松岡と中国の顧が、火花を散らして「斬り結ぶ」瞬間がやってきました。松岡は、リットン報告書が、「満州」（中国東北部）を中国主権下の土地だと認識しているのは間違いだとし、満州は中華民国の前の王朝である清朝の天領《てんりょう》とでもいうべき土地だと論じたてます。後でくわしく見ていきますが、日本は清朝最後の皇帝、溥儀《ふぎ》をトップに据えて、満州国をつくっていきました。

対する顧維鈞もまた、日本の膨張政策といえばその歴史は古く豊臣秀吉以来のものであって、田中上奏文《じょうそうぶん》（田中義一《ぎいち》首相が昭和天皇に対して上奏したとされる世界侵略の方針。中国側の一部の者が日本側の文書を元に作成した偽文書）[1]を見ても、日本が中国を侵略しようとする野心のほどがわかるはず、と論じたてました。意味するところは、満州事変が日本の対中侵略計画の始まりだということでしょう。なお、この田中上奏文は、現在では偽書《ぎしょ》、つまり、存在しない、中国側の一部の者によって捏造《ねつぞう》された文書だということで研究上は決着がついています。

松岡の議論、顧の議論、ともに誇張や虚偽が含まれていました。そして、リットン報告書の内容、連盟の議論の行方を詳細に追っていた日本の報道は、日中の全権の間で展開された、このような論戦の表層的な一挙手一投足に過敏に反応していま

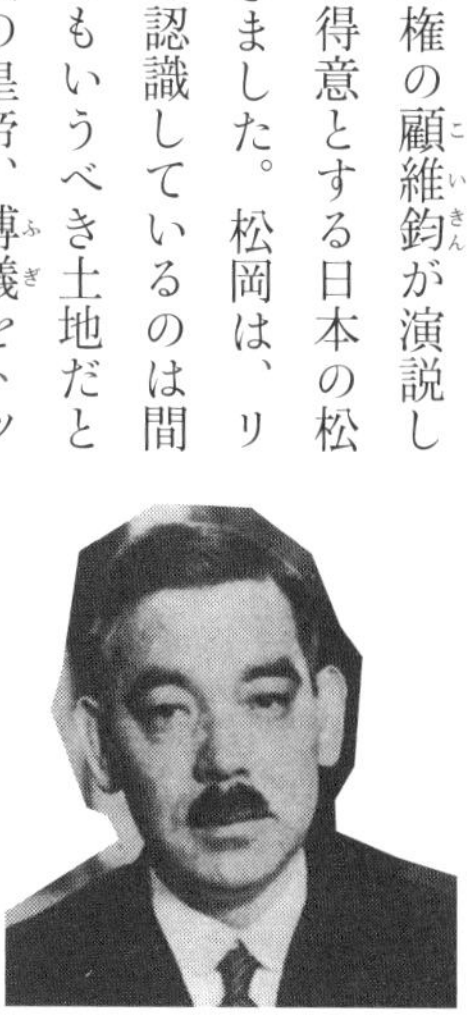
松岡洋右《ようすけ》

顧維鈞《こいきん》

した。

しかし、リットン報告書が示していた内容の全容と、日本政府が主張していた論点との間にみられた本当の対立点は、別のところにありました。日本と世界が、火花を散らして切り結んだ真の争点を確認していきましょう。

「選ぶ」ということ

本日、お話ししたいテーマの二つめは、「リットン報告書」が世界に公表される、そのような場面において、国や個人がどのように自らの立場を選択したのか、自らの現在と将来をどう選んでいったのか跡づけてみたいということです。

ここで、すぐに浮かぶのは、自らもそこで生きている同時代の社会の中で、人が自らを包含《ほうがん》する国や社会の行方を選択できるものなのか、という疑問でしょう。国をとりまく国際環境や、国のあり方を規定する諸制度が、もちろん、選択の幅を外側から規定しています。また、もっと重要なことは、生きていく中で生ずる人生の選択肢が、試験問題のようにAかBかというかたちでは提示されないことですね。選ぶという行為の前提として、選ぶ対象が、どのような問いのかたちで、あるいは、どのような選択肢のかたちをとって、目の前に示されるのか、という点が最も大事だと思います。

? 選ぶとき、
目の前の選択肢は
どんなかたちをしている?

ここまでの話を聞いて、ああ、選ぶのは難しそうだ、と思われましたか。実際に難しいのは本当で、人間の選択という行為は、人工知能（ＡＩ）にはできないことだといわれます。人はなにかを「選ぶ」とき、美しい、おいしい、怖いといった、内面の感情に左右されるものです。人工知能の専門家である東京大学の松尾《まつお》豊《ゆたか》先生によれば、人間の感性というものは、長い進化の過程で培《つちか》われてきた人間固有のものなので、人工知能に、こうした内的評価基準を持たせるのは、ほぼ不可能[2]なのだそうです。

一方で、美しい、おいしいといった感性は、その人が育ってきた環境に左右されるので、個々の人でばらつきが激しいでしょう。また、安全か危険かといった感覚も、自分とは異なる他者への認識が大きく関係しますから、その人が受けてきた教育や思想によって幅が出てきます。たとえば、二〇一二年九月、野田佳彦《のだよしひこ》内閣が尖閣《せんかく》諸島を国有化し、中国国内で激しいデモが起きました。これを受けて、漁民を装った中国人が今にも尖閣に上陸してきたらどうするんだとの危機感にかられた人も多かったはずです。また、1章で触れましたが、シリアなどの紛争地帯から百万人単位の難民が欧州に流入しました。それに対し、欧州国民の失業が増えるという危機感以外に、治安悪化やテロの温床《おんしょう》となるという恐怖心から、難民への敵意をむきだしにした排外主義的な示威《じい》運動なども起きています。

このような恐れの感情、そして、愛する人が殺害されるのを見殺しにしていいのかといった、強い感情が出てくる瞬間が、日本においても将来、きっとある。そのような事態が起きたとき、私たち人間が選択を誤らないために、恐怖にかられた人類というものが、どう振る舞ってきたか、それを知っておくのは重要です。

人間は、紀元前から、ずっと殺し合ってきました。その主な理由の二つは、恐怖と名誉心だったと喝破《かっぱ》した人もいます。一千万人が亡くなった第一次世界大戦、二千万人が亡くなった第二次世界大戦、その歴史を史料から見ていくのが歴史家の仕事です。人々の恐怖に対して、本当の意味で、恐怖を避けることのできる処方箋《しょほうせん》を、過去の歴史の過程から見つけて人々に差し出すこと、これをみなさんとともにやってみたいのです。

満州事変——将来の戦争に備えるための占領計画

一九三〇年代といいますと、第一次世界大戦(一九一四—一九一八年)が終わり、国際連盟が創設されて、約十年後の頃のことです。大戦を連合国の一員として戦った日本は、連盟創設以来の常任理事国であり、当時の日本は、台湾、関東州(旅順《りょじゅん》、大連《だいれん》という地域が中心です)、朝鮮などを領土として持っていた五大国の一つでした。

一九三一年九月十八日に起こされた満州事変は、日本の関東軍参謀《さんぼう》、石原莞爾《いしはらかんじ》らによって、二年前から周到に準備され、起こされた事件でした。関東軍というのは、一九〇五年に終結した日露戦争の後、ロシアから日本が獲得した関東州の防備と、南満州鉄道を保護するために置かれた軍隊です。しかし、次第に鉄道守備だけでなく日本の権益を軍事力で守る一方、ソ連との戦争を準備する主体としての役割を強めるようになっていきました。[3]

ロシアでは一九一七年にロシア革命が起こり、一九二二年には共産主義のソビエト連邦が成立していました。革命後のソ連が弱体化した状態にあるときを狙って日本側に有利な地歩を築けないか、そのような考えをめぐらす勢力の一つが関東軍でした。

関東軍は、南満州鉄道の線路の一部を自ら爆破し、これを中国側の仕業《しわざ》だとして軍事行動を起こし、満州（中国東北部、黒龍江《こくりゅうこう》省・吉林《きつりん》省・遼寧《りょうねい》省からなる）の奉天《ほうてん》（現在の瀋陽《シエンヤン》）をはじめとする満鉄線沿線の主要都市のほか、満鉄線沿線以外の都市も一挙に占領してしまいます。

石原らが事変を起こした理由は明快でした。ソ連がいまだ軍事的に弱体なうちに、日本とソ連が対峙《たいじ》する防衛ラインを、山脈など天然の要害で区切られた中国とソ連の国境線まで北に上げることで楽にしておくということです。１０１ページの地図を見ると、ソ連の国境線沿いにアムール川と、その南に山脈があるでしょう。これを天然の防衛線とすれば、鉄道が通っているような穀倉地帯の正面で戦うより有利になると考えられました。

そして、満州を、将来的に予想されるアメリカとの戦いを支える兵站《へいたん》基地（後方で物資や兵員を補給する場所）にしてしまおうと考えていた。このように、ソ連の陸軍力とアメリカの海軍力に備える拠点としての満州占領計画で、あくまでも軍事的な発想から起こされた事件でした。日本は一九二〇年代から、想定敵国として、アメリカ、ロシア、中国を挙げていたのです。

しかし、軍が国民の前で行なったのは、別の説明でした。今の感覚では不思議に思うかもしれませんが、世界の最新の軍事情勢を解説するためだなどと称し、軍人たちは国防思想普及講演会を都市や農村で開き、かなりの人数を集めていたのです。

事変当時は、ニューヨークの株式市場の大暴落（一九二九年十月）に端《たん》を発した世界恐慌の影響が日本に及んできた頃でした。農産物価格は下落し、農民は不況に苦しみました。軍部は国民に向かって、生活苦と生存の危機が引き起こされたのは、政党内閣による対中協調外交のせいだとし、また、本来、正当な日本の権利が、中国側が邪魔しているために履行《りこう》されないからだと批判し、国民の反中国熱を煽《あお》っていました。確かにその頃、中国で、日本側の強硬な姿勢に反発して、日本商品に対するボイコットが各地で起こっていたのは事実です。

当時、中国の政治的、軍事的トップは、南京《なんきん》を首都とする国民政府率いる蔣介石《しょうかいせき》でした。その頃の中国には、各地に軍事的なリーダーがいて、それぞれが地域を治めていました（このような勢力を軍閥《ぐんばつ》といいます）。同時に共産党も農民たちの支持を受け、勢力を伸ばしていた。

満州地域を治めていたのは、日本によって一九二八年に列車もろとも爆殺された奉天《ほうてん》の軍閥・張作霖《ちょうさくりん》の子息、張学良《ちょうがくりょう》でした。むろん学良は、日本軍に父を殺されたことを知っていますから、蔣介石とも良い関係を築き、日本とは独自に、鉄道や港湾開発を進めようとしていました。この行為がまた、日本の南満州鉄道の利益を妨害するものだとして、日本側の不満の種になっていたのです。

東三省（中国東北部）のリーダー。
関東軍により父親が爆殺される。

張学良《ちょうがくりょう》

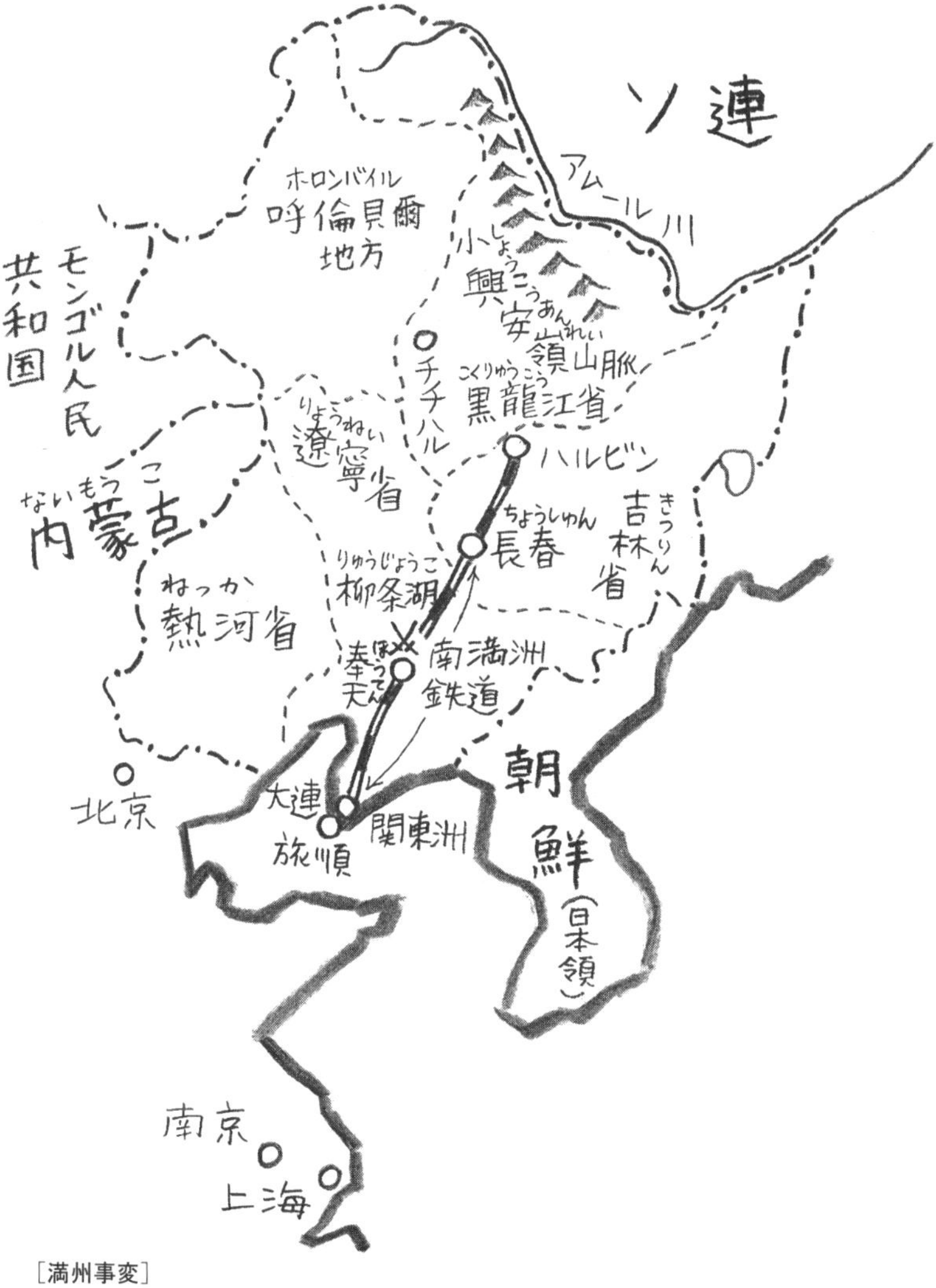

［**満州事変**］

1931年9月18日、関東軍は、柳条湖《りゅうじょうこ》付近で鉄道を爆破。
すぐさま主要都市を占領した。

※省境変更により、現在、ハルビンは黒龍江省の省域内とされている

史料に残されていれば、論理は伝わる

満州事変勃発直後の一九三一年九月二十一日、中国国民政府は、日本の軍事行動について国際連盟に提訴し、連盟理事会は十二月、事実関係調査のための調査団派遣を決定します。こうして、イギリスの貴族リットン卿を団長とするリットン調査団が、日本と中国に派遣されることとなりました。

一九三二年十月、リットン報告書が連盟に提出され、その二ヵ月後の十二月から、日本全権の松岡洋右、中国全権の顧維鈞など、各国からいろいろな人が集まってきて国際連盟総会が始まります。リットンのつくった報告書が、連盟総会の審議の基礎データとなりました。日本は、このリットン報告書と、それをもとに書かれた連盟総会決議案を拒絶し、翌年の一九三三年三月、連盟に対して脱退通告をする、という流れが本日の話の前提となります。

リットン調査団の正式名称は、国際連盟調査委員会といいます。米、英、独、仏、伊という五つの大国からなる調査団で、連盟に加盟していなかったアメリカも入っていますが、植民地の行政や軍事に携《たずさ》わってきた人々（団長のリットン、フランス代表のクローデル、ドイツ代表のシュネー）や、領土問題をめぐる国家間の紛争を調停した経験のある人（アメリカ代表のマッコイ）、老練な外交官（イタリア代表のアルドロバンディ）などからなっていました。

団長のリットン卿は、今でもその子孫が、お城のような館を保有している名門貴族です。イ

ンド総督であった初代リットン卿を父とし、イギリスの植民地であったインドで生まれ、自らもベンガル州知事を務めた人物です。そのリットンが満州事変に関する現地調査を行ない、また日本と中国で為政者、経済人、軍人、国民などから聴き取りを行なって、レポートを書いた。

ある二つの国の間に紛争が起きて（事実は、日本の軍人が謀略で起こした紛争ですが）、それを第三者が調査してレポートを書くとき、その人はどのようなことを頭に置いていたのか。報告書に対して、日本側はどのように考え、なにを選択しようとしたのか。決定的に大切な一場面を深く見ていくことで、「歴史を選ぶ」際の作法といったものを過去の事例から考えたいと思います。

リットン調査団が派遣された経緯

──国際連盟に、調査団を派遣するように働きかけたのは、日本だって聞いたことがあります。不利になるのに、どうしてだろうと思ったのですが。


十四ヵ国からなっていた連盟理事会（常任理事国と非常任理事国で構成）は、一九三一年十月二十四日、次回（十一月十六日）の理事会開催日までに満鉄線沿線内に撤兵すべきだとする決議案をまとめます。この決議案は日本の反対で否決されました（賛成一三、反対一）。満場一致が原則の理事会では、この決議案は通らなかったのです。

第二次若槻礼次郎《わかつきれいじろう》内閣は民政党を与党とした穏健な政党内閣であり、幣原喜重郎《しではらきじゅうろう》外相もまた、悪化しつつあった日中関係打開に努めていました。若槻と幣原は、老練な政治家で当時にあっては軍部を抑える力を保持していた人々でしたが、期日を連盟に指示されたかたちで関東軍を満鉄線沿線内に戻すことは困難だったと思います。後でも述べますが、国内では軍部を背景としたテロやクーデターが取りざたされていた頃です。軍の面子《めんつ》に配慮しつつ撤兵を成功させるには、幣原外相が一貫して主張していたような、日本と中国二国間の直接交渉が最も適切だったのかもしれません。

しかし、中国国内における自らの政治基盤に不安を持つ蔣介石は、「公理に訴える」方策を選び、連盟に提訴しました。公理とは、なにが正しくなにが間違っているかという道理のことで、その是非の判断を連盟に委《ゆだ》ねたのです。連盟に提訴した以上、連盟の場で解決するしかない。

十一月に理事会が再開されたとき、日本にとって、情勢は本当に憂慮すべきものでした。あろうことか、関東軍が、満鉄線とは距離のある場所、北満州のチチハルを占領してしまう事態が新たに起きていたのです。満鉄線沿線内への撤兵など、夢のまた夢となりました。

当時、連盟事務局次長の地位に、杉村陽《すぎむらよう》太郎《たろう》という老練な日本人外交官がおりました。その杉村と連盟事務総長のドラモンドが協議して、連盟理事会内での次なる追及を当分避けるために、また、中国国内の混乱した状況を連盟側に見せるため、調査団の派遣が模索されたのです。[4]

日本側は、満州の現地というより、中国国内における共産党と国民党の対立、日本製品のボイコットの実態を連盟側にたくさん見せようとしました。[5] ちょっと意地が悪いですね。ですから、必ずしも日本にとって不利になるとは考えていませんでした。

リットン卿一行は、一九三二年二月三日、フランスのル・アーブルという港を出港し、二月二十九日に横浜港に到着しました。まず東京で日本政府や軍部、実業界の有力者などと面会した後、中国へ向かいます。上海、南京、漢口《かんこう》、北京（当時は南京が国民政府首都であったので北平《ほくへい》と呼称されていました）などを視察し、四月二十日に満州地域に向かい、一ヵ月余の現地調査の後、もう一度東京に戻り、報告書の執筆を北京で行ない、九月、イギリスへと戻っていきました。ややこしい日程ですね。だいたい半年余の長旅といえます。お付きの人に、英国王室御用達グローブ・トロッターの旅行鞄《かばん》一〇〇個ぐらい持たせてまわるというイメージでしょうか。

一九三二年十月一日、連盟理事会に報告書が提出され、翌日、世界にも公表されました。

調査の旅から帰ったリットンが話したこと

さて、これから、みなさんと最初に読んでいくのは、リットン報告書そのものではありません。報告書そのものは、驚くなかれ、日本語訳にして四〇〇字詰め原稿用紙で約四五〇枚もありました。厚めの一冊の本くらいの分量です。

報告書を提出して帰国した後の一九三二年十月十九日、リットンは英国王立国際問題研究所という場所で、イギリスの貴族や外交官など上流階級や為政者に向け、自分はこういう報告書を連盟に提出しました、と語って聞かせています。この、帰国したばかりのリットンさんの講演録を読んでいきますが、講演の出だしの部分から見てみましょう。[6]

まず最初に、私のために、この外交問題調査会が、私が調査団の仕事を終えて極東から帰りまして以来、最初の演壇に立つの《原文ママ》機会を与えて下さったことに対し、深く名誉と存じます。［中略］

私が友人と話を致しますと、たいていの者は「自分は未だお前の報告書を読んでない。しかし、自分はその報告書について書かれた記事はたくさん読みもし、また報告書の中味も所々は拾い読みした［中略］」と申しております。いつもチャタム・ハウス（外交問題調査会の建物）でお目にかかるような大変知識の広い皆様方の前で、こう申し上げるのは大変憚《はばか》り多いことでございますが、皆様方の中にも、先に申し上げました私の友人等とご同様の方々もいられることと推察致したほうがよいかと存じます。

それでは、まず報告書についてのお話を申し上げ、それから、この報告書の作られました精神についてお話申し上げたいと存じます。

「リットン報告書の経緯」（太平洋問題調査会訳、一九三三年一月）

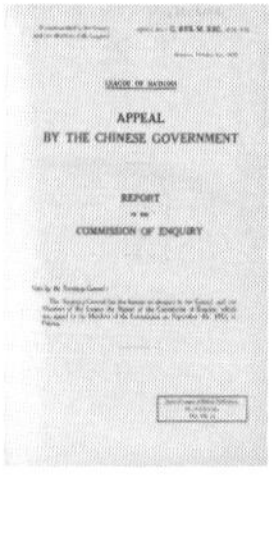

リットン報告書

リットンは、イギリスの名門パブリックスクールであるイートン校、ケンブリッジ大学トリニティ・カレッジで教育を受けていますから、同じくイートン校を出た後オックスフォード大学で学んだイギリス首相デーヴィッド・キャメロンのような、上流階級の、少々嫌みな英語の発音で講演をしたはずです。まるで講演の音声記録を聞いたかのように話していますが（笑）。

リットンさんは、かわいそうなことを言っていますね。自分は、一八万字もあるようなリットン報告書を書いたけれど、友人たちに読んだかと聞くと、読んでいない、でも新聞報道は知っているよ、とみんなが言うと。確かに当時も今も、本当に全部を読んだ人は少ない。これは、今の私たちが七十年談話などの全文を読まずに、新聞のリードだけで中身を読んだと思いこんでいるのと同じですね。

リットンは、チャタム・ハウスに集まっているみなさんも同じ状況かもしれないので、報告書の内容と、これをつくった精神について話します、と述べている。

話の中に出てくるチャタム・ハウスですが、これは、第一次世界大戦の反省に基づき、将来の戦争回避のために国際問題を研究する機関として、一九二〇年にロンドンに設立され、その後、王立国際問題研究所となったところです。重要な対外方針や外交報告に関し、社会の反応を見たいようなとき、ここで講演を行なうものだそうです。ですので、リットンの話を聞いているのは、イギリスの政策立案者を含む、外交担当者、政治家、上流階級の面々でした。

――リットンの話の引用のところにある（右ページ）、太平洋問題調査会ってなんですか？

おお、史料を読む際に最も気をつけなければならない、出典はなにかという、大事なところに目を向けてくれました。この邦訳がなされたのは一九三三年一月で、国際連盟を日本が脱退通告する二ヵ月前に、翻訳され刊行されていたということです。

ちなみに、先ほど話したように、リットン報告書自体は、一九三二年十月一日付で連盟に提出され、二日、ジュネーブ時間午後一時（日本時間二日午後九時）に連盟各国代表部に渡され、世界にも公表されました。報告書は英語とフランス語を正文としていたので、日本の外務省には、翻訳の便宜《べんぎ》を考えて、九月三十日午後七時に手交されていました。外務省は、四五人から五〇人のスタッフを揃え、[7]大わらわで翻訳したと当時の新聞は報じています。

リットンさんが、お仲間に向けて話している講演速記録を翻訳したのは、太平洋問題調査会（ＩＰＲ：The Institute of Pacific Relations）という団体の日本支部の人たちでした。

太平洋問題調査会は、国際非政府組織のはしりで、一九二五年に発足しました。参加国は、オーストラリア、カナダ、中国、日本、フィリピン、アメリカ、イギリスなどです。ただ、民間といっても、日本支部の構成員はまぎれもなく一流の政財界人と知識人でした。会長はなんと渋沢栄一《しぶさわえいいち》さんです。日本初の第一国立銀行、日本鉄道会社など、あまたの会社をつくり、日米外交関係の改善に尽力した人ですね。理事長には、日銀総裁の井上準之助《いのうえじゅんのすけ》が就《つ》いている。学者としては、東大でアメリカ史を教えていた高木八尺《たかぎやさか》先生などが入っていました。

この調査会は、太平洋で日英米仏などの大国が衝突しないように話し合う、政財界の利害を代表した組織といえます。アメリカ支部の資金は、石油王のロックフェラーなど富豪の援助によってまかなわれていました。リットンが報告書について説明していることを、日本の人々にも知らせたいという意図で、太平洋問題調査会日本支部が翻訳したということですね。

リットンに日本が訴えたのは、戦争の歴史だった

リットンさんがチャタム・ハウスでどんな話をしたのか、内容に入っていきましょう。

私は、大学では学生に、著名な歴史上の人物に対して「さん」づけする人は知性がない、といって口やかましく怒っているのですが、やっぱり話をするときは「さん」づけが話しやすいですね（笑）。

まず、日本に向けてこう呼びかけたんだよと、説明しているところです[8]。

報告書は、満洲における日本の権益を十分に認めておりますが、しかし我々は日本に向かって、「あなたはこれらの利益を確保し権利を維持せんがために、条約上の義務と合致せざる方途にでました。我々はあなたのこのやり方を承認することはできません。しかし世界の道というものは存在しています。もしあなたが世界の道を受け入れるならば、なおいまだそれは遅くはありません。」と、こう告げております。

あなた方日本は、権利を守るために、条約を破るかたちで実行してしまった。あなたのやり方を承認することはできないけれど、世界の道というものがあるから、それを聞いてほしいと、そのようなスタンスで書いていると言っています。「世界の道」という言葉が出てきますが、これがなにかということは、後でもう一度考えてみましょう。

そして、日本の外務大臣である内《うち》田《だ》康哉《やすや》にこう言ったのだと続きます。

あなたは満洲に日本が非常に重大なる利益を有し、歴史的関連を持ち、この土地で二度も戦争をなし、満洲と日本とは緊密に結びつけられていると我々に話されました。また満洲は日本の生命線であり、［中略］何人といえども日本のとれる立場を疑うことは許されないといわれました。［中略］我々は日本の条約関係を承知

ヴィクター・ブルワー＝リットン

しております。我々は日本の経済的利益について、あなたのいわれました事を認めます。［中略］欧洲大戦の際には、ある国々はその国の命の限りまで戦いました。［中略］あなたは日本が満洲において十億円を費《ついや》したといわれました。欧洲大戦の際にはこれらの諸国はそれより遙《はる》かに多くを費し、今後長くその子の孫を苦しめる所の負債を背負いました。日本は二十万の精霊を失いましたが、これらの国々は何百万の生命を失いました。［中略］この大戦争において、これらの国々が払ったすべての犠牲の結果として得た唯一のものは、平和を維持し、この惨禍《さんか》を再び繰り返さざるための協同の機関であります。

リットンの話から推測しますと、日本の政府関係者は、日本が払った犠牲とその結果得られた満州における諸権益の話をしたのでしょう。満州に対する日本側の特別な思い入れについても、話したものと思われます。しかし、イギリス人であるリットンは、日本の満州の物語も大事だけれど、自分たちにも、一千万人を亡くした欧州大戦、つまり第一次世界大戦の歴史の記憶があると言って、日本側をなだめつつ反論していました。ここに、非常に対立的な世界観が提出されていますね。

ところで、日本側が、中国側の主張（満州地域の主権は中国にあるというもの）に強く反発している理由が、このリットンさんの講演の中から、なんとなく察せられると思うのですが、それはどんなことでしょうか。

——日本が満州で一〇億円費やしたということと、二〇万の精霊を失ったということ。

はい。八割方つかめています。精霊というのは戦争で死んだ人の霊のことですが、二〇万の犠牲者を出したということと、一〇億円のお金というのは、なんのために使ったと言いたいのでしょう。日本は、自分のためにやったんじゃないよと言いたいところですね。

——満州事変が起きてから満州国がつくられるまで、日本人が犠牲になって、お金も使った。

うーん。間違っているのだけれど、すごく良い間違い方をしてくれました（笑）。満州国ができたのは、満州事変翌年の一九三二年三月で、日本が満州国を承認するのは九月でした。ですから、事変勃発から新国家の成立までの半年間に、関東軍など日本人の犠牲者が出て、お金も使ったのだな、と読むのが普通ですね。だけど、そうじゃない。もっと前。

——日露戦争。

そうなんです。ここに、日本人の満州に対する歴史的な記憶の特殊なところがあらわれている。二〇万人や一〇億円という数値は、当時の尋常小学校などで教えられていた数値で、実際の日露戦争の戦死者（約一一万八千人）[10]や戦費（一八億二六二九万

我々には第一次大戦の歴史がある
満州には日本にとっての重い歴史がある・・・

リットン

内田康《やす》哉《や》

提供：共同通信社

円）とは異なっていますが、この数値は、一九〇四、五年の日露戦争のときの話なんです。満州事変以降、建国までにこれだけかかった、既にたくさんお金を使ったんだから、満州国建国をなしにするなんて許さない、という言い方をしても不思議ではない。でも、そちらではなく、おそらくリットンが出会った多くの日本人は、日露戦争のことを話したというわけです。日露戦争で日本がロシアに勝たなければ、中国東北部は中国の手から離れてロシアのものとなっていたはずだ、という歴史の語り方は、当時の普通の日本人の歴史の捉え方でした。

日本側としては、このような歴史を強調するより、むしろ満州国建国後、リットンたちが報告書を書く直前の三二年七月に開業した、満州中央銀行のことなどを語れば、効果的だったかもしれません。満州地域で流通していた多くの中国系諸通貨を回収し、幣制（貨幣の発行や流通などについての制度）の統一を行なった、[11] というような、経済の成功物語を語るならわかる。しかし、そこではなく日本側は、歴史を語った、ということです。

あともう一つ、日本側の反論内容の大きなところはなんだったでしょう。

――満州が日本にとって、経済的に重要な場所だった。

それは本来、なにで保障されているはずのものですか。

――条約関係。

そこですね。リットンは、日本の条約関係を承知しております、経済的利益についてあなたの言われたことを認めます、と言っていました。ということは、日本側は、中国側が条約を守ってくれなかったので、経済的利益が守られてこなかったと、説明したのだとわかります。

リットンが提示した「世界の道」

リットンは、日本の権益は承知しているが、今回の日本のやり方を認めることはできない、日本も「世界の道」を受け入れるのは遅くない、と言っていました。

このリットンの話を聞きますと、当時も今も、勘のいい人は、いろいろ突っ込みを入れられると思います。そのようなことをいっても、イギリスは中東を奪ったではないかと。第一次世界大戦中の一九一六年、オスマン帝国のアラブ人地域を、イギリスとフランスで分割しました（サイクス・ピコ協定、445ページ。当初ロシアも加わっていたが、翌年のロシア革命で脱落）。イギリスはこのとき、イラクとシリア南部を取ってしまったわけですね。

また、第一次世界大戦後も、英仏などは、アフリカなどにあった旧ドイツ植民地を委任統治領というかたちで奪ったではないか、との批判も聞こえてきそうです。委任統治というのは、日本も含む第一次大戦に勝利した側が、国際連盟の委任を受けるかたちで、ドイツが持っていた植民地を分け合った制度です。でも、リットンさんは高らかに、何百万の命を犠牲にして唯一得たものが、戦争を二度と繰り返さないための機関、国際連盟の創設だったと、内田外相などに言って聞かせているわけです。

その後、リットンは、調査団としての自分の役割を次のように説明します。[12] 日本が軍事的な強国で、中国はその点で弱体だから、そのまま日中両国が二国間で協議したりすれば、中国側は日本のいいなりになるしかない。そこで、日中間の力の差をまずは埋め、適切な二国間協議を始めるためにリットンらが準備した原理・原則に対し、両国から承認をとりたい。こうリットンは自らの構想を述べています。

日中間の力の差という点では、中国国民政府の蔣介石の置かれていた国内状況も問題となりますね。蔣介石は、共産党との戦いを正面に、中国国民党内の左派からの突き上げを裏面に抱えていました。国民党内部でも争いがあった。満州事変が起こった一九三一年九月の時点では、蔣介石がトップでした。けれども、三一年十二月（ちょうど日本でも第二次若槻内閣が倒れて犬養毅《いぬかいつよし》が首相となります）、蔣介石は政権を追われ、胡漢民《こかんみん》という国民党左派（広東派《かんとん》）をトップとする政権ができる。リットンが三二年三―四月、中国で調査していたとき、中国政府の主人は蔣介石ではなく胡漢民だった。しかし、三二年六月になると、再度、蔣介石が政権に返り咲き、北京でリットンが報告書を書いていた頃には蔣介石が中国の主人となっている。

そのような中国と日本、両国が問題を解決するには条件が必要だと、ある提案をします。

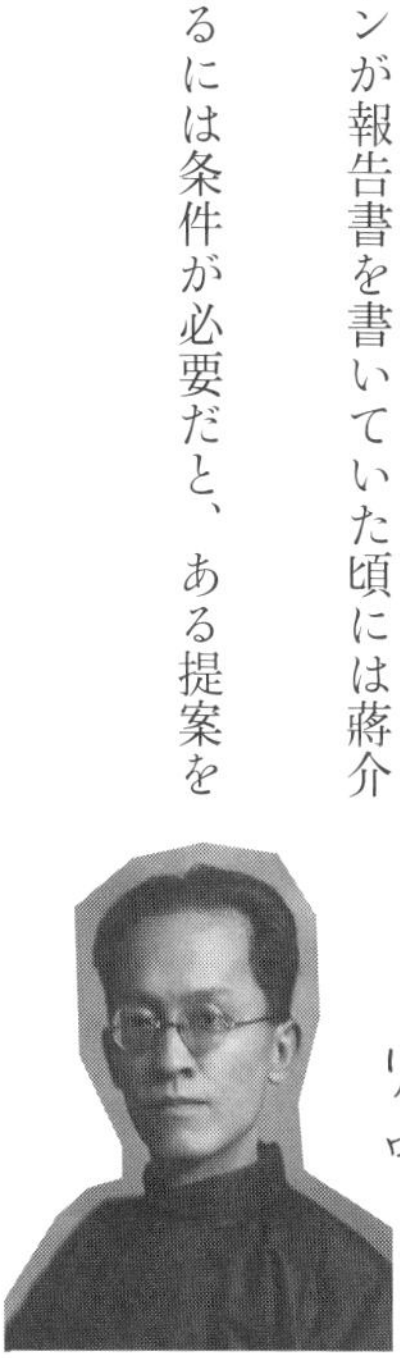

リットンが調査していた頃の中国政府のトップ。

胡漢民《こかんみん》

我々自身これに関し一〇ヵ条の原理を提案しました。〔中略〕この基礎の上に立って両国が協議することを承諾いたしましたならば、〔中略〕両当事国は平等の立場に立つことになるのであります。〔中略〕これを指して私は「世界の道」といったのであります。

問題解決のための条件として、一〇ヵ条の原理を提案した、これが「世界の道」だと言っていますね。さて、ここまでのお話を聞いて、「世界の道」というのはなんだろう。世界の道って、言い換えると、どういう道ですか？

――協調していく道という感じ。

はい。日本は国際協調の道に戻って来てくださいねと。

――国際情勢とか、そういうことにきちんと従って、世界の意見を聞くということ。

世界の情勢に従うということですね。予備的な情報ですが、吉野作造は第一次世界大戦の戦中から戦後にかけて、世界情勢を表現する際、「世界の大勢《たいせい》」という言い方をしています（ちなみに、安倍内閣の戦後七十年談話の中にも入っている言葉ですね）。

第一次世界大戦中の一九一七年、ロシア革命を率いたレーニンは、すべての交戦国に向けて「平和に関する布告」を発し、ロシアはもう、植民地も賠償金もいらないとして、公正な講和を呼びかけました。これに対抗して、アメリカ大統領のウィルソンもまた、ドイツに向けて休戦

1932年7月、政権に返り咲く。

蒋介石《しょうかいせき》

条件の十四ヵ条を呼びかけた時代です。吉野は一九二〇年一月に書いた論文で、まずは「戦争商売には正札《しょうふだ》がない」との上手い言葉を述べた後、「戦争に正札をつけた」のがウィルソンだと表現しました。[13] 正札というのは掛け値なしの正しい値段のことですが、吉野はウィルソンが休戦の条件を敵国であるドイツに明示した行為を、正札をつけたと上手く表現した。このような動きを吉野は、世界の大勢と呼んだのです。

だから、「世界の道」と聞いたとき、吉野の論文を読んだことのある人などは、ああ、吉野がいっていた世界と似ている、リットンが呼び掛けているのはそこだと、わかったと思うんです。

リットンはいろんな工夫をして、国際連盟総会が開かれる手前の段階で、日中が平等の立場で議論ができる素地をつくろうとしていました。興味深いのは、日本を連盟の場に呼び出して問い詰める、一対多数という世界を考えていないことです。最終的には、日中二国が協議する、そのための条件を連盟が提案するのだ、との立場でした。二国が向き合って話をするのがいちばんだとわかっていたのでしょう。現実的な解決策、これをイギリス人に探させますと、けっこう得意なのではないかと思います。

少し話が脱線しますが、イギリスって、つくづく調査委員会のような組織をつくるのが好きな国ですね。二〇〇三年のイラク戦争にあたって、当時のイギリス首相トニー・ブレアが率先して参戦したことの是非が、二〇〇九年、ブラウン首相によって設立された独立調査委員会によって検証されることとなりました。調査開始後七年たった

二〇一六年七月六日に公表された報告書では、一五〇人以上にのぼる関係者の証言と一五万件以上の公文書を精査した上で、イラクのフセイン政権に対するアメリカの戦争に関するイギリスの参戦が、不完全な情報をもとに決定されたと結論づけていました。

注目すべきは委員会のメンバーで、老練な政治家や歴史学者や軍事の専門家のほか、チャタム・ハウスの事務局次長も含まれていたことです。チャタム・ハウスという場所がイギリス社会に持つ重さなど、察することができますね。

イラク戦争について主体となったアメリカでは、二〇〇四年、ブッシュ大統領によって超党派の独立調査委員会が設置され、その最終報告書では、大量破壊兵器に関する戦争前の情報機関の判断が完全に誤っていたと認めました。それらにくらべ、小泉純一郎内閣のもとで自衛隊を派遣した日本はといえば、検証が進んでいません。二〇〇九年に簡易な報告書が国会に提出され、二〇一二年に外務省によって省内の政策決定過程についての検証結果が発表されたものの、その中身は四頁だけでした。対するイギリスの報告書は約二六〇万語からなり、イギリスのメディアが『ハリー・ポッター』全七作の二・四倍の分量だと評したほどです。

リットン報告書の主な内容

それでは、リットンが提案した一〇の条件を見る前に、リットン報告書そのものについて、少し見ておきましょう。リットン卿はこの講演の冒頭で、自分はこの一八万字もある報告書を書いたのに、誰も読まないと苦笑まじりに話していましたね。そこで、リットンは、膨大な報告書全文を読まなくてもすむように、結論は三つだけだから、そこを読めと教えてくれるのです。

リットン報告書は、「緒言《しょげん》」という序説のほか、全一〇章からなっていて、一章から八章までは、歴史的な分析と事件についての分析が書かれています。日清戦争が起こり、日露戦争が起こって、満州国はこういうプロセスでつくられましたね、というようなことです。九章と一〇章には、いわゆる解決案、先ほどお話しした、世界の道の一〇の条件が挙げられています。

リットンがいっている三つの結論とは、満州事変についての判断（第四章）、満州国についての見方（第六章）、中国で起こっている反日ボイコットについて（第七章）で、報告書のうち、その三つの結論部分のみを、リットン報告書そのものから読んでみましょう。

まず、第四章、満州事変については、こう書いてあります。[14]

> 同夜における叙上《じょじょう》日本軍の軍事行動は、合法なる自衛の措置と認むることを得ず。もっとも、かく言いたりとて、本委員会は現地に在りたる将校が自衛のため行動しつつありと思惟《しい》したるなるべしとの想定は、これを排除するものにあらず。

一九三一年九月十八日夜の関東軍の行動は、合法的な自衛措置とは認められないと書かれています。ただ、報告書の表現はやわらかですよ。「自衛のため行動しつつありと思惟したるなるべし」の思惟というのは考えるということですが、関東軍の将校が、線路爆破を日本軍への敵対行動だと考え、自衛の行動をとってしまった可能性は排除しないと。つまり、日本軍の行動は自衛じゃないが、自衛だと考えていたこと自体は否定しないと、とても微妙な、日本に配慮した書き方をしています。このような表現が、現実的な調停のための文章の典型でしょうか。

次に、第六章「満州国」についての判断が書かれているところ[15]を読んでみましょう。

「満州国」の創設に寄与したる要素多多あるも、そのうち二個は［中略］これを欠くにおいては新国家は形成せられざりしなるべきものにして、右は日本軍隊の存在、及び、日本の文武官吏《ぶんぶかんり》の活動なりしことを会得《えとく》せり。［中略］現在の政権は純真かつ自発的なる独立運動によりて出現したるものと思考することを得ず。［中略］吾人は「満州国政府」は地方の中国人［外務省訳では支那人］により日本側の手先と目せられ中国側［支那側］一般の支持なきものなりとの結論に到達したり。

「満州国政府」とかぎ括弧がついているのは、リットンらはそれを認めないけれども、というニュアンスを伝えるためのものです。なかなか一読しただけではわかりにくい文章ですが、二つの要素がなければ、「満州国」というものはできなかったはずだ、といっている。それはなにかといえば、日本軍と日本の官僚であって、満州国は日本の傀儡《かいらい》国家だと述べているわけです。また、後半の部分も大事で、満州国は現地の人々の支持を受けていない、と書かれている。

三つめ、日本の経済的利益と中国側のボイコットを述べた、第七章の結論部分[16]を読んでみましょう。

「ボイコット」は強き国民的感情に胚胎《はいたい》し、これにより支持せらるといえども、これを開始または終熄《しゅうそく》せしめうる団体により支配せられ、また指揮せらるるものなること、並びに確かに脅迫に等しき方法により強行せらるるものなることを結論す。「ボイコット」の組織には多数の個別的の団体関係すといえども、主たる支配的権力者は国民党なり。

この日本語訳もまた難しい表現ばかり並びますが、一言でいうと、なんだといっていますか。

――ボイコットを組織しているのは中国国民党。

一言でのまとめ方がうますぎます（笑）。ボイコットは国民感情があらわれたもので、国民が自発的にやっていることは否定できない。けれど、ボイコットを主に組織しているのは国民党政府だと、こう断定したわけです。これは、中国側にとって耳が痛かったのではないか。

中国側は、日本製品（これを日貨といいます）を卸したり、売ったり、買ったりするのを中国国民が拒否するようになったのは、国民の愛国心の発露で、党や政府が指導したことなどありえないと述べていたのですが、リットン卿は否定している。中国国民がここまで徹底した日貨排斥を行なった背景には、中国国民党の指導があった、とその責任を認めたのです。

満州事変ってなんですか、と聞かれたとき、一つの答え方は、中国側が日本に与えた経済的なダメージ（たとえば条約で定められた、本来払うべき関税を日本に対して払わないこと、日貨をボイコットすることなど）に対して、日本側が軍事的手段で解決をはかろうとした事件でしょうか。経済的な打撃と軍事的な侵攻は、いうまでもなく非対称的な行動で、日本側の非道《ひどう》は明らかでした。ただ、経済ボイコットは、弱者に許された抵抗手段であったとはいえ、このような方法が不戦条約違反だとする主張もあったのです。不戦条約は、一九二八年に締結された国際条約で、その第二条で、国際紛争を戦争ではなく、平和的手段によって解決すると定めていましたから、その点を論拠に日本側は中国側が、不戦条約に違反していると論じていました。

そのような主張を軍人がするなら、まだ理解できます。しかし、大阪商業会議所の経済人がリットンに手渡した文書中には、次のような言葉[17]が書かれていたのです。

世上ボイコット運動を目《もく》して、支那の蒙《こうむ》りたりと自称する不法行為に対する復《ふっ》仇《きゅう》措置（対抗手段のこと）として、支那側の採用せる手段なりとなすものあり。また現下のボイコットにつき、満州における紛争がその原因なりとなすものあり。

かかる論法は全然誤謬《ごびゅう》にして決して正当なるものにあらず。満州の変乱を惹起《じゃっき》せるは［中略］支那が条約により日本に認められたる権利を尊重せず、日本をしてその権利を確保するため、正当防衛の行動に出づるのほかなからしめたるによる。

中国向けの綿布輸出などに従事していた経済人が、このような強硬な議論を述べていた点にご注目ください。日本側の見方を一言でいえば、ボイコットは武力を用いない敵対行為にほかならない、ということですね。よって、この第七章の認定は、日本側を喜ばせたはずでした。

リットン報告書は、①満州事変は日本の自衛行為ではない、②民族自決によって満州国はつくられていない、そして中国側への判断としては、③経済的なボイコットは国民党が指揮している、と結論づけたのです。

ここまで、リットン報告書の判断や結論を見てきて、なにか気になることはありますか。

――満州鉄道がなぜ爆破されたのかについて書かれているのかなと、ちょっと疑問に思いました。

あっ、これはすごく面白いところに注目しましたね。確かにリットンは、この講演の中で「私の知る限り、報告書中には両国の動機に関して批評がましいことは書いてない」と述べていました。報告書に事件の動機の説明が書かれていないと気づいたのは、非常に鋭い読みです。

日本側は、中国人と思われる何者かが爆破したと言い立てていました。日本側としては中国から恨みを買っているのを百も承知でしたから、そこにかこつけて中国側が満鉄線を爆破しようと考えるのは自然だと考え、事件を作為したのでしょう。どこまで日本側に真実を突きつけるか、突きつけないかの案配が、報告書の腕の見せ所だったのだと思います。

リットンが提案した一〇の条件

さて、リットンが提案した、問題解決のための条件部分、リットン報告書の中の解決案と呼ばれる、第九章、第一〇章にはどういうことが書かれていたのでしょう。第九章の「解決の原則及び条件」には、一〇の原則が書かれています。

①中国と日本、双方の利益が両立すること
②「ソ連」の利益を考慮
③現存の多辺的条約（国際連盟規約、九ヵ国条約、不戦条約）との合致
④満州における日本の利益の承認
⑤日中間での新条約関係の設定
⑥将来における紛争の解決に対する有効な措置
⑦満州の自治（満州における政府は、中国の主権が認められるとともに、この地方的特質に応ずるよう工夫された、広範な自治が確保された形に改変される必要がある）

⑧内部的秩序、及び外部的侵略に対する安全保障
⑨日中間の経済的接近の促進
⑩中国の改造に関する国際協力

③の、現存の多辺的条約との合致とは、一九三二年十月段階において国際社会で認められていた諸条約に違反していないことが求められる、との意味でした（括弧内にある九ヵ国条約とは、一九二二年にワシントン会議で結ばれた中国の領土と主権に関する条約です）。

⑦では、満州につくられるべき政府は、中国の主権を認めた上で、広範な自治が認められた政府とする、と書かれています。そこで、報告書が公表される約七ヵ月前に建国宣言がなされた「満州国」と、⑦で書かれた、新たにつくられるべき政権との関係が気になりますね。

報告書では、まず、満州事変前の原状回復では駄目だと書かれています。もともと、この地域を治めていた張学良政権段階への復帰はない、と。[18] では、「満州国」の存在をどうするのか。すでに見たように調査団の評価は、満州国は、日本軍と日本の官僚の存在なくして成立しえず、地域の人々による民族自決の結果できた国ではない、と書かれてしまっていた（第四章）。第九章では、より明確に、「満州における現政権の存置及び承認」も駄目だと書いています。[19]

ただ、同じ第九章の中で、「将来における満足すべき制度は、なんら過激なる変更なくして現制度より進展」させることができる、[20] とも記されていたのです（また、第一〇章においても、「東《とう》

三省《さんしょう》に現存し、目下進化の過程に在る行政機関を考慮に入れたる」[21]と書かれています）。つまり、満州地域に新たな自治政権をつくるといっても、それは、現在進行している満州国なるものの行政機関や制度を抜本的に変えることなく可能だ、と書かれていたのです。

日本軍の行動は自衛と認められない、満州国は地域住民の中から自発的に生まれてきたものではないと、日本側の主張を明確に批判しつつも、満州事変を起こした日本側の態度を侵略だと述べていないところが、現実路線をとるリットン卿の老練さだと思われます。たとえば、リットン報告書は、こう述べている。[22]

本紛争は、一国が国際連盟規約の提供する調停の機会を、あらかじめ利用しつくすことなくして、他の一国に宣戦せる事件にあらず。また、一国の国境が隣接国の軍隊により侵略せられたるがごとき簡単なる事件にもあらず。

満州事変は、日本が連盟規約に違反して他国を侵略した事件である、とこう書いてもよさそうなところなのに、そうは書かない。書いてしまったら、国際連盟が創設されたとき以来の常任理事国メンバーである日本が、席を蹴《け》って連盟から脱退してしまうかもしれない。日中間にもっと広範な武力衝突が起きてしまえば、上海と香港に拠点を置くイギリスの中国貿易がめちゃめちゃなことになってしまう。日本を無駄に怒らせて良いことは、なにもないわけです。

リットン自身、チャタム・ハウスの講演で、よく「日本はいったい、満州から手を退《ひ》くものと考えるか」と質問をされるけれども、自分は日本が満州から少しでも手を退くと思っていないし、また「日本に手を退けと勧告すべき理屈はないと思います。［中略］両当事国をして、日本人が満州に留り得る様な条件を承諾せしむる」ことが大事だ[23]と述べています。

このように、リットン報告書には、日本側を交渉の場に誘いこむような条件が、実のところきちんと書かれていました。たとえば、新政府を現地につくるための諮問《しもん》委員会ですが、これは、日本の代表、中国の代表、日本側が指定する現地の代表、中国側が指定する現地の代表、この四者から構成されると提案[24]されています。中国に主権が認められている地域に、どのような新政権をつくるかという話し合いで、日本側に半数分の発言権を認めていたのです。また、新政府に対する外国人顧問を認め、「そのうち、日本人は充分なる割合を占むること」が必要[25]、としている。

リットンは、チャタムハウスの講演で、より明確に、「日本は、確かに満州において、秩序安寧《あんねい》を維持し、生命財産の安全を保証し、条約義務を履行し得べき政府の設立せらるることを要求する権利がある」のだとまずは認め、中国側には新政府樹立にあたって専門家の助力を求めるよう勧告したが、調査団は「専門家の大多数は日本人とすべきだ」と考えている、と発言していました。これはなかなか驚くべき発言ですね。

また、日本側を交渉の場に引き込もうとする誘引として、もっと大きな目玉が用意さ

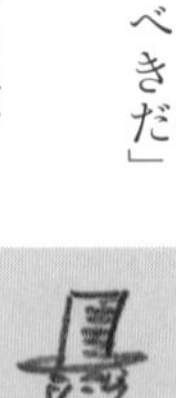

リットンの工夫①

新政府のための諮問委員、その半数は日本に。

れていました。日本人に、満州における居住権と商租権（土地や家屋を借りる権利）を認めるというのです。これは、第一次世界大戦中の一九一五年に、日本が中国に対して行なった対華二十一ヵ条要求のうち（くわしくは151ページで話します）、中国側が絶対に認めないと拒絶した、日本側の要求そのものでした。居住権と商租権が満州全域で承認されるというプランは、日本側にとっては、大変に魅力的なものだったはずです。

お姉さんにあてたリットンの手紙

当時の日本側は、リットンや報告書が、中国に肩入れしていると思っていたかもしれません。みなさんも、そういうイメージでのお話を聞いたことがあるでしょう。でも、リットンが満州事変について思っていた本心と、公式な報告書として書かれた見解の違いを知れば、リットンが十分過ぎるほど日本側に配慮していたことがわかります。

リットンの姉エリザベスは、元外相バルフォアに嫁《とつ》いでいました。彼女にあてて、一九三二年五月末に満州の地で書かれたリットンの手紙（郵便が開封されることを恐れたリットンは、ちょうどイギリスに帰国する英外交官に手紙を托《たく》しています）は、エリザベスの手からバルフォアに伝えられ、バルフォアから外相サイモンに伝えられました。そのような運命をこの手紙がたどることをリットンは見越して、半公式的な意味を持たせて書いたのかもしれません。イギリスのサイ

リットンの工夫②
日本人の満州における
居住権、商租権を認める。

モン外相の手から、なんと、アメリカの国務長官スティムソンに伝えられ、連盟事務総長ドラモンドにも送られていました。[26] リットンの本心が書かれた、その手紙を読んでみましょう。

満州国というのは明らかに欺瞞《ぎまん》でした。［中略］日本は満州に百万人の日本人［朝鮮人を含む］がいると言います。しかし満州には三千万人の中国人が住んでおり、彼らは日本人に土地を奪われた、と考えています。たしかに張学良の政府は腐敗し、強圧的で、人々は統治者が替ることを望んでいました。しかし、彼らは中央政府からの独立など望んではいません。

調査団が今なすべきことは、世界に事実を伝え、平和を確立する条件を示すことです。

リットンは満州国の実態が「欺瞞」であること、現地の人々が民族自決でつくりあげた国家ではなく、日本の傀儡《かいらい》だとわかっていました。しかし、日本に向かって、おまえは侵略者だろうと指を差してしまったら、日本はいっそう反発して話し合いができなくなる。ですから、報告書の中では、日中が交渉のテーブルにつくための条件を書き、「世界の道」を準備したと、日本に呼びかけているのです。

——日本と中国、どちらの国も離さないように引きつけている感じがしました。

リットンの本心を手紙で見た私たちとしては、リットンは本当に我慢強かったと思いますね。あなたの意見をリットンさんが聞いたら感涙しそうです。

ちなみに、リットンは、二人の子息を第二次世界大戦で戦死させています。高貴さは義務を伴うといいますか、高貴な身分に生まれた者の責任として彼らは軍務に就《つ》いたのでしょう。

チャタム・ハウスでの賛成意見――現実的な処方箋だ

リットン報告書の結論部分を確認したところで、チャタム・ハウスでの場面に戻りましょう。チャタム・ハウスでは、暗黙のルールとして、講演会が終わった後、必ず事情通の人が、反対意見と賛成意見、双方を言い合うようになっていたようです。鳴り止まぬ拍手とか、飛び交う怒号というような状況に陥らないように、反論や賛成の意見表明が行なわれるのです。なかなか良いシステムですね。

リットンの講演の後も、賛成意見、反対意見が出されましたが、そこでどんなことが話されたのかを見ていきましょう。まず、グリーン氏[27]という、中国に長くいたことのあるアメリカ人が、賛成意見として、次のように述べます。

日本の複雑な権益を守るための処置、方策が書かれてあるとともに、中国をどう改革するかということもちゃんと書かれている。これは現実的な処方箋だから、自分は中国に長らくいた人間として賛成する、と発言していました。

グリーンさんはすごく真面目で、こういう観察をしています。いままで自分は中国を長く観察してきたけれども、政府を率いるトップ同士の争いが起こるとき、中国では必ずといってよいほど、軍事的な紛争に発展した。しかし、一九三一年の年末から南京の蒋介石率いる国民政府と、広東《カントン》の反蒋介石派の広東政府との間で対立が起きたとき、初めて軍事的な衝突を伴わなかった。これは中国にとって進歩だ。中国の国民政府は、我々が相手にするべき政府で、条約を結べば守る政府なのだから大丈夫だと。

でもね、中国において、政治的な抗争が軍事的な抗争に発展したことは、この後もありました。中国で内戦が起こったのはいつですか。

——太平洋戦争が終わった後。

そうです。国民党と共産党は協力して日本と戦っていましたが、日本がポツダム宣言を受諾《じゅだく》して敗けた後、今度は、国民党と共産党が内戦を始めます。もちろん一九三二年時点では、中国の内戦は予測されていません。

グリーン氏

「支那はなんらの犠牲を払うことなく満州を回復した」

次に、リットンに対する反対意見を見てみましょう。反対意見を表明したのは、ブランド[28]さんという作家兼ジャーナリストです。この方は二十七年間中国で暮らしていた人で、ちょうど、一九三二年に、中国の国民革命（国民政府軍が中国統一を目指し、各地の軍閥を軍事力で打倒した革命）を批判した本[29]も書いていました。ブランドさんは、どんなことを言って、リットン報告書を批判していたのでしょうか。[30]

一九〇四年において満州の将来は、日本の意志がこれをロシアに占領せしむるか否かということに、ひとえにかかっていたのである。日本はこれを否とし、ついに支那はなんらの犠牲を払うことなくして満州をその手に回復したのである。

ブランド氏がなにを言っているかというと、満州事変の前の日露戦争を思い出しているんです。日本人が日露戦争を思い出して、一〇万人の兵士が死んだ、二〇億円かかったと、現状ではなく、歴史に訴えていたことはすでに見ましたね。ブランド氏が言っていることも、同じです。一九〇四年の満州、つまり中国が主権を持っている東北部、東三省のことですが、この帰趨《きすう》は日本の意志にかかっていて、日本はこれをロシアの占領から取り戻そうと考えた。そのおかげで中国は、なんの犠牲を払うこともなく、満州をその手に回復できた、とこう言っている。

一九〇四年当時、日露戦争のときの中国は清朝ですが、中国東北部の東三省はロシアの占領下にありました。なぜ占領されていたか、世界史をやった方は思い出せるでしょうか。

一九〇〇年、清朝のもとで、義和団と称する排外主義的な組織の運動が各地で興《お》こりました。北京の外国公使館区域が包囲攻撃され、日本公使館員、ドイツ公使などが殺害されると、列強は、八ヵ国連合軍（イギリス、アメリカ、ロシア、フランス、ドイツ、イタリア、オーストリア、日本）を組織し、天津の海岸沿いにある大沽砲台《たいこほうだい》を占拠する挙に出ました。すると、清朝の西太后《せいたいごう》ら指導層は、なんと列国に宣戦布告してしまうのです（政府が関与してからは北清事変と呼ばれます）。連合軍は義和団を倒し、清朝はまた巨額の賠償金を負ってしまいます。さらに、北京から海にいたる交通路を維持するためとして、十二ヵ所に外国軍の占領（実質的な駐兵権）を認めることになってしまいました。[31] ちなみに、義和団出兵における日本の軍事力に注目したのがイギリスで、一八九九年から始まった南アフリカ戦争に四五万もの兵力を投入していたイギリスにとって、日本の存在はアジアの空白を埋めるのに最適だったのです。[32]

ロシアは、ロシア権益（東清鉄道南満州支線）を破壊した義和団を放置した清朝の態度を問題として、中国東北部（満州）の占領の挙に出ました。北清事変解決後、ロシア以外の列国は兵を引きますが、ロシアは理由をつけて、なかなか中国東北部から出ていかない。そのロシアを中国に代わって追い払うために、日本は日露戦争を戦ったのだという物語が、日本の小学校などで教えられていました。これはもちろん、日本側から見た事態の説明にすぎません。

ブランド氏は、中国はなんの努力もせずに、日本の力でロシアから満州を取り戻してもらったんだね、と言っていたのです。軍部の主張を信じていた当時の日本人が聞いたら拍手してしまうような内容でしょう。

ブランド氏の反対演説の続きを読んでみましょう。[33]

> 連盟は、極東のことに手を下すべきではない。［中略］満州における日本の地位の維持は、他の国家すなわち米国が、日本をしてこれを維持せしめんとするか否かのいずれかを欲することによって定まろうとしている。（もし日本が従わないとするなら）米国と共同して日本を脅すこととなろう。そして、もし日本が、それでも止めないならば、制裁を加えることとなろう。換言すれば、日本を脅すために、英米攻守同盟が結ばれることとなろう。この結果は世界平和の見地よりすれば、嘆《なげ》かわしい次第であると思う。

これはユニークな見方ですね。一九三一年の満州を見ると、かつての日露戦争前のロシアと同じ位置にいるのが、今の日本ということになる。日本がロシアを追い出したのと同じようなことができるのは、太平洋に影響を及ぼせるアメリカしかない、ということです。じゃあアメリカが、中国と手を組んだり、連盟と手を組んだりすればよいかというと、そうではない。この人は面白いことを言っていますよ。日本を脅すために英米攻守同盟が結ばれるとなると、「世界平和の見地よりすれば、嘆かわしい次第」だと。すごく臍曲《へそま》がりな見方だと思

ブランドさん

いませんか。ブランドさんにとって英米同盟というのは、好戦的な悪い同盟なのです。

このような感覚は、必ず何割かのイギリス人の中にあるものだと考えておいていい。同様に、アメリカの一部には、イギリスに騙されて、第一次世界大戦に参戦させられた、と思っていた人もいた。アメリカはヨーロッパに四〇〇万超の兵員を送りましたが、イギリスの口車に乗せられて参戦してひどい目にあった、と考えているアメリカ人は少なくない。

一方、イギリスはイギリスで、アメリカに不満がある。戦争終結一年前に参戦したアメリカが大きな顔をしてパリ講和会議の主導権を握り、敵国領土の再分配をねらった戦争中の秘密協定などには目を光らせ、理想主義的なことを主張して英仏側を止めるようなことをする。さらに、アメリカは、イギリスが借りた戦債も戦後、シビアに取り立てます。その反動で、旧来の帝国主義的な軍事同盟である日英同盟（一九〇二―一九二三）をよしと考える人もいた。

東と西の海洋で防備を分担しつつ、大陸という点ではロシアを有効に牽制《けんせい》しうる位置に立つ両国による日英同盟というものは、一番欠点のない同盟なのではないか。日英同盟というのは、日本は朝鮮を、イギリスは中国を、ということで、両国が勝手に勢力範囲を決めてしまった帝国主義的同盟の見本でした[34]。日本は帝国主義のすべてをイギリスから習ったといってもよいかもしれません。

ブランドさんも、日英同盟万歳派なのでしょう。日英同盟があったときが懐かしい（一九二三年に失効）。むしろ、英米攻守同盟が結ばれると、戦争になるという。

もちろん、リットンの講演を聞いていた大多数の人々は、ブランドさんの意見に反対でしょう。イギリスは連盟と一体的に行動して、それにアメリカ、ソ連を巻きこむのが、ドイツや日本と対抗するためには妥当だと。この道は、第二次世界大戦の際、選択されたものです。ドイツという最強の敵を打倒するためには、アメリカ、そしてソ連と組まなければならなくなる。

戦争を避けるためにはどうすべきか、それにはいろんな考えがあるということです。強い国と手を結ぶことで安全を確保するという考えもある。一方、ブランド氏は、日本を追いつめるためにアメリカと手を組むということはイギリスを平和から遠ざけることだという。

リットンが、日本と中国にとって協議可能な案を示し、連盟で頑張りますと言ったとき、いやいや、連盟は頑張らなくていい、連盟は極東から手を引くべきだという人もいたわけです。

「大衆は多くの事実の真相を知らずにいます」

グリーン氏の賛成意見、ブランド氏の反対意見とは別に、一般質疑のようなものもあり、その中で、ある、注目すべき意見が述べられていました。みなさんが今後、国際関係を考えていくとき、日本と対立する相手国にも、このようなことを言ってくれる人がいるのだなと信頼してよい、その一つの実例を示すエピソードになりえます。その内容を読んでみましょう。[35]

国際問題の解決にあたって、武力に依《よ》ることをもはや信頼しなくなった日本の青年男女の、たとい少数なりといえども有力なる人々に、道徳上の援助を与うることが出来ないか。一九三一年十月、上海において開催された太平洋会議の際に、日本の青年達は、［私に］深く強い印象を残している。

チャタム・ハウスの会場に、上海で開かれた太平洋会議（これは、先に出てきました太平洋問題調査会の会議のことです）に出ていた人がいて、そこに参加していた日本人の青年男女らの反軍国主義的な考えについて知っていたのですね。まさに、この「リットン報告書の経緯」を翻訳した、その太平洋問題調査会による第四回会議が、満州事変の翌月、上海で開かれていたのです。平和に重きをおく日本の青年男女に、なにかシグナルを出すことで、彼ら彼女らの運動を元気づけることはできないか、このように問いかけた人がいました。すべての日本人を軍国主義者だとは考えない、そのようなイギリス人もいた。

ちなみに、満州事変が起きて騒然としているさなかで、第四回の会議が上海で開催できた背景には、自らもキリスト者である蔣介石の支持がありました。蔣介石は、「私は国民党の何人かの党員が、太平洋問題調査会は帝国主義国家の道具であるとして、会議の開催に強く反対していることを知っている。しかし、それは全く子供じみた行為である」と批判して、国民政府が彼らを招待するのだ、と言っています。[36]

平和に重きをおく
日本の青年男女を
応援できないか

一般質疑での意見

さて、リットンは、武力ではなく平和的なアプローチを支持する日本の青年たちを励ませないか、という問いに、どう答えたでしょうか。もちろん、それはありうる、と答えています。事件の真相や世界の世論が日本人に伝われば、可能性がないとはいえない。しかし、日本における自由主義的な意見は、テロリズムのために抑圧されている。リベラルな考えの人も、生命の危険なしには、その意見を発表することは、全く不可能な状態にあると話していたのです。

リットン調査団一行は、血盟団事件という一連のテロ事件のことを、よく知っていました。一九三二年二月九日に前大蔵大臣の井上準之助が、三月五日に三井合名の理事長である団琢磨《だんたくま》が暗殺される。その団琢磨が暗殺されたとき、一行は東京に滞在していました。しかも、リットンは、彼が殺される前日、団と会っていたのです。

団さんは、三井合名という、当時のブルジョアのてっぺんとなる財閥の総帥《そうすい》です。自らの邸宅で園遊会を開き、調査団一行をもてなしていました。団さんはＭＩＴ（マサチューセッツ工科大学）で鉱山学を学んだ人ですので、英語も堪能でしたでしょう。そのような一時をともに過ごした団さんが、翌日の朝、日本橋の三井銀行に出社するときに撃たれるのです。先にお話しした、姉のエリザベスに認めた手紙の中でリットンは、団が立派な人だったと書いていました。

中国本土が混乱していることを見せつけようとして、そもそも日本は調査団の派遣を要

リットンらをもてなした
その1日後、殺される。

団琢磨《だんたくま》
三井合名の総帥

請したわけですが、実のところ、混乱した社会のさまを調査団に印象づけたのは日本のほうでした。国際連盟の場において、中国代表の顧維鈞《こいきん》などは、日本におけるテロの横行という事実を取り上げて、日本側に効果的に反論していました。財閥のトップが、白昼堂々狙撃されるような国が、中国のことを不統一な混乱した国だと批判できるのか、と。

リットンは、日本訪問中、新渡戸稲造《にとべいなぞう》にも会っています。新渡戸は、国際連盟で事務次長を務めた（一九二〇―一九二六年）一方、太平洋問題調査会日本委員会の代表を務めていました。先ほどお話しした、第四回の太平洋問題調査会に日本側グループを率いて参加した人です。新渡戸は、無教会派のキリスト者として大きな影響力を青年たちに与えた内村鑑三《かんぞう》と、札幌農学校時代に同期でした。人格者として知られ、連盟においては文化を通じた世界の協調に意を用いた人です（近年の研究では、このときの上海会議に参加した日本側メンバーと、キリスト教をバックボーンとした社会運動家であった賀川豊彦《かがわとよひこ》らが協力関係にあったこと[37]が明らかになっています）。

また、リットンは犬養毅《いぬかいつよし》首相にも会っていました。犬養は、満州国が建国されたとき、日本政府としては承認するつもりはないと言って、軍部の怒りを買い、五・一五事件で暗殺されてしまいます。リットンらは、このようなテロを肌身に感じていました。あまり日本側に強いことを言えば、軍部と異なる考えを持つ人々を窮地に追い込むことにもなる、そう自覚しつつ、リ

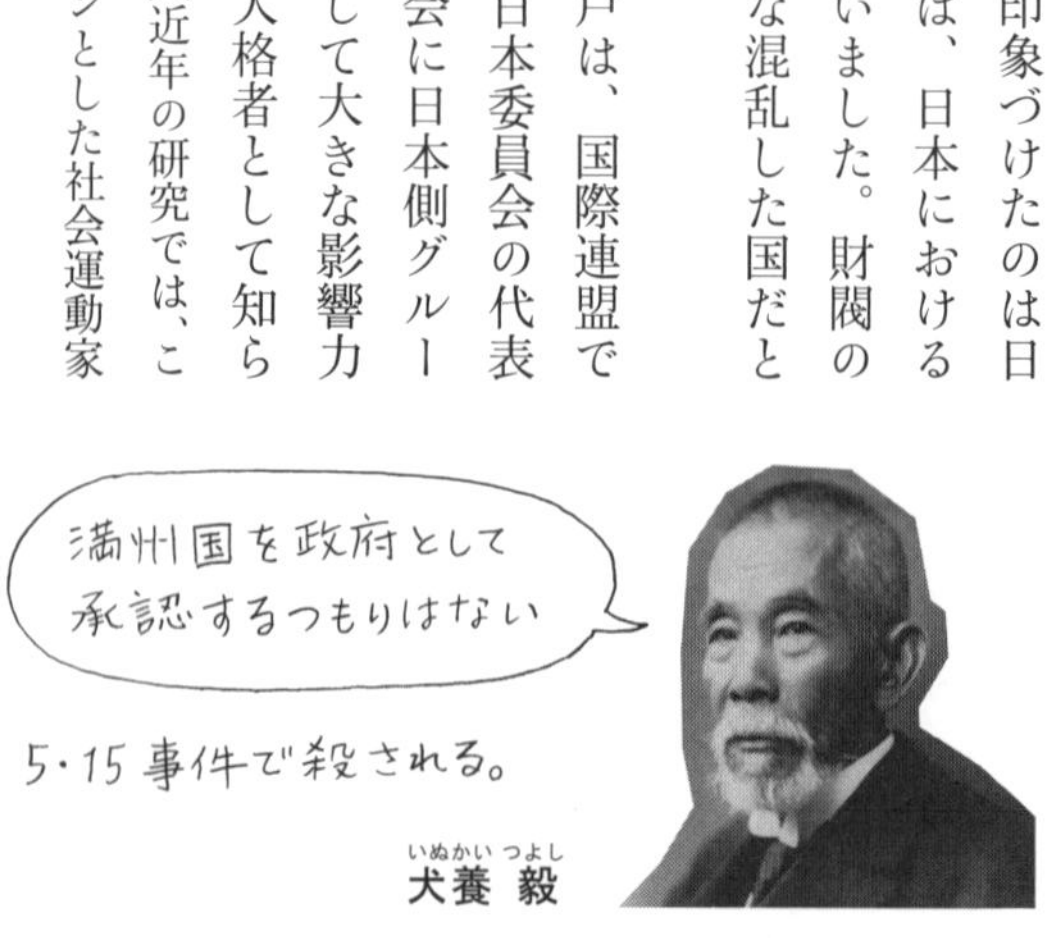
満州国を政府として
承認するつもりはない
5・15事件で殺される。
犬養《いぬかい》 毅《つよし》

ツトンは、こう述べます。[38]

疑《うたがい》もなく日本政府は非常なる多数によって支持されています。しかし大衆は多く事実の真相を知らずにいます。この事は、真相とならびに世界の世論が知らされた場合においてもなお、彼らの意見が変らないという事にはなりません。

イギリスの指導者層が集まった講堂で、日本人はこう言われていたのです。大衆はなにも知らされていない。政府や軍は真相を隠している。でも、真相と世界の世論を知らされたら、大衆は変わるかもしれない、そのあたりに絶望はしていない、と。こういう議論って、知ると面白いでしょう。これが、自由な言論空間が許されていた国における、政策についての議論です。

現在、日本の国会においても、安全保障法制やＴＰＰ（環太平洋パートナーシップ協定）をめぐって複雑な議論がなされていますが、たとえば日本と対立する国家の側の考え方や主張について、あたかもその国の人が主張し考えているように議論ができるような国になれば、日本においても、ちがった未来が到来するかもしれません。

リットン

提供：National Portrait Gallery

選択肢のかたちはどのようにつくられるか

報告書を待ちながら、日本の反応

日本側は、リットン報告書をどのように受けとめたのか。一九三二年十月二日、リットン報告書が発表される直前の様子を見ておきましょう。

正式の報道解禁を前に、新聞やラジオが予測を書き立てたり、論じたりするのは、今も昔も変わらない風景ですね。後に、第一次近衛文麿《このえふみまろ》内閣などのアドバイザーを務めた昭和研究会という組織のメンバーで、東京帝国大学法学部教授であった蠟山政道《ろうやままさみち》によれば、報告書発表の直前にラジオで、外務省や軍部が各方面より総合して検討した報告書の結論なるものが放送されていたそうで、満州を日本の保護領にしたり、併合したりするのは駄目だけれど[39]、満州国の維持については認める、といった推論がなされていた[40]といいます。

ラジオの契約数は一九三二年末の時点で一四〇万世帯を超えるようになっていた[41]。永井荷風《ながいかふう》がどこかで怒っていましたが、隣近所、大音量でラジオを聴いていましたから、三二年の普及率が11・1%でも、多くは木造家屋なので、都会であれば世帯の半分くらいには聞こえていたのではないでしょうか。午後七時からのニュースの時間の前後に、おそらく、リットン報告書の内容予測、リットン報告書は満州国の存在を認めるはずだ、というような放送があった。その翌日、まったく予想とは異なる結論、「満州国の存在を認めず」、となれば、大騒ぎにならないほうがおかしい。事前に煽ると、予想と異なったときの精神の荒廃などすごいことになるわけです。

リットン報告書の翻訳が出そろった、一九三二年十月三日の新聞の見出しは、なかなか勇ましいものでした。「全編随所に日本の容認し得ざる記述　我が対満策を終始否定す」[42]などと書いています。

日本側は、リットン報告書が下した三つの結論のうち、二つの点で同意できない、と言っています。一つめは、関東軍の軍事行動は自衛権の措置《そち》ではないというのに対して、日本側は、これは自衛権の行使だ、ここは譲れないといいます。もう一つは、現在の政権、満州国は、純粋かつ自発的な独立活動によって出現したものではないということに反論している。満州国は、現地の中国人や満州族らの民族自決によって誕生した国家だと。自衛権だ、民族自決だと、きれいな言葉で反論しているわけです。

ところで、民族自決というのは、誰が、いつぐらいに言いだした言葉でしょう。

――ウィルソンでしたっけ。

そうです。吉野作造先生が、戦争に正札《しょうふだ》をつけた人の一人がウィルソンだ、といっていましたね（117ページ）。第一次世界大戦中の一九一八年一月、アメリカ大統領のウィルソンが十四ヵ条という休戦条件（秘密外交の廃止や国際連盟の創設などを提案するもの）を見せて、ドイツに降伏してきていいですよと呼びかけ、ドイツは降伏を決意するのです。

しかし、パリで開かれた講和会議では、多くの国民を亡くしたイギリスやフランスの報復感情がものすごく、ドイツの旧植民地については、委任統治領というきれいな言葉ですが、戦勝国の間で実質的に分配してしまう。また、巨額の賠償金もドイツは支払わされます。ドイツから領土や賠償金をぶんどらないというウィルソンの提議は結果的に嘘になっちゃいました。

ウィルソンは、十四ヵ条の内容を明らかにした演説中では、民族自決という言葉を明示的に述べていません。[43]ウィルソンが民族自決という考え方を持っていたのは事実ですが、彼のいう民族自決は、少し癖のある使い方だった。ある民族は自己の政治的運命を自ら決定する権利を持つべきである、といった通常の意味での民族自決を認めるものではなく、植民地支配下の人々とその宗主国政府が「同等の重み」をもって利害を「調整」するよう促すものでした。[44]

細かいことを言いますと、ウィルソンが民族自決を提唱したとき、最初に適用されるべき地域として想定していたのはヨーロッパではなく、アメリカのお膝元の中南米諸国に対してなのです。しかし、パリ講和会議では、敗者のオーストリア帝国が解体され、ハンガリー、チェコスロヴァキア、ユーゴスラヴィアが独立します。革命を起こして連合国から離脱したロシアからはポーランドやフィンランドが独立する。そのような気運を察知した朝鮮において、これは日本から独立するチャンスかもしれないと、一九一九年三月、独立運動が起きる。

この民族自決というキーワードを、日本側はたくみに利用したのです。東三省に暮らしている満州族などは、南京を首都とする中国国民党の中華民国政府とは出自も違うと言っていると主張します。そして、清朝最後の皇帝である溥儀《ふぎ》を満州国に連れていき、執政《しっせい》という地位につけてしまいます。

溥儀にとっての満州国とは

土肥原賢二《どいはらけんじ》という陸軍軍人の名前を聞いたことはありますか。土肥原は、一九一三年から三一年にかけて十八年もの間中国に在勤し、満州事変時には奉天《ほうてん》の特務機関長についていた、陸軍きっての中国通（当時の言葉では支那通）でした。一九一一年の辛亥《しんがい》革命で清朝は滅びますが、その後、天津《てんしん》の地で不遇をかこっていた溥儀の存在に着目し、満州事変後に形成されるべき新国家のトップに祭り上げようとしたのが土肥原です。一九三一年十一月、日本軍は溥儀を天津から秘密裏に脱出させ、翌年三月九日、満州国建国にあたって、この溥儀を執政としてトップに担ぎ上げました。[45]

溥儀の推戴《すいたい》は、日本側の思惑だけから始まったのではありません。清朝の遺臣《いしん》の羅振玉《らしんぎょく》などの思惑は、清朝発祥の地である満州の地で、清朝の復興を果たそう、というものでした。溥儀の自伝『わが半生』において、土肥原と交わした自らの会話を、溥儀は次のように描写してい

ます。[46]

溥儀「その新国家はどのような国家になるのですか」

土肥原「さきほども申しあげましたように、独立自主の国で、宣統帝《せんとうてい》がすべてを決定する国家であります」

溥儀「私がきいたのは、そのことではない。私が知りたいのは、その国家が共和制か、それとも帝制か、帝国であるかどうかということです」

溥儀にとって大切であったのは清朝の復活であって、帝国となるならば出馬すると言っていたのですね。しかし、日本側は、民族自決という形をとる国家が清朝の再来ではまずいと思ったものか、最初は、溥儀を執政にします。満州国が帝国となったのは、一九三四年ですので、建国から二年後のことです。

溥儀の実弟の溥傑《ふけつ》は、日本の嵯峨《さが》侯爵家という名家のお嬢さんの嵯峨浩《さがひろ》さんと政略結婚をさせられた人物ですが（ただし、この二人の間には、真実の愛がめばえたようです）、その溥傑さんはＮＨＫが一九八〇年代に行なったインタビューで、「『満州国』というのは、皇帝はじめ清朝の遺臣たちにとってなんだったのでしょうか」と聞かれて「私たちは、清朝復辟《ふくへき》（一度退位した君主が再び位に就くこと）のために関東軍を

土肥原《どいはら》賢二
陸軍きっての中国通

利用し、関東軍もまた私たちを政治目的に利用しただけです。それが私たちにとっての『満州国』でした」[47]と答えています。関東軍の側も溥儀・溥傑兄弟も、ともにハードボイルドです。

日本は、この満州国を民族自決という原理で自然に発生した国だと言い張った。自衛権であり、民族自決だと、この二つが、日本が反論として主張したことでした。

中国側の反応

みなさんは、どう思いますか。日本と中国が話し合うための条件を提示したリットンですが、まず、リットンが提案するラインでの妥結というのは可能だったかどうか、そのあたりを考えてみましょう。

――ちょっと妥結できないんじゃないかなと思いました。中国側の同意が得られるのか。⑩で書いてあるような、中国の国家改造に関する国際協力というのは、中国側の主権を重んじていない、という印象を受けます。

はい、そこです。日本側が非妥協的だったという観点からではなく、中国側に目を向けたあなたは鋭い。顧維鈞《こいきん》など、国際連盟の中国代表部は、リットン報告書の問題解決のための条件（第九章、第一〇章）は、既成事実に対応するように書かれているので、その前の八章までに書

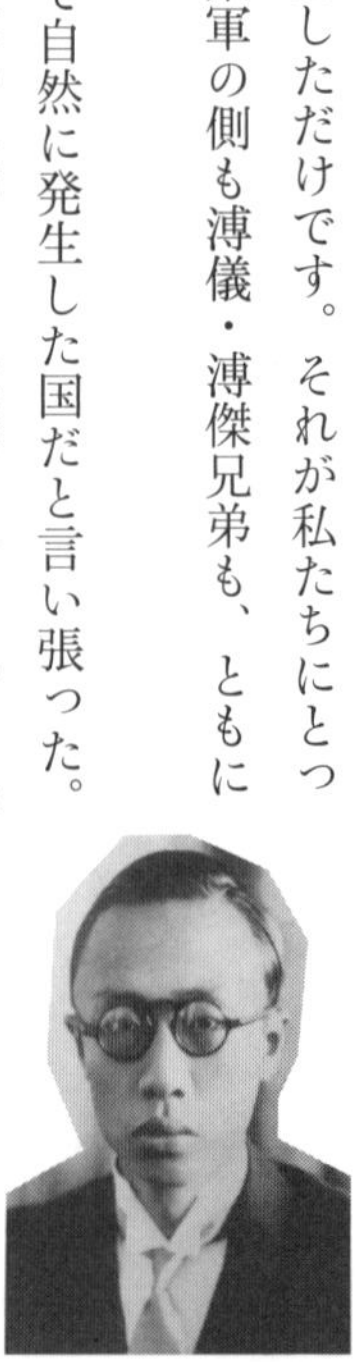

溥儀《ふぎ》
清朝最後の皇帝

かれている歴史的経緯の記述と矛盾する。これでは中国人を満足させることはできない[48]と判断していました。また、中国国民政府主席の蔣介石も、最初の八章は公平かつ説得力があるが、最後の提言は、ほとんど東三省における日本の実力を重視したもので、中国は連盟に対して修正を求めなければならない[49]、との判断を、中国側の連盟代表部に送っていました。中国側は、リットン調査団の解決提案を、日本側がつくりあげた既成事実を重視しすぎていると考えていた。これは、興味深い事実ですね。

なぜかといえば、日本の新聞などは、「支那側狂喜」[50]と見出しをつけて中国側が報告書に満足している様子を意地悪く報じる一方、日本側については、「どこから見ても最悪の報告　陸軍側では大憤慨《だいふんがい》」[51]との見出しをつけていたからです。記事自体を見ると、「狂喜」と表現するだけの根拠は記事中になく、陸軍が大憤慨しているとする記事も読んでみますと、「陸軍当局談を以《もっ》て発表された以外、口をかんしている」と書いている。口をかん（緘）するというのは、口を閉ざしているということですから、陸軍側は、当局談以外はなにも話していないわけです。では、当局談を読ん

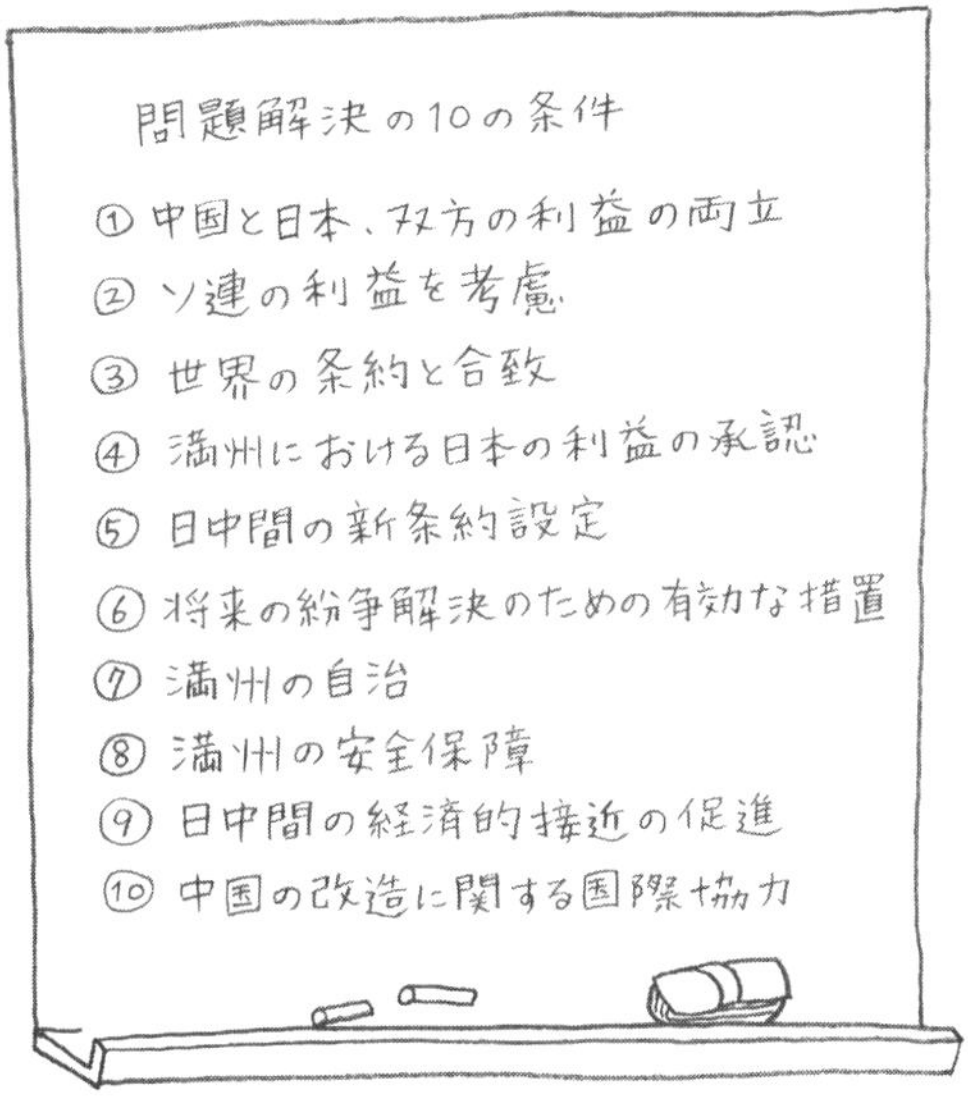
問題解決の10の条件
① 中国と日本、双方の利益の両立
② ソ連の利益を考慮
③ 世界の条約と合致
④ 満州における日本の利益の承認
⑤ 日中間の新条約設定
⑥ 将来の紛争解決のための有効な措置
⑦ 満州の自治
⑧ 満州の安全保障
⑨ 日中間の経済的接近の促進
⑩ 中国の改造に関する国際協力

でみますと、「連盟調査団が本日までその任務達成に努力せられたる労を多とする。その報告の概要を通覧したが軍部としては帝国が従来しばしば中外に宣明したる主張に何等の変更を加うべき必要を認めざる」[52]と、意外にとってもおとなしい。

このように、当時も今も、中国側こそ反対していたのではないかという点に注意が向いていませんね。リットン調査団は、中国側に肩入れしていたはずだから、という根拠のない前提に立って、中国側が報告書に不満を持っていたかもしれないという問いが、そもそも生まれにくかった。リットン報告書といいますと、日本と連盟の関係からだけ見る場合が多いのですが、中国側が本当に納得していたのか、というスタンスは大事です。

中国側が不満だったことを考えると、リットン報告書が示した解決の条件に対し、もっと日本側が積極的な評価を下してもよかったはずですね。リットンはつくづくかわいそうです。国民党内で蔣介石に批判的であった勢力[53]などは、報告書をよりシビアに見ていました。彼らの主張の要旨を紹介しておきましょう。[54]

リットン報告書は矛盾している。東三省（満州、中国東北部）を中国領土と認めていながら、自治政府に顧問会議を設置し、外国人顧問を雇い、しかも日本人顧問が大半を占めるようにしている。また、日本側の要求をいれて、中国東北部全域における日本人の定住権・土地租借権を治外法権と交換して認めた。また、東北全域を非軍事地域にするのは、主権のある中国側が自ら国土である東北部に軍隊を置く権利を持たないということだ。組織的な日貨排斥も禁止される。我々は、このような規定を、二十一ヵ条とくらべても、さらに苛酷《かこく》なものと考える。

悪名高い対華二十一ヵ条要求にくらべてもひどい、と言っているのが強く印象に残ります。二十一ヵ条[55]というのは、中国側にとって、アヘン戦争以来の屈辱の歴史の最後を飾る問題です。第二次大隈重信《おおくましげのぶ》内閣の加藤高明《たかあき》外相が、第一世界大戦中の一九一五年一月、当時の袁世凱《えんせいがい》政府に対して要求したものでした（第一号は山東問題の処分に関する条約で、日本が将来的にドイツと協定する内容を、中国は承認しなければならないということ。第二号は南満州と東部内蒙古に関する日本の利権の拡張。旅順《りょじゅん》・大連《だいれん》の租借期限と南満州鉄道の租借期限を九九年間延長）。日本側は、反発の最も多かった第五号を撤回した上で、軍艦などを出して中国を威嚇《いかく》しつつ、最後通牒をもって、中国側に諸要求を呑ませました。この、中国側の強い反発により撤回した第五号にあった項目こそ、日本人政治顧問・警察顧問の招聘《しょうへい》にほかなりませんでした。

このように、リットン報告書に反発する国内勢力を抱えつつ、蒋介石が連盟の中国代表部に送った指示と考察は、次のようにまとめられます。[56]

報告書に対しては温和な態度で接するべきであり、過度に反発すべきではない。

同時に留意すべきことは以下の通り。日本が報告書を受け入れる場合は二つの場合だけである。一つは列強が経済的武力的な制裁を行なう決意があるとき、いま一つは日本国内で軍閥に不利な重大な変化が起きるとき。だが二つとも起きる可能性はない。よって中国側が譲歩しても将来の中国の行動を制約するだけであり、国内の反発を招くだけだ。

蔣介石の文章を読んでいて、いつも面白いと思うのは、蔣が、いくつかの条件ごとに選択肢を挙げ、考察しつつ、結論を導いている点です。列強に制裁の意志があるか、そして日本の軍閥（軍のことです）が衰退するような変化、この二つの可能性がどちらもないならば、と所与の条件を考えた上で、中国が頑張って妥協しても、問題の解決には結びつかない、こう結論づけていました。

蔣介石は粘り強いのですね。連盟での解決の可能性は少ないとしつつも、なにについては受け入れ可能で、なにについては受け入れ不可能か、これを弁別して考えている。たとえば、日中間の永久平和を樹立するための、東三省（中国東北部）の軍備撤廃は認める、というのです。先に見た国民党の中の蔣介石と対立する人たちが、この地域に軍隊を置く権利を認められないのでは、中国の主権にかかわる大問題と考えていたのとは違っています。

日本が報告書をのむのは
2つの場合だけ。
だが、両方とも実現可能性はない

蔣介石

なぜ蔣介石が、中国東北部からの撤兵に同意するのかということを、少し意地の悪い見方で考えてみましょうか。誰かわかりますか。意地の悪い見方、というのがヒントです。

――……？

これは難しいですね。日本は明治維新以降、基本的には中央集権的に天皇のもとに軍隊が編制されていったので、軍閥の戦いというのはイメージしにくい。張学良《ちょうがくりょう》と蔣介石は、いわば万《ばん》里《り》の長城の北と南に勢力をはる、軍事的なリーダーでした。日本軍が張学良の父である作霖《さくりん》を爆殺したことで、学良は「易幟《えきし》」（自らの東北政権が用いていた旗から国民政府の旗に変えること、国民政府への合流を意味する）を行ない、東三省を中国国民政府の下に差し出した。学良の肩書きは東北辺防軍司令長官で、蔣の肩書きは国民政府主席、陸海空軍総司令ですから、もちろん蔣が上なのですが、学良の下には約一九万もの東北軍の精鋭がいた。共産党、国民党の左派などと内戦を戦ってきた蔣にとっては、この学良の東北軍の存在は嫌でしょう。この軍隊が解体されて、自らの指揮下に置ければよいと思わないでしょうか。

しかし、撤兵という点で意外に柔軟であった蔣も、一方で、顧問会議の招集、外国顧問の強制任用、排日ボイコットの永久禁止などについては、リットン報告書の案を受け入れてはダメだといって、修正と根本的な改正を求める方針でした。

日本側はなにを恐れていたのか

中国側がなにを恐れ、なにに怒っていたか理解できたところで、今度は日本側のことを考えてみましょう。みなさんが日本の軍人、政治家、あるいは普通の国民だったとして、リットン報告書のどういうところを評価し、どういうところに怒るか、ちょっと考えてみてください。

――満州につくられる新しい政府は、「中国の主権」のもとに置かれると書いてあるので、いままで日本が満州に強く言えていたことが、言えなくなっちゃう。

はい、リットンは、事変前の状態、張学良政権ではだめだと却下していましたが、新しくつくられる政権は、中国の主権下という部分だけは認めざるをえない。

日本側は、満州国というのは、民族自決の理念により、漢族、満州族、蒙古族、朝鮮族、そして日本人が協和して建国されたといった五族協和の物語、もちろん神話にすぎませんが、これで説明していました。日本側が一九三二年九月十五日に満州国を承認するのは、日本が望むような内容の条約を勝手に締結できるからでした。それが、中国の主権下となれば、満州問題に関することを中国と交渉しなければならなくなる。

あるものが、ないということにされるとき、人間誰しも反発しますね。自治政権では、満州国という名前が維持できないので困る、ということでしょう。

日本国内で、連盟との協調を喜ばない勢力が報告書を非難するとすれば、新聞の見出しは、

「リットン、満州国の存在を全く否認」などとなりそうです。報告書は確かに、張学良政権への復帰も、満州国の存続もともに認めていませんでしたが、これまで見たように、既成事実を全く認めないかどうかは、交渉次第なのです。新政府をつくるための諮問委員会に出て、顧問として十分な数の日本人が選ばれるようにし、もう一度腹をくくって、満州国をつくりにかかればよかったのではないか。あ、いやいや、つくってはいけません。あくまでも仮定の話です。中国側が、諮問委員会や顧問に強く反対していたのは、日本側を利すると思っていたからでした。まして、日本側は、清朝最後の皇帝、宣統帝溥儀《せんとうていふぎ》という、究極のアクターも手にしていたのですから。

ほかに、なにか日本側が怖れたことはあるでしょうか。

――新しい条約を中国側と結んだりすると、いままでやっていた交渉の仕方が許されなくなるし、日本以外の国々も、口出しできるようになってしまう。

はい。ちょっと補充しながらいいますと、いままでなら、武力的な圧力もかけながら中国と交渉できていたのが、国際連盟が関与するとなると、これまでより不利な条約関係になるのではないかという怖れがある。さらに、口出ししてくる国というのは、大国だけではなかった。

リットン調査団に委員を出していたアメリカ、イギリス、フランス、ドイツ、イタリアはいずれも大国で国際政治のリアリズムを知っている。アメリカやドイツはともかく、他の三国は帝国主義や植民地主義に甘い。ここで触れておきたいのは、「十九人委員会」というものです。

リットン報告書は、連盟理事会の議論の基礎となっていく文書ですが、全加盟国による連盟総会への満州問題に関する決議案を書いたのは、十九人委員会のメンバーでした。十九ヵ国の代表からなる委員会ですが、その顔ぶれを見ておきましょう。

最初に出てくる四ヵ国、イギリス、フランス、イタリア、ドイツはリットン調査団の参加国でしたが、うーん、パナマ、グァテマラ、ペルー、コロンビアなど、地図上で正しく指さすことができますか。私などできる自信がないです。みなさんも、これほど中南米諸国が入ってくるとは思わなかったのではないですか。

また、第一次世界大戦を契機に、一九一八年にできた国、ユーゴスラヴィア、チェコスロヴァキアが入っている。日中間の歴史的経緯を知らないはずの小国までもが決議案作成に関与するという連盟の方式を、日本側は恐れたといえます。

ただ、このような十九人委員会ができてしまった、根本の理由をつくったのは日本なのです。リットン調査団派遣を理事会が決定したのは、一九三一年十二月のことでした。その後、一九三二年一月、日本軍の謀略を契機として、上海で軍事衝突が起こり、上海事変に発展します。この上海事変を捉え、中国は、満州事変を含めた日中紛争全体を提訴し直し

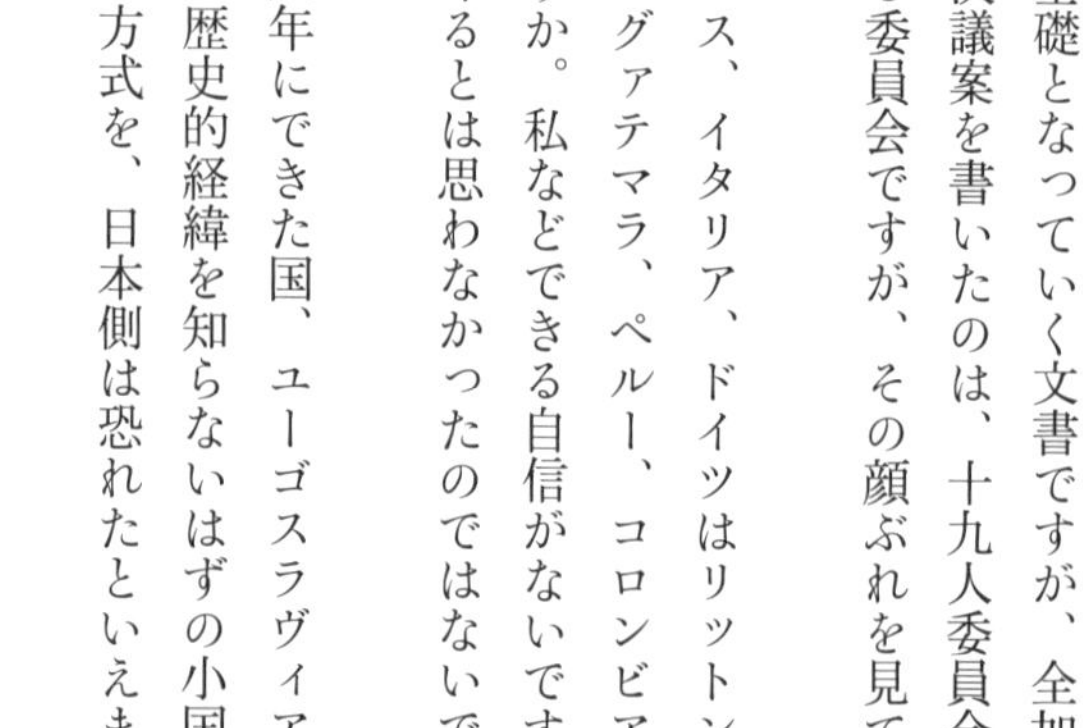

た。このとき使ったのが、連盟規約第一五条というものでした。

これまで中国が満州事変を連盟に提訴したのは、連盟規約第一一条によるもので、第一一条とは、「戦争または戦争の脅威となるような事変が勃発したときに、連盟事務総長は連盟理事会を招集する」との条文です。しかし、第一五条となりますと、話が違う。一五条で提訴した場合、理事会の過半数の表決により、勧告を載せた報告書を作成することができ、紛争当事国の一方の要求があれば、連盟総会の場に持ち込むことができる。[57] そして問題は、第一五条によって提訴した場合、連盟規約第一六条の経済制裁が視野に入ってくることです。第一六条第一項は、次のような内容を持っていました。

> 〔略〕第一五条による約束を無視して戦争に訴えたる連盟国は当然他のすべての連盟国に対して、戦争行為をなしたるものと見なす。他のすべての連盟国はこれに対し、直ちに一切の通商上または金融上の関係を断絶〔中略〕すべきことを約す。

戦略物資の多くを海外に依存していた日本にとっては、経済制裁も視野に入れねばならない条項というのは、なかなか悩ましかったはずです。

連盟規約第15条により、
経済制裁が視野に。

関東軍が嫌がる条件とは

あとは、なんだろう。自らが謀略に手を染めていた関東軍なんかが、ぜったい嫌だといいそうなことですが。

――ソ連の利益に対する配慮というのが駄目だと思うんですよ。

あなたは有能な関東軍司令官になれそうです(笑)。旅順・長春《ちょうしゅん》間を走る南満州鉄道(満鉄)は、もともとロシア側の建設になるもので、日露戦争に辛勝した日本が、一九〇五年のポーツマス条約によりロシアから獲得したものです。よってロシアは、長春以北からハルビンまでの東清《とうしん》鉄道(中東鉄道)南支線部分は、保有し続け、ハルビンで北満州を東西に貫く中東鉄道に接続していました。

このように、鉄道の元はロシア側が建設し、鞍山《あんざん》鉄工所などの鉱山経営など、満州における重化学工業の基礎は日本側がつくっていたのですね。「リットンが提案した一〇の条件」(125ページ)の②に「ソ連の利益を考慮」とあるのは、その歴史的な経緯を認めたということでした。しかし関東軍としては、ソ連に配慮しなさいなんて許容しがたいと。あともう一声です。

――……?

みなさんは、あるものの怖さを、あまりわかってないですね。日本はなにによって満州を制圧したのですか。

――軍事力。

そうです。つまり、満州事変をきっかけに、朝鮮半島から援軍にやって来た朝鮮軍（これは関東軍と同じで、当時は日本であった朝鮮に置かれていた常設軍です）の一部を含めて、日本側の軍隊が満鉄附属地内、あるいは朝鮮に戻されるということです。私たちは、満州事変が謀略で開始されたと知っているから、日本側の軍隊が満鉄線沿線まで撤兵させられるのは当然だと思いますが、関東軍側としては自衛のために存在してなぜいけないのだ、と言うでしょう。

リットン報告書には、満州地域の安全保障のため、特別憲兵隊がつくられると書いてあり、またこのような軍隊の訓練に、日本側の専門家、顧問の参加を予定していたのですが、そのような具体的な日本側への

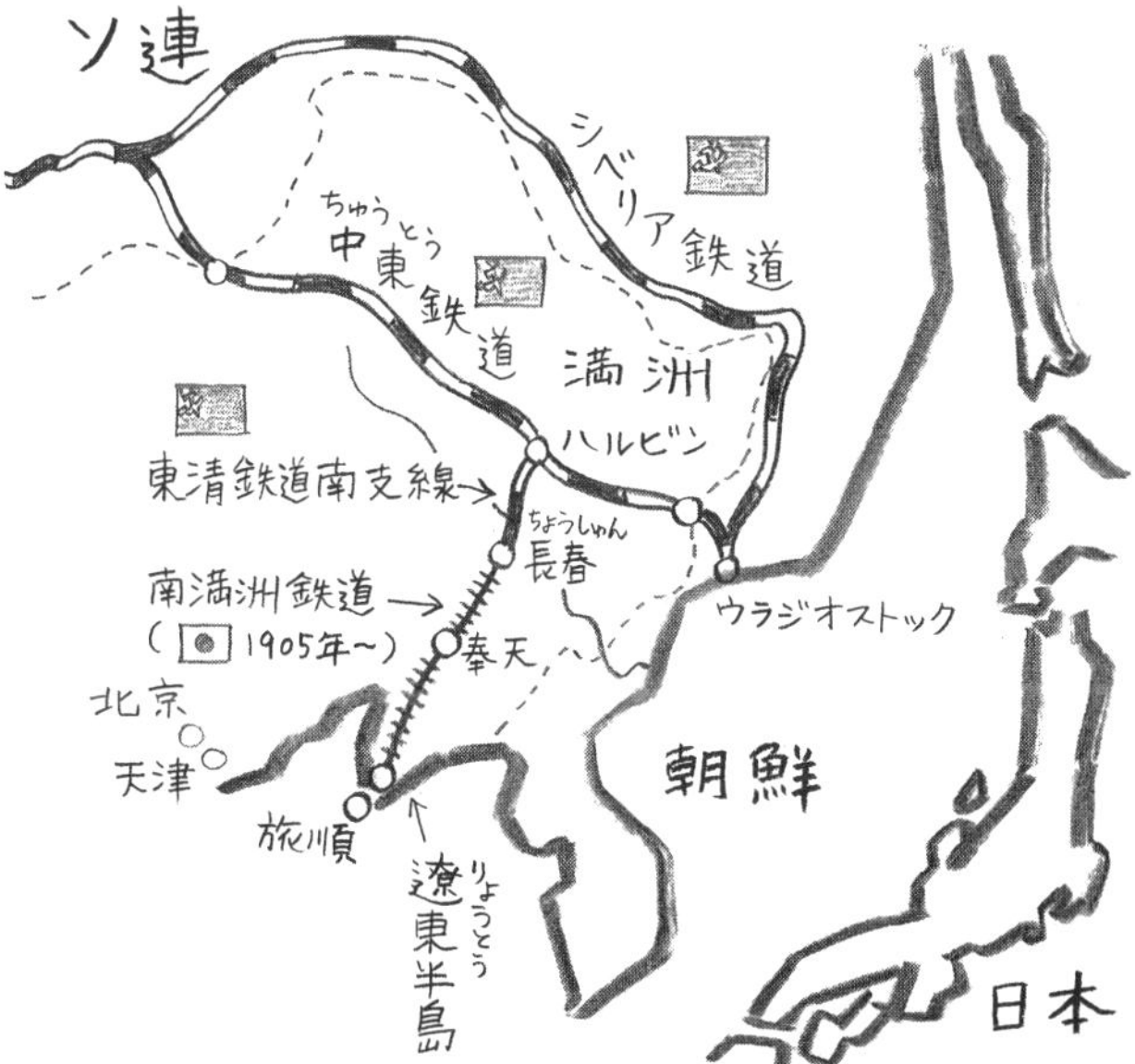

［満州事変時の中国の鉄道］
日露戦争に勝った日本は、ロシアが建設した東清鉄道南支線を1905年に獲得。

配慮など、当時の軍部であれば、絶対に読み込もうとしません。

──日本軍は、満州から撤兵するのをどうしてそんなに嫌がるのですか。

一つは、日露戦争でのお父さん、おじいさんの働きを政府は忘れるのかという、国内の記憶によるバッシングがあるからです。日露戦争の神聖な物語に泥を塗られたことになってしまう。もう一つは、共産主義国ソ連への抑えがきかなくなるからです。満鉄は長春までで、連続した鉄道の先のハルビンにはソ連軍がいる。満州から撤兵してしまって、日本の国防は大丈夫なのかと。また、国民の怒りがそれを是としないということがあると思います。

選択することの困難さを自覚する

日本が結果的に、どのような選択をしたのか、そのお話をする前に、すごく面白い実験結果を紹介しましょう。今日の授業のはじめに、選択できるのは人間だけ、人工知能（ＡＩ）にはできないということをお話ししましたね。選択するという行為が本当に難しいということを、これから確認していきましょう。私たちは、自らが選択を迫られる際に差し出される、設問のつくられ方によって、たやすく一つの方向に誘導されてしまうのです。

エイモス・トヴェルスキーというイスラエル生まれの心理学者がいて、この方は後にノーベル経済学賞を受賞するダニエル・カーネマンとともに、ある共同研究を行ないました。これからお話しするのは、トヴェルスキー先生がスタンフォード大学という、世界のトップ5にいつも入るような大学で、学生相手に行なった実験結果[58]です。

第1問から第3問まで、三つの選択問題が順番に示されます。アルファベットの選択肢の下に示されている％の数値は、その選択肢を選んだ被験者の割合です。ある条件下で、よりメリットを獲得できるほうを選ぶという問題ですが、第1問から見ていきましょう。

第1問　次の選択肢から、好むほうを選んでください。

A　確実に30ドルを手に入れる　78％

B　80％の確率で45ドルを手に入れる　22％

第1問を平たく言い直すと、Aは、目の前の100個の壺すべてに30ドル入っている。Bは、100個の壺のうち80個には45ドルが入っていて、なにも入っていない壺が20個ある。

一回しか選べないとき、100個のどこに手を突っ込んでも確実に30ドル入っているAを選びたいというのは、人間の心理としてわかるでしょう。Bを選ぶと、なにも入っていない壺に手をつっこんでしまう確率は20％もあって、そちらは嫌だなと思う。

ただ、何度も実験を繰り返していくと仮定すると、Bの場合、80％の確率で45ドルが手に入るというのは、手に入ると期待していい金額は、45ドル×0・8で36ドルとなる。それでも確実には手に入らないということで、スタンフォードの学生もAに手をあげるのです。
では、第1問をいったん忘れて、第2問を見ていきましょう。

第2問　2つのステージからなるゲームがあります。第1ステージでは75%の確率でなにも得られずにゲームは終了しますが、25%の確率で第2ステージに進めます。その第2ステージでは次の選択肢があります。ゲームが始まる前に好むほうを選ばなければなりません。

C　確実に30ドルを手に入れる　74%
D　80%の確率で45ドルを手に入れる　26%

次に第3問も見てみましょう。

第3問　次の選択肢から、好むほうを選んでください。

E　25%の確率で30ドルを手に入れる　42%
F　20%の確率で45ドルを手に入れる　58%

第3問で初めて「確実に」という言葉が設問の文章からなくなっています。Eの場合、何度も実験を繰り返したとすれば、手に入ると期待できる金額は、30ドル×0・25で7・5ドルになります。Fの場合は、45ドル×0・2で9ドルになる。Eの7・5ドルと、Fの9ドルをくらべて、これはFを選んだほうが得だと考える。だから、Fを選ぶ人は58％にも上ります。

ですが、そろそろおわかりでしょうか。第2問は「第2ステージまで進めるのが25％」という前提条件が、最初に入っていました。文が違うだけで、第2問と第3問は、数学的に全く同じことをいっているのです。Cに進めるまでの確率は25％ですから、Cの設問を素直に書き直せば、「25％の確率で30ドルを手に入れる」となり、これは、設問のEと全く同じになります。ただ、Cを選択した人は74％にも上るのに、Eを選択した人は42％にしかならない。

正直に、第3問のような聞き方で設問をつくって問いかければ、獲得金額の可能性が高いほうを選ぶ人が多くなる。

第2問のCの「確実に30ドルを手に入れる」の場合、もともと75％の確率でゲームオーバーとなるので、ここには本当は、確実さというものはなかったのです。人は、この「確実に」という言い方、見せかけの100％に、本当に騙されやすい。

トヴェルスキーさんは、これを「偽の確実性効果」と呼びます。本当は偶然に左右されているのに、「確実」という言葉に惑わされて誘導される。それを明らかにした実験です。

こういう聞き方でこれだけ差が出るということは、新聞の記事の見出し、政府の情報の流し方という点で加工すれば、いくらでも国民を誘導できるということになりそうです。

> 《偽の確実性効果》
> 本当は偶然なのに
> 「確実」というワードに惑わされる。

設問のフレームの設定の仕方一つで、その時々の為政者にとって好ましい方向を選択させることができる。逆に言えば、私たちが、EとFのような正直な選択肢に設問のかたちを変えて、国民の目の前に示すことができれば、合理的な選択が可能となり、より良い選択肢を手にすることができそうです。

領土を返還するか、占領を継続するか

この実験を考えたトヴェルスキーさんは、イスラエルの軍人でした（イスラエルは、女性も含め、国民に兵役の義務を課しています）。私もハーバード大学で博士号を取ったイスラエルの学生に日本近代史を教えたことがあります。いったい何ヵ国語が話せ、書けるのだろうという、信じられないくらい優秀な人でした。ただ、国家主義運動の理論的指導者である北一輝《きたいっき》を研究しているのが謎で、冬でも半袖のTシャツ一枚で、なんで寒くないのと聞くと軍人だったからという謎の答えが返ってきましたが（笑）。

さて、イスラエル国防軍の勇猛な将官だったトヴェルスキーさんは、もともと、次のような例を考えていたのです。[59]

敵に囲まれた民主国家において、現在まだ占領中の国外領土を返還するかどうか

について政治論議があるとする。戦争において、これらの領土はまちがいなく勝利に寄与する切り札である。他面で、この領土を返還すれば戦争の可能性は減少するだろうが、ただしそれは根底では不確実なことがらである。この場合、政治的議論において占領維持派が優勢となることは賭けてもよい。

敵に囲まれた民主国家というのは、まあ、民主かどうかはおくとして、イスラエルが想定されているのでしょう。国外に占領している領土というのは、パレスチナ暫定《ざんてい》自治政府の地域内にあるガザ地区でしょうか。その占領地は、戦争になったときには間違いなくイスラエルの勝利に寄与する大事な場所でしょう。その占領地をパレスチナに返還すれば、イスラエルとパレスチナの対立は良好なものになるはずで、戦争の可能性は低くなります。しかし、それは不確実なことで、絶対そうなるとは誰にも言えない。そして、イスラエル国内には、占領継続派

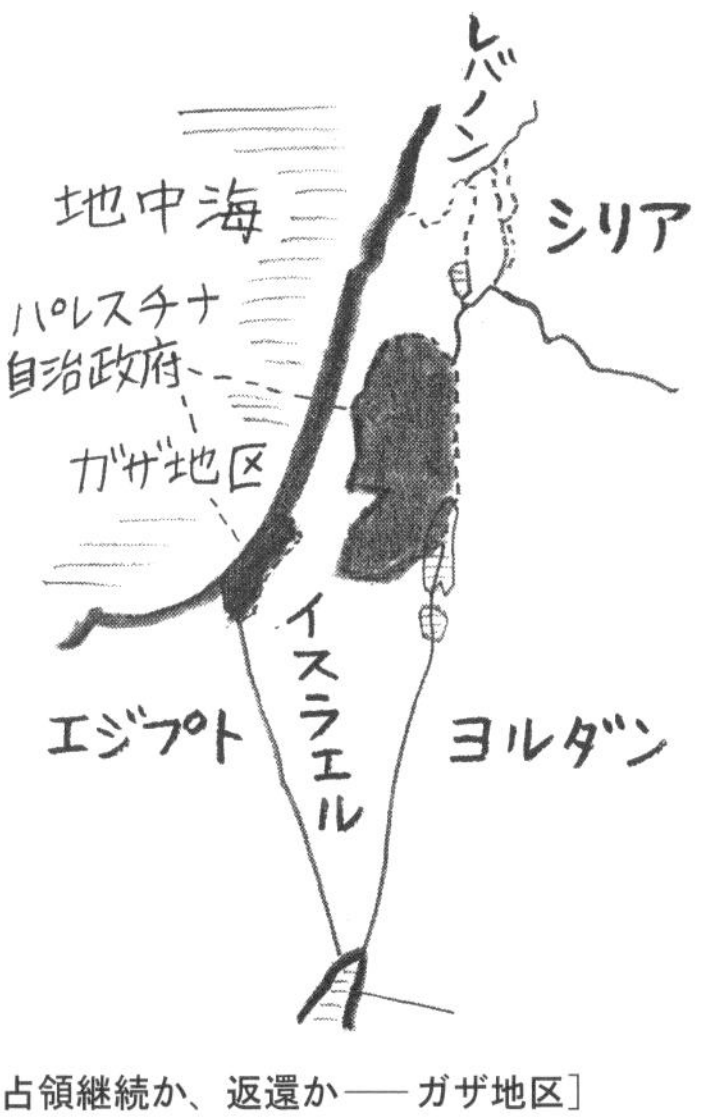

［占領継続か、返還か——ガザ地区］

1967年からイスラエルが占領。96年、パレスチナ暫定自治政府が成立し、2005年にイスラエル軍は完全撤退。

と返還派の対立が常にある。この両者の議論は、もう圧倒的に占領継続派が勝つと、トゥヴェルスキーさんは言う。

この問いは、「どこかで起こった話とそっくりだと思いませんか。「戦争になったときは間違いなく勝利に寄与する場所」という偶発的な確実さが、端的な確率「占領地を返還すれば、戦争に至る可能性は減る」より優位に見えてしまう。しかし、占領地を返すような行為が合理的選択になりませんか、と問われたことが、歴史上にありました。どんなことか、わかりますか。

——……尖閣諸島？

これはなかなか（笑）、面白い着眼です。尖閣諸島（中国名は釣魚島《ちょうぎょとう》）は、日本と中国と台湾とアメリカが、歴史的にその主権や行政権のありかについて長らく秘密裏の協議を行なってきた場所ですね。ここは小さすぎて、軍事力の展開という点では考えにくい。また、ここは歴史的な経緯がありすぎ、かつ、すでに日本によって国有化宣言が出されている場所ですので、占領地とは少し話が違います。

ほかにはどうですか。ヒントは、日本がある地域を占領しちゃうんですね。返したほうが交渉はうまくいくけれど、返しては嫌だとなって……。

——遼東《りょうとう》半島？

あ！　間違いですが、すごくいい例が出た。これは返還して緊張緩和した、成功した例です。一八九五年に日清戦争が終わった後、日本は台湾、澎湖《ほうこ》諸島とともに遼東半島を清国から割《かつ》譲《じょう》して貰《もら》う。そのような話が講和の交渉で出された。けれども、その直後の三国干渉、つまり、ドイツ・フランス・ロシアから、遼東半島を清国に返せと迫られ、当時の陸奥宗光《むつむねみつ》外相の主張によって清国に返還される（ただ、清国はこの返還分に相当するお金を、賠償金に加えて日本に支払いましたが）。

このとき、遼東半島を返還したから、日露戦争が始まる一九〇四年まで、一〇年間の緊張緩和があり、この時間があったことで、日本はロシアと戦う準備もできたと考えられます。

日露開戦にあたって、日本側は鴨緑江《おうりょくこう》を越えて遼東半島に陸兵を進める際、海軍による陸兵の輸送が上手くいくか、本当に自信が持てなかった。遼東半島を持っていれば、実際の戦闘の経過よりも有利に対ロシア戦争を戦えたかもしれない。しかし、もし遼東半島をそのまま持っていたら、日本の軍拡に対するロシア側の警戒はより激しく、より早い段階で日露の衝突が起きていた可能性がある。また、日露戦争のときに清国側は日本を有形無形に援助してくれましたが、遼東半島を返さなか

［占領継続か、返還か――遼東半島］

1895年、日清戦争に勝利した日本は、清から台湾、澎湖《ほうこ》諸島、遼東《りょうとう》半島を獲得するが、三国干渉で返還。

つたら、そのような好意を得られなかった可能性もある。このときも、占領継続派と返還派がいました。総理大臣の伊藤博文は占領継続を列強に交渉してみようという派で、陸奥宗光は返せという立場でした。

ほかに、どこが思い当たりますか。

――……？

返さなくて失敗した例が、戦前期にあるじゃないですか。ヒントは南です。

――インドシナ？

そうです。仏領インドシナという名前は、1章で出てきましたが、まだ学校で習っていないかもしれませんね。時代を進めて、太平洋戦争が始まる約4ヵ月前の一九四一年七月、日本は南部《なんぶ》仏印《ふついん》に進駐《しんちゅう》します。仏印というのはフランス領インドシナのことで、現在のベトナム、ラオス、カンボジアに相当する場所です。この地域は、日本の海軍が南方に侵出するときに必須の飛行場建設地として恰好の場でした。そのほかにも、当時は蘭印《らんいん》と呼ばれていたオランダ領東インド（現在のインドネシアに相当）の石油資源を手に入れることができる、それからアメリカの植民地のフィリピン、またイギリスの海軍根拠地であるシンガポール、香港、これらを攻撃するのに最適の場所ですね。

日本軍が南部仏印に進駐したとき、軍部は、この進駐を軽く考えていました。しかし実際には、英米側は、全面的な石油の禁輸、対日経済制裁で応じます。

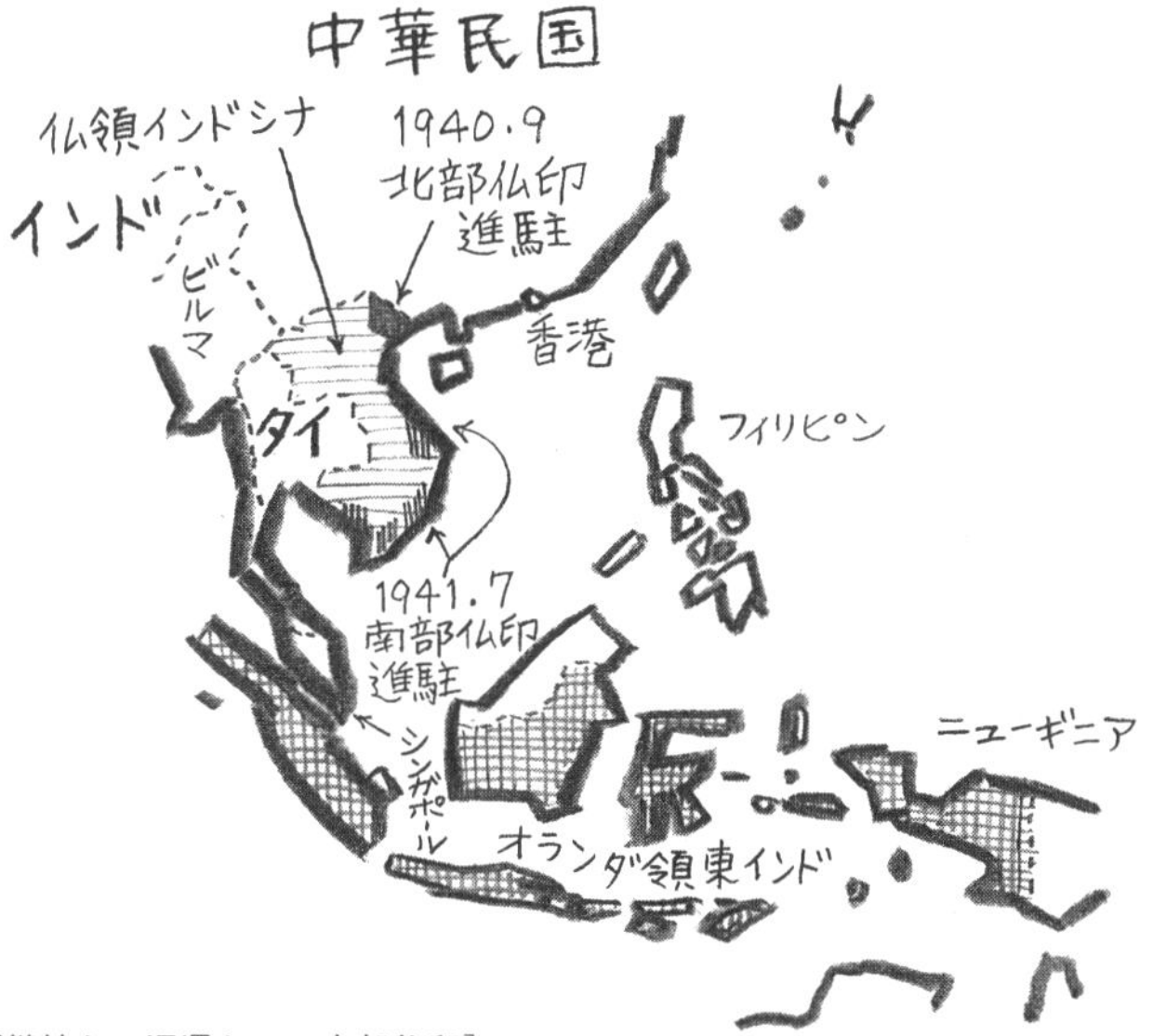

［占領継続か、返還か——南部仏印］
1941年7月、日本は南部仏印に進駐。ここからの撤兵が分かれ目に。

ただ、このように、いったんは強く出たアメリカでしたが、一九四一年四月から交渉が続けられてきた日米交渉の場を利用して、アメリカは十一月、日本側にこう提議してきました。南部仏印から日本側が撤兵すれば、日本側がほしがっている石油、航空機燃料の禁輸を解除すると。

このとき、アメリカの要求をのんで仏印から撤兵しておくことで、とにかく、一九四二年の春くらいまで日本側が待たされたとすれば、あのようなかたちでの戦争が起こったかどうか。このあたりの続きは、4章でお話ししますね。

戦争になった場合、その占領地は一〇〇パーセント役に立つと聞かされたとき、占領地を返したとしても交渉は妥結しないかもしれないということのほうがずっと危うく聞こえる。でも、占領地を返して妥結する確率というのは、戦争が始まる確実性より高いかもしれない。その効用可能性が見えないような誘導の仕方をされたら、アウトだということです。

日本が設定した選択肢、リットンが設定した選択肢はなにか

リットン報告書が提出されて、満州事変とその解決策として、日本が問われていた選択肢は実のところなんだったのか。また、日本の関東軍の参謀になったつもりで、リットン報告書の否定に人々を導こうと考えたとき、どのような選択肢がつくられるでしょうか。

まずは、日本政府が日本国民に示す選択肢は、どのようなものとなるのか考えてみましょう。すでに日本は満州国を承認していた。一方で、連盟脱退や経済制裁を避けたいとも考えていました。どのような選択肢になりそうか、文章をつくってみてください。

――連盟との関係を維持するため、日本の主張を連盟に認めさせ、妥協させられるかどうか。

まずは、連盟に残ることを主眼として、連盟加盟国らの主張と日本側の主張を摺《す》り合わせようとしているわけですね。あなたの考える日本政府は、リベラルな政府だとわかりました（笑）。こういう政府がいてくれるといいですね。他にどんな選択肢があるでしょう。

――満州の日本の権益を「確実に」確保する道を選ぶか。リットンの主張を受け入れ、当面の間の

対立回避を選ぶか。ただし、満州を手放した場合、ソ連の侵攻の恐れがあるかもしれない。

人は「確実に」という言い方に引きずられる、という実験を見ましたが、それを見事に活かした選択肢をつくってくれました。また、たとえ今、連盟との対立が回避されても、それは、「当面の間」の平和の確保に過ぎないということも暗示されていて、心憎いのは、「ただし」がついていることで、リットンの主張を受け入れれば、ソ連が南下するとの脅しも含まれている。これは、日本政府の中に確かに存在した、連盟脱退もやむをえないと考える人々、満州国承認という日本の立場を守るしかないと考える人々が示しそうな選択肢です。

私が関東軍になったつもりで準備した答えは、「リットン報告書や連盟の方針に従えば、満州国は確実に解体される。日本軍の駐屯《ちゅうとん》も許されない。それでよいかどうか」というものです。

リベラルな政府が問いかけるバージョン、既成事実を守りたいと考える勢力のバージョン、関東軍の主張に近い強硬派のバージョンと、このように為政者から国民への問いかけ方は、いくつもありうるものなのです。

? 日本政府、関東軍の選択肢を考えてみよう

リットンが問いかけていたこと　満州という一部か、中国全体か

次に、リットンのほうを考えてみましょう。リットンは、日本国民にどう問いかけていますか。これは、いろんなバージョンがあると思います。

――妥協して、少ないけれど確実な利益を得て、世界の道をとるか。もしくは、絶対的な利益を確保するために世界の道から外れるか。

日本は少し妥協して、確実な利益を受け取るのか。それとも、戦争の可能性がある道、孤立の道を歩むのかというような問いかけのパターンはありえますね。「確実に」という、つい人が釣られてしまう言葉を、「少ないけれど」と組み合わせつつ、「利益」とともに使うのは、座布団一枚！といいたい芸域です（笑）。また、リットンの講演の中の、「世界の道」という象徴的な言葉を、選択肢のキーとなる、目的語として使ったのは見事です。あなたは、リットンのスポークス・パーソンになれそう。ほかにはどうですか。

――これまでは日本だけで日本の権益を守ってきて大変だったけれど、世界全体で守ることもできるから、かえって日本の満州権益は確実なものにできるよ、ということ。

リットン報告書には、特別憲兵隊（地方憲兵隊）構想というものが出ていたと話しましたね（159ページ）。

これはちょっとびっくりするくらい新しい発想で、今でいうＰＫＯ部隊のはしりと捉える斬新な研究[60]もあります。

日本にとって、経済権益も大事だけれども、ソ連や中国との関係から安全保障というのをいちばん気にしているんでしょう、関東軍は確かに強いかもしれないけれど、満州に大部隊を永遠に駐屯させておくのは、日本にとって高くつく安全保障なのではないですか。世界に満州を守らせる道もあるよ、と。そのオファーをしているということです。利益をちゃんとちらつかせながら提示している。そこが大事です。

実際、報告書の文章でも、日本による無期限の満州駐屯（日本が満州国を承認した結果、日本軍は満州国から請《こ》われて満州国に駐屯するかたちをとっていました）が、はたして、日本側が予想している、ソ連軍の侵攻に対する有効な手段となるでしょうか、満州の日本軍は、日本軍に敵意を持つ中国民衆に包囲されて駐屯することになりますが、そのような状態では、「日本の生命線」とされる満州を守れるでしょうか、と次のように日本側に問いかけていました。[61]

日本はまた、世界の他の国家の同情と好意とにより、しかも日本自体はなんらの負担を為《な》すことなくして、その目下執《と》りつつある高価なる方法により、獲得せんと欲するところよりも、更に確実なる安全保障を得る可能性も存することを知得

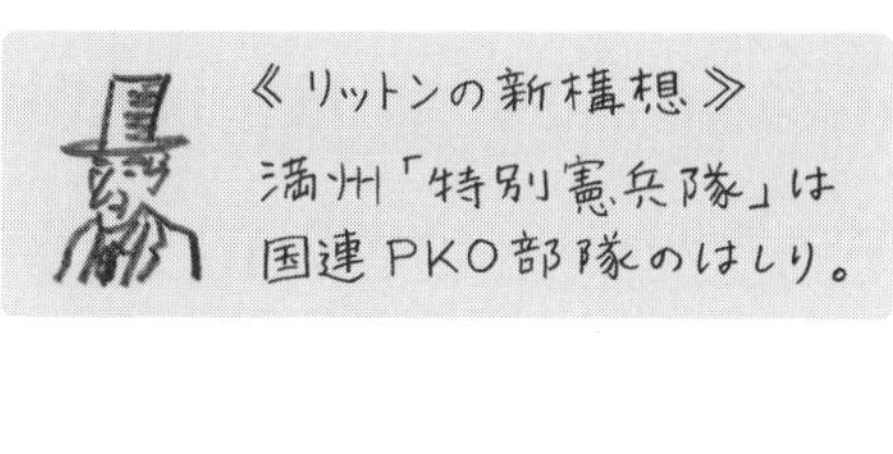
《リットンの新構想》
満州「特別憲兵隊」は
国連ＰＫＯ部隊のはしり。

し得べきなり。

傍線を引いてみましたが、リットンさんも、「確実なる」という形容動詞を使っていますね。日本への問いかけの本気度がわかります（笑）。

報告書の、本当に最後の部分、大切な部分に、リットンがなにを書いて結びの文としたかということも参考になりますよ。日本の内田康哉《やすや》外相が、次のように述べたということにリットンは注目するのです。「帝国政府は、日支［日中］関係の問題は、満蒙問題よりいっそう重要なりと思惟《しい》す」[62]。内田外相が、日本にとっては満蒙問題よりも、日中関係が第一に重要だと認識していたこと、この点に注意を喚起していました。

たとえば、満州で満鉄の上げる利益（収支の差額）が五千万円くらい[63]に対し、日中間の貿易全体があげる利益は一〇億円ほどにもなるのだから、中国との妥協こそが大事ではないですか、そこに内田外相も気づいているのではないか、という期待でしょう。

ただ、日本側の頭を占めていたのは、満州に対して日本がどのくらいの投資を行なってきたかというものでした。一九二六（昭和元）年の調査では、日本の対満投資の総額は、一四億二〇三万四六八五円だった[64]。この額は、日本が中国全土に対して行なっていた投資の77％にあたりますから、満州に注意が向いてしまうのも、わかりはしますが。

一日目に、経済学の父と呼ばれるアダム・スミスのお話をしましたね（86ページ）。スミスさ

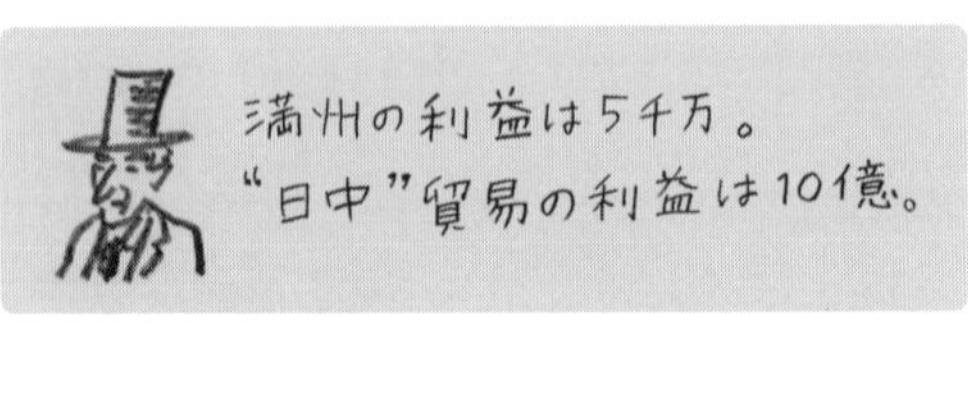
満州の利益は5千万。
"日中"貿易の利益は10億。

んは、アメリカをイギリスから独立させなければならない理由として、人間の幸福の増大、国民の利益の増大という観点から、イギリスがアメリカを植民地として持ち続けるのはダメだと。植民地に軍隊を置くのは、イギリス財政を破滅に導く、そう論じていました。

ここで気づくことは、アダム・スミスが『国富論』を書いてから一五六年後、リットンの報告書もまた、同じようなことを論じていることです。リットン報告書の最後は、報告書の主旨が実行できれば、「極東における両大国及び人類一般の最善の利益の為、満州問題の満足なる解決[65]」ができるはず、と謳《うた》っていました。

――へえ……。

スミスが悩みぬいて、経済学を誕生させたのと同じように、リットンらも満州事変で悩みぬいて、世界の武力的な対立・紛争を仕切る、現在の国連平和維持軍の、その本当の原型、特別憲兵隊構想などを編み出した、といえそうです。

国連平和維持軍とは、防衛大学の等松春夫《とうまつはるお》先生によれば、国連安全保障理事会の主導のもとに編成された中小国主体・軽武装の多国籍軍隊が、紛争当事国の同意のもとに、係争地域に出動して、停戦の監視や治安維持に従事するもの[66]、をいいます。

このように、リットン報告書の内容は、日中両国が話し合うための前提条件をさまざまに工夫したものだった。リットン報告書には、交渉が始まった後、日本側が有利に展開できる条件が、実のところいっぱい書かれていたのです。

――それが国民にはぜんぜん響いていない。

本来は交渉の余地のある話だったのですが、国民の目の前に提示される選択肢は、別のかたちになるのです。

タフな交渉になると予想されましたが、日本と中国が二国間で話し合える前提を、リットンは用意していました。少なくとも、そのような選択肢を提示されたら、じっくり悩んでいい。国際連盟から脱退しようかという大事ですから、悩んでいいはずです。でも、「確実に、満州国は取り消される」という選択肢が書かれたら、誰もリットン報告書の内容を読みもしなければ、その含意《がんい》されたものについて真剣に考えようともしない。こういう、偽の確実性を前面に出した選択肢で国論をリードしたら、みんな、リットンなんて拒否！となってしまう。

今後、みなさんが十八歳になって選挙権を得たときには、偽の確実性に誘導された設問を、正確な選択肢のかたちに直した上で読む必要がありますね。当時の国民であっても、リットン報告書の全文は、新聞の号外や特別号に掲載されていたのですから、本当はしっかりと読めばよかったのです。読めば。

日本が選ぶとき、為政者はなにを考えていたのか

「弾圧」と「煽動」のキーワードからは見えてこないもの

――メディアによって国民が燃え立って……というのはあると思うのですが、それを最初に広めるのは、政府ですよね。まず、政府が決められなかったんじゃないか。それと、政府の人たち全員が、合理的じゃない選択肢のほうに誘導しようと流れたとは思えない。なかにはそうじゃない人もいると思うのですが。

国民とジャーナリズム、それだけで話は済むのか。政府はどうなっていたのかという質問ですね。ここまで、国民は騙《だま》されるもの、政府は騙すもの、ジャーナリズムや新聞は煽りたてるもの、というトーンで説明してきました。けれども、騙す・騙されるという関係だけでは説明できないのではないか。政府の内部にも、当然のことながら、先をよく見通せた人もたくさんいたはずだと。

私も同感で、国民、ジャーナリズム、政府の三者の関係は、どれか一つに責任を押しつけて終わりとはならないものです。我々国民は、新聞やラジオが煽った、政府が騙した、このように理解したがります。政府による言論弾圧はこんなにひどかった、ラジオの煽動《せんどう》はこんなに勇ましかった、と、弾圧と煽動という、二つのキーワードで済ませちゃうんです。でも、そうすると、本当は、政府がなにをしようとしていたのか、国民はなにを知っていたのか、なにを望んだのか、その本筋のところがわからない。

> 「弾圧」と「煽動」の説明のみでは、何があったかわからない。

これは、二つの方向でチェックする必要があって、まず、政府や為政者が抱く政策や構想を調べること。それから、政府の主張を制約するものはなにかと考えることです。

政府や為政者の主張を制約するものはなにか

政府や為政者の主張を制約するものって、なんだろう。たとえば、国民の八割が購読しているような新聞が、ある問題に関して反対だと書けば、政府も、その主張に耳を傾けなきゃいけないことになる。それはもちろんですが、ここでは、ジャーナリズムの論調という点は除き、政府や為政者の選択や行動を縛るものを考えてみたいのです。

たとえば、一国の首相がなにかをやろうとしたとき、頭の中で思い浮かべることです。対外関係は別にして、国内の問題で、頭に浮かべなければいけないことって、なんだろう。

——有権者の意向だったり、国民の利益になりそうなこと。

はい。選挙権者の意向は大きいです。当時であれば、男子の二五歳以上の人となりますね。

国民の利益というと、たとえば税金が上がらないか、国の借金が増えたりしないか。このような経済的な情勢は、国民の利益と直結しますから、政府の考えを縛る制約要因になります。

？為政者の主張を制約するものはなに？

――企業っていうのは？

私企業や国策会社ですね。うん、これも大事です。満鉄、財閥系企業、銀行、輸出産業など。これらの組織の利害については政府も考えざるをえない。他にありますか。

――憲法とか。

ああ、これはすごい。私が想定していなかった答えをあげてくれました。憲法について制約要因だと考えていなかったということは、私が立憲主義者じゃなかったということですね（笑）。大日本帝国憲法の第六四条に「国家の歳出歳入は毎年予算を以《もっ》て帝国議会の協賛を経べし」という条文があって、陸海軍省も、軍事予算は帝国議会にかけなければなりませんでした。満州事変関係の予算も、本来は議会のチェックが入っていた。ただ、帝国議会の議員さんたちが、内閣よりも軍部寄りで勇ましい、ということはあったのですが（また、一九三七年の日中戦争以降は、臨時軍事費特別会計という制度が、悪用されました。これは、戦争の開始から終結までを一会計年度とみなすため、戦争の途中段階における議会のチェックが利かないのです）。国家の予算について、帝国議会の審議を必要とすると定めた憲法など、確かに重要な制約要件です。

あと一つは、なんだろう。いままでのものとは全く違う観点です。

――……？

これは、運動なんです。運動といってもスポーツではなく、政治運動。

現代の社会でいえば、安保法制が国会で審議されていたとき、大勢の人々が国会を取り巻き、審議にも影響を与えましたね。国民は、選挙によって自らを代表する政治家を選ぶのですが、それと同じく重要なのは、個々の法案について自らの意思を政治家たちに伝えることだと思います。

戦前期において、政府の主張を制約するものの一つには、当時の国家主義団体、右翼などによる運動、もしくはテロリズムがありました。

満州事変が起こった一九三一年は、軍部が内閣を倒すクーデター、三月事件や十月事件を計画していたときです。そして翌年には、血盟団事件が起こる。リットン調査団一行が東京に滞在していたとき、団琢磨《だんたくま》が殺されたと話しましたね。これは国家改造を掲げる国家主義団体、血盟団によるテロでした。そのようなことが起きますと、本来は、政府や為政者の近くにいて、合理的な判断を行なうべき人々の活動が止められる、萎縮《いしゅく》するわけです。たとえば、世界の経済状況や政治情勢に明るいはずの財界人などが、政府に対し、本来はできたはずの対案の提示などができなくなるのです。

暗殺者の側は、いずれも血盟団員で、若い青年たちでした。

牧野伸顕内大臣——満人にも呼応する動きがあった

そのような状況の中で、日本の為政者がなにを考えていたのかを見ていきましょう。まず、政府と天皇の双方に影響を与えられる人で、牧野伸顕《まきののぶあき》内大臣がいました。内大臣というのは、政府と天皇・宮内省との間での意思疎通を図る政治的なアドバイザーです。いつも天皇の傍に侍《はべ》っているということで、常侍輔弼《じょうじほひつ》者などとも呼ばれます。

その牧野が、一九三二年八月二十一日に書いた日記を読んでみましょう。リットン報告書が出る二ヵ月前に書かれたものです。[67]

> 従来、満州の成行は殆《ほとん》ど軍部の作［策］動の如く内外人共に観察し来りたるも、［中略］必ずしも然《し》からず。寧《むし》ろ九月十八日以来の独立運動に乗じ宣［統］帝および側近はこれを福運として利用し、名義等は暫《しば》らく譲歩して執政の形式にて出動したるものゝ如し。

ちょっと難しいですが、書かれているのは、こういうことです。これまで牧野は満州事変や満州国は軍部による謀略だと思っていた。けれども、必ずしもそうではないようだ。いろいろな情報を聞くと、どうも独立運動に乗じて、宣統帝（溥儀《ふぎ》）の側近の側がこの日本側の運動を利用していた側面もあると書いている。

牧野は、満州から帰国した日本人など事情に通じた人から話を聞き、軍部が勝手に満州国をつくったのではなく、満州人にも、やっぱり呼応する動きがあったのか、軍部が言っていたこ

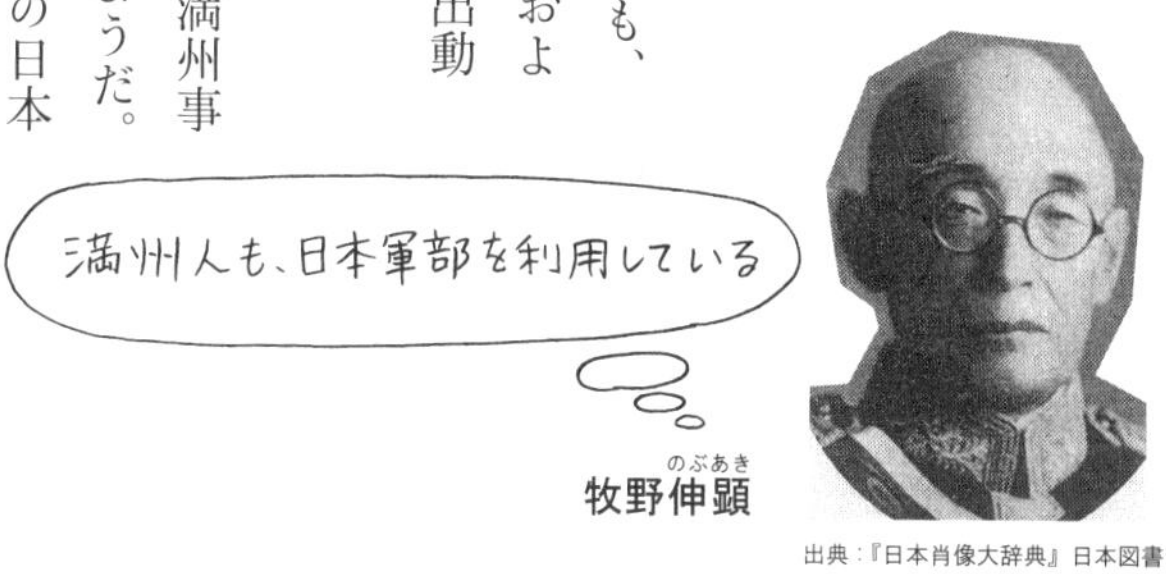

牧野伸顕《のぶあき》
出典：『日本肖像大辞典』日本図書センター

とにも真理はあったのか、と少しずつ考えを変化させているのです。

政府や為政者の主張に影響を与えるものとしては、独立運動に関与している大陸浪人たちの情報もあります。政府のいちばん肝心要《かなめ》のところが、ぐらっと揺らいでしまっている。

その牧野を支えていた、内大臣秘書官長の木戸幸一のメモも見てみましょう。木戸は、太平洋戦争期の内大臣として、牧野の役割を引き継ぐ人です。一九三一年末の年月日不明のメモとして、「満洲委任統治案、——連盟の委任によるもの」と書いています。これ、面白いですね。

木戸は、委任統治領という名目で事実上の植民地とするかたちを考えていたか、もしくは誰かの説明を書き留めたのか。満州を、委任統治領として、日本が事実上おさえる、といった議論が、この時点であったことを推測させます。

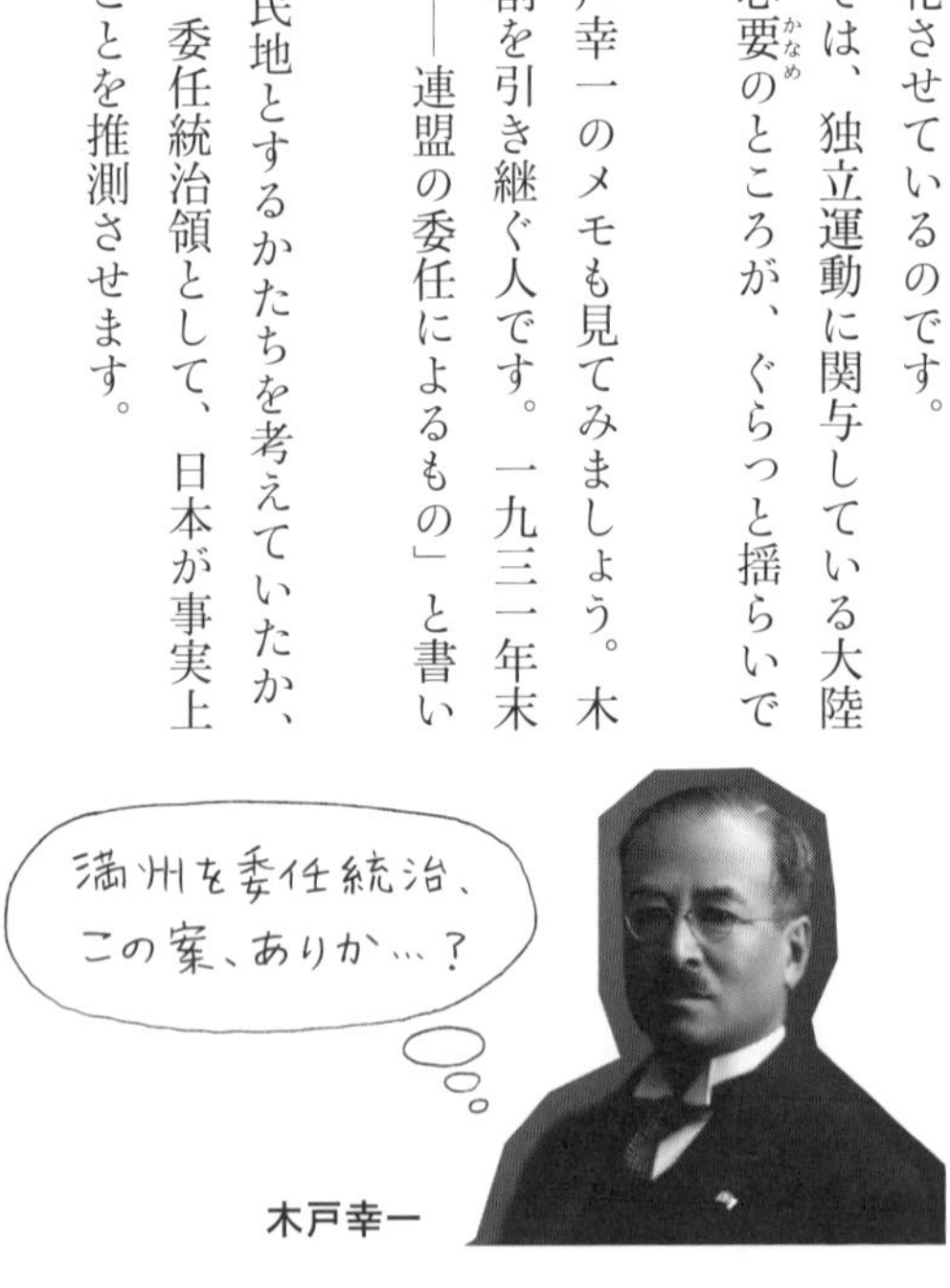

木戸幸一

天皇——「日支親善できないか」

では、昭和天皇はどのような考えを持っていたのか、それを見てみましょう。

天皇が一九三二年段階でどう考えていたかについては、次の記録が残っています。政治家や官僚や軍人が、その専門分野について天皇に講義する御進講《ごしんこう》というものがあります。御前会議や枢密院本会議において天皇は、原則として発言しませんが、御進講では比較的自由に発言できる。

一九三二年一月二十一日、駐華公使の重光葵《しげみつまもる》が、中国情勢について天皇に講義した際、天皇は次のように言います。「日支親善と云《い》ふことは当分出来ないかね」と。重光は、「満州問題の存する限り、親善の実を挙ぐるは困難の様に思はるる」と答えました。[68] 天皇がなんらかの妥協をしたほうがいいのではと示唆《しさ》しても、日本と中国の関係を良くするのは難しいと、現地で交渉を担うはずの第一人者が答えている。

また、一九三二年二月八日の松岡洋右とのやりとりを見ておきましょう。松岡が日本全権として国際連盟の会議に出発する約八ヵ月前のことです。松岡はこのとき、上海事変処理のために上海に特派されるところでした。松岡が日満関係について進講すると天皇は、またもや同じ言葉、「日支親善はできうるや」と質問する。このとき、やはり松岡も、できないと答えています。[69] 天皇は、問いかけることで、当局者に、自らの意思のありかを伝え、政府や為政者の判断に影響を与えようとしているのでしょう。

天皇は、松岡に会った二日前の二月六日、荒木貞夫《あらきさだお》陸相と真崎甚三郎《まざきじんざぶろう》参謀総長代理と会います。そのふたりに向かって、「張学良《ちょうがくりょう》を満州に復活（もちろん、新政権首脳として）せしめるには、陸軍は何処《どこ》までも不同意なるべきにや」[70] と言って、確認しています。張学良政権が満州から追

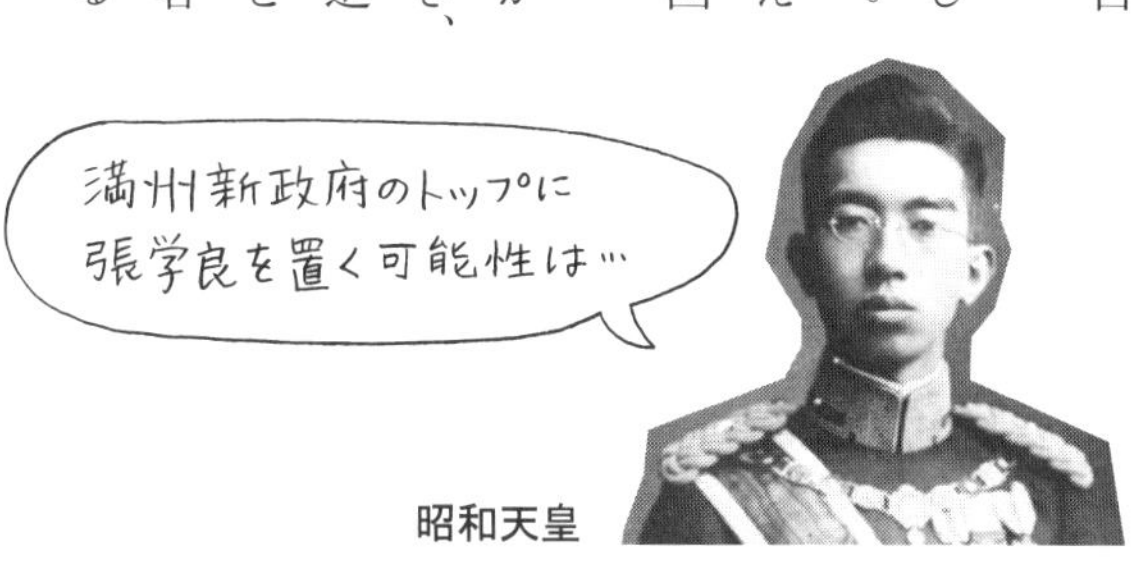
満州新政府のトップに
張学良を置く可能性は…
昭和天皇

い払われたあと、日本側が樹立すべき新政権のトップに張学良を持ってくることは可能か、聞いていたのですね。

いまだリットン調査団が来日していない時期に、リットン報告書の暫定政権案などを先取りし、しかも、張でよいのでは、というのは、なかなか大胆な提案だと思います。

西園寺公望——采配の元軸を握るべき

次に、昭和天皇にとって最大最高のアドバイザーであった元老西園寺公望《さいおんじきんもち》の意見を見てみましょう。元老は首相を天皇に奏薦《そうせん》（天皇に推薦すること）したり、国家の政策決定に関しての指針を天皇に与えたりして、壮年期までの昭和天皇を支えた人物でした。

一九三二年十月二日、リットン報告書が発表されたその日に、西園寺は、秘書の原田に向かってこう述べています。[71]

日本は英米とともに采配《さいはい》の柄《え》を握っていることが、結局、世界的地歩を確保する所以《ゆえん》であって、フランスやイタリーと一緒になって、采配の先にぶら下っているのでは、どこに日本の世界的に進展すべき余地があろうか。国家の前途をいかにすべきかということについて、爾来《じらい》伊藤公［爵］始め自分達は、『東洋の盟主たる

> 日本』とか、『亜細亜モンロー主義』とか、そんな狭い気持のものではなく、寧《むし》ろ『世界の日本』という点に着眼して来たのである。東洋の問題にしても、やはり英米と協調してこそ、その間におのずから解決し得るのである。〔中略〕もっと世界の大局に着眼して、国家の進むべき方向を考えなければならない。自分も余命いくばくもないかもしれないが、なおできるだけ御奉公をするつもりでいる。

日本は、英米など、真の大国と協調することで世界に伸張できる。いたずらにアジアの盟主などというのは狭い根性だといって、現在の日本の行き方を厳しく批判していました。

采配の柄というのは、相撲などの采配で、どちらが勝ったかを示すものです。そこの元軸を握るような重要な位置に日本はいるべきであると。つまり、歴史の急所、決定的な瞬間に、決定権を行使できる人でいなさいということです。

この時点で西園寺は、なんと八三歳なんです。今では八〇歳以上のお元気なお年寄りは多いですが、昔はある意味、生活水準によって寿命は左右されていました、西園寺はその典型でしょうか。一八七一年から八〇年までパリのソルボンヌ大学で学び、フランスの第一次大戦期の首相クレマンソーなどとは友人

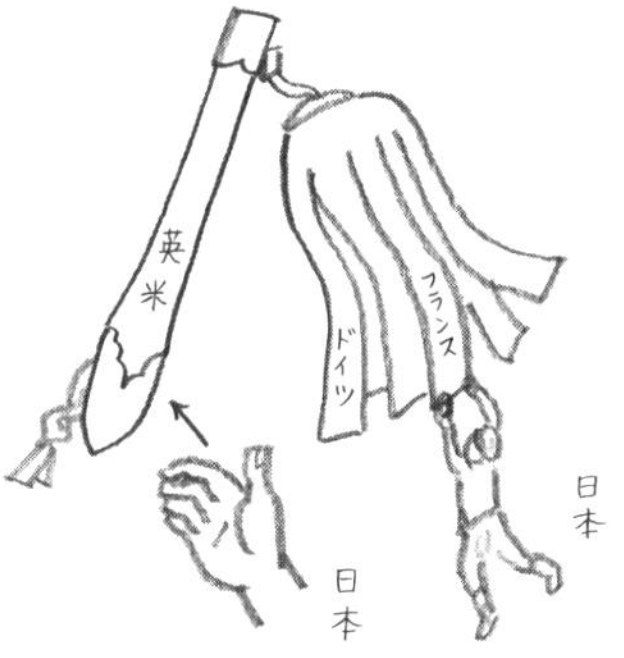

西園寺公望

提供：毎日新聞社

でした。五摂家《ごせっけ》につぐお公家さんの家柄の一つ、清華家《せいがけ》の徳大寺家に生まれ、住友財閥のトップが弟でした。

西園寺のスタンスは、リットン報告書と英米側とともに歩め、ということでしょう。

松岡が最低限、確保しなければならない条件

リットン報告書を受けて、日本全権団は連盟でどう交渉すべきと考えられていたか、それを追っておきましょう。ようやく、松岡洋右の登場です。英語が得意で、しかし、その英語はあまり高級じゃなかったという噂もある松岡ですが、彼は一九三二年十一月から、国際連盟総会の席を退場する三三年二月まで、連盟の理事会や総会やその裏面の交渉で粘った人です。

松岡という人物について、その特徴を少しだけ補足しておきましょう。松岡は、第一次世界大戦後、一九一九年からパリで開かれた講和会議に、外務省の報道係主任として参加していました。これは、日本側の広報、宣伝、プロパガンダなどを一手に引き受ける役職です。

松岡は、白色人種がいまだ王者としてふるまっていたヨーロッパの外交界を前に、そして後ろには、対華二十一ヵ条をめぐって鋭く迫ってくる中華民国全権団という論敵がいる世界で、五大国の一員としての日本を演じなければならなかった。全権の牧野伸顕は寡黙《かもく》で、首席全権の西園寺公望などは、会議に大幅に遅れて参加してくる始末でした。上役たちは、見識は高く

ても頼りないのです。

そして、三二年末からは、満州事変をめぐる国際連盟で、今度は日本全権として中国側の議論に対して受けて立つ必要に迫られる。闘将としての性格がどうしても身についてしまうのですね。誰かになにか言われたら、さっと反論してしまう人になっていかざるをえない。

ただ、政治家としての彼の本質がそうだったとは必ずしもいえません。パリ講和会議後、牧野にあてられた手紙[72]では、正直な真情が吐露《とろ》されていました。自分は会議中、中国を相手に、日本外務省の公式見解をもって反論に努めたけれども、対華二十一ヵ条問題についての日本の弁明は、他人も強盗を働いているから自らの強盗の罪は問われないと開き直るのと同じで、全く説得的ではなかった、との自己批判の弁を松岡は述べていました。

そして、連盟脱退間近の三三年一月三十日、内田外相に対して、連盟の事務局長などが骨を折ってくれた妥協案を受け入れ、脱退など考えるな、と説得した電文[73]には、次のような一文があるのです。なかなか泣かせます。

> 申上ぐる迄《まで》もなく物は八分目にてこらゆるがよし。いささかのひきかかりを残さず、奇麗《きれい》さっぱり連盟をして手を引かしむると言うがごとき望み得ざることは、我政府部内におかれても最初よりご承知の筈《はず》なり。日本人の通弊《つうへい》は潔癖にあり。［中略］一曲折《きょくせつ》に引きかかり

て、ついに脱退のやむなきにいたるがごときは、遺憾《いかん》ながらあえてこれをとらず、
　国家の前途を思い、この際、率直に意見具申《ぐしん》す。

一言でいえば、松岡は内田外相に向かって、これで妥協せよと強く迫っていたのですね。外相に対して脱退するなと諭《さと》す松岡の姿が伝わってきます。

では、松岡はこのとき、どのように粘り、なぜ日本は脱退を選ぶのか、その過程をお話ししましょう。

みなさんは、将来、どんな仕事をしたいか、考えたりするでしょう。メーカーで働いて、ものをつくってみたいとか、外交官になろう、国際ＮＰＯで働こうとか、いろいろあると思います。組織に所属して働いていると、いずれ、利害の違う人たちと交渉してこいとか、取引先から契約をとってこいと言われることになります。そうしたときには必ず、最低限、確保しなければならない条件というもの、そして、これは妥協していいよという項目があるはずです。当時の松岡全権は、なにを抱えて交渉に臨んだか、見てみましょう。

松岡が連盟を相手に交渉する際の訓令というものがあります。一九三二年十月二十一日、閣議決定の上で、政府と外務省が松岡に与えたもので、むろん外部には秘密のものです。これを見れば、政府がなにを守って、なにを妥協していいと考えていたのか、その本音がわかるはずです。この訓令には、三つのことが書かれていました。[74]

まず、根本方針として「日満議定書の条章および精神ならびに九月十五日帝国政府声明の趣旨に即してその解決を計ること」と書かれています。満州国が成立したのは一九三二年三月でしたが、日本の承認は少し遅れて同年の九月十五日で、このとき、日本と満州国は、日満議定書を締結しました。日満議定書の条文と精神に矛盾するような妥協をしてはいけないと書いてある。

では、日満議定書とはなにかというと、まず満州国を承認しますよ、と述べたあと、①満州国は、これまで日中間に締結された「日支間の条約、協定その他の取極《とりきめ》および公私の契約」によって日本が有する一切の権利利益を確認し、尊重すること、が求められていた。次に、②日満両国を共同で防衛するために、日本軍が満州国内に駐屯できる、と書かれていた。既得権益に関する条約関係を継承することと、日本軍を満洲国に置く、その二点が根本方針でした。

訓令の二つめには、要約すると次のように書かれていました。

> 問題の複雑な性格をよく説明して説得に努める。しかし、連盟が日本の方針を受け入れない時は、強いて日本の方針を連盟に是認させようとせず、連盟に面目《めんもく》が立つよう、事実上、本件から連盟が手を引くように誘導する。

連盟の交渉に臨む際、松岡が抱えた項目とは。

松岡洋右《ようすけ》

こういうことが書かれていたというのは、けっこう面白くないですか。つまり、日本の主張である、自衛権だ、民族自決だということを、連盟が必ずしも認めなくていい。けれども、連盟の面子を立てつつ、事実上、満州問題から手を引くように誘導すればよいと。

訓令の三つめは、次のような場合は、連盟と極力争い、翻意《ほんい》させるようあらゆる努力を行ないなさい、という訓令でした。どういう場合か、気になりますね。

（i）日本を侵略国、規約違反国と断定した場合、またそのようなことを前提とした決議を行なった場合。
（ii）日満議定書の効力を左右し、またはこの運用を拘束する決議を行なった場合。

まず、連盟が決議案の中で、日本を名指しで、侵略国、あるいは連盟規約違反国だと断定したときは、あらゆる努力をしなさい、と言っています。そういう決議はダメだと。しかし、思い出してほしいのですが、リットン報告書には、一言も、日本のことを不戦条約違反とは書いていませんでした。リットンは、そのあたりのトラップを上手くかわして書いているわけです。

次に、日満議定書の効力や運用を拘束するような決議はダメだよと。けれど、効力を左右していない、と言い張れるようなグレー・ゾーンならばいいわけです。

しかも、席を立って帰ってこいとは書かれていない。あらゆる努力を傾けよというだけです。日本が本当に避けたかったのは、侵略国、条約違反国と名指しされること、日本の軍隊はすぐさま出て行けと言われること、日本の権益は全く認められないと言われること、このくらいです。地雷は実のところ三つぐらいしかない。政府が訓令で松岡に与えた内容は、新聞の見出しなどから予想されるような強硬なものではありませんでした。

交渉ごとですから、このような訓令は、秘密にしなければならなかったでしょう。しかし、このような方針で日本は臨んでいるということの暗示くらいは、国民の前にあってもよかったのではないか。外務省が新聞に穏健な記事を書かせることもできたはずです。

松岡の粘り方

松岡はどのように粘ったか。まず、一九三二年十二月、イギリスのサイモン外相などは、リットン報告書にプラスするかたちで妥協案を示してくれました。日本と中国二国の会合にイギリスが立ち会うほか、アメリカ、ソ連を呼んで五大国で、膝詰《ひざづ》めで話し合いませんか、と。松岡は、その案で進む方向を本国に強く迫っていました。

ここで松岡が、サイモン外相の案でいいですよというのは、政府の訓令の、どの部分に従っていると言えるか。外交官だとすると、本省が出した訓令の、この部分に自分は従っているから、訓令違反じゃありませんと主張できるのは大事ですよね。松岡が、イギリスが提案した米ソ日中英の妥協の会議でいいよね、といったのは、どの訓令に従ったと言えるでしょう。

――「連盟に面目が立つよう、事実上、本件から連盟が手を引くように誘導する」というところ？

そこです。連盟に面目が立つようにしつつ、しかし、連盟理事会や連盟総会から、この問題を切り離す。アメリカとソ連は連盟の非加盟国ですから、連盟の目からちょっと離せるところに置こうという線を松岡は狙っていた。

アメリカが参加すると、中国寄りの態度をとったかもしれませんが、すでにリットン報告書という設計図（実態として日本側にさまざまな配慮をしている）があったという点は考慮しなければなりません。

また、アメリカでは、三二年十一月、フランクリン・ローズヴェルトが大統領に当選したことで、連盟から距離をとる、孤立主義的な動きが強まってきていました。三三年二月二十三日付、三月四日付の『ニューヨーク・タイムズ』は、日本のやり方を遺憾《いかん》としながらも、「中国は、国際連盟規約が想定しているような「国家」の定義にはあてはまらない」[75]と書いていました。

ウィルソン大統領時代の陸軍長官で、二〇年代後半にハーグ常設裁判所判事を務めていたアメリカの政治家ニュートン・ベーカーが、国際連盟協会のジェイムズ・ショットウェルにあてて書いた手紙には、「これでは日本が大国としての地位を追われるかどうかが、まるでコイン投げで決定されようとしているようなものだ。実に遺憾に堪《た》えない。日本は西側世界の国々と協力し、助け合って生きていくために、自国の文物を改造しようという心の広さを持った唯一の東洋の国家である」[76]との言葉がありました。

ソ連はどうだったか。これについても意外な事実がわかります。ソ連はこの時期、重化学工業化を進める五ヵ年計画の途上で、対農村政策に混乱をきたしていました。数十万の餓死者が農村で発生したとの研究もあります。事実、ソ連は、一九三一年十二月三十一日、日本に不可侵条約を提起していました。日本がソ連の極東地域を攻撃してくる可能性があると恐れていたからです。[77]ソ連は、この後、ソ連領域における満州国公使館、領事館の建設を許可しますが、これは、事実上、満州国承認にあたる行為でした。

しかし、このようなサイモン外相と松岡の歩み寄りは、内田康哉《やすや》外相の強い反対の結果、頓挫《とんざ》しました。それなら、侵略国、規約違反国と書かれなければいいんでしょうと、次に松岡が本国政府に提案したのは、連盟の十九人委員会が作成していた報告書の文面上での妥協でした。

その十九人委員会が書いた決議案の案文について、一文ずつ松岡は相手側と折《せっ》衝《しょう》し、本国に向けて妥協を呼びかけました。しかし、内田はなぜかダメだ、ダメだと突っぱねたのです。

現在の研究が明らかにしているのは、内田は対連盟外交によって妥協を導きだす道ではなく、

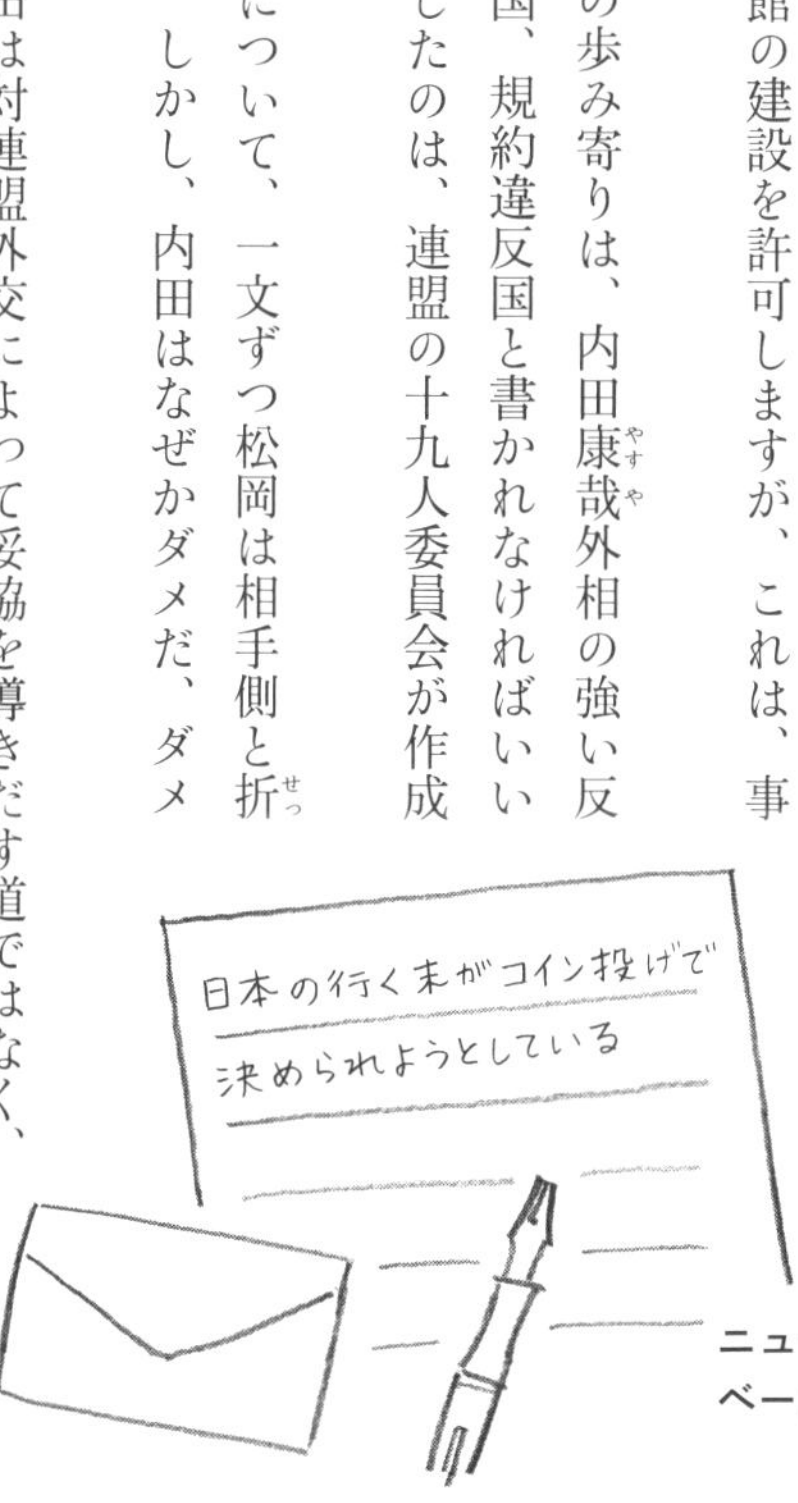

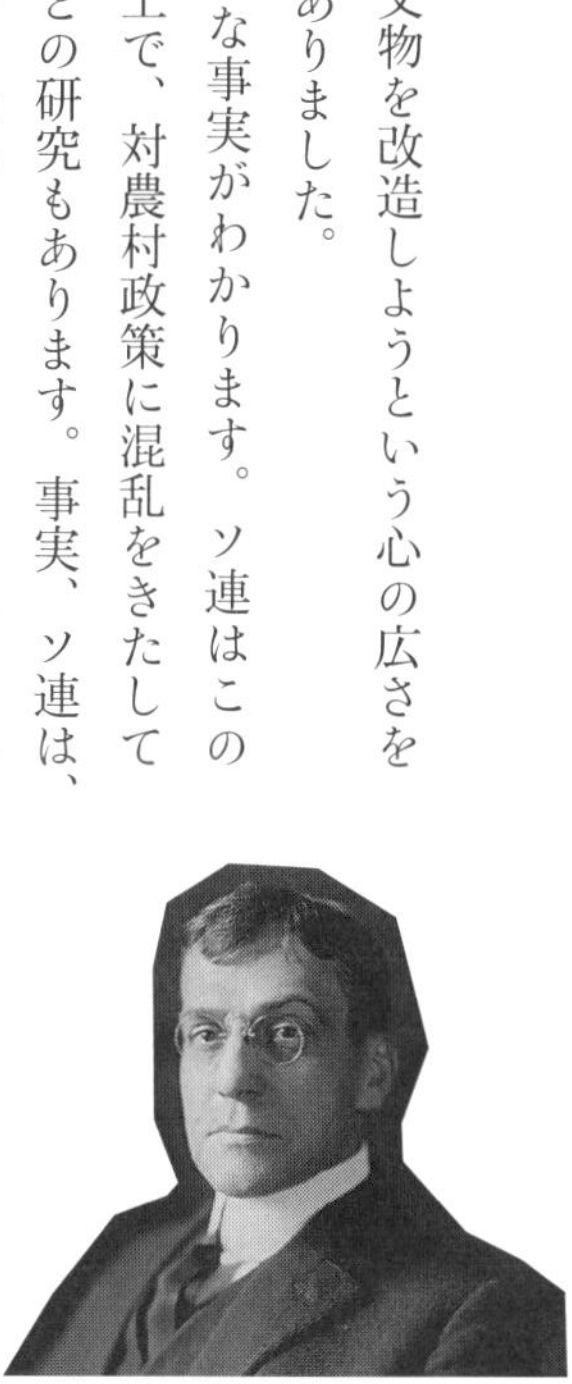
ニュートン・ベーカー

どうも、中国国民政府との間で直接的に外交交渉を行なうことで、問題をまとめられると楽観していたということです。[78]

しかし、この内田の楽観は、天皇や牧野内大臣などから見ても、まったく根拠に乏《とぼ》しい自信でした。牧野は、一九三三年一月十九日付の日記に、内田が天皇に奏上《そうじょう》したときの様子を「内田は聯盟の方は極めて楽観し居りて、最早峠《もはやとうげ》は越したり、脱退などの事はなかるべしと言上せり」と書いて、その後、やや意地悪く、「御上《おかみ》は恐《おそ》れ乍《なが》ら、全然、御納得被遊《あそばさ》れたる様に不被為在《あらせられず》」[79]と書き留めています。内田外相は、最後まで中国側に強気に出れば、中国側は屈服してくると考えていたようです。中国国内の対日妥協派に、過大な期待をかけすぎたのでしょう。

規約第一五条を思い出してください（157ページ）。十九人委員会によって作成された日本に不利な決議文が総会で採択されれば（起こったことですが）、第一六条の経済制裁が課されるかもしれない。また、除名もありえました。連盟創設以来の五大国の一員であった日本が、そのような不名誉な処分を受けるくらいなら、脱退した方がましだ、という考え方に、斎藤実《まこと》内閣はとらわれるようになっていきました。経済制裁や除名を行なわなければならなくなったら、連盟の側もダメージを受けることだろう。そのような、ある意味、事態の沈静化を待つとする外交的戦略、いわば、協調のための脱退を日本側は選択した、とする研究[80]もあります。

日本が「世界の道」を、もう一度示されるとき

今日はリットン報告書と、現実にありえた選択肢について、くわしく見てきました。そろそろ最後のお話になりますが、なぜこの問題が、日本と世界が斬り結んだ場面といえるのか、少し距離をとって眺めておきましょう。

一九三二年になされたリットンによる日本への呼びかけは、もう一回、ほとんど同じ言葉で日本に対してなされます。日本にとって満州が大事なのはわかる、しかし、「世界の道」に戻ってきませんか。日本は正気に戻るのですか、戻らないのですか？と。リットン報告書と同じような呼びかけ、あるいはお説教を、日本がもう一度聞くのは、いつでしょう。

——極東国際軍事裁判のとき？

その時点になりますと、「世界の道」に対する呼びかけというよりは、「世界の道」を選択しなかった日本に対し、戦争指導者の責任を刑事罰というかたちで問いますよ、というスタンスです。裁判の時点では、連合国側は、連合国の「正義」と枢軸国の「邪悪」の差異を明らかにし、第二次世界大戦を連合国の「聖戦」として描こうとしていましたので、少し違うのです。いつのときか、わかりますか。

——……？

これは、日米交渉の時点なのです。一九四一年四月から十一月までになされた日米交渉のとき、アメリカの国務長官、コーデル・ハルが、リットンとほぼ同じことを言います。

たとえば、もし、日本が中国に対して、善隣《ぜんりん》友好、主権および領土の相互尊重に関する原則を認めるなら、アメリカは中国に対して、日中間の戦闘行為の終結、平和回復のための交渉に入るように促すと。そして、太平洋地域における日米の経済的活動については、それぞれの経済の保全や発展のために必要な天然資源の無差別的均霑《きんてん》（利益や恩恵を平等に受けること）を受けられるように協力すると。ブロック経済ではない、通商無差別、資源に自由にアクセスする権限をお互いに認めよう、ということが提案されていました（四一年六月二十一日に示されたアメリカ案です）。

このような、ハル国務長官の経済主義の展望が、戦後になって、GATTのような構想として実現するわけです。戦後の日本は、一九六〇年に改訂された日米安保条約第二条のもとで、アメリカに守られながら東南アジア諸国に出て行き、多くの国々を相手に利益を上げ、経済成長を遂げました。日本は太平洋戦争中、東南アジア地域を侵略しましたから、本来は強く警戒されて、戦後の経済進出は難しかったはずです。しかし、日米安保と憲法九条の合わせ技で、輸出貿易で経済成長できた。

一九三二年、日本は連盟の調査団長でイギリス人のリットンに、「世界の道」はあるのだよ、と呼びかけられました。そのほぼ十年後の四一年、今度は、アメリカのハル国務長官に、太平洋の貿易と資源に関する自由経済に関する展望を呼びかけられます。中国や満州を経済的に侵略しなくとも、この体制でやっていけるのではないか、と。戦後アメリカが、アジアと太平洋

1776年
アダム・スミス
1932年
リットン
1941年
ハル

を導いていった、その予告編の経済秩序観が示されていました。

日本は、十年おきに、二度までも、こちらへおいでよ、という誘いを英米側から受けていました。日本側には、軍部の主導する満州侵略の道はだめなのだ、と気づく選択肢も時間もあったわけですね。実際に、さまざまな選択肢はありえたのです。その予告編を見せられながら、真珠湾攻撃によって日米開戦するまでの十年間、道を変えようとはしなかったように見える。

世界の道の側に行くのか、それを否定し、植民地を帝国内のブロックに再編しながら、経済をまわしていく道をとるのか。日本人は、植民地をブロック再編して経済をまわしていく方向を選びました。

アメリカは、「世界の道」について、日本に問いかけながら、戦争を受けて立ちました。アメリカ植民地を独立させるのが、国民の利益にかなうと考えたアダム・スミスの十八世紀。日中の妥結が、世界の人々の利益にかなうと考え、国際紛争の処理方法を必死に編み出そうとしたリットンやコーデル・ハルの二十世紀。なんらかの「善きもの」を、国民や世界の人々に訴えかけられる力を持った国が、世界をリードしていったことがわかります。

3章 軍事同盟とはなにか

二十日間で結ばれた三国軍事同盟

第四回：二〇一六年三月二十六日

第二次世界大戦のはじまり、日独伊三国軍事同盟　1939-40年

1894　日清戦争
1902　第一次日英同盟
1904　日露戦争
1914　第一次世界大戦
1919　パリ講和会議
（ヴェルサイユ条約調印）
1923　関東大震災
1929　世界恐慌
1930　ロンドン海軍軍縮条約
1931　満州事変（9月18日）
1933　日、連盟に脱退通告
1937　日中戦争が始まる
1939　第二次世界大戦勃発
1940　日独伊三国軍事同盟調印
1941　日米交渉（4月～11月）
真珠湾攻撃（12月8日）

1939年

8.23　独ソ不可侵条約締結
9.1　独、ポーランド侵攻
9.3　英仏の対独宣戦布告
→第二次世界大戦勃発
9.17　ソ連、ポーランド侵攻

1940年

5.10　独、ベルギー、オランダへ侵攻
6.14　独、パリ無血入城
7.12、16　外務省「日独伊提携強化に関する陸海外三省係官会議」
8　日中和平工作本格化
9.7　独、イギリス本土への猛爆開始
（バトル・オブ・ブリテン）
ドイツの特使スターマーが東京に到着
9.19　御前会議で日独伊三国軍事同盟を承認
9.27　日独伊三国軍事同盟調印
11.5　米大統領選　ローズヴェルト三選

軍事同盟とはなにか

人類が大きな選択を迫られた軍事同盟

こんにちは。人間のからだの細胞は三ヵ月で入れ替わるというので、みなさん、最初に会ったときとは違う人になっているということですね。だんだん大人になっているなと、みなさんの顔を眺めていて思います。朗報ですが、この中で唯一、高校三年生として参加してくれていた生徒さんが大学に受かりまして、この四月から大学生となります。おめでとうございます。自らが選んだ専門を学べるということで、大学生は高校とくらべて講義や演習への期待などおのずと高くなると思います。ただその際、大学の授業があなたになにを与えてくれるかを考えるよりも、大学の授業からあなたが引き出せるものはなんだろうか、あるいは、あなたが創り出せるものはなんなのか、という態度で授業に臨《のぞ》まれるとよいかもしれません。

あれれ、この言葉、どこかで聞いた、という顔をしている人がいますね。これは、ジョン・F・ケネディが、一九六一年一月二十日の大統領就任演説の締めくくり部分で述べていた、「同胞であるアメリカ市民の皆さん、国があなたのために何をしてくれるかではなく、あなたが国のために何ができるかを考えようではありませんか」[1]をもじって言ったものです。

さて、今日は日独伊三国軍事同盟についてお話ししますが、まずは、なにか聞きたいことや、知りたいことはありますか。

——第二次世界大戦において、実際にどんな選択肢があったのか。たとえばほかの選択肢を選んだ場合、戦後はどうなっていたのかとか、知りたいです。

これはSFなどでよく描かれる世界で、頭の体操に良いので、実は私もよく考えます。歴史学の世界でも近年は、実際に起こった出来事がもし起こらなかったら、その後の歴史はどうなっていただろうかと、ようやく考えられるようになってきました。私が学生の頃といえば、「もし、日本がミッドウェー海戦を仕掛けていなければ……」などと発問すると、「ええい、未練がましい」というような叱声《しっせい》を浴びてしまうのが落ちでした。それは、イギリスの歴史家のE・H・カー先生が、日本で大変によく読まれた『歴史とは何か』（岩波新書）の中で批判していたことにもよるでしょう。カー先生は、いつも批判する相手に容赦《ようしゃ》ないのですが、この場合もこんなふうに言っています。[2]

現代史というものが面倒なのは、すべての選択がまだ可能であった時期を人々が覚えているためであり、これらの選択が既成事実によって不可能になっていると見る歴史家の態度を受け容れ難《がた》いと感じているためであります。これは純粋に感情的で非歴史的な反応であります。

？ 現実に起こらなかったことを
「もし、〇〇だったら…」
と考えるのは、非歴史的？

私はカー先生とは違いますので、今、質問してくれたあなたに対して、「感情的で非歴史的な反応」をする奴だ、などとは申しません。同じイギリスの歴史学者でも、E・ホブズボームという（『創られた伝統』という考え方を出したことで知られる）などは、『歴史論』（ミネルヴァ書房）という本で、実際に起きた事実に反する仮説に基づいて考える歴史の意味を前向きに論じています。[3]

第二次世界大戦におけるほかの選択肢というご質問に対しては、イギリス政府が一九四〇年五月、すんでのところで選択しそうになった、ドイツへの和平交渉申入れという事態を答えとしてあげたいと思いますが、その話は日独伊三国軍事同盟が締結される際、一九四〇年夏から秋にかけての歴史的背景を説明するときにお話ししましょう。

時間がドイツに味方していない

第二次世界大戦は、ポーランドという場所から起こります。この頃のドイツの考え方を見ておきましょう。ドイツは将来、英仏との戦争を想定し、その際、背後からドイツを脅かす存在となるポーランドは邪魔だとして、その無力化を図ろうとします。さらにドイツは、ソ連への急接近を図り、一九三九年八月二十三日、急転直下、ソ連との間に独ソ不可侵条約を締結します。[4] これまでドイツは、ソ連の共産主義を排撃していた側の国でしたので、世界のみならず日本も大いに驚きました。

これを見て、イギリス首相チェンバレンも動き出します。一九三八年九月のミュンヘン会談でのヒトラーの確約（チェコスロヴァキアのズデーテンをドイツに割譲《かつじょう》してくれれば、これ以上の領土要求はしない）が破棄され、三九年三月十五日、ドイツ軍がチェコの首都プラハへと進駐した事実を目にしていましたので、ドイツのポーランド侵攻を覚悟せざるをえませんでした。イギリスもまた、急遽《きゅうきょ》、八月二十五日、ポーランドとの間に相互援助条約を結び、ドイツの抑止に出ます（フランスもイギリスに続きました）[5]。ドイツがポーランドに侵攻したら、イギリスとフランスが出ていきますから覚悟してください、とドイツを脅したのです。

しかしドイツは脅しに屈することなく、九月一日、陸・空軍をポーランドに進め、九月三日、英仏の対独宣戦布告がなされ、戦争が始まりました。

日独伊三国軍事同盟は、このヨーロッパで戦われている戦争と、すでに一九三七年七月から始まっていた日中戦争にアメリカが介入することのないよう、アメリカを牽制《けんせい》するため、三国の間に結ばれた条約です。第二次世界大戦が始まって一年たった一九四〇年九月二十七日、ベルリンで調印されました。

講義で、この同盟条約を取り上げる理由は二つあります。一つめは、この条約がアメリカを牽制するためのものだったからです。同盟締結は、一九三一年の満州事変とリットン報告書、その十年後の四一年の日米交渉と太平洋戦争、その間になされた日本側の決定のうち、最も重

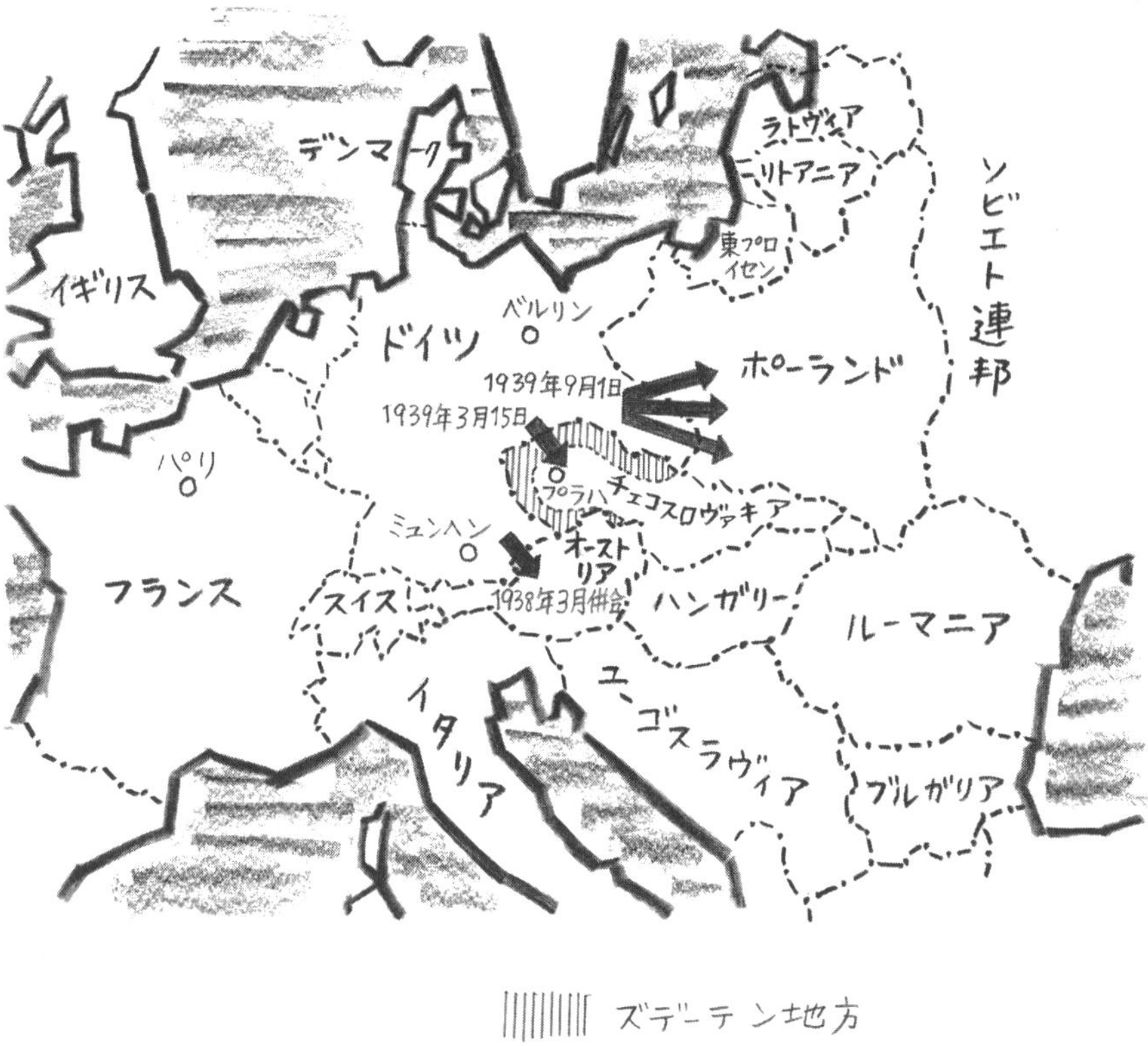

［第二次世界大戦の始まり］
ドイツは９月１日、ポーランドへ進駐。９月３日、イギリス、フランスがドイツに宣戦布告し、第二次大戦が始まった。

要な決定でした。日米交渉の間、アメリカ側が日本側にずっと求めていたのが、三国軍事同盟なんてやめちゃいなさい、という要求にほかなりませんでした。

四〇年九月に日本が行なった三国同盟締結という選択は、やはり大きなものだったのです。日本というカードが一枚加わることで、ヨーロッパの戦争が太平洋における戦争と結びつけられることになったからです。

三国同盟締結から約一年二ヵ月後、日本軍が四一年十二月八日午前二時（日本時間）、マレー半島に上陸する一方、午前三時十九分、ハワイの真珠湾を奇襲したことで、ドイツとイタリアは、十二月十一日、アメリカに宣戦布告しました。ちょっと複雑で頭がこんがらがりますが、ドイツは三国同盟を結んでいたから、アメリカに宣戦布告したわけではありません。後で三国同盟の条文をくわしく見ますが、この同盟は、第二次世界大戦にすでにかかわっている国以外の一国（これは端的にアメリカのことです）が、ドイツ、イタリア、日本に戦争を仕掛けてきたときに初めて、三国に、武力行使も含めた援助義務が発生する、という条約です。アメリカ側から攻撃してこない限り、三国の援助義務は発生しなかったはずでした。

なぜヒトラーが、条約上の義務もなく、しかもアメリカから宣戦布告される前に、みすみす宣戦布告してしまったのか。これは西洋史研究者にとって、昔からの難問だったようです。ドイツ史研究者の大木《おおき》毅《たけし》氏は、『ドイツ軍事史』（作品社）の中で以下のように説明しています。[6]

一九四一年九月十一日、アメリカが大西洋において独伊の艦船を発見しだい発砲する、という声明を出してからというもの、ドイツ自身、アメリカとの参戦が避けられないものと覚悟するようになっていた。真珠湾攻撃の三ヵ月くらい前になるとドイツの側も、これは、いずれは戦争になるのだというポイント・オブ・ノーリターン（引き返し不能点）の地点を自覚した、との説明ですね。イギリスのドイツ史研究者イアン・カーショーの説明[7]も、大木さんとだいたい同じ見解です。

［ヒトラーは］時間がドイツに味方していないという、言うにいわれぬ怖れを抱えていた。第一次大戦のように、アメリカの経済力が世界を制覇《せいは》する前に、アメリカは屈伏させるか、少なくともその力をそいでおく必要があると考えていたのである。［中略］かれの決断はきわめて合理的であったと言える。

アメリカのワシントンに駐在していたドイツの陸軍武官などは、アメリカの航空機生産がドイツの三倍になるのは一九四二年以降だと判断していました。[8] アメリカの軍需生産が本格化する前に、なにかきっかけがあれば、早めの対米戦争にドイツが打って出ることの合理性はあったというわけです。

みなさんもご存知のように、日独伊三国軍事同盟は、結果的に、世界の人々を存亡の淵《ふち》に追い込むような世界戦争の契機《けいき》となりました。この選択にかかわった日

アドルフ・ヒトラー

本の判断と選択については、じっくりと考える必要がありますね。

軍事同盟が現実的な議論になる国に

日独伊三国軍事同盟を取り上げた二つめの理由は、少し前まで考えられなかったことですが、今の日本社会において、軍事同盟をしっかりと考え抜いておく必要が生じてきたからです[9]。

1章で少しお話ししましたが、二〇一四年七月一日、安倍内閣は、「我が国の存立が脅かされ、国民の生命、自由及び幸福追求の権利が根底から覆《くつがえ》される明白な危険がある場合」に限り、憲法上、集団的自衛権の行使が許されるとする閣議決定を行ないました[10]。日本政府はこれまで、「日本は国際法上集団的自衛権を保有しているが、憲法第九条が課す制約により行使できない」との解釈で、長らくきました[11]。国際法とは、国家相互の関係を規律する法ですが、集団的自衛権に関して重要なのは、国際連合を創設した国連憲章という条約上の規定です。

国連憲章第五一条は、各国に「個別的又は集団的自衛の固有の権利」を認めています。国際法上の集団的自衛権とは、どのようなものでしょうか。この問題について日本で最もくわしい森肇志《もりただし》先生によれば、「一国に対する武力攻撃について、直接に攻撃を受けていない他国も共同して反撃に加わるための法的根拠[12]」だと説明してくれています。

国連は、いずれかの国による平和に対する脅威、平和の破壊または侵略行為の存在が安全保障理事会によって認定された場合、その国に対して国連の側が、軍事的・非軍事的措置をとる、としています（集団的安全保障体制）。しかし、国連による集団的安全保障措置がとられるまでの間、なにもできず、その国が滅んでしまっては困ります。そのため、憲章第五一条で、攻撃された国が自国を守る個別的自衛権と、他国がそれに助勢する集団的自衛権とが認められたという経緯がありました。

ただ、この第五一条は、冷戦期には濫用《らんよう》されまくるのです。たとえば、一九六五年、アメリカはベトナムに参戦した理由を、こう説明していました。北ベトナムの勢力が南ベトナム地域に軍事的に侵攻したことは、武力攻撃と同じだ、と。また、南ベトナム政権（アメリカの傀儡《かいらい》政権）からの支援要請があったことを根拠に、集団的自衛権概念を用いて、アメリカはベトナムへの介入を正当化しました。アメリカとしては、この時点で南ベトナムに介入しなければ、共産主義勢力の台頭を許し、ひいては東南アジアの共産化が進むのを怖れ、違法な介入を行なうための隠れ蓑《みの》として、集団的自衛権という概念を使ったわけです。

日本は、戦争放棄を掲げた日本国憲法九条の縛《しば》りがありましたので、国連に加盟する一九三カ国すべてに認められる集団的自衛権を、自ら使わないという立場で、これまできました。

日本は、一九五一年九月八日、アメリカのサンフランシスコで開かれた会議で、対日平和条約に調印します（翌年四月二十八日に独立）。同じ日、全権吉田茂《よしだしげる》が日米安全保障条約（旧安保条約）にも調印し、この条約によって日本は、アメリカに基地を貸すかわりに、アメリカ軍の駐留を認めるという、基地貸与《たいよ》を本質とする二国間条約を結んだのです。

一九六〇年に改定された日米安全保障条約という新たな同盟の関係下では、旧安保条約になかった第二条[13]が入りました。2章の最後でお話ししましたが、この条項は経済条項と呼ばれ、東アジアの冷戦構造の中で、日本が自由主義経済のショー・ウィンドーの役割を果たすためのものである一方、太平洋戦争時の日本軍の生々しい記憶がいまだ残っている東アジア地域に、アメリカの支援下、日本が丸腰で経済進出することを可能にした条項でした。

この六〇年の新安保条約は第五条で、「日本国の施政《しせい》の下にある領域」での、日米いずれかの一方に対する武力攻撃につき、日本と米国が「共通の危険に対処するように行動する」と明記しています。この条文は、アメリカ側が集団的自衛権を行使し、日本を防衛する義務を負う根拠となっていますね。日本は、アメリカの核の傘の下に入りつつも、憲法第九条ゆえに、なんらかの軍事的な義務をアメリカに対して負うことを求められてはこなかった国でした。

それが、二〇一四年七月の閣議決定によって、集団的自衛権の行使が可能となりました。問題は、この閣議決定を法案とした、一五年九月成立の安全保障関連法が、どのようなかたちで運用されるかにありそうです。

日米安保条約の条文と、この閣議決定の解釈を抱き合わせて考えれば、日本を直接攻撃してきていない国に対しても、日本はアメリカと共同して攻撃を加えることが可能となってしまったわけで、これはまさに、軍事同盟の世界に今後の日本が入っていくことを意味します。

ですから、日本が過去に結んだ軍事同盟のうちで、最も大きな意味を持つ日独伊三国軍事同盟（もう一つ、日本にとって意味が大きかった軍事同盟は一九〇二年の日英同盟です）を振り返っておこう、これが二つめの動機です。

枢密院の審査はたった一日

はじめに、日独伊三国軍事同盟条約の御署名《ごしょめい》原本[14]というものを見てみましょう（ページ下）。条約公布までの流れを押さえておきますと、まず政府が調印した条約に対し、天皇は枢密院《すうみついん》へと諮詢《しじゅん》（天皇が顧問に質問すること）します。枢密院の可決をまって天皇が裁可《さいか》し、公布という流れになります。御署名原本とは、憲法、詔書《しょうしょ》、法律、条約などが、天皇の裁可を経て、公布される原本のことです。

御署名原本を見ますと、昭和天皇によって「裕仁《ひろひと》」

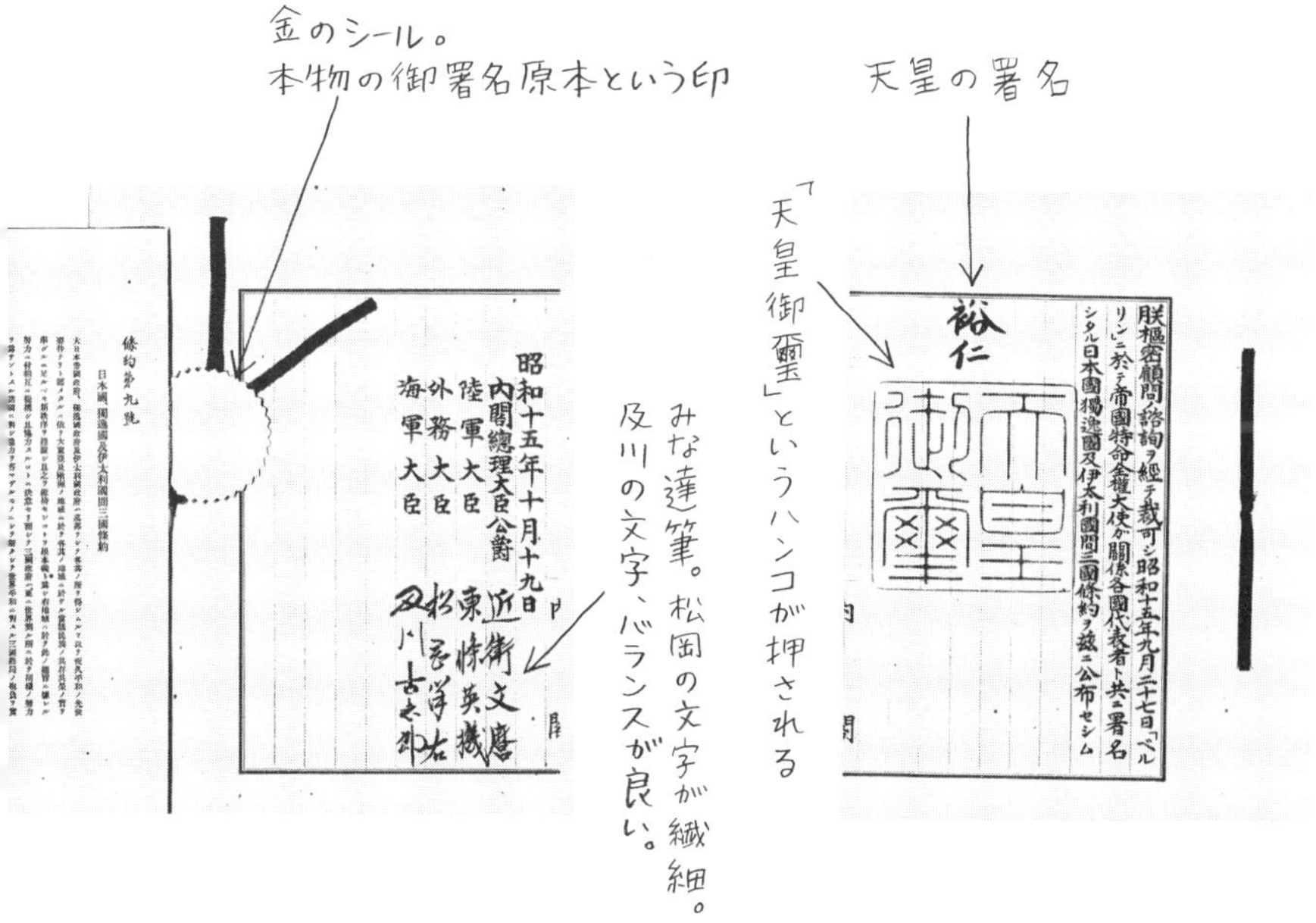

という署名がなされ、御璽《ぎょじ》というハンコが捺《お》されています。次のページには、内閣総理大臣近《この》衛文麿《えふみまろ》、陸軍大臣東条英機《とうじょうひでき》、外務大臣松岡洋右《まつおかようすけ》、海軍大臣及川古志郎《おいかわこしろう》のサインがあります。字って面白いですよね。東条英機の字が、意外にも大人しく弱い感じがする。松岡も繊細な字を書いています。そして、続くページには同盟条約の前文、第一条から第六条までが書いてあります。

枢密院は、天皇の政治的決定（国務上の大権《たいけん》行使）に関して、最高顧問のような役割を果たす機関です。天皇に質問されたら、それに答えるという関係ですね。内閣にとっては目の上のたんこぶのような存在で、いじわるなチェック機関でした。一九三〇（昭和五）年に浜口雄幸《はまぐちおさち》内閣が締結したロンドン海軍軍縮条約（英米日仏伊五ヵ国の補助艦〔巡洋艦、駆逐《くちく》艦、潜水艦など〕の保有量を制限するための条約）の場合、条約調印は同年四月二十二日に済んでいたのですが、帝国議会での審議が四月二十三日から五月十三日まで、枢密院での審議は、なんと、七月二十四日から十月一日までかかっています。議会が一ヵ月未満でしたのに、枢密院は二ヵ月余りも内閣側を絞る。このときの枢密院は、海軍軍令部などと組んで、浜口内閣がロンドン海軍軍縮条約に調印したことを、統帥権干犯《とうすいけんかんぱん》（軍隊の作戦・用兵を決定する最高指揮権である統帥権の独立を犯すものである）などといって非難していたのです[15]。

しかし、三国同盟の場合、枢密院の審査は、たった一日だけの審議でした。なぜこれ

《枢密院の審査期間》
ロンドン海軍軍縮条約 → 2ヵ月あまり
三国同盟 → たった1日

ほど急いだのか。この謎を、心に留めておいてくださいね。

軍事同盟に書かれる必須要素とは？

さて、みなさんに質問です。古今東西の軍事同盟に必ず入っている必須要素が三つほどありますが、それはどのようなものでしょう。みなさんが外務省に勤めていると仮定して、さあ同盟条約文を書いてくださいと言われたとき、どのような条項が入っていないとマズイか。

――同盟を結んだ国が攻撃を受けたら、どういうかたちで応援しなくちゃいけないかとか。

はい。同盟を結んでいる国が攻撃を受けたら、軍事的な援助が必要なのか、参戦しなければならないのか。あるいは経済的援助なのか、政治的援助でよいのか。どのような援助義務が生ずるか、それが書かれている必要があります。ほかには、どうでしょう。

――その同盟が、いつからいつまで、どの期間、効力を持つのかということ。

有効期限ですね。三国同盟の場合、まずは十年と書いてあります。一九〇二年に締結された第一次日英同盟協約（日英同盟）は五年、六〇年に締結された日米安全保障条約は十年。安定した同盟をめざす場合は、十年くらいが相場でしょうか。あとは、なんでしょう。

――共通の敵がいる。

はい。それを軍事的、政治的用語では、なんと言いますか。

❓ 軍事同盟の必須要素、3つとは？

――仮想敵国。

そうです。実際に敵対している国という意味ではなく、ある国が軍事戦略、作戦用兵計画を作成するにあたり、軍事的な衝突が発生すると想定される国を指します。戦前の日本の場合でいえば、帝国国防方針（仮想敵国、必要兵力、戦争計画を中長期的に定めた文書）を作成するとき、アメリカの海軍力の何割くらいまで艦隊を持つか、といった具合で軍事計画を作成していました。

帝国国防方針が初めて書かれたのは、日露戦後の一九〇七（明治四十）年でしたが、そのときの第一の仮想敵国はロシアでした。最初に改定された一八（大正七）年の国防方針における仮想敵国はアメリカ、ロシア、中国、二三年には、陸海軍共通の仮想敵国としてアメリカだけが挙げられるようになっていました。[16] さて、もうひとつはなんでしょう。

――どこで防衛の義務が働くのか。

はい、場所や地域ですね。日独伊三国軍事同盟を眺めてみると、たとえば第一条には、「日本国はドイツ国およびイタリア国の、欧州における新秩序建設に関し、指導的地位を認め、かつ之《これ》を尊重す」ると書かれていて、第二条には「ドイツ国およびイタリア国は、日本国の大東亜《だいとうあ》における新秩序建設に関し、指導的地位を認め、かつ之を尊重す」る、と書いてあります。

日米安保条約では、アメリカの対日防衛義務を定めた第五条[17]で、その対象領域を「日本国の施政の下にある領域」、つまり日本本土と限定し、アメリカに駐留を

《日本の仮想敵国の変遷》
帝国国防方針より
1907年／ロシア
1918年／アメリカ、ロシア、中国
1923年／アメリカ

認め、施設・区域の使用の根拠を書く第六条では「日本国の安全に寄与し、並びに極東《きょくとう》における国際の平和及び安全の維持に寄与《きよ》」するためと、ここでも地域に限定をかけている。この場合、本土より広く、極東ということで、外務省の見解では、「フィリピン以北並びに日本及びその周辺の地域であって、韓国及び中華民国（台湾）の支配下にある地域」とされています。

今の答え、どこまでを防衛義務の対象地域とするかについて、もう少し敷衍《ふえん》してみましょう。防衛する地域を明示する以外で、もう一言、ある地域に対してどうしたいのか。

――……地域の領有とか？

そうですね。領有までいかなくとも、ある地域に対し、ある国が資源開発や貿易関係などの点で他の国々より優先的に密接な関係を樹立しようとするとき、対象とされるその地域をなんというか。たとえば、日清戦争に日本が勝利した結果、清国の各地域は英仏独露などの帝国主義列強によって分けられていきましたね。あのような場合、列強の何圏といいますか。

――……？

これは意外に出てこない言葉なんですね。勢力圏です。お互いの勢力圏をどうするか。

まとめますと、軍事同盟というのは、まず、仮想敵国というものを設定する発想で書かれる。そして参戦義務なども含め、どのような義務を負うか。それから、勢力圏としてどこを治めたり占領したりするか。仮想敵国、参戦義務、勢力圏、この三つが同盟の必須要素です。[18]

第一回の日英同盟協約の場合、仮想敵国はロシアとされ、第三国が参戦した場合の参戦義務が定められ、勢力圏については、イギリスは主として清国、日本は朝鮮（一八九七年から大韓帝国）と想定されていました。

ですので、現代に話を転じますと、仮想敵は、義務は、勢力圏は、といった軍事同盟の三要素から、日米安全保障条約や一連の安全保障関連法制を見ていく必要があります。

一九六〇年に締結された日米安全保障条約は、防衛力構想に大きな変化が生じた場合に改定される、「日米防衛協力のための指針」、いわゆる日米ガイドラインによって、アップデートされてきたと考えられます。

日米ガイドラインは最初、一九七八年につくられ、九七年に改定され、集団的自衛権解釈の変更によって、二〇一五年四月、十八年ぶりに二回目の改定をみたわけです。日米ガイドラインが大きく変更される前には、まず日本側の作成する防衛計画が大きく書き換えられます。防衛計画は、戦前でいえば国防方針にあたりますか。最初に日米ガイドラインができた二年前の七六年、国際環境の変化（米ソ緊張緩和、一九七一年のニクソン・ショック〔金とアメリカ・ドルの引換停止宣言〕による対米不信、石油危機[19]）を念頭に置いて、日本本土に限定した自主防衛的な性格を持つ「防衛計画の大綱[20]」が、まずは書かれました。

それに応じて二年後に書かれた日米ガイドラインの発想は、基本的に安保条約第五条の、本

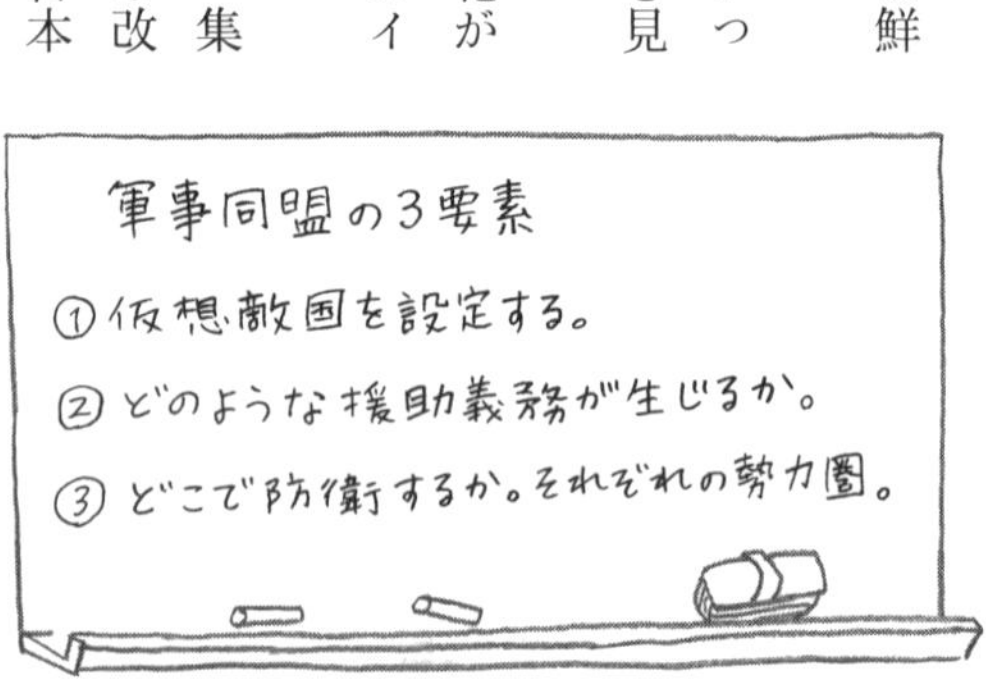
軍事同盟の3要素
①仮想敵国を設定する。
②どのような援助義務が生じるか。
③どこで防衛するか。それぞれの勢力圏。

土防衛の発想でまとめられていたといいます。ただ、注目すべき点として、海上防衛に関しては、より踏み込んだ書き方がなされていました。海上自衛隊と米海軍の「海軍協力」により、ソ連のバックファイア爆撃機や潜水艦を太平洋方面に出さないことが求められるなか、ソ連を封じ込め、海上交通線を保護する役割が、日本側には期待されていました。[21]

その後の九五年「防衛計画の大綱」（改定内容は、効率化による規模の縮小、国際貢献への任務拡大など[22]）の二年後、すなわち九七年に書かれた日米ガイドラインのポイントは、次の点にありました。この時期は、朝鮮半島情勢の不安定化や台湾海峡の危機があった頃で、それに応ずるため、日米安保条約第六条中の「日本国の安全に寄与し、並びに極東における国際の平和及び安全の維持に寄与するため」という部分を、周辺事態という概念を用いながら再定義し、法整備を行ないました。北朝鮮が日本上空を越えるミサイル発射実験を最初に行なったのは、九八年のことです。みなさんがちょうど生まれる頃でしょうか。このように、ガイドライン改定ごとに、日本本土、周辺事態と、だんだん対象となる地域が拡張されてきました。

さて、二〇一五年四月、十八年ぶりに改訂された新ガイドラインの義務の対象となる地理的な範囲はどうなったか。これはもう、一挙に変わっています。「アジ

日米ガイドラインが防衛する場所とは…

1978年／日本本土（ソ連を太平洋方面に出さない）

1997年／周辺事態（日本の安全、極東における平和に寄与）

2015年／無制限（アジア太平洋地域、これを越えた地域の安全と平和）

ア太平洋地域およびこれを越えた地域の平和、安全、安定及び経済的な繁栄の基盤を提供するため」[23]と、対象が地球規模に拡大してしまいました。国家対国家の戦争より、テロの脅威が増したことで、協力対象地域が無制限、地球規模になったと考えられます。

軍事同盟につきものの、義務、地理的領域という発想から、日米の防衛協力の変遷《へんせん》を見てきましたが、同盟といった場合、仮想敵国に対して、自分たちの力をどう誇示するかという点も大事ですね。

二〇一五年八月十一日、参議院の平和安全法制特別委員会で、共産党の小池晃《こいけあきら》政策委員長が、自衛隊の統合幕僚監部《とうごうばくりょうかんぶ》によって作成された内部資料を用いながら質問しました（統合幕僚監部とは、陸海空自衛隊の一体的運用を行なうため、そして米軍との協力のため[24]に統合幕僚長が置かれる必要が生じ、〇六年に統合幕僚会議を改変してつくられた機関です）。

統合幕僚監部が、安保関連法案が成立するより前、一五年五月の段階で、「「日米防衛協力のための指針」（ガイドライン）及び平和安全法制関連法案について」という内部文書を作成していたのですが、これが、いかなる経緯かはわかりませんが、外部に流出したわけです。こういう文書は、だいたい共産党に送られてくるものらしい（笑）。インターネット上で見られますが[25]、政府が集団的自衛権解釈を変え、日米ガイドラインも変わると、なにができるようになるか、それについての統幕内部の考えがわかり、興味深いものがあります。

この文書は、日米共同計画について、こうまとめています。いままで日米共同計画は、「検討」という位置づけだったので、その存在を対外的に明示できなかった、しかし今後は、共同計画の「策定」という位置づけが可能となるから、存在を対外的に明示できる、この点が大きな変化だ、と。流出した文書そのものの表現ですと、「〇〇の面で極めて重要な意義を有するものとなります」と書かれていました。この〇〇には、どのような言葉が入るでしょう。

——……？

日米共同計画の存在が、対外的にはっきり書けるから、〇〇の効果が、潜在的な敵対国に対し期待できる、という意味ですね。ある国に対して〇〇効果を持つというのを、なんと言いますか。ある国とは、アメリカはともかく、現在の日本では、中国だと考えられていそうです。

——抑制効果。

ああ、近い、言葉としては抑止です。「抑止の面で極めて重要な意義を有するもの」と謳《うた》われていた。安保法制でなにが変わるかといったとき、抑止したいと思っている仮想敵国に向けて、日米は「共同計画を策定」していますよと、はっきりと明示できる。相手国への抑止という発想が、この日本において現実に生まれている点に、私としては感慨深いものがあります。

同盟の一つの本質は、ここですね。軍事同盟というものは、相手を恫喝《どうかつ》することで相手をひるませる役割などが期待できます。日米に共同計画があるのです、と脅かすことができる。

ただ、ここで問題となってくるのは、相手が怖れないとき、そんなことでは抑止されませんと思った場合、効果はないわけです。最初（204ページ）にお話ししましたが、一九三九年八月二十三日に、独ソ不可侵条約を結んで西に向かってくるはずのドイツに対し、それを牽制するため、イギリスとフランスは、なんと二日後の八月二十五日に、ポーランドとの相互援助条約を結びましたね。ドイツとイギリスは、互いに互いを抑止しようとして、同盟条約の存在を相手方に誇示《こじ》しましたが、そのような脅しに屈する両国ではなく、結局、ドイツとポーランドの戦争が、ヨーロッパを巻き込む大戦へと拡大したわけです。

つまり、抑止していると思っていても実際にはエスカレートすることが、同盟では起こる。抑止というものは、本当のところ、想像上のもの、感情的なものに左右されがちです。見た目は、危機に対する現実的な対処をとっているようでも、実のところ相手国の敵意だけを増幅《ぞうふく》しかねない構造を、同盟は必然的に持っています。日独伊三国軍事同盟を現代的な視角から見る意義は、ここにあります。

《「抑止」とは》
見た目は現実的、
でも本当は、想像上のもの。

なぜ、ドイツも日本も急いだのか

イギリスの第二の選択肢

先ほど、ありえたかもしれない第二次世界大戦の選択肢はなにかという質問をいただきました。三国同盟の成立過程を見るには、どうしてもヨーロッパでの英独対立を見なければなりませんから、ここで質問に答えておきましょう。

お互い、抑止に失敗したドイツと英仏はポーランド問題を契機に戦争状態に入りますが、四〇年の春まで、「奇妙な戦争」と呼ばれる状態が六ヵ月ほど続きます。まずは、ドイツ側が英仏などとの西部戦線での戦端《せんたん》を開かないのです。そして、ドイツがポーランドに入った約半月後の九月十七日、ソ連もポーランドに侵攻し、東部地域を占領下に置いてしまった。

ソ連はなぜこんな動きをしたのだろう。ドイツに対する反ファシズム戦争に準備するため、ポーランド地域に進出したのだ、などとソ連はいうでしょうが、これは単純に、八月二十三日に締結された独ソ不可侵条約中、非公開の秘密議定書にしっかりと書かれていた条文により、ポーランドの東半分の占領に出たものです。この秘密議定書は、バルト諸国（フィンランド、エストニア、ラトヴィア、リトアニア）をソ連側の勢力圏とすることの了解が記されていました。[26]

一九四〇年四月、雪が解けて戦車部隊も動かしやすくなったということで、ドイツは電撃戦を開始し、ノルウェー、デンマークへ侵攻してあっという間に占領する。そして、五月十日、ドイツ軍はベルギー、オランダを急襲し、十三日、オランダ女王と政府はイギリスに逃れて亡命政権を樹立、オランダ軍が降伏する。それ以降、ベルギー、ノルウェーの降伏が続きます。

地図を見ればわかりますが、ドイツとベルギー、オランダ、フランスは近い。近さもありますが、ドイツ軍の進撃のスピードが尋常《じんじょう》ではなかった。十日間で一五〇マイル（約二四一キロメートル）を踏破《とうは》したといわれています。[27] ドイツ軍は五月二十日にはフランスに達しました。五月末には、実質的にドイツと戦っている国は英仏だけとなってしまいます。

さて、一九四〇年五月というと、イギリスでどんなことが起こっていたか、知っていますか。

――……？

イギリス史はくわしくないかな。内閣が交代するのです。このとき、イギリスはベルギーと北フランスに英国派遣軍を送っていましたが、それはドイツ軍の前にひとたまりもなく敗北してしまいます。強力だったはずのフランス陸軍もドイツ軍に敗退している。[28] それを実見したイギリス政府は、イタリアに仲介を頼んで、ドイツといま一度、交渉しようかな、と考えます。

ドイツが進撃を始めた五月十日、チェンバレン首相が退陣するのです。この後、ある人物が首相の椅子に座りますが、できたばかりの戦時内閣は不安定で、内閣の中では、ドイツとの仲介をイタリアに頼もうとする説と、それはダメだとする説が対立します。ただ、どちらかというとイタリアへの仲介依頼説が有力でした。四〇年五月二十三日の時点では、英仏側が安全に使用できる港はダンケルク（フランスの最北端の港、ベルギー国境から一〇キロほど）だけとなり、そこに集結した二五万の英国派遣軍（フランス軍もあわせると三五万）が無事に英本土に帰還できるか否かが問われていた時期でした。

しかし、イタリアとの交渉に、断乎反対した人物がいました。これが首相となった人物で、アメリカ大統領ローズヴェルトにあてた個人書翰《しょかん》などでは、自分のことを「絵描き」などといっ

[「奇妙な戦争」とドイツの進撃]

ドイツ軍はなかなか動かず、1940年春に電撃戦を開始。

た、とぼけた名前を名乗る人物です。

——チャーチルですか。

そう、チャーチルなんです。チャーチルは、フランス首相のレイノーが提案し、自らの戦時内閣の外相であるハリファックスらが同意した、イタリアを仲介とする対独交渉案を、連日連夜の熱弁による反対論で押し切ることに成功します。イギリスは一つの重要な選択、最後まで戦うということを選びました。チャーチルの訴えかけの言葉を紹介しておきますね。[29]

> いまここで和平を求めて、最後まで戦い続ける場合よりも良い条件を手に入れようと考えることは、まったくの間違いである。ドイツ人はわが艦隊を寄越せというだろう——すなわち「武装解除」のことだ——海軍基地ほかを引き渡せというだろう。われわれは奴隷国家となる。

チャーチルの演説を聴いていますと、戦争の継続を訴えるとき、あるいは開戦の必要を訴えるとき、古今東西の政治家や軍人は本当に同じことをいうなぁ、との感慨に打たれます。（敗北すれば奴隷の身分に落とされると、古代ギリシャでもつぶやかれていましたね。73ページ）。

第二次世界大戦におけるもう一つの選択肢として、一九四〇年五月、イギリスはイタリアを

和平を求めれば
イギリスはドイツの奴隷国家

ウィンストン・チャーチル

通じてドイツと講和しようという、一歩手前までいっていました。外交を担当するハリファックス外相などが、イタリア仲介賛成派であったことに鑑《かんが》みても、たとえば、ダンケルクからの帰還を待つ二五万のイギリス軍を無事に撤退させられるまでの時間稼ぎとして交渉を選択することは、合理的な選択肢の一つだったといえるのではないでしょうか。

イギリスにとって最悪な時間は続きまして、四〇年六月十四日、フランスはドイツ軍にパリ無血入城を許し、降伏してしまうのです。ここで、小さなエピソードを一つ。

チャップリンという喜劇役者、映画監督をご存知ですか。彼は、顔を白塗りにして演じたことも多かったので、どこの国の人かわかりにくいでしょうが、イギリス人です。『独裁者』（一九四〇年、アメリカ映画）という映画では、チャップリン自身がヒトラーを模《も》して演ずるわけですが、この映画の撮影開始は一九三九年九月、大戦勃発《ぼっぱつ》の直後でした。途中、撮影中断などがあったのですが、最後の仕上げということで、なんとなんと、チャップリンは、ドイツ軍のパリ入城の翌日、『独裁者』の演説シーンを撮っているのです。これは、劇作家でもある大野裕《おおのひろ》之《ゆき》さんの『チャップリンとヒトラー』[30]（岩波書店）という本に書かれています。

個人が国家に対抗するための手段というのはいろいろとあると思いますが、チャップリンは、ユダヤ人への迫害やナチズムにどう対抗しようかといったとき、非合法手段に訴えるわけではありません。ヒトラーが行なう演説の特徴を、誇張して真似《まね》する。地球儀のバルーンを足でポン、なんて蹴《け》りつつもてあそぶ場面が有名ですが、ヒトラー風にメイクアップしてチョビ髭を

つけて演説する。独裁者をパロディーにするのです。

ヒトラーがこの映画を実際に見たという確証はありません。ただ、アメリカで公開され、独裁者といえばヒトラーのことを意味するのが当然の世界においては、この映画が示した「批判」の眼差しを、娯楽として世界の人々に見せたこと自体に、大きな意味があったと思います。

国家がなくなったところで起きていたこと

ドイツ軍のパリへの無血入城が一九四〇年六月十四日だとすれば、その直前の六月十日、ドイツ側に立って参戦したのがイタリアです。イタリアは、『君主論』を著《あらわ》したルネサンス期の思想家マキャベリ（一四六九―一五二七年）を生んだ国ですから、同盟事になりますと、なかなか素早く、最小の努力や犠牲で最大の獲得物をとりにくる国です。

たとえば、一九一四年夏に第一次世界大戦が始まったとき、イタリアは当時、三国同盟を結んでいたドイツ帝国、オーストリア＝ハンガリー帝国側に立って参戦するよう、両国から促されました。しかし、オーストリア側がセルビアを攻撃したのであって、三国同盟が求める条件（オーストリア側が攻撃される）ではないから、同盟の義務は生じないとイタリアはつっぱね続け、なんと、英仏側に立って、ドイツとオーストリアに宣戦布告することをやってのけました。イタリアが英仏側に立ったのは、ドイツやオーストリア側が提示した条件よりも、英仏が提示した領土条件（オーストリア国内のイタリア語話者の地域の割譲《かつじょう》）が優《まさ》っていたからです。[31]

イタリアは、一九四〇年五月、英仏政府の一部がドイツとの交渉の仲介をイタリアに求めていること、英仏政府の軍事的な敗北ぶりを見て、ドイツ側に立っての参戦を決定します。

このとき、ソ連がまた動きだします。先に独ソ不可侵条約の秘密議定書を見ましたが、そこに書かれている通りの地域、エストニア、ラトヴィア、リトアニアに対し、ソ連軍の進駐を認めさせました。将来的にあなた方の国をドイツから守ってあげられるのはソ連だけである、だから軍隊を入れてもかまわないでしょうと。これが、第二次世界大戦後から東西冷戦後もずっと、バルト三国がソ連のもとに置かれた契機でした。

不思議な戦争ですね。この時期、他国に積極的に侵攻した国は、ドイツとソ連です。しかし、第二次世界大戦後の、ニュルンベルク裁判や極東国際軍事裁判が開かれたとき、ソ連のこの時期の行為は全く問題にされなかったのです。連合国の対独戦勝をもたらしたのは、なんといってもソ連軍の死闘であったからです。

ただ、臍曲《へそま》がりのイギリス人は、このような不公平を見逃しません。面白いことを言った人がいますよ。極東国際軍事裁判で日本人が裁かれるのは妥当だけれども、ソ連の一九三九年秋のポーランド侵攻、フィンランドへの侵攻、一九四〇年夏のバルト三国併合について、ソビエトの罪は問われないのですか、と。戦争は政治に始まり政治に終わる、裁判はもちろん政治的です、なんて嫌みを著書に、ぱしっと書く。モーリス・ハンキー卿《きょう》という人で、一九五〇年に

Politics, Trials and Errors[32]（邦訳『戦犯裁判の錯誤』時事通信社出版局）という本を書いています。

極東国際軍事裁判は不当だと頭にきている日本人もたくさんいそうですが、まずは、裁判の公正さについて、世界でどのような議論がなされているか、よく確認したうえで、腹を立てたほうがよいですね。彼は、ニュルンベルク裁判と極東裁判について、裁判所が却下した史料を用いて裁判の進行を批判し[33]、戦前期に駐英大使を務めていた重光葵《しげみつまもる》を裁くのは間違いだと論じていました（重光は、日英協調の立場に立ち、松岡の枢軸外交にも批判的だったからです）。ハンキー卿は、海軍の情報部などに勤務し、第二次世界大戦が勃発したときのチェンバレン内閣では、国務大臣も務めた人です。

ところで、当時ドイツに併合されていたオーストリア、ドイツとソ連によって分割され、国家が消滅したポーランド（亡命政権はイギリスのロンドンに誕生）、ソ連が併合したバルト三国などの国家が消滅した地域でなにが起きていたか。ユダヤ人虐殺に関して、衝撃的なことを明らかにした本があります。アメリカのイェール大学のティモシー・スナイダー先生が書いた『ブラックアース』[34]（慶應義塾大学出版会）です。

この本が衝撃的なのは、我々の頭の中にあるホロコースト（ユダヤ人大量虐殺）の固定観念を、事実と史料から崩してくれるからです。殺されたユダヤ人の97%は、当時のドイツの外にいたということを[35]、みなさんは知っていましたか。ホロコーストといえばアウシュビッツ

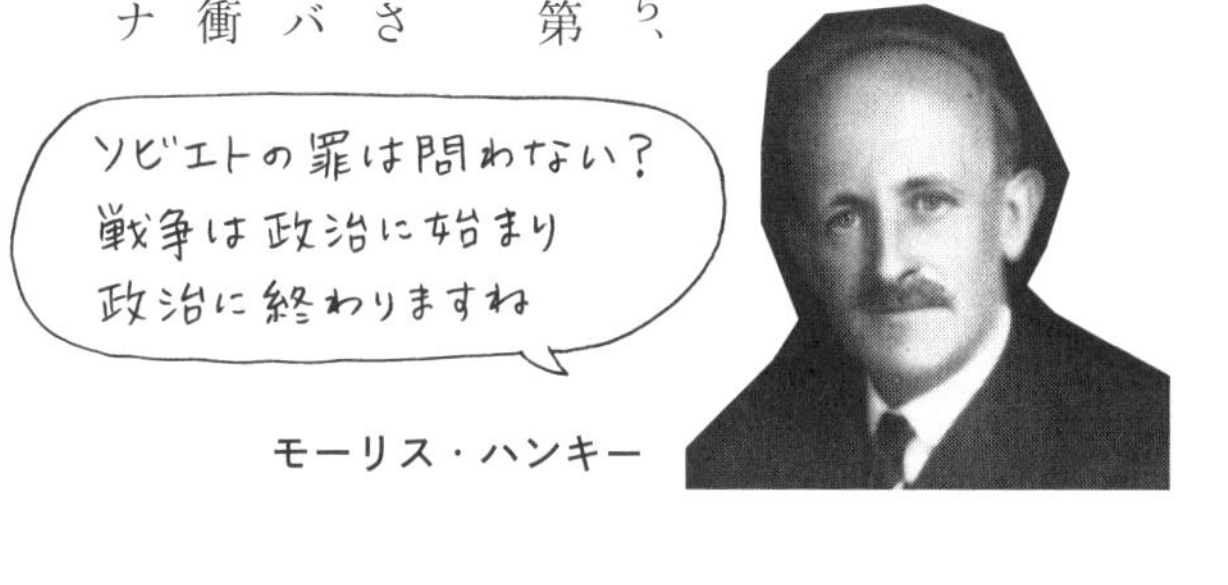
ソビエトの罪は問わない？
戦争は政治に始まり
政治に終わりますね
モーリス・ハンキー

収容所が頭に浮かぶでしょうが、確かにここで百万人ものユダヤ人が虐殺されました。ただ、ここが舞台となるのは一九四三年から四四年のことで、犠牲者の約半数は収容所ではなく、公衆の面前で殺されていたというのです。問題は、国家という行政的なまとまりが地域から消滅させられていた場所で、ユダヤ人の虐殺がやすやすと進んだという点にあります。

　現在に目を転じますと、たとえば、二〇一六年段階で内戦五年目となった、シリアにおける一般市民の大量死の問題があります。英米側はアサド政権を独裁政権だとして早期の退陣を要求していますが、国連の安全保障理事会の常任理事国のうち、ロシアなどは、アサド政権は正当な政権であるとの立場をとり、国際社会からの評価は分かれている。そのような場所、すなわち、国民にとっての国家がなきに等しい状態の地域において、報道によれば、市民の犠牲はすでに四七万人に達したと[36]されています。

　一九四〇年夏に話を戻せば、ドイツが始めた戦争に、欧州大陸の中で軍事的な抗戦を続ける国家はなくなっていました。イタリアは分け前を求めて参戦し、ソ連もまたバルト三国を支配下に置きます。このような状況が、日本の目の前に展開されていたこと、この点を想像しながら、三国同盟の話を聞いていただきたいと思います。

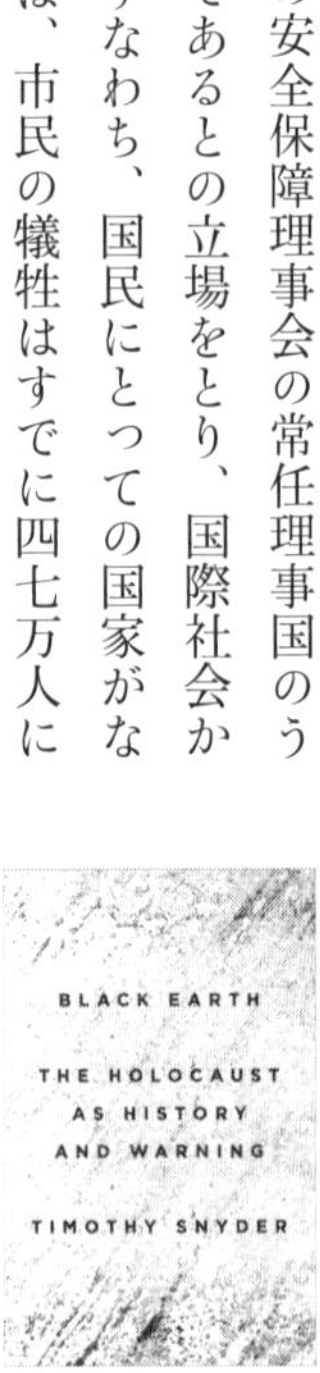

ドイツの外、
国家が消滅した地域で、
ホロコースト犠牲者の
97%が殺された。

『ブラック・アース』

二十日間で結ばれた条約

一九四〇年七月二十二日、イギリスは、ヒトラーがかねてから提案していた最後の和平案を拒否します。和平提案が拒絶されたとき、ヒトラーは、ドイツ国防軍首脳を前にして、七月三十一日、次のように述べたといわれています。[37]

イギリスの希望はロシアとアメリカである。もしロシアへの希望が潰《つい》えれば、アメリカも潰え去る。なぜならロシアが脱落すると東アジアにおいて日本の価値が飛躍的に高まるからである。

ヒトラーが述べていたのは、こういうことです。まず前提として、イギリス側の、不屈の抗戦意識を支えているのは、ソ連の存在とアメリカの存在への希望であると。そのソ連がイギリスの頼みの綱にならないことがわかれば、アメリカはイギリスを援助する気などなくなる。なぜなら、ソ連が脱落すれば、日本を北から軍事的に牽制する国家がなくなる。そうなれば、日本は自由にイギリスの東アジアの根拠地である香港・シンガポールや、アメリカの軍事基地があるフィリピンを脅かすことができてしまう。アメリカは、日本の東アジアにおける軍事的位置が飛躍的に高まると困るので、対英援助を諦めるに違いない……。

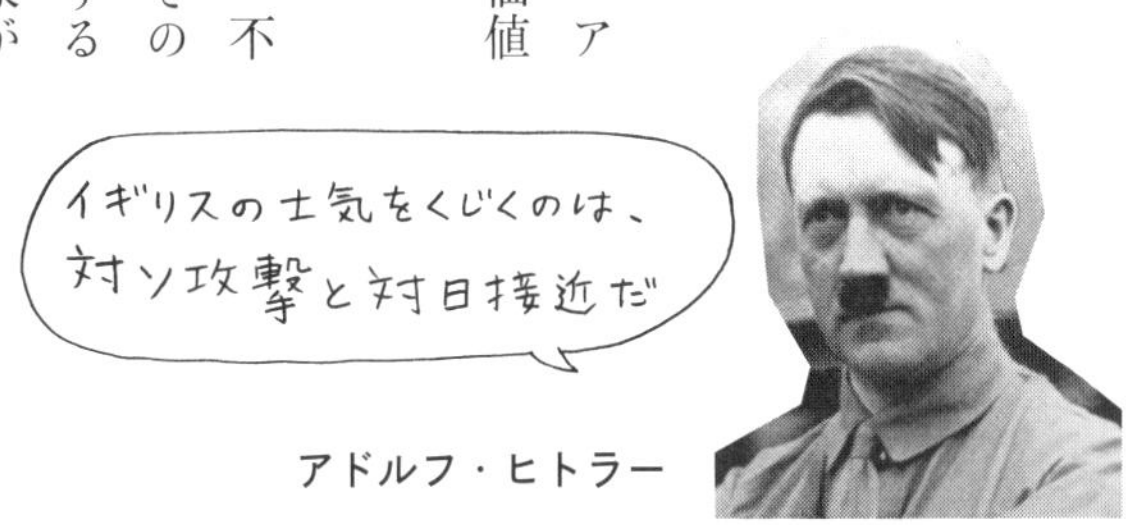
イギリスの士気をくじくのは、
対ソ攻撃と対日接近だ

アドルフ・ヒトラー

まあ、ヒトラーも意外に「たら」「れば」の人なんだとわかります。で、ヒトラーの頭の中に、対ソ攻撃と対日接近が、イギリスへの圧迫強化という一点で結びつくようになっていきます。

今度はイギリスを見てみましょう。チャーチルは手紙を書くのがすごく上手いのですが、アメリカ大統領のローズヴェルトに向かって、六月十五日に「現今《げんこん》の英政府閣僚が退陣すれば（チャーチル内閣のことです）、荒廃のうちにドイツと和平交渉をするものが現れます。そのときドイツとの取引材料になるものはイギリス艦隊であるという事実に、目をつぶってはなりません。合衆国が英国をドイツのなすがままにするのであれば、国民の生存のために最良のことをしようとする責任者の行動を誰も非難することはできないでしょう（降伏しますよ、と脅しています）。［中略］だからアメリカの駆逐艦《くちくかん》をください[38]」と、脅しとお願いを実に上手く書く。

イギリス艦隊がドイツの手に落ちたら、その艦隊を使ってドイツはアメリカを脅かすだろう、という予測を、チャーチルは大統領に突きつけていました。和平交渉における艦隊引き渡しについてのお話はおとぎ話ではなく、ドイツに負けたフランスの艦隊は、無傷でドイツに引き渡されるべくアルジェリアに停泊していたのですが、そのフランス艦隊がドイツ軍に接収されることを怖れたイギリスは、なんと、四〇年七月、旧同盟国だった仏艦隊を将兵一二九七名の命ともども、非情にも撃沈します[39]。

この脅しは効きました。ローズヴェルトは一九四〇年八月から九月にかけて、ダダダーッと、いろんなことを決めます。八月十三日、まずは、西半球の英軍基地（ハバナ、ジャマイカ、英領ギニアなど）のアメリカ軍の使用許可と引き替えに、駆逐艦五〇隻《せき》の供与《きょうよ》を表明し、九月三日には、英米防衛協定を締結します。アメリカは、中立を維持していましたが、イギリスと防衛協定を結び、イギリス負けるなといいました。

これで、ヒトラーはなにをやったか。戦史が好きな人は必ず熱く語ってやまない戦いですが、バトル・オブ・ブリテンと呼ばれる、イギリス本土への猛爆を九月七日から始めるのです。

ドイツを飛び立ったドイツ軍機は、六分でやってくるのですが、イギリス側は、そのスピードに由来する敵の時間的に有利な点を、まずはレーダーで相殺《そうさい》し、次に航続距離の限界から発する敵の時間的に不利な点、すなわち滞空時間の短さを徹底的に衝《つ》いて、反撃しました。ドイツから飛行機が飛び立ったという情報をキャッチしたら、すべての都市を守るための警報を準備する。そして、ドイツ軍機がどの地域に向かっているのか完全につかみ、戦闘機を飛び立たせておき、とにかく迎撃《げいげき》する。この六十五日間続く戦いで英空軍は敗けなかった。

第二次世界大戦が開始されてから一年もの間、日本は中立でした。日本人から見れば、ドイツ軍が英本土を猛爆しはじめて、英本土上陸作戦も準備していると聞かされれば、ドイツ側に立とうという気持ちが強くなりそうですね。

そのときドイツは、日本を同盟に誘い込むための特別使節を派遣してきました。

ドイツの特使。
1940年9月7日、東京にやってくる。

ハインリヒ・ゲオルグ・スターマー

それがスターマーです。スターマーは、一九四三年から四五年五月のドイツの敗北の時期まで、駐日大使を務めることになる人物です。

ドイツの特使スターマーが九月七日、東京に到着し、九日から、このときには外務大臣となっていた松岡洋右の私邸で交渉が開始され、十九日に御前会議決定、二十六日に枢密院本会議と急スピードで条約承認がなされ、翌二十七日、ベルリンで三国代表の調印式が行なわれた。二十日間で条約ができてしまっている（一九〇二年の第一次日英同盟の折には、日英それぞれ、どの地域を勢力範囲にするかで揉《も》めたので[40]、本格的な交渉が開始されてから三ヵ月もかかっています）。この同盟条約は本当に早く締結されました。

マスメディアに伝えられた検閲基準とは

三国同盟が調印された翌日の九月二十八日、首相の近衛文麿《このえふみまろ》は、「重大時局に直面して」というラジオ放送を行なって、同盟の意義をこう強調していました[41]。

日支［日中］の紛争は、世界旧体制の重圧の下に起れる東亜の変態的内乱であって、これが解決は世界旧秩序の根柢に横たわる矛盾に、一大斧鉞《いちだいふえつ》を加うることによってのみ、達成せられる。

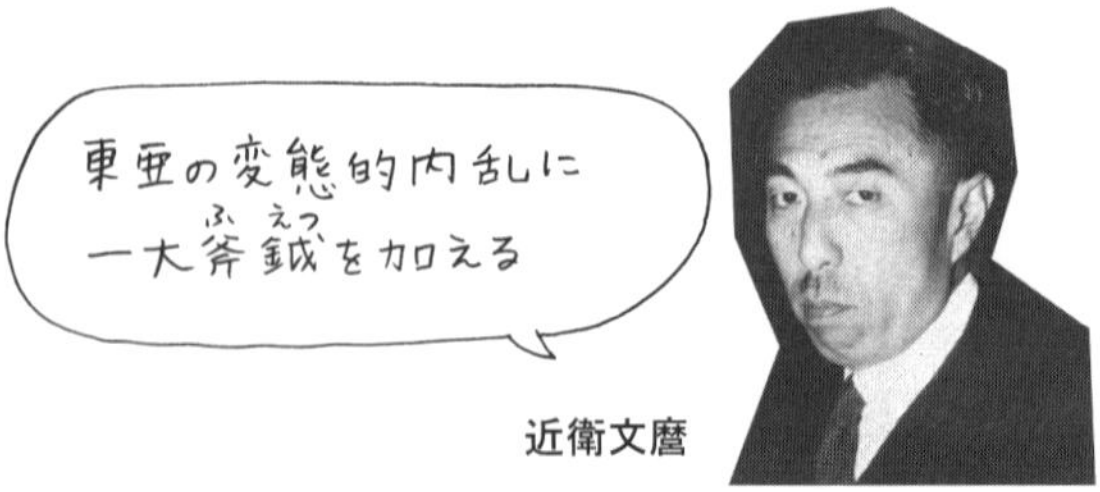
東亜の変態的内乱に
一大斧鉞《ふえつ》を加える
近衛文麿

まず驚かされるのが、日中戦争を東アジアの「変態的内乱」と述べていますね。異様な言葉で、近衛としては「革命」を使いたかったのでしょうが、国体の変革と捉えられれば、治安維持法にひっかかる時代ですから、この言葉を使ったのだと思います。

それにしても、戦争ではなく内乱という捉え方が、現代の、たとえばアメリカ軍の感覚に近い。アメリカ軍がイラクやアフガニスタンへ侵攻するとき、交戦国として相手を認めるのではなく、犯罪者を罰しにいく感じ、それとちょっと似ているでしょう。一大斧鉞という言葉は難しいですが、ばっさり切るといった意味です。日中戦争の解決のためにも、三国同盟締結のような大胆な手段が必要だ、と近衛は述べていました。

日独伊三国軍事同盟が締結されたとき、日本国内にどのような反響があり、また、どのような国民の反応を政府は恐れていたか。これを知るには、国内の治安維持に任ずる内務省が、通信社や新聞社に対して与えた、記事取締要綱[42]を見るのが便利です。

内務省が、三国同盟について、新聞に対して書いてはダメだと伝えた内容は、①条約締結により利益を受けるのは独伊だけ、②これでは日中

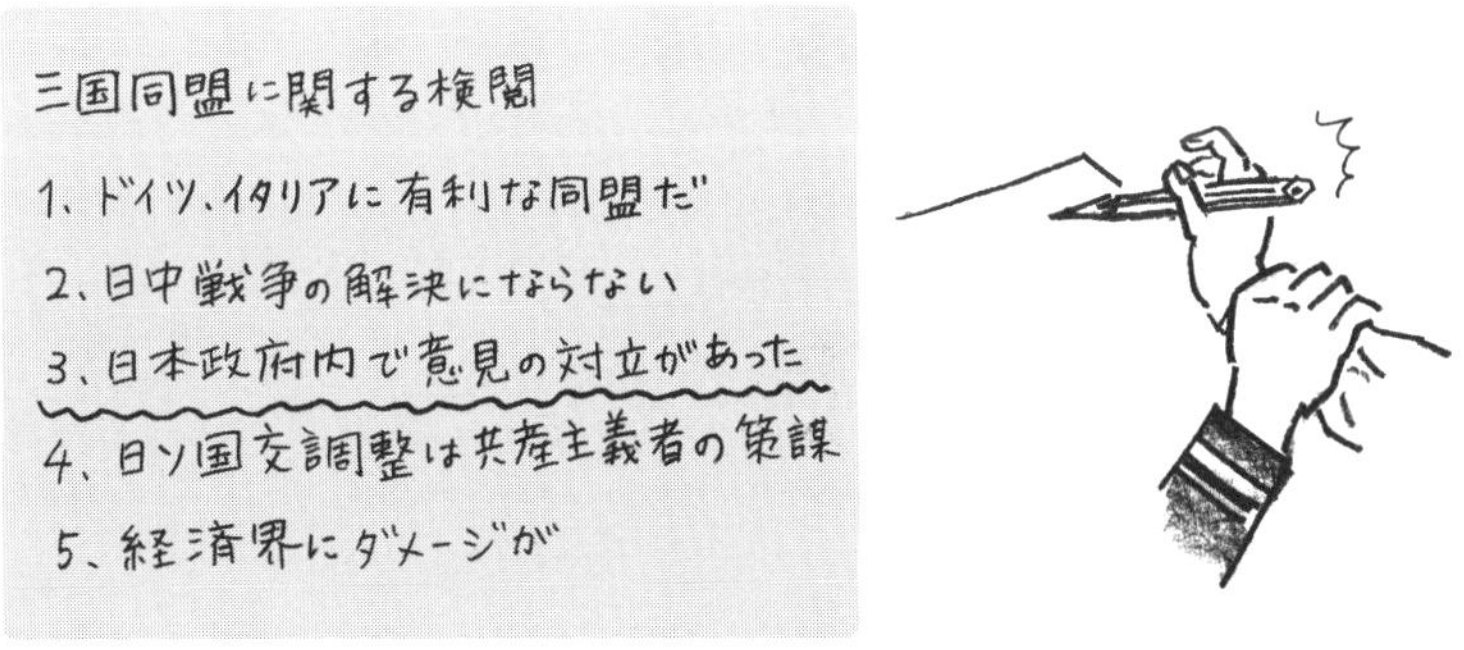
三国同盟に関する検閲
1、ドイツ、イタリアに有利な同盟だ
2、日中戦争の解決にならない
3、日本政府内で意見の対立があった
4、日ソ国交調整は共産主義者の策謀
5、経済界にダメージが

戦争の解決にならないのではないか、③締結にあたって日本の政府部内に意見の対立があった、④日ソ国交調整は転向者の策謀、⑤条約が経済界に及ぼす影響は大きい、の五点で、私が重視したいのは③です。

政府部内に意見対立があったと書いてはいけない、と。ですから、実際は、政府部内に鋭い対立があったのだとわかる（笑）。日本人は議論や討論をしないといった誤解がありますが、この同盟に関しては、いろいろな立場の人が疑念をぶつけて議論し合っていました。

三国同盟を承認した際の御前会議

これから、日独伊三国軍事同盟を承認したときの、一九四〇年九月十九日の御前会議の様子を読んでいきます。九月十九日といえば、同盟が調印される八日前です。

御前会議とは、国家の最重要問題について、政府側からは首相・陸海相・外相・蔵相などが、大本営（戦時に設けられる、天皇直属の最高戦争指導機関）側からは参謀総長・軍令部総長などが、そして天皇の質問事項を代弁する意味で枢密院議長が臨席する会議です。この日の登場人物として重要なのは、参謀総長の閑院宮載仁親王《かんいんのみやことひとしんのう》[43]、外務大臣の松岡洋右、軍令部総長の伏見宮博《ふしみのみやひろ》恭王《やすおう》[44]、総理大臣の近衛文麿、枢密院議長の原嘉道《はらよしみち》などです。

参謀総長と軍令部総長という、二人の宮様がいますね（参謀総長は、陸軍の作戦立案などに関わる参謀本部のトップにあたり、軍令部総長は、海軍の作戦立案などに関わる軍令部のトップです）。宮様がトップというとお飾りのように感じますが、この二人は共に日清、日露戦争での実戦経験を持ち、部内でも重きを置かれた宮様でした。松岡外相などは、この御前会議で、きっちりと彼ら軍部側からやりこめられますが、たぶん、すごくやりにくかったと思います。

この御前会議でなにが議論されたのか、見ていきましょう（当時の参謀次長、沢田《さわだ》茂《しげる》が残した史料[45]です）。海軍を代表して、伏見宮軍令部総長が、次のように質問します。

> 本同盟の結成により英米との貿易関係は一層変化し、最悪の場合は依存物資の取得いよいよ至難と認められ、また、日米戦争は持久戦となる公算の大なるが、支那事変による国力消耗の現状に鑑《かんが》み、国力持続の見通し、ならびに、これが対策いかん。

この同盟を結べば、英米側とは敵対関係となり、英米が貿易を制限し、石油など日本にとって死活的に重要な物資の入手が困難になろう。日米戦争は持久戦となるはずだが、中国との戦争で国力が消耗している現状、どうやって国力を持続させるのか、と聞いている。これに対し、近衛首相は、次のように答えています。

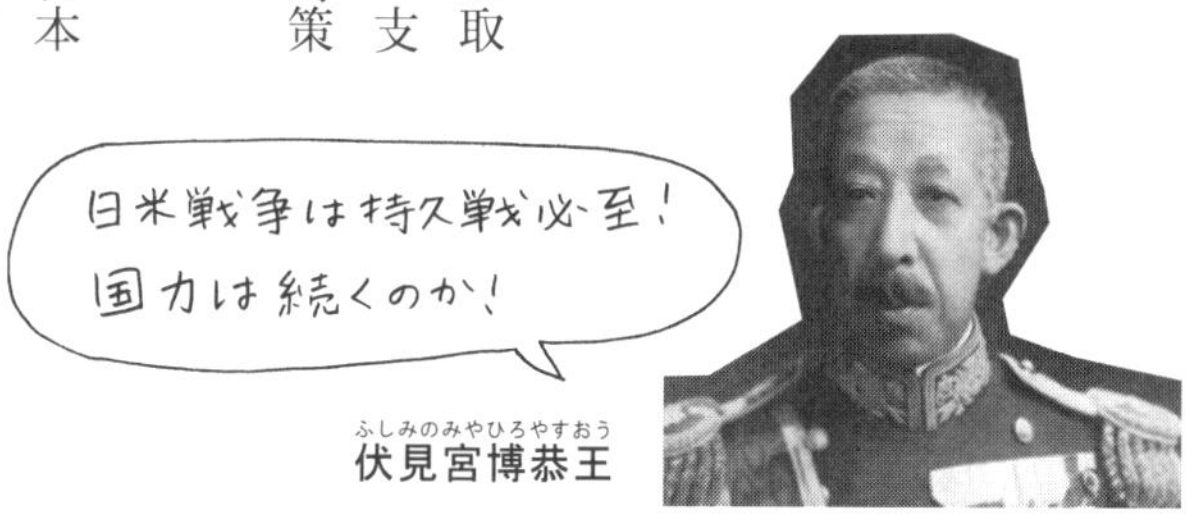

伏見宮博恭王《ふしみのみやひろやすおう》

従来、かくのごとき際を顧慮《こりょ》し、国内の生産を拡充し、また貯蔵につとめたるにより、軍官民の消費統制を一層強化し最も緊要《きんよう》なる方面に集中使用せば、相当長きにわたり軍需に支障なく、また日米戦争にあたりても、比較的長く軍需に応じうべく、相当長期の戦争に堪《た》えうるものと考えます。

近衛首相は、これまで、このような事態を予測して、国内における原油生産を拡大し、石油の備蓄量も増やしてきたので、使い方を統制すれば、相当長期の戦争に対応できるはず、と答弁していますが、あまり説得的な答えとはいえそうもありませんね。
次に、原枢密院議長の質問、つまり天皇の質問を見てみましょう。

［前略］本条約は米国を目標とする同盟条約にして、これを公表することにより、米の参戦を阻止せんとする独伊の考えなり。米国は最近、英国にかわり、東亜の番人をもって任じ、日本に対し圧迫を加えあるも、なお日本を独伊側に加入せしめざらんがため、かなりの手控えあるべし。しかるにこの条約の発表により、日本の態度明白とならば、極力日本に対する圧迫を強化し、極力蔣《しょう》［介石］を援助し［中略］経済圧迫を加うべく、日本に対し石油、鉄を禁輸し

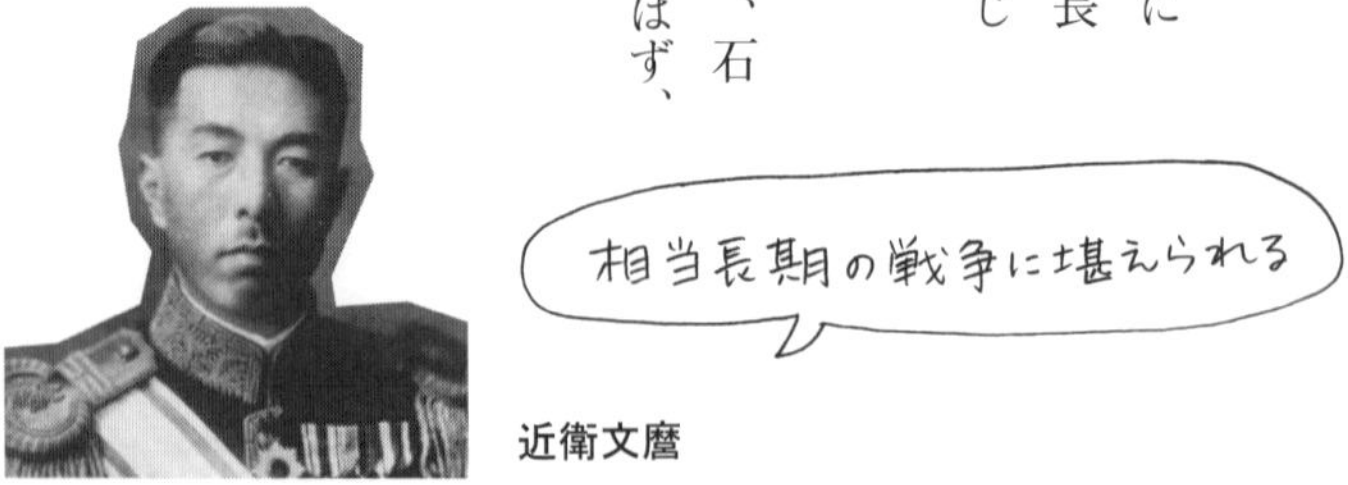

近衛文麿

［中略］長期にわたり日本を疲弊、戦争に堪《た》えざるに至らしむるごとく計《はから》うるべしと考う。

ドイツ側の意図を原枢密院議長＝天皇はよく見抜いているといえます。条約を華々しく公表することで、アメリカの参戦を阻止しようと独伊は考えていると。続いて述べている部分の主語は、すべてアメリカです。

アメリカは日本に圧迫を加えているけれど、今、まだ自重《じちょう》しているのは、日本が独伊側に立っていないからだ。日本は中国と戦争しているけれど、第二次大戦に参戦していない、中立だから手控えている。その日本が態度を明白にしちゃえば、経済制裁をどんどんやってきますよ、と。この天皇の不安感は正しいでしょう。

原議長の松岡外相への鋭い突っ込みは、まだまだ続くのです。もう少し読んでみましょう。

外相の説明も急の［に］間に合わず、量も小量なり。石油なくして戦争遂行不可能なり。蘭印《らんいん》の石油資本は英米にして、和蘭《オランダ》政府は英国に逃れおる関係上、平和的手段にて蘭印より石油を獲得する事は不可能と考う

アメリカの参戦を独伊が阻止するためのもの
手心を加えているアメリカは、
もっと経済制裁に出てくるはず
＝
原嘉道《よしみち》

るが、政府の所見承《うけたまわ》りたし。

外相の説明というのは、松岡がドイツを仲介としたソ連との国交調整で石油をもらえる、などと言っていることですが、それでは時間がかかるし、量も足りない。戦争遂行には石油が絶対に必要だ。蘭印（オランダ領東インド）の石油は、英米資本の会社が経営しているのだから、その石油がドイツの仲介で手に入るとは到底考えられない。こう斬り込んでいます。

――太平洋戦争が始まって二、三年後に日本が直面する問題を、正確に把握している。

本当にそうですね。原さん＝天皇のいっていることは、実際に歴史がたどった経過です。この鋭い斬り込みに、松岡外相は、どのように答えているか。

枢府議長のご意見はもっともなるも、和蘭《オランダ》本国を押さえたるドイツとしては、蘭印に関してもまた、相当重要なるものを押さえあることもあるべく、また、国際関係の裏面は相当融通のきくものにして、［中略］先年、日本の連盟脱退の際のごとき、日本に武器売り込みを引き受けんとするもの断りきれぬほどあり。

原議長の言うことはごもっともである、とまずは認めています。その後で、ドイツは、一九四〇年五月にオランダを敗北させている、だから、蘭印の石油会社が英米の資本であった

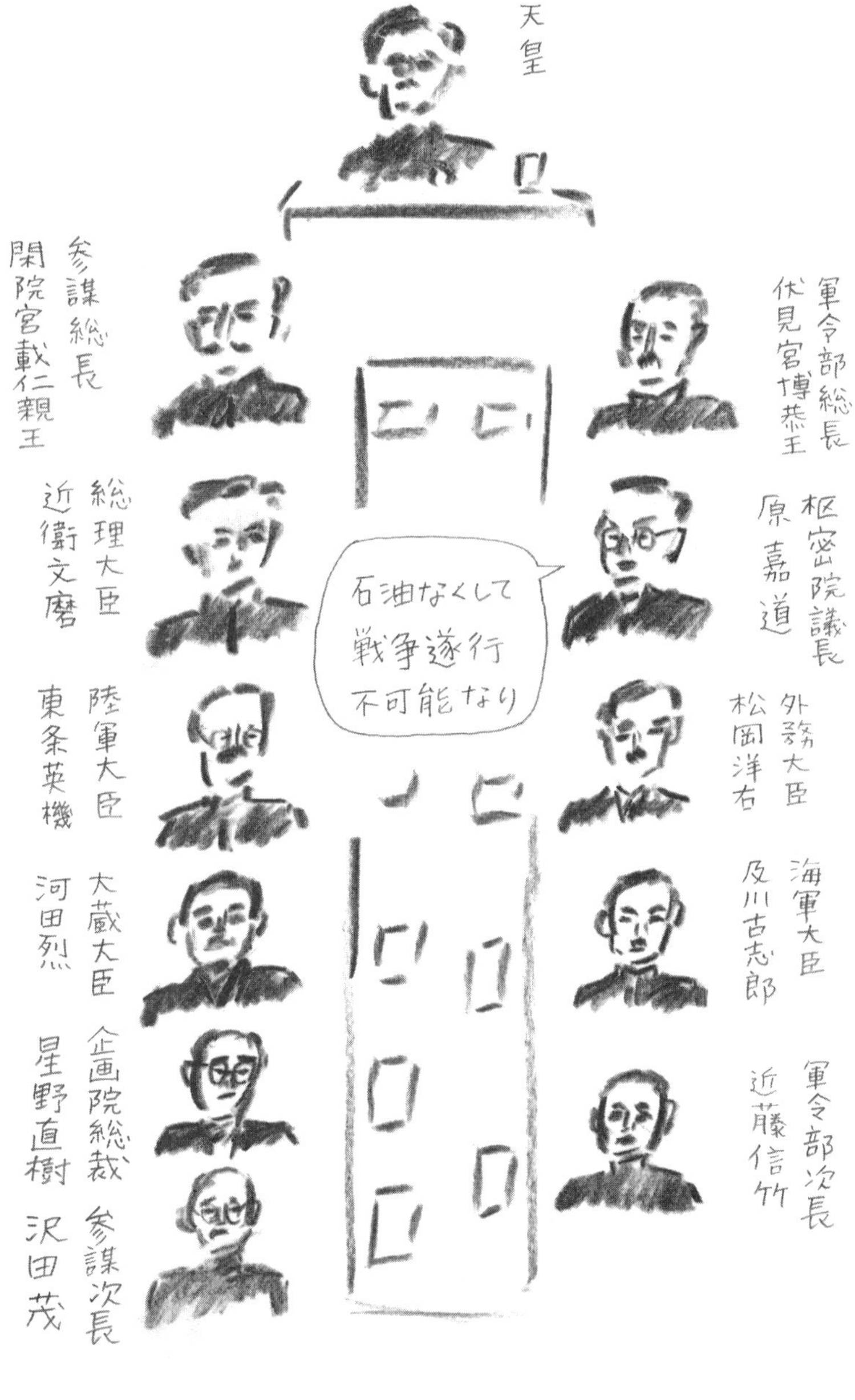
天皇
軍令部総長
伏見宮博恭王
参謀総長
閑院宮載仁親王
枢密院議長
原嘉道
総理大臣
近衛文麿
石油なくして
戦争遂行
不可能なり
外務大臣
松岡洋右
陸軍大臣
東条英機
海軍大臣
及川古志郎
大蔵大臣
河田烈
軍令部次長
近藤信竹
企画院総裁
星野直樹
参謀次長
沢田茂

としても、ドイツが仲介した場合、ものをいうのではないか、こう、切り返していました。また、原議長が法学者であることを計算に入れたものか、国際関係の裏面は蛇《じゃ》の道は蛇《へび》で、日本が一九三三年に国際連盟を脱退したときも、これで日本は経済的にも孤立してしまうといわれていたけれど、日本に武器を売り込んでくる輩《やから》はたくさんいた、という事例を挙げて、それほど心配いらないと返しています。ただ、この答弁は真面目さを欠きますね。

たとえば、北樺太《きたからふと》からは何万トンの石油が来る予定だから大丈夫であるとか、同盟国の船舶量は何万トンあるから物資の融通は大丈夫とは答えていない。石油なくして戦争遂行は不可能だ、と枢密院議長が言っているにもかかわらず、正面から答えていません。

なぜ軍部より、首相や外相の見通しが甘いのか

——首相とか外相とか、内閣の人ほど、無計画なプランを出していると感じました。

これは鋭いところに気づきました。議事録を見ると、近衛首相や松岡外相が、非常に甘い見通しを述べる一方、伏見宮《ふしみのみや》軍令部総長や閑院宮《かんいんのみや》参謀総長など軍人のほうが、日中戦争に加えてアメリカと開戦して日本の国力は耐えられるのか、などと執拗《しつよう》に質問していた。なぜ、軍部より、首相や外相など文官の側のガードが甘いのでしょう。

——実際に石油などの資源を使うのは軍なので、どれくらい必要かがわかっているのも軍で、

？ 軍人より文官の見通しが甘いのはなぜか。

内閣側にはわからないから。

そうです。さらにいえば、わからないというよりは、教えてもらえていない。この時期の日本には、軍事機密や国家機密を保護するための法律がいくつかありました。軍機保護法（一八九九年公布、一九三七年八月改正公布）、軍用資源秘密保護法（一九三九年三月公布）、国防保安法（四一年三月公布）などです。このうち、二つめの、軍用資源秘密保護法というのは、罪深い法律でした。東大経済学部の経済史の専門家である岡崎哲二《おかざきてつじ》先生によれば、[46]この法の制定の以前と以降では、政府統計の公表項目が、がくっと減ってしまう。

軍用資源秘密保護法が公布された三九年版から、金属工業・機械工業・化学工業についての統計が「丸秘」扱いとなり、一般国民は、これらの生産数量を知ることができなくなっていました。金属・機械・化学といえば、総力戦の時代にあって軍需生産を支える一国の生産能力のすべてと言っても過言ではありませんね。これは、一九四〇年から四一年にかけて、日本が直面すべき戦争の見通しを立てる際、死活的に重要な判断基準になったはずです。

日本の基幹的な産業の生産能力の実態を測る判断材料が、軍や経済官僚の一部だけに握られてしまっていた。軍の最上層部などにくらべて、軍人ではない首相や外相などのガードが甘くなる構造的な理由は、ここにありました。

御前会議では、調印目前の条約に対して、軍部や枢密院議長から鋭い反論がな

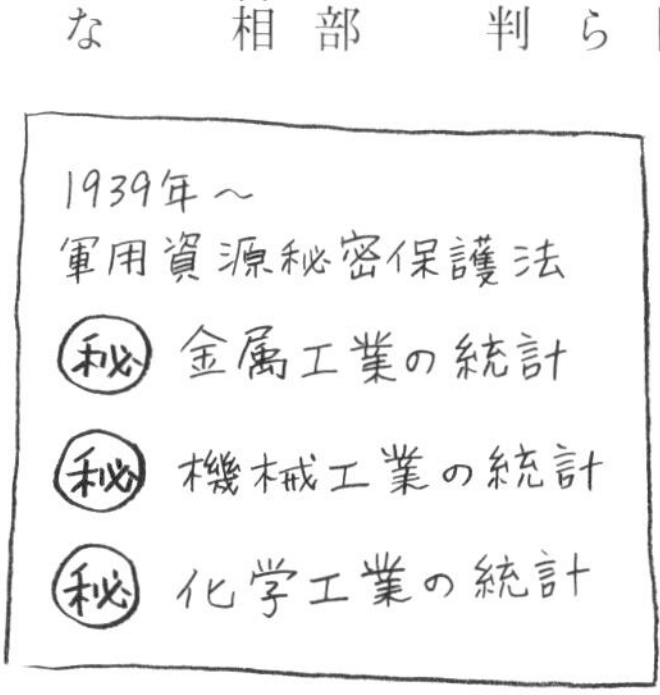

されていました。こうした議論が天皇の前でなされていたことを、改めて思い出したいのです。アメリカとの戦争への不安が、本当に率直に出ています。このような議論をしていた一週間後に、もう同盟が結ばれてしまうなんて、通常であればありえないことですね。

「毅然たる態度が戦争を避ける」

この後、松岡がどう反論していたか、続きを読んでいきます。

たぶん日本が支那《しな》［中国］の全部、少くも半分を放棄すれば、あるいは一時、米国と握手しうべけんも、将来決して対日圧迫はやむものにあらず。特に最近迫りある大統領選挙は最も危険なり。野心家のル［ロ］ーズヴェルト大統領は自己危うしと見れば、その野心遂行のためにはいかなることでも辞せざるべく、対日戦争、欧戦参加等を決行するやもしれず、両大統領候補者とも、日本を責むれば人気あり。

日本が中国問題で大きな譲歩をしないかぎり、日米関係の緩和が困難だと、まずは述べます。また、やや意表をつくかたちで、アメリカの内政、とくに大統領選のことを論じ始めている。

四〇年秋は、民主党のローズヴェルト大統領が、大統領の任期は二期八年との慣例を破り、三期目の大統領選挙に立候補していた時期にあたります。対立候補は、リベラルな実業家で、共和党のウェンデル・ウィルキー[47]でした。

ローズヴェルトは選挙戦に勝つために、日本との戦争、あるいはヨーロッパとの戦争を始めるかもしれないなどと述べて、松岡は御前会議の面々を驚かせにかかっていました。確かに、今も昔も、大統領選の候補者たちは、対外的な強硬姿勢をとりがちです。国民の不満の解消を、国内問題で達成するのは難しくても、対外的な不満に転化できれば楽だからですね。二〇一六年初夏の話でいえば、共和党のトランプ候補などは、米軍の防衛力に安全保障を依存しているような日本に、米軍駐留費を全額支払ってもらうべきだと演説し、支持者の喝采《かっさい》を浴びていると報じられていました。

ただ、アメリカの国内情勢に対する松岡の観測が正しいものであったかというと、それは疑問です。確かにウィルキーもローズヴェルトも、中立を維持しているアメリカで、これまでの志願兵制をやめて選抜徴兵制にするかどうかという、大統領選の最も重要な論点について賛成していました。そして、アメリカがイギリスに対して、なんらかの援助をする必要があると考えていたのも同じでした[48]。だからといって、対外的な戦争に打ってでるべきだと考えていたかといえば、全く違います。当

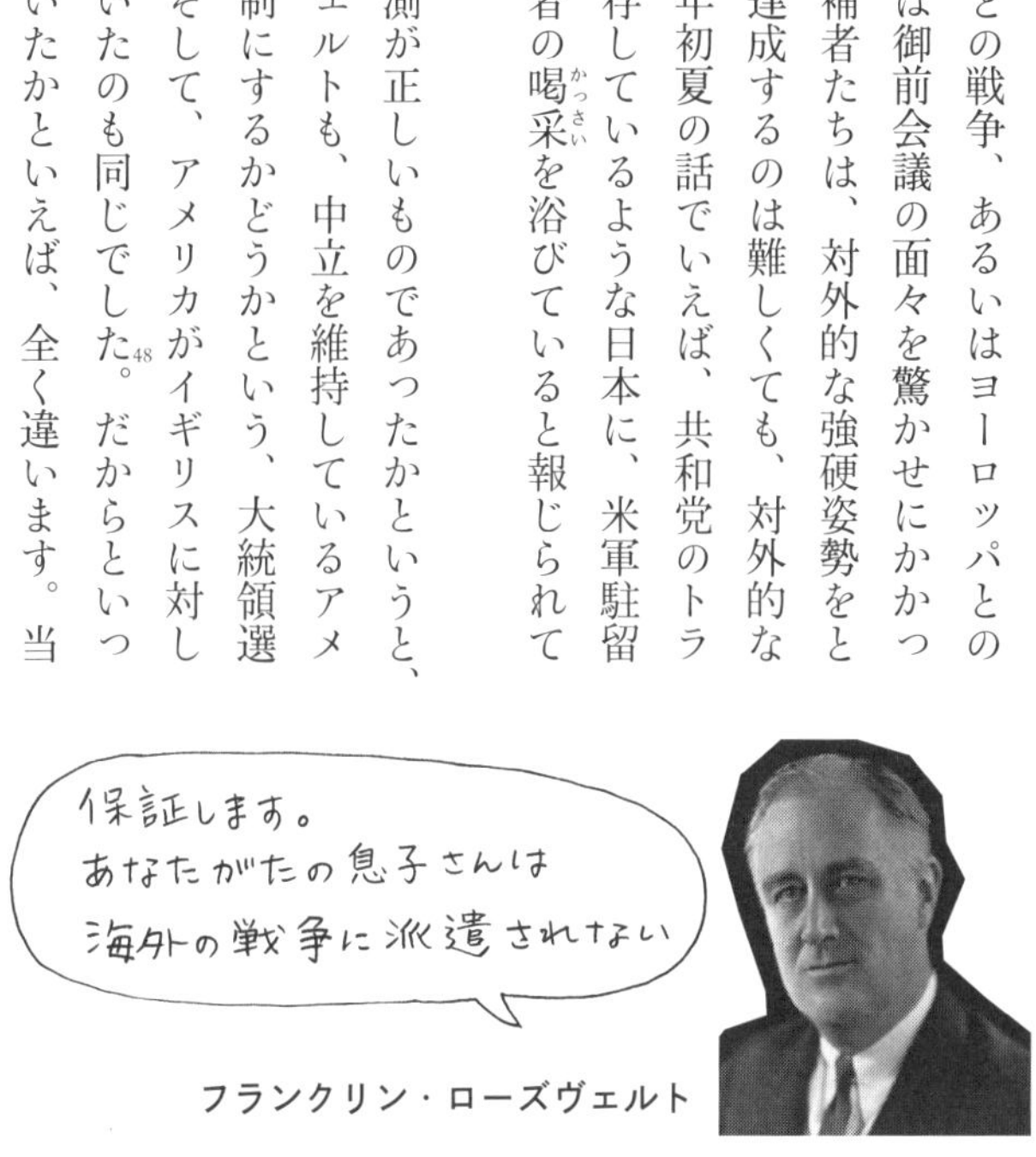
保証します。
あなたがたの息子さんは
海外の戦争に派遣されない

フランクリン・ローズヴェルト

時のアメリカにおいては、戦場に家族を送り出す僅少《きんしょう》の可能性にも強く反対する、婦人団体や労働組合の動向を、政治家が無視することはできませんでした。ローズヴェルトは、ボストンでの選挙演説会で、「あなたがたお父さんお母さんに、もう一度保証します。［中略］あなたがたの息子さんはいかなる海外の戦争にも派遣されない」[49]、と演説していたのです。後に、この言明は守られないことになったのですが……。

対抗馬であるウィルキーは、正しくこの点を選挙戦で衝《つ》いてきまして、ローズヴェルトが大統領の座に居座り続けるならば、「今から六ヵ月後には我が国の男たちは確実にヨーロッパに送られるだろう」[50]と聴衆を煽《あお》っていました。結果的に四〇年十一月五日、史上初めての三選を成し遂げた、ローズヴェルトの勝利が確定します。

松岡の説明は、当時の客観的な状況とは逆のもので、実態とはずれている。松岡の演説の続きを読んでいきましょう。

> 支那における僅小の日米の衝突（武力的）は、直《ただ》ちに戦争に転化すべし。今や米国の対日感情は極端に悪化しありて、僅《わず》かの気（機）嫌取りして恢復《かいふく》するものにあらず。ただただ、我れの毅然《きぜん》たる態度のみが戦争を避くるを得べし。［中略］ヒトラーの考えも、極力米国との戦争を避け、しかのみならず、対英戦争終了せば、極力米国と親善を図りたき意向なり。

6カ月後、必ず男たちは
ヨーロッパに送られる

ウェンデル・ウィルキー

興味深いのは、松岡が中国の問題について何度も述べていることですね。中国で日米間に小競《ぜ》り合いがあったりすれば、すぐに日米戦争になると脅す。アメリカの対日感情は一朝一夕では改善できないのだから、アメリカと戦争を避けるためには、日本側が強く出るしかない、と主張しています。

松岡の説明ぶりを少し意地悪く深読みしますと、日米関係を改善する道として、本当は、中国に対する日本の態度を調整するという道もあるはずだと気づきますね。おそらく松岡も気づいている。しかし御前会議の場では、日米関係改善はもう無理だから、三国軍事同盟の威力を利用するしかないと、このような考えで説明にあたったのでしょう。

——「毅然たる態度のみが戦争を避くる」って、意味がよくわからなかったのですが……。

松岡の言うことは誰もわからない（笑）。毅然たる態度とは、松岡の観点からすれば、どのような条約をつくっておけば、アメリカが戦争を仕掛けてこないと思ったのでしょうか。

——アメリカを仮想敵国にする。

そこですね。実は、外務省、陸軍省、海軍省の事務レベル（大臣間の会議の前段階で実質的な意思決定の摺《す》り合わせを行なう人々）で話し合ったときには、武力行使の最大限度は、イ

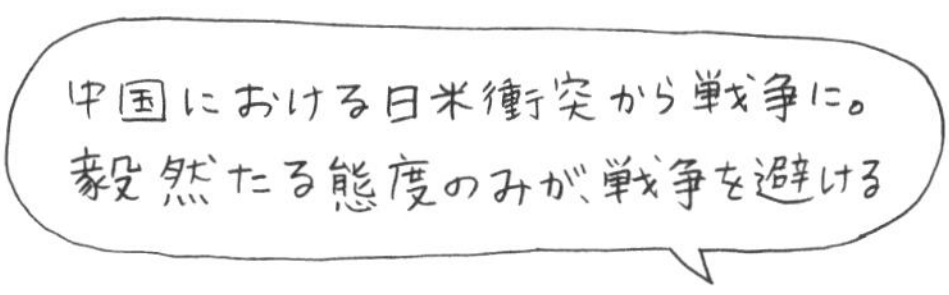
中国における日米衝突から戦争に。
毅然たる態度のみが、戦争を避ける

松岡洋右

ギリスに対するもの、という点でまとまっていたのです。すでに第二次世界大戦を始めている独伊に加えて、日本も、条件が揃えばイギリスに対するものといった同盟を考えていた。意外に陸海軍はおとなしいのですよ。アメリカに対して武力行使する合意は形成されなかった。

これに対して、アメリカに対する武力行使までを念頭に置いた同盟にしなければドイツは納得しないし、アメリカへの抑止効果もない、と見たのが松岡でした。アメリカを抑止しさえすれば、イギリスも屈伏すると考えたのです。

先ほど、ウィルキーもローズヴェルトも、徴兵制法案に賛成だったといいました。一九四〇年八月、アメリカの上下両院は、アメリカが建国以来維持してきた制度である志願兵制ではなく、平時であっても徴兵制をとることについて可決しました。しかし、この法律は、徴集兵に十二ヵ月のみの兵役を義務化しただけのものです。

一年後、徴兵制を続けるか否かの可否が、再び問われることになっていまして、結論からいいますと、四一年八月十二日における、アメリカ下院の投票結果は、すごいものでした。賛成二〇三票、反対二〇二票[51]。その差はわずかに一票、紙一重で徴兵制の継続が決議され、アメリカ陸軍の増強が可能になりました。もし、ここで、徴兵制法案が否決されていれば、日米開戦時の参謀総長マーシャルが述べたように、「ほぼすべてのアメリカ師団の戦闘能力を破壊[52]」する、破滅的な結果となったことでしょう。

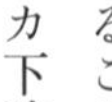

1941年8月
徴兵制を続けるか否か 投票結果は…
賛成 203票　反対 202票

四〇年夏の時点でのアメリカは、戦争への準備という点では不十分だったのです。資金、労働力、技術、資源は無尽蔵《むじんぞう》にある。では、ないものはなにかといえば、十分に訓練された常備兵でした。日本やドイツなど、伝統的に徴兵制を採用してきた軍隊を持つ国にとって、アメリカ陸軍などは、烏合《うごう》の衆に見えてもおかしくはなかった。

だとすれば、先ほどからの松岡の議論を、あくまで合理的な論法と仮定して考えてみますと、アメリカには毅然たる態度だけが効く、というのは、アメリカが準備不足であることを考慮に入れ、欧州戦争に巻き込まれるのは嫌だというアメリカ国民の恐れが最大であるときを狙って、日独伊三国が強くアメリカに出ること、このような効果が考慮されていたのではないか。連合国側の持つ潤沢《じゅんたく》な資源に対し、同盟国側は連合国側の準備不足、すなわち時間に賭けたのではないでしょうか。

調印直前、海軍大臣が代わる

この御前会議は三時間もかかって終わりました。陸海統帥部《とうすい》と枢密院議長から、原案に同意する、との発言がようやくなされましたが、異例なことに、希望意見付きでの可決となりました。まずは、陸軍を代表して閑院宮《かんいんのみや》参謀総長が、ドイツを通じた対ソ国交調整をしっかりとやるように、との要望を強く求めます。続いて、海軍を代表して伏見宮《ふしみのみや》軍令部総長が、①日米開戦回避のためにあらゆる方策をとること、②南方発展は平和的な手段で行なうこと、③排英米派の無責任で強硬な言論などをしっかり取り締まることを求めています。[53]

同盟に、陸海軍省の上層部や枢密院議長だけでなく、作戦を担当する統帥部の上層部が強い不安を感じていたことが、改めて伝わってきます。とくに海軍側に反対の気持ちが強かった点については、第二次近衛内閣における決定の過程で、吉田善吾《よしだぜんご》海相が辞任に追い込まれたことからも察せられます。

三国同盟締結の異様さがわかるのですが、海軍大臣が代わってしまうきっかけとなったのが、この同盟なのです。九月四日、表向きは健康状態を理由としていましたが、海軍部内の意見対立の板挟みになって、吉田海相が辞職せざるをえなくなる。自らの信念としては、英米を仮想敵とする軍事同盟には絶対に賛成できない、しかし、また後で説明しますが、日中戦争以来膨大な軍事予算要求を行なってきていた海軍としての組織上の都合もあったでしょう。また、海軍の中堅層以下は、陸軍・外務など共に、同盟案に賛成してしまっていた。

吉田の写真（下）は、海相を辞任した後の写真で、同年十一月時点のものです。なんだかとても寂しい感じのお顔で写っている。

吉田の後に海相となった及川古志郎《おいかわこしろう》は、学問好きな軍人であったといわれ、昭和天皇が皇太子時代に東宮武官《とうぐうぶかん》を務めています。『昭和天皇実録』（宮内庁）からわかるエピソードをひとつ紹

最後まで三国同盟に反対。
9月4日、海軍大臣辞職。

吉田善吾

介しておきますと、及川は皇太子と一緒に天体観測をし、北斗七星について、当時一五歳だった皇太子の質問に答えているのです[54]。父親である大正天皇からは、おそらく教えてもらう時間も機会もなかった昭和天皇だったと思います。自分に北斗七星を教えた人物が、二十四年後の御前会議の場で自分の前に現れる。天皇と軍人の間には、このような、小さいときからの親密な関係というものがあって、この点、文官ではとうてい追いつかない部分がありました。

条文を読む

日独伊三国軍事同盟とはどんなものだったのか、この同盟の内容を条文[55]から見ていきましょう。まずは前文（形式的なことが書いてある二つの文は除き、最初の長い一文）を読んでみましょう。日独間における条文の摺《す》り合わせは英語でなされたので、英訳もあわせて読んでみてください。

大日本帝国政府、ドイツ国政府およびイタリア国政府は、万邦《ばんぽう》をして、おのおのその所を得しむるを以《もっ》て、恒久平和の先決要件なりと認めた

三国同盟締結直前、海軍大臣に。
かつて昭和天皇に、北斗七星を教えていた

及川古志郎
海軍大臣

るにより、大東亜《だいとうあ》および欧州の地域において、おのおのその地域における当該民族の共存共栄の実《じつ》を挙ぐるに足るべき新秩序を建設し、かつ、これを維持せんことを根本義となし、右地域においてこの趣旨による努力につき、相互に提携し、かつ協力することに決意せり［後略］。

［英訳[56]］

The Government of Japan, Germany and Italy, considering it as the condition precedent of any lasting peace that all nations of the world be given each its own proper place, have decided to stand by and co-operate with one another in regard to their efforts in Greater East Asia and the regions of Europe respectively wherein it is their prime purpose to establish and maintain a new order of things calculated to promote mutual prosperity and welfare of the peoples concerned.［…］.

読んでみて、なにか気になるところはありますか。

——「恒久平和」という言葉があって、この言葉は確か、日本国憲法に使われていたなって。

おお、鋭いです。よく気がつきました。日本国憲法の前文の第二段落の出だしに、「日本国民は、恒久の平和を念願し」とありますね。軍事同盟の前文に、恒久平和という言葉が書かれる不思議。平和のためにとか、平和を標榜《ひょうぼう》しつつ戦争がなされてきた。ちなみに、この前文は、日本側とドイツ側、どちらが提案したと思いますか。

——……？

これは日本側から出しました。同盟の文章を準備したのは、外相の松岡と外務官僚たち[57]ですが、変な文でしょう。しかも日本語で読んだときと英語で読んだときの印象が違う。
「万邦をして、おのおのその所を得しむる」というのは、英訳版では、all nations of the world be given each its own proper place（世界のあらゆる国々はそれぞれに適切な位置づけを与えられる）となっていて、それほど違和感がない。しかし、日本語の条文からは、なにかこう、この時期、急にもてはやされるようになった古色蒼然《こしょくそうぜん》たる国体論が透《す》けてみえる。八紘一宇《はっこういちう》という言葉は聞いたことがありますか。

辞書などを引きますと、世界を一つの家となすといったスローガンのことで、太平洋戦争期における日本の対アジア政策の隠れ蓑《みの》として用いられたとの説明がなされています。この言葉は、政府の閣議決定にも出てきます。第二次近衛内閣が、一九四〇年七月二十六日に閣議決定した「基本国策要綱」[58]には、「皇国の国是《こくぜ》は、八紘を一宇とする肇国《ちょうこく》の大精神に基き、世界平和の確立を招来することを以て根本」とする、という文章がある。こんな国策要綱が決められても、一体全体なにを言いたいのかわからないですよね、普通は。

八紘一宇とは、もともとは田中智学《たなかちがく》という宗教家による造語でした。『日本書紀』に、神武天皇が大和《やまと》橿原《かしはら》に都を置いた際の詔勅《しょうちょく》（もちろん、神

? 三国同盟の前文の日本語と英語と、印象が違うのはなぜ？

- 万邦をして、おのおのその所を得しむる
- all nations of the world be given each its own proper place
（世界のあらゆる国々はそれぞれに適切な位置づけを与えられる）

話の世界の話です）からつくった言葉で、一九四〇年は、「紀元二六〇〇年式典」などという政府主宰のイベントもあった年でしたから、一種の流行語なのです。八紘一宇、すなわち、世界を一つの家とするといったとき、世界の国々が持つ、固有の価値によってそれぞれが適切な場所に位置づけられる、という考え方です。なぜ、英語と日本語で印象が違うのだと思いますか。

――主語が、よく見るとありますけれど、なにかはっきり言ってないんじゃないか……。

はい、鋭いです。日本語の場合、「万邦をして、おのおのその所を得しむる」の主語は日独伊三国政府であることは見やすいです。英語でも、The Government of Japan, Germany and Italy が主語であることは自明です。ただ、英語とくらべて、「万邦をして、おのおのその所を得しむる」と書かれますと、万邦を適切な場所に位置づけ、世界を一つの家とするのは、いったい誰なのかという問いが、自然に頭に浮かびます。それは、日本の天皇以外にいないわけです。日本の天皇が万邦を位置づけている、このような暗黙の了解が、日本語の前文からはじわじわと伝わってくる。透けて見えるのです。

名指しせず、アメリカを仮想敵国とする第三条

続いて、第一条からの第五条までを見ておきましょう。

第一条　日本国は、ドイツ国およびイタリア国の、欧州における新秩序建設に関し、指導的地位を認め、かつこれを尊重す。

第二条　ドイツ国およびイタリア国は、日本国の、大東亜における新秩序建設に関し、指導的地位を認め、かつこれを尊重す。

第三条　日本国、ドイツ国およびイタリア国は、前記の方針に基づく努力につき、相互に協力すべきことを約す。更《さら》に三締約国中、いずれかの一国が、現に欧州戦争又は日支紛争に参入しおらざる一国によって攻撃せられたるときは、三国はあらゆる政治的、経済的および軍事的方法により、相互に援助すべきことを約す。

第四条　〔要約〕三国は、混合専門委員会を早期につくる。

第五条　〔要約〕第三条は、ソ連に適用しない。

第一条と第二条で、軍事同盟に必須の三要素のうちの一つ、相互の勢力圏の承認について書かれています。

第三条を見ると、アメリカを名指ししてはいません。「現に欧州戦争又は日支紛争に参入しおらざる一国」などと遠回しにいっていますが、ソビエトは除外するよと第五条でいっているから、残るはアメリカだけ、ということになる。

先ほど、アメリカを仮想敵国とすると決めたのは、松岡と外務省だったとお話ししましたね。ただ、史料から確認できる範囲で松岡が考えていた同盟は、結果的に調印された三国条約とは、異なるのです。

同盟の第三条は、アメリカが日独伊の三国いずれかを攻撃してきたときに、三国が「あらゆる政治的、経済的及び軍事的方法に依《よ》り相互に援助すべきことを約す」とある。アメリカが参戦してきたら、日独伊も参戦する、殴ってきたらすぐさま殴り返しますよ、と言葉そのままの抑止を目指したものになる。

ですが、本来、松岡がスターマー特使と会見する前に、外務省幹部と協議して準備したプランは、日独伊の三国が、世界新秩序の建設と各自の生存圏の確立について、相互に承認しましたということ、対英米策について、三国の協力が合意されたということ、この二点だけの簡単な共同声明を、ばんっ、と発表するというものでした。アメリカへの武力行使の具体的条件などは、後で三国間の専門委員会の議論に

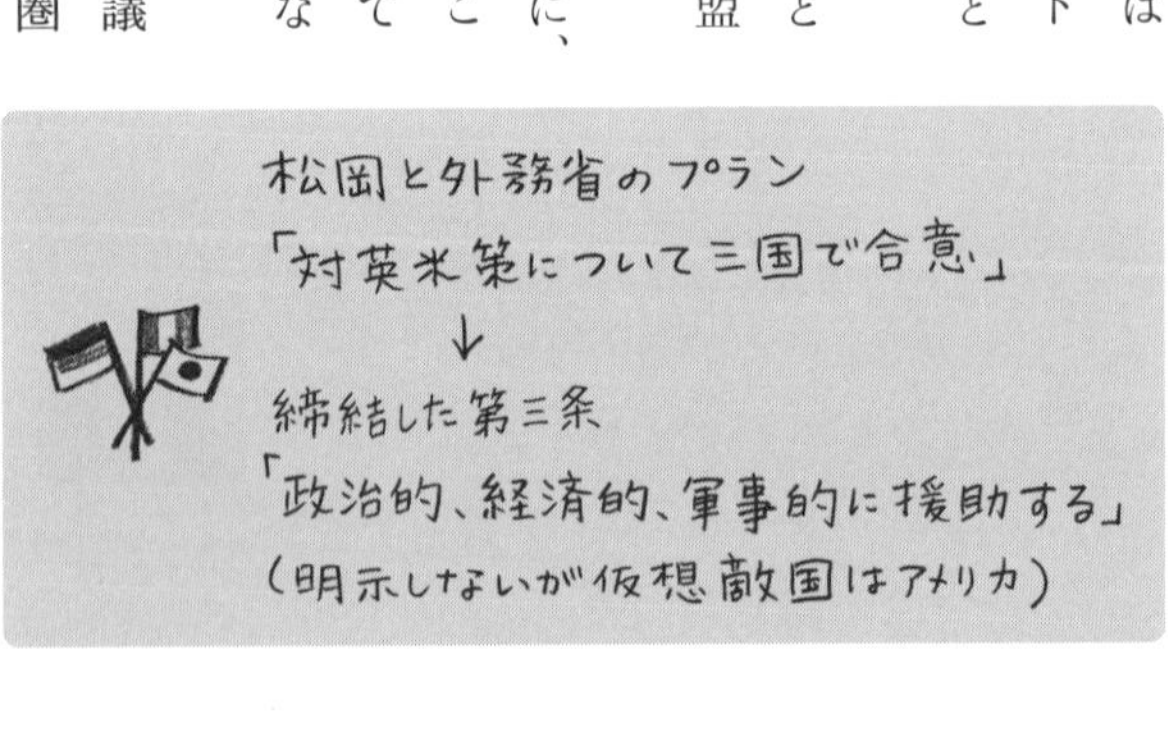
松岡と外務省のプラン
「対英米策について三国で合意」
↓
締結した第三条
「政治的、経済的、軍事的に援助する」
（明示しないが仮想敵国はアメリカ）

譲りますね、というのが松岡の構想でした。表面は大きく出るけれども、内実はなにも決まっていないという、ありがちな同盟プランだった。

実際の同盟条約には、ドイツ側が求めた対米抑止が明確に書かれた第三条が入ってしまう。

大東亜とはどこか

――前文には「大東亜および欧州の地域において、おのおのその地域」とあって、第一条、第二条も欧州、大東亜とありますが、おのおのの地域って、どこなんですか。

すごく大事な点に気づいてくれました。「大東亜」って、どこだと思いますか。

――東南アジアとか……?

はい。英文では、Greater East Asia となっていますが、範囲が明示されていないですね。「大東亜および欧州」といった場合、欧州＝ヨーロッパの地理的な範囲は、歴史的なある程度の了解があるでしょう。ユーラシア大陸のうちでウラル山脈の西側、だいたい古代ローマ帝国の版図《はんと》があった場所などといえる。けれども、大東亜って、不明確ですよね。

当然、ドイツからやってきたスターマーも、交渉過程でこの点につき確認します。松岡外相の答えはなんと、南北の範囲でいえば、「オーストラリア、ニューカレドニア以北の東亜の全地域[59]」というものでした。また、東西の範囲でいえば、ビルマからオランダ領東イ

? 大東亜
Greater East Asia
とは、どこ？

ンドまで[60]、という、これまた度胆《どぎも》をぬくものでした。これらの地域が大東亜だという。

外務省は、条約が調印された九月二十七日午後九時、外国新聞記者などからの質問にどう答えるか、その想定問答をつくっていましたが、これがまたひどいものでした。大東亜の範囲はどこですか、新秩序の意義はなんですか、という問いに対しては「字句の解釈については言明の限りにあらず」と答えよ、と木で鼻をくくったような答え方を指導していました[61]。

しかし、どうも、わかっていることを隠していたのではなく、日本政府部内でも、大東亜とはどこを指すのか、本当にわからなかった、決められなかったのではないか。

一九四二年二月二十六日に開催された大本営政府連絡会議で、大東亜建設問題を説明した内閣側に対し、杉《すぎ》山元《やまげん》参謀総長が、「大東亜共栄圏とあるも、その範囲いかん」と質問しているのです。大東亜共栄圏はどこなのか、と直球の質問を行なった。それに対する東条英機首相の答えは、「今占領して居り、作戦を実行しある地域にして、ビルマ(ミャンマー)、馬来《マレー》、蘭印および其の東

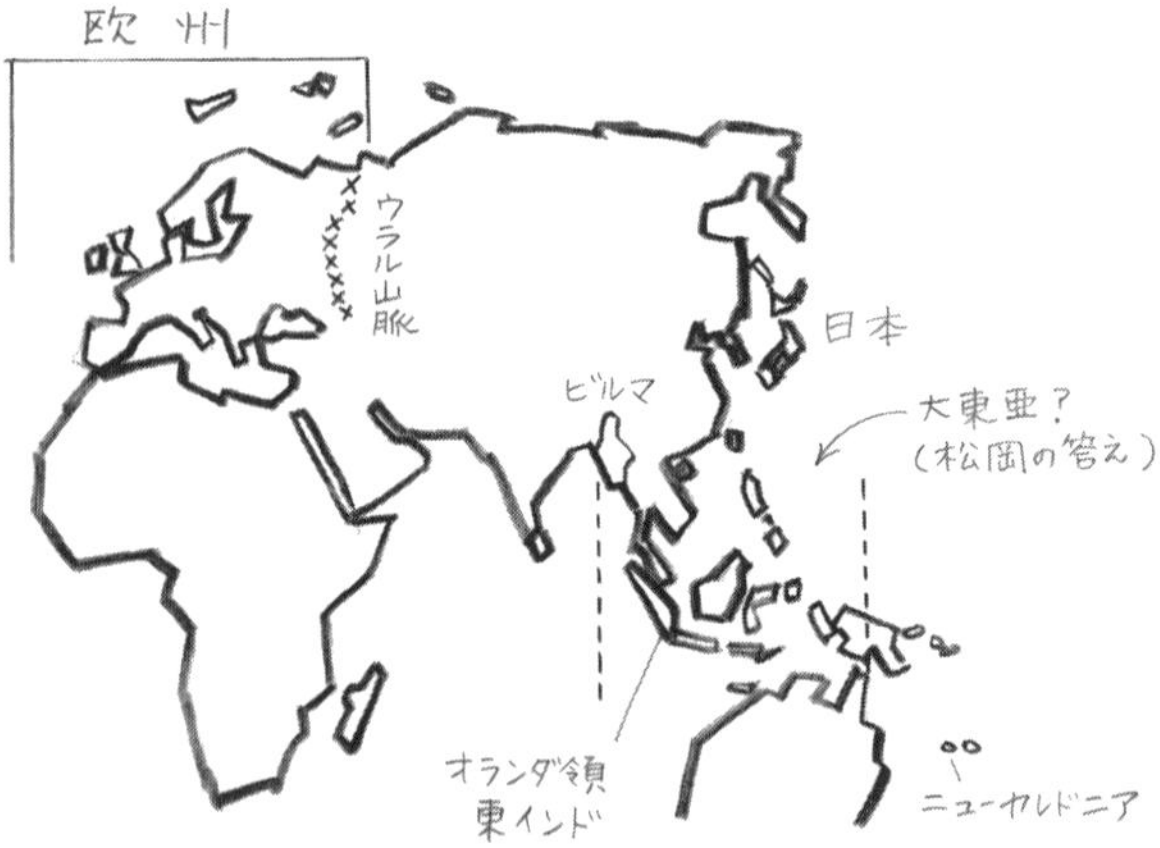

[**松岡の大東亜とは?**]
南北はオーストラリア、ニューカレドニア以北の東亜の全地域。東西はビルマからオランダ領東インドまで。

方の諸島」[62]である、というものでした。東西の範囲は、松岡外相のスターマーへの答えと一致はしていますが、「作戦を実行しているところが大東亜」、という答弁はなにやらすごい。これは、二〇〇四年十一月十日の党首討論での、民主党岡田克也《おかだかつや》代表の質問に対する、小泉純一郎首相の答弁「自衛隊が活動している地域は非戦闘地域なんです[63]」を思い出させます。

ドイツは前文の趣旨を理解しているのか

ほかに、条文を読んでみて、なにか気になることはありますか。

――「新秩序建設」と書かれていますが、三国の勝手な思惑で、なんの大義もないように感じる。

おお、なかなか手厳しい。文は麗々《れいれい》しいのですが、よくよく考えてみれば、日本が「大東亜」で掲げたい新秩序理念と、ドイツやイタリアがそれぞれ「欧州」で掲げたい理念とが同じであるはずがない。同床異夢《どうしょういむ》の同盟だよというのが隠しがたい。たとえば、八紘一宇の言葉を連想させるような前文を、ドイツ側が本気で認めていたのか。神国日本という発想は、ナチス・ドイツの世界観とは抵触《ていしょく》するはずですから、ドイツ側が前文をまじめに見ていたら、とうてい調印までいかなかったと思います。

このことに気づいていたのが深井英五《ふかいえいご》という枢密顧問官で、この同盟条約が枢密院本会議で審査されたとき、鋭く質《ただ》していたのです[64]（深井は、一九三一年十二月、犬養毅《いぬかいつよし》内閣が成立し、蔵相となった高橋是清《たかはしこれきよ》が金輸出再禁止を断行するのですが、その裏方を仕切った人です）。

条約の前文に、万邦《ばんぽう》をしておのおの其の所を得しむる、とあるが、「ヒトラー」の常にいう所は、弱肉強食は自然の法則なるかのごとき感触を与うるが、ドイツ側は果たして、この前文の趣旨を正当に理解しおるや。

アーリア民族を世界の民族の上位に置き、ユダヤ人差別を公然と行ない、弱肉強食を地でいっているドイツが、日本の八紘一宇の精神などで書かれた前文を本当に理解しているのだろうか、との質問でした。これに対する松岡の答えはというと、日本外交の使命は「皇道の宣布《せんぷ》にあり。利害得失《りがいとくしつ》のみによりて動くものにあらず。弱肉強食のごとき思想は断じて之を排撃すべきもの」、などというもので、全く答えられていませんね。

このように、ドイツ側も、前文や大東亜の中身など、しっかりと議論せずに決めちゃおうとする。ちょうどロンドンへの猛爆が始まり、イギリスが気弱になっている、そういうときに日本と同盟を結べば、アメリカは牽制されて、ぐうの音も出なくなるかもしれないという、抑止のための脅しの同盟を早く結びたいわけです。その二十日間の代償がこれで、新秩序についての三国の一致点もなかったはずですし、大東亜の範囲も明らかではなかった。三国同

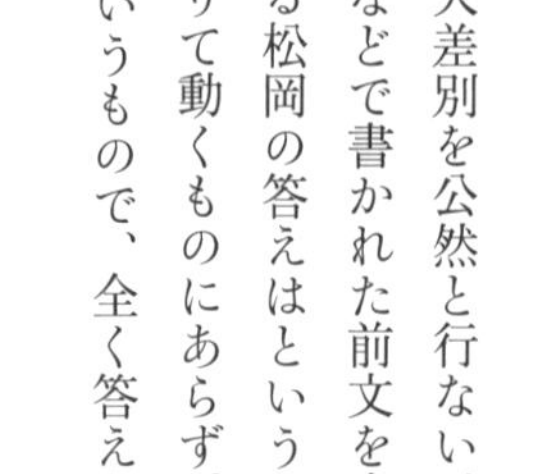

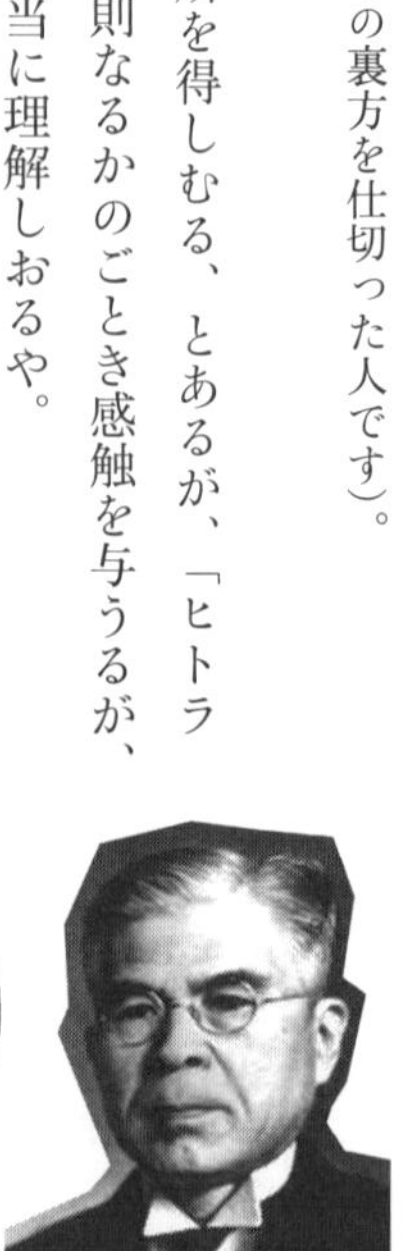

深井英五

提供：日本銀行

盟は、そのような条約でした。

「バスに乗り遅れる」から結んだのではない

どうして日本は蹴れなかったのか

――報道機関への検閲には、ドイツとイタリアにとって有利な同盟と書いてはいけないとあったんですよね。前回のお話で、国際連盟からの提案は蹴った日本が、なぜ今度は、不利な同盟なのに、蹴ることができなかったんですか。

同盟が結ばれた後、国が報道機関に対して指導した検閲内容のことですね（235ページ）。ドイツとイタリアは、日本が同盟に入ることで、アメリカが動揺するだろうと考える。ドイツがいくら強くても、戦っているのはイギリスですし、大西洋の向こうのアメリカは、あまり怖がらない。アメリカを怖がらせて、

［ドイツが日本と同盟を結びたかった理由］
アメリカは大西洋と太平洋を索制しなければならなくなる。

イギリスを援助させないようにするには、背中の太平洋側にいる日本がアメリカを脅かせばいいと考える。アメリカが大西洋と太平洋、双方に気をつかわなければならなくなる、そのような圧力をかけうるだけの海軍力を持っていた国は、日本だけでした。これが、ドイツとイタリアに有利な同盟だということです。

では、どうして日本は、この同盟を蹴れなかったのか。これは逆にいうと、不利を忍んでも、日本側こそがドイツと同盟を結びたかったからだということです。

確認すべき基本事項として、実は、ドイツに対して交渉を呼びかけたのは日本からだった、ということがあります。一九四〇年九月七日、ドイツ特使のスターマーが来たとお話ししましたね。ドイツが特使を送って来る前、日本は四〇年七月ぐらいから働きかけていて、八月一日には、松岡外相からオット駐日ドイツ大使に話を持ちかけていた。

日本はなぜ、同盟を結びたかったのか。少なくとも、松岡外相や外務省は、なぜ結びたかったのか。アメリカの経済封鎖は怖いけれど、日本としてはどうしてもドイツから確約をとっておかねばならないことがあったのではないか、こう考えてみることが大事です。

それは、ジャーナリズムや国民に見えない裏面で、日本側がどんなことを独伊に対して交渉していたか考えるとわかってきます。同盟条約の前文と、第一条から第六条[65]の条文は新聞にも載るわけですね。一方、新聞に載らない部分で、なにか秘密の了解や合意があって、そこに日本側が求めていた内容が書かれている、そのような可能性もありそうです。

? アメリカの経済封鎖を覚悟しても、
日本が三国同盟を結びたかった理由は?

事実、松岡は、たくさんの了解事項（多くは秘密了解事項）を独伊に押しつけようとしていました。武力行使の義務をできるだけ負わないようにしつつ、経済的な利権をがっつりと確保しようとしていた。[66] 日本側の条約案には、秘密了解事項がたくさんたくさん書かれていて、一読したスターマーは、「日本側の要求事項のみの列記なり」[67]と、ため息を漏らしたといいます。

日本側が準備していた秘密了解事項の内容[68]は、二点ありました。一つめは、日本の「生存圏の範囲」で、これがなかなか欲深い。さっき出てきた大東亜の地域（フランス領インドシナ、フランス領太平洋島嶼《とうしょ》、タイ、英領マレー、英領ボルネオ、オランダ領東インド、ビルマ）のほかに、日本の傀儡《かいらい》国家だった満州国、同じく汪兆銘《おうちょうめい》率いる南京国民政府（重慶国民政府のナンバー2だった汪兆銘は重慶を脱出して蔣介石から離れ、日本側の協力者に。一九四〇年三月、日本の傀儡である南京政府を樹立）が入っているのは、まあわかります。

これに加えて日本側は、旧ドイツ領委任統治領の諸島も自らの生存圏だとして、ドイツから貰《もら》い受けようとしていたのです。これらの諸島は、第一次世界大戦で敗けたドイツが、パリ講和会議で結ばれたヴェルサイユ条約によって、それまで保有していたすべての植民地を吐き出させられた、その一つにほかならない、ドイツ領南洋諸島[69]のことでした。一九一九年から、その赤道以北の島々を日本が、その赤道以南の島々をオーストラリアとニュージーランドが委任統治することになっていました。日本側は、赤道以北と赤道以南の両方の旧ドイツ領南洋諸島を、なんらかの代償を払って手

秘密了解事項①
生存圏の範囲を明示。
大東亜＋ドイツ領南洋諸島

に入れようとしていました。

ドイツにとって、第二次世界大戦でフランスを敗北させ、イギリスもあと一歩で敗北させられそうな矢先、四〇年九月という時期に、なぜこれら因縁の島々を日本が全部、勢力圏に入れてしまおうとするのか、本心のところでは不愉快だったのではないでしょうか。

秘密了解事項の二つめは、対英米武力行使について、日本は自主的に決定できる[70]、としていたことです。日本側は、裏でいろいろと細かな条件[71]をつけていました。日中戦争が終わるまでは対英米武力行使は行なわず、武力行使を行なうのは、内外諸般の情勢（日中戦争と日ソ関係の状況、米国の対日態度、日本の戦争準備状況）がとくに有利な場合と、国際情勢の推移がもはや一刻の猶予《ゆうよ》も許さない状況になった場合に限る、としました。

スターマーは、日本側が要求しているような秘密了解事項などをつければ、必ず外に漏れ、アメリカへの抑止効果が薄れるとして拒絶しました。しかし、日本側のねばりに負け、一点の秘密了解事項の内容を汲《く》んだ交換公文（国家間で交換される外交書翰《しょかん》。明示的な合意が形成されたこと

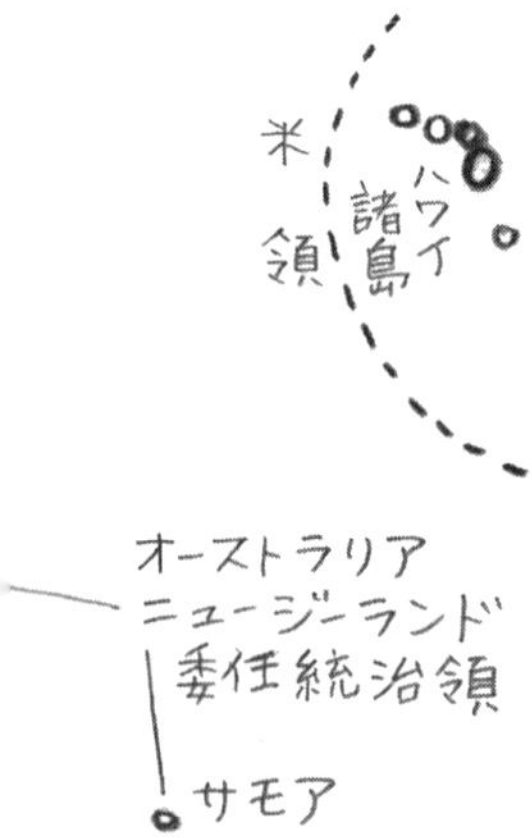

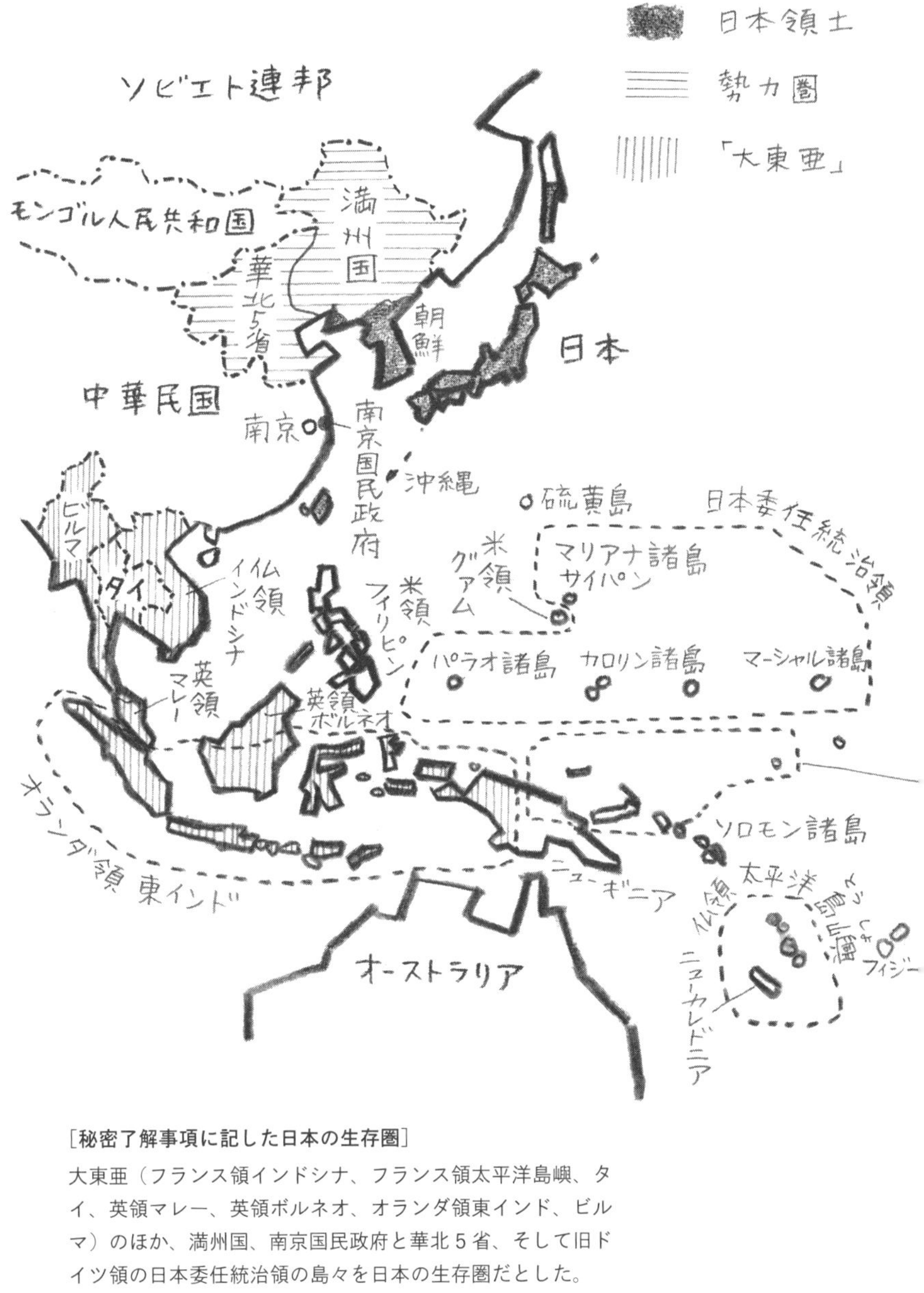

［秘密了解事項に記した日本の生存圏］

大東亜（フランス領インドシナ、フランス領太平洋島嶼、タイ、英領マレー、英領ボルネオ、オランダ領東インド、ビルマ）のほか、満州国、南京国民政府と華北５省、そして旧ドイツ領の日本委任統治領の島々を日本の生存圏だとした。

を示す）を、松岡外相とオット駐日ドイツ大使間の公式書翰にまとめる[72]ことで妥協しました。

ただ、日本側に自主的な参戦の道、たとえばアメリカがドイツに参戦した場合でも、日本側の設定した条件に合わなければ、自動的な参戦義務はないとの逃げ道を交換公文というかたちで認めることを、ドイツ本国が本当に許していたかという問題があります。松岡外相とオット駐日大使という、あくまで東京を舞台とした合意をスターマーが演出し、ドイツ本国には知らせていなかったのではないかとの疑惑に迫った本[73]も書かれています。

戦後、極東国際軍事裁判の際に作成された、スターマーとオットに対する国際検察局尋問《じんもん》調書の記録では、スターマーとオットは、四種類の交換公文内容について、ドイツ本国のリッベントロップ外相に知らせていなかったと答えていたのです。

日本が三国同盟を締結し、ドイツに接近したかった理由

日本がドイツに接近して、この同盟を結んだ理由について、歴史もののテレビ番組などではよく、「バスに乗り遅れるな」といって、日本がドイツの戦勝の勢いに幻惑《げんわく》され、勝ち馬に乗ろうとしたと説明します。これは全くの間違いとは言い切れませんが、当時、政策決定にあたっ

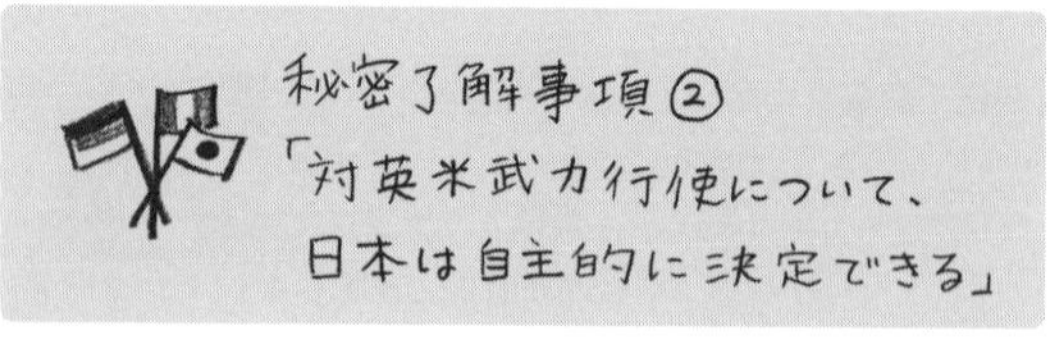
秘密了解事項②
「対英米武力行使について、
日本は自主的に決定できる」

ていた人々の考え方がどうであったのか、その点への考察がなおざりにされているのではないか。

それでは、実際の政策決定にあたっていた人々の考え方をはっきりと示す史料を見ていきましょう。当時も今もそうだと思いますが、日本では多くの場合、トップの政治家が政策を考案しているのではありません。だいたい、担当各省庁の課長級の人々が集まり、合議を重ね、文案をこしらえて、それを各省庁のトップに上げて決裁を仰《あお》ぐといったかたちで決定されていく方式がとられます。ここで重要なのは、大臣や次官ではなくて、中堅層が決定していることです。中堅層が摺《す》り合わせて決定したことが、そのまま御前会議に上げられたことも多々ありました。ですので、大臣・次官と中堅層との間で認識のズレが生じたことも多かったのです。

これから読むのは、同盟が調印される約二ヵ月前、一九四〇年七月十二日と十六日の二回、外務省で開かれた、「日独伊提携強化に関する陸海外三省係官会議」[74]の議事録です。外務・陸軍・海軍、三者の代表が、三国間で結ぶべき同盟案の骨子をまとめる、その準備的な会議で、いったいどのような内輪の話し合いをしていたのか。興味深いですよね。

「事件は会議室で起きてるんじゃない。現場で起きてるんだ」とは、一昔前のドラマ「踊る大捜査線」で、主人公の刑事がのたまう決め台詞《ぜりふ》でしたが、「政策は閣議で決定されるんじゃない、各省協議の場で決定されるんだ」といえそうな会議が、外務省・陸軍省・海軍省の課長、佐官《さかん》(尉官の上、将官の下の位です)級の、四〇歳前後の担当者を集めて開かれています。

登場人物を発言順に紹介しておきましょう。最初の発言者の大野竹二《おおのたけじ》さんは、軍令部第一部員で大佐。職掌《しょくしょう》は、海軍の作戦・統帥に任ずる場所です。大野さんは三年ほどイギリスに留学経験があり、英国通として知られていました。

次に発言している柴勝雄《しばかつお》さんは、海軍省軍務局第一課員で中佐。軍務局は海軍省の業務のほとんどを掌《つかさど》る部署です。[75] 柴さんは親独派と目されていました。敗戦時には、ミズーリ艦上の降伏文書調印式に海軍側随員《ずいいん》として立ち会った人です。

高山彦一《たかやまひこいち》さんは、陸軍省軍務局軍務課外交班長で、中佐です。陸軍軍政を担当する軍務局には、軍事課（一般軍政と予算管理）と軍務課（国防政策の立案、帝国議会との交渉）の二つの課がありまして、高山さんは軍務課です。ソ連・ポーランド通といわれています。

安東義良《あんどうよしろう》さんは、外務省欧亜《おうあ》局第一課長です[76]（欧亜局は、主としてヨーロッパを担当する外務省の部局）。安東さんは、東大法学部を経て外務省に入省した後、パリ法科大学院も卒業しているフランス通でした。敗戦時には外務省政務局長の地位にいます。

最後の発言者の種村佐孝《たねむらすえたか》さんは、参謀本部戦争指導班にいた少佐です。参謀本部は、陸軍の作戦・統帥に任ずる機関ですが、その中にあった戦争指導班は、大本営政府連絡会議に上げる文書の作成などにあたるため、軍令部、陸軍省、海軍省、外務省など、ほかの関連機関と折衝《せっしょう》するところです。ありていにいえば、陸軍の中でいちばん口が達者な人々が集まっていた。種村さんは、この中では一番若く、三十六歳です。発言も、喧嘩が強そう

政策を決めるのはトップの閣議じゃない。
40歳前後、各省の実務担当者会議だ！

だなぁと思わせるものでした。太平洋戦争末期には参謀本部で、ソビエトを通じた和平提案を起案していました。

　さて、会議の様子を見ていきますが、まずは、海軍の作戦方面を担当する軍令部の大野大佐が、次のように意見を述べています。

> ドイツは戦後、場合によっては、蘭印仏印《らんいんふついん》および支那に対して、経済的活動を活発に行なうことあるべく［中略］仏印蘭印を自己の領土とせざるまでも、活動的なる「ナチ」党員を派遣して、これを自己の政治的指導の下に置くべきことも考えらるるにつき、日本の対仏印、蘭印工作は、これを予防するために急速なるを要する。日本としては仏印蘭印自身を、欧州より切り離すことに努力するを要する。

　ドイツは戦後、蘭印（オランダ領東インド）、仏印（フランス領インドシナ）、中国に対して経済活動を活発化させるだろう。ナチ党員を派遣してドイツの影響下に置くことも予期しなければならない。よって、日本の対仏印、対蘭印政策は、ドイツの工作を予防するた

仏印蘭印自身を、
欧州より切り離さなければ
大野竹二（大佐）

め、急ぐ必要がある。宗主国であるフランス、オランダ、二国とも現時点でドイツに敗北しているので、ヨーロッパでの戦争の勝敗問題が東南アジア地域に及んでくるのは避けたい、こう大野は論じていました。

ここで、注目していただきたいのは、「戦後」と言っていることで、これは驚くべきことですね。四〇年七月の時点で「戦後」を考えている。

次に、海軍省の柴中佐が発言します。

> 最近来朝（来日）した、ヘルフリッヒの言によれば、日本では、戦後、ドイツは疲弊すべく考えおる向き少なからざるも、これは全く誤りにして、戦前および戦争中拡大せる工業力は、戦後、その販路を求めるため、経済的大活動をなすべしといった。戦後、ドイツは、南洋支那等を狙って、経済的に大いに進出してくるだろう。

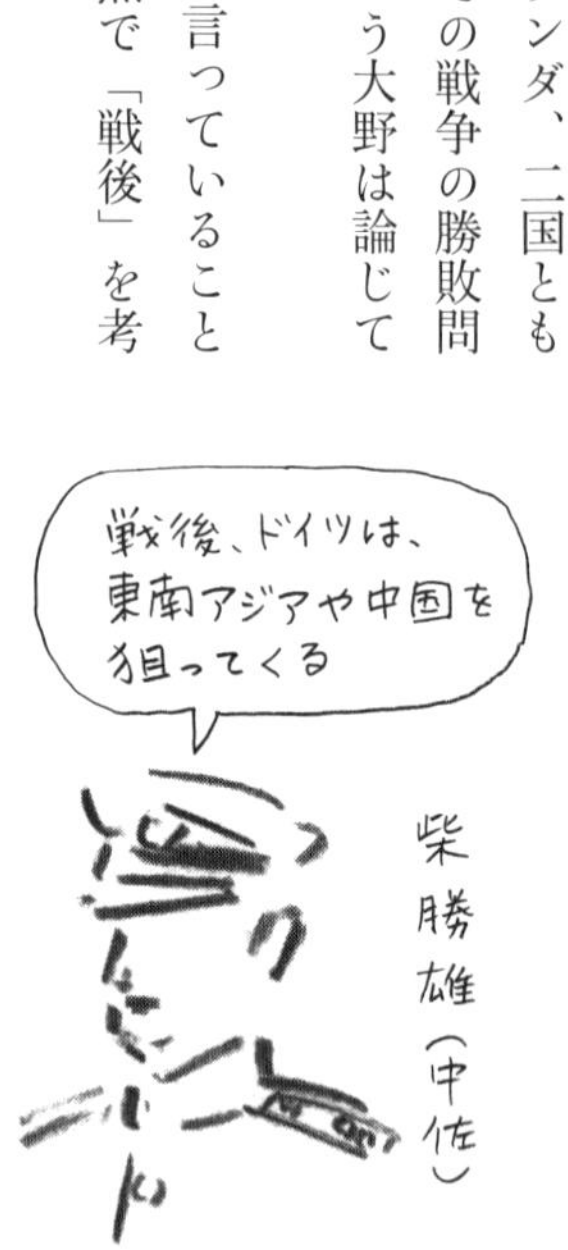
戦後、ドイツは、東南アジアや中国を狙ってくる
柴勝雄（中佐）

柴さん、三回も戦後と言っていますね。来日したあるドイツの経済人などは、ドイツの経済が戦争で疲弊してなどいないと述べていた。戦時体制に対応するために活性化された経済は、

戦争が終結すると余剰生産を生むに違いなく、ドイツはアジアに回帰してくるはずだ、との、危機感が語られています。

では、陸軍側はなんと言っているか。陸軍省の高山中佐の発言を読んでみましょう。

> ドイツが今後、蘭印仏印に関し、日本にいかなる態度をとるかは、ドイツが戦後、ソ連に対していかなる態度をとらんとするかに多くかかると思う。［中略］仏印蘭印は、案外容易に日本に委《まか》するやもしれない。しかし、まず第一に、欧州の新秩序建設に取りかかるならば、仏印蘭印問題は、相当厄介《やっかい》になる。

ソ連を年来の仮想敵国としてきた陸軍ですので、ドイツとソ連の関係に目が向いていますね。また、高山さんも、戦後という言葉を二回使っています。いわんとするところは、ドイツの対ソ政策がどうなるかによって、仏印や蘭印に対するやり方も決まってくると思う。仏印と蘭印を日本にまかせる、とドイツが言ってくれれば本当によいが、ヨーロッパ建設だけに邁進《まいしん》するとなると、これら仏印蘭印を、ドイツは積極的に手に入れようとするので面倒だ、との、やはり暗いトーンです。

ドイツが戦後ソ連に
いかなる態度をとるかによる
高山彦一（中佐）

この、陸海軍側の意見に対して、外務省の安東さんは、「同感である。ドイツが、蘭印等に政治的指導性を持とうとすることには、強く反対すべきである」と答えている。

さて、最後になりますが、参謀本部の種村さんは、こう言います。

> 仏印蘭印の問題は、結局海軍力が物を言うと思う。海軍力を持たないドイツがいかに頑張ったところで、日本の海軍勢力圏内では日本に対抗できない。結局問題は、日本の腹一つで決する。

結局問題は、
日本の腹一つで
決する
種村佐孝（少佐）

やはり、喧嘩が強い（笑）。ドイツ自身は海軍力が不十分なのだから、仏印や蘭印などについて、ドイツがとやかく言ってきても、日本側はそれほど気にする必要はない、と。日本海軍がしっかりとした態度を維持すれば、ドイツは「大東亜」地域でなにも言えないはずだ、という趣旨です。なんだか、日本海軍に、ドイツと喧嘩覚悟で交渉しろ、と言っているような。

この会議の議事録[77]を読んでみますと、意外ですね。アメリカへの見方が全然出てこない。イギリスも出てこない。アメリカを有効に牽制するための同盟じゃなかったのでしょうか。彼ら実務担当者にとっての同盟は、なんのためなのか。なにを、どうしたいのでしょう。

――ドイツを牽制する。

はい。一発で答えてくれました。彼らが話題にしているのは、全部ドイツのことでしょう。発言を振り返って見ると、みんな「戦後」と何度も言っていました。この戦後って、なんなのか。つまり、この人たちの頭の中では、第二次世界大戦は、ドイツとイタリアの勝利で終わると予想されている。一九四〇年七月段階で、ノルウェー、デンマーク、ベルギー、オランダ、フランスなど、ぜんぶ敗けちゃっているわけです。アメリカは、ようやく兵士の訓練が本格化したばかりだったので、イギリスに対する物資・兵器・艦船以上の援助は無理でした。このあたりをドイツや日本は見透かしていたのですね。

日本の陸・海・外務がなにを話し合っているかというと、本当に実利に徹した話です。彼らがいちばん気にしていたのは、ドイツに敗けた国が持っていた植民地の行方でした。

三国同盟というと、アメリカに対して日本側はどう思っていたのか、その点から交渉過程を見ようとしますね。でも実は、日本にとって、この蘭印仏印の行方が一大事でした。一九三二年から三三年、国際連盟の提案を蹴った日本が、なんで日本を徹底的に不利な立場に置くかもしれないドイツ・イタリアとの交渉事を断れないかといえば、日本としては目の前に、よりほしいものがあったからなのです。

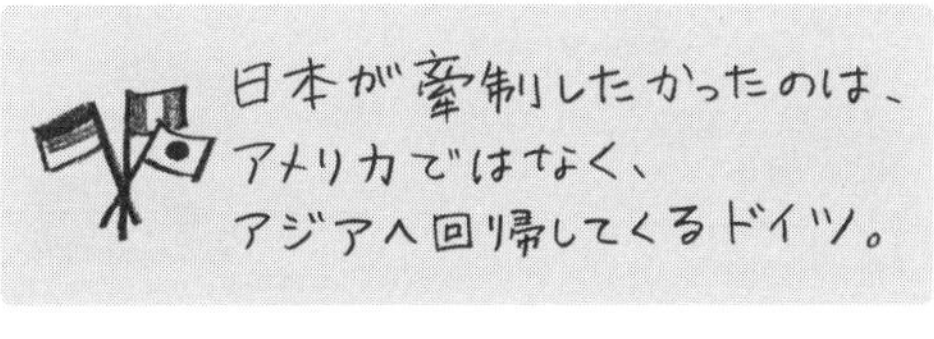
日本が牽制したかったのは、
アメリカではなく、
アジアへ回帰してくるドイツ。

ドイツを牽制するための、対ドイツ同盟

当時の東南アジアに目を向ければ、フランス、オランダ、イギリスが持っていたところがたくさんあったのです。オランダは石油を豊富に産出するジャワ、インドネシアの半分を、フランスはベトナムやカンボジアを持っていますし、インドシナや太平洋の島々も保有していた。そしてイギリスは香港、シンガポール、マレーシア、フィジーなどを持っていた。もし、イギリスが、四〇年九月で戦争をやめました、と手をあげれば、今、挙げたアジアの地域は、ドイツのものになるわけです。

2章でお話ししたように、第一次世界大戦で敗けたドイツに、連合国はヴェルサイユ条約を結ばせて、非賠償・非併合などと、表面では綺麗事をいいながら、実際には、委任統治領と称して全部、連合国で分けてしまった過去がありました。イギリス帝国が保有していた実質的な植民地の面積は、第一次世界大戦後に最大になるのです。

そのような仕打ちを英仏、そして日本もやった。ドイツ人は、ひどい仕打ちだと思ったことでしょう。先の大戦でそのような目にあったドイツであれば、ここぞとばかりに、英仏の保有する植民地に手をつけるだろう、このような暗い予測を、日本は持っていました。これは予感ではなく、ヴェルサイユ体制（パリ講和会議によって創設された国際連盟を中心とした国際協調）を偽善であり欺瞞《ぎまん》だとするナチス・ドイツからすれば、「委任統治制度とは戦勝国がドイツから植

民地を剥奪《はくだつ》し分割を正当化するためにつくり出した偽善的制度であり、旧植民地は最終的には全面回復すべき対象」だったと、この分野の専門家である等松春夫《とうまつはるお》先生[78]も言っています。

第一次世界大戦で、旧ドイツ領の赤道以北の南洋諸島を奪ったのは日本でした。日本は委任統治として、サイパン、テニアン、ヤップ、パラオ、トラックなど、大変に重要な島々をドイツからもらい、日本人をたくさん移民させて砂糖業などを起こしていた[79]。一方、これらの島々は、太平洋において日米が戦う場合に、必須の海軍・航空根拠地に早変わりすべき地点でした。日本帝国にとって、戦略的な要衝《ようしょう》にほかなりません。アメリカもまた、これらの島づたいに日本に迫るルートを、作戦計画としては考案していました。

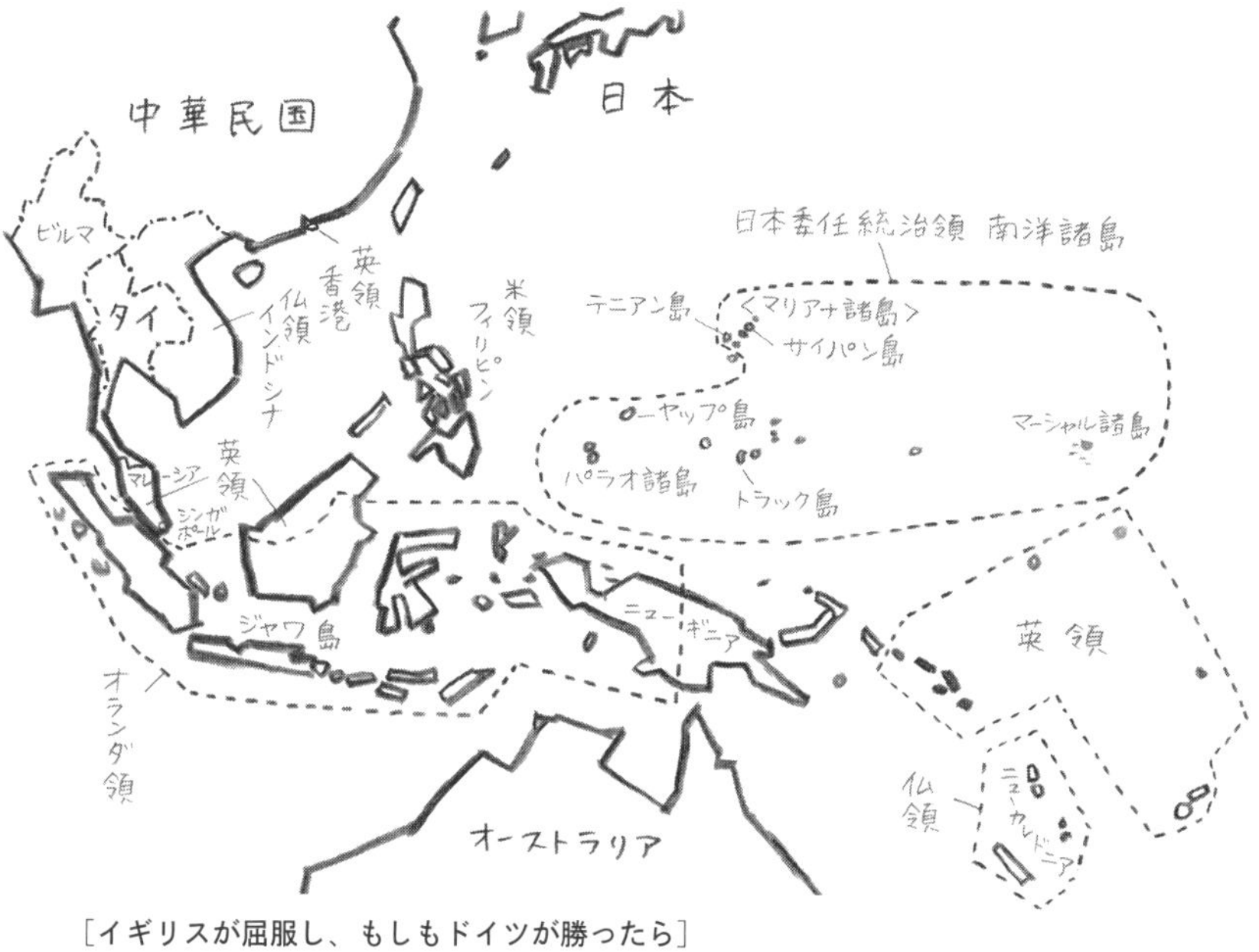

[イギリスが屈服し、もしもドイツが勝ったら]
欧州の大国の植民地が、全てドイツのものとなってしまう。

テニアン島という、サイパンの南隣の島がなぜ有名かといえば、一九四五年八月、原爆を積んだB29爆撃機（エノラ・ゲイ号）が広島、長崎へ向け、この島から発進したからです。テニアンは、サイパンから小さな飛行機で一時間ほどですから、将来、ぜひ行ってみてください。エノラ・ゲイ号が飛び立った滑走路が残されています。余談となりますが、米軍に奪取される前にテニアン島に飛行場を建設したのは日本側で、その建設に従事させられたのは、北海道網走《あばしり》刑務所の囚人たちでした。[80] また、沖縄戦のための飛行場建設にあたったのは、朝鮮から連れてこられた労働者でした。

日本は、来たるべき講和会議で、フランス領インドシナ、オランダ領東インドの処遇、また南洋諸島もそのまま持っていてよいですね、との確認をドイツ側に主張しなければならないと考えていました。外務省は、講和会議に備えるための、その名もずばり、戦時対策及《および》平和対策委員会という会議も、四〇年七月につくっていました。もう、「気分は講和」だった。

陸軍、海軍、外務の官僚たちが、なぜ同盟を結ぼうとしていたかというと、ドイツと仲良くして、一緒にやらないとバスに乗り遅れるから、一緒に戦争をやろうとか、そうじゃない。ドイツと同盟を結ぶことで、ドイツを牽制しようとしているのです。[81]

大東亜共栄圏という言葉は、なんのため

「バスに乗り遅れる」からじゃない。
戦勝国ドイツを封じ、
敗戦国の植民地を獲得するため。

次に、「大東亜共栄圏」という言葉を、日本側が使おうとした理由について考えてみましょう。これは、East Asia だけではすまなくて、Greater East Asia と Greater をつけるのはなぜか。いったいなんのスローガンにしようとしたのでしょうか。

先ほど、みなさんが答えてくれた、「ドイツを牽制するためだ」というのが、答えの核となる部分ですが、このスポンジ部分に生クリームなどを乗せたりすると、さらにおいしいケーキになるわけですが……なんでケーキにしなきゃいけないんだろう（笑）。

——戦後の大東亜一帯の圏域を、日本が独占するための言葉。

はい、そうです。しかも近衛や松岡は、アメリカは戦いを挑んでこないと想定しているわけですよね。そうであれば日本は、第二次世界大戦という、欧州で起こっている危険な戦争に参戦しないままの中立国でありながら、「大東亜」地域の独占にとりかかれる。いちばん望ましい自己イメージとしては、三国同盟を結んだ瞬間、三国が大戦の勝利者の側に立つという絵でしょうか。戦わず、なんの苦労もせずに、大東亜地域にある、敗けた宗主国の植民地をいただきましょうと。端的にいえば、「植民地宗主国を抑えたドイツによる、東南アジア植民地の再編成の可能性を、参戦もしていない日本が封じるための声明」です。

もちろん、国民の前に掲げられる綺麗事のストーリーは違います。オランダの植民地支配を受けてきたジャワに独立を与えるのだ、といった物語が語られていました。

同盟条約の第一条と第二条を思い出しましょう。欧州と大東亜で日独伊は、それぞれの勢力圏を承認する、という文句がありますので、来たるべき講和会議などで、日本が大東亜地域をいただく根拠になる、というと、もらいやすい。大東亜共栄圏というスローガンの実利的な効果としては、このような意味がありました。

このような考え方を唱えはじめたのは、河西晃祐《かわにしこうすけ》先生という、東北学院大学の先生です[82]（現在では、外務省が二〇一二年に刊行した『日本外交文書』の中に、先ほど読んだ、陸海外三省の事務当局者による議事録などが収録されていますが、河西先生はもっと早くからこの問題に気づかれていました）。

同盟というのは、なんのために結ばれるのか。その交渉開始の地点と、出口で姿を現すものは違っている。出口では文字通り、アメリカを抑止するための同盟となっている。そして入口の裏側では、自動参戦条項はないよ、大東亜はここだよという秘密了解条項があって、日本にとって得となることが書かれている。でも、これは表に出てこないのです。

ペンタゴンのヨーダが分析し続けていたこと

——戦後、ドイツが世界を牛耳《ぎゅうじ》るという彼らの見方にびっくりしました。

交渉開始地点と、出口で
表れるものが違う。
結果、文字通りアメリカ抑止に。

日本の政治や外交を動かしていた実務担当者が、ドイツの電撃戦に心を奪われていたさまが浮き彫りになる議事録でした。ただ、当時の人々がドイツの軍事的勝利のめざましさに目を奪われたのも理解できるのです。当時を生きていない私たちが、なぜそういえるのか、一つ例を挙げてお話ししておきましょう。

二〇一五年にアメリカで刊行された、*The Last Warrior* という本[83]があります。この本の主人公は、アンドリュー・マーシャルという人です。マーシャルさんには、第二次世界大戦時のアメリカ陸軍の参謀総長で、戦後は国務長官となったジョージ・マーシャル（ヨーロッパ復興のためのマーシャル・プランで有名）もいますが、こちらではない。アンドリューのほうは、一九六九年に大統領となったニクソン政権から、引退する二〇一五年まで、すべての国防長官に仕え、冷戦期アメリカの対ソ戦略を頭脳で編み出してきた人物です。

この原書を読み始めていたら、邦訳も出ました（『帝国の参謀[84]』日経ＢＰ社）。すごく面白い本ですので、近くの大人、お父さんやお母さんに、「生きるのに役立ちます」などとそそのかして買っていただき、中身はみなさんが読んでください（笑）。

帯には、「そのコスト強要戦略で旧ソ連を崩壊に導き、『ペンタゴンのヨーダ』と呼ばれた男」という惹句《じゃっく》が書かれている。ヨーダというのは、映画『スター・ウォーズ』の最長老の指導者名です。アメリカ軍の総本山・国防総省（ペンタゴン）を指導していたマスター・ヨーダ。国防長官の師匠ということでしょう。

戦後のアメリカ軍が知力を尽くして分析したいと心から願っていたのは、ソ連の軍事指導者、ソ連の作戦立案者の頭の内部でしょう。戦略分析の隘路《あいろ》は、自分と同じような考え方を相手方もするという前提で考えてしまう陥穽《かんせい》にはまりやすいことです。そのような陥穽、落とし穴にはまらないようにするため、マスター・ヨーダがずっと考え続けていた問題が二つあります。一つは、一九四〇年五月から六月、ドイツがベルギーを越えてフランスに侵攻したとき、なぜドイツ軍が圧勝したのか、なかなかその理由がわからないというのです。英仏連合軍は、兵士、師団、戦車の数ではドイツを上回っていました。

冷戦期のアメリカでは、西ヨーロッパの同盟国軍であるNATO軍と、ソ連の衛星国からなる東ヨーロッパの同盟国軍であるワルシャワ条約機構軍について、適切な戦力比較を行なうために、入念なデータベースを作成しようとしていました（動員可能総人員、対空兵器、地対地ミサイル砲、戦術航空機の数などを入力し、武器体系の質的差異にも対応できるような戦力評価指標をつくっていた）[85]。

ペンタゴンのヨーダが非凡なのは、この戦力評価システムが役立つものかを判断するため、ドイツ軍の西方電撃戦における、ドイツ軍と英仏連合軍の数値データを入力してみるのです。出た結果（勝敗）が、実際の戦史の結果と同じになれば、ペンタゴン作成の戦力評価システムは使える指標だということになります。けれども、戦力評価システムでは、ドイツ軍の圧倒的勝利という結果にならないのです。ということは、戦力評価システムに、別の要素を入れ込まなければならないとわかる。[86] そこから、欺瞞《ぎまん》と奇襲、戦術、制空権、指揮統制、地勢、装《そう》甲《こう》システムと対装甲システムなどにも着目しなければ、という視点が出てきます。ドイツ軍がなぜ圧倒的勝利を占めたのか、それを予測しうる戦力評価システムをつくること、これが冷戦期アメリカの意地だったといえるのではないでしょうか。

ヨーダに、もう一つの謎を提供したのは、一九四一年十二月、日本による真珠湾奇襲攻撃でした。これは次の章の日米交渉のテーマとなりますが、気になるでしょうから、短く言いますね。アメリカは、日本の暗号解読によって得た情報、「マジック」によって、真珠湾攻撃が近いことを明らかに示唆《しさ》していた合計一五の異なる暗号を得ていた。にもかかわらず、アメリカにとって真珠湾攻撃が戦略的にも戦術的にも衝撃的であったのはなぜか[87]（くわしくは、4章で）。

第二次世界大戦を勝利に導いたアメリカにおいて、戦後になってもずっとアメリカ軍の戦略分析者の頭を悩ませ続けた二つの謎、その謎を提供した二つの国こそドイツと日本なのです。

ドイツの電撃戦に、世界がどれほど目を奪われたか。目を奪われて当たり前というぐらいの感覚だったことが、ペンタゴンがずっと分析し続けたことからもわかる。

ちなみに、この『帝国の参謀』の解説は、谷口智彦《たにぐちともひこ》さんという人が書いています。谷口さんの名前は、どこかで聞いたことがありますか。安倍総理大臣が、二〇一五年四

「ペンタゴンのヨーダ」を悩ませ続けた謎

1、1940年5月、6月、なぜドイツは勝てたのか？

2、アメリカは真珠湾攻撃をなぜ予測できなかったか？

月、アメリカの上下両院議会で演説したときのスピーチライターで、戦後七十年の歴史認識の文章に関しても、最後に手をいれたと伝えられる人です。このペンタゴンのヨーダくんは、最後の仕事として、軍事的な超大国となっていくはずの中国への対抗策について研究していました。官邸周辺も真面目にヨーダくんの分析を読んでいるのでしょう。もちろん、それを高校生がしっかりと知っておくことは意味があります。

日中和平工作

次に、日本と戦っていた中国が、三国同盟をどう見ていたかをお話ししましょう。日本がドイツ、イタリアと同盟を結んだとなれば、首都南京を放棄した後、重慶《じゅうけい》で抗戦を続けていた重慶国民政府（国民政府の呼び名は、当時の首府のある場所の地名を使われることが多い）の蔣介石《しょうかいせき》は、ああ、それではイギリス・アメリカともっと仲良くしなければ、と考えると思いますよね。でも、ここが違うのです。一九四〇年八月四日の蔣介石日記[88]を読んでみましょう。

敵「日本」が南下の野心に狂っているときに乗じて、我が国に有利な条件で講和を図ることは悪くない。

これは意外で面白いでしょう。敵が日本だというのは、蔣介石にとってずっと変わりません。けれど、日本が南下したい、石油を取りたいと思っているときに乗じて、中国に有利な条件を日本が出すなら、それで講和するのは悪くない、と述べています。

これは事実で、このとき日本が考えていた停戦許容条件は、①国交調整の基本原則として善《ぜん》隣友好《りんゆうこう》・協同防共・経済提携、②満州国承認、③容共抗日策《ようきょう》（共産党と手を結び、日本に抵抗すること）の放棄、④防共駐兵（共産党勢力に対抗するために日本軍を駐兵させておく）、の四点でした。これでは、全然やさしい停戦条件ではない、と思いますが、実際は裏で、中国側が反対した、②の満州国承認と④の防共駐兵については、交渉時には議論せず、まずは停戦してその後に協議する、との裏交渉が畑俊六《はたしゅんろく》陸相と沢田茂《さわだしげる》参謀次長の許可のもと進められていました[89]。中国側に妥協したのはけしからん、などと騒ぐ人がいるから、表側では強硬な交渉要件を示して、その裏で交渉可能な中身を議論している。いつもの日本外交の風景がここにありますね。

これは当時、部内で「桐工作《きりこうさく》」と呼ばれた和平工作の一つですが、講和案の内容が蔣介石まで届けられていましたし、昭和天皇もその成否を非常に気にかけていました。四〇年八月五日と二十一日、天皇は侍従武官長を参謀本部に遣わして、和平の進捗状況を聴取させている。三国同盟の本格的な交渉が行なわれる一ヵ月前、四〇年八月が、いちばん本格化したときです。

蔣介石が対日和平を考慮しはじめた背景の一つは、イギリスとフランスが、中国に戦略物資を運んでいた援蔣《えんしょう》ルートを、日本の要求に屈して閉鎖したことです。イギリスはビルマからのルートの三ヵ月封鎖を七月十七日に発表。フランスはドイツに敗北した後、仏領インドシナ総督個人の判断で、それより早く六月二十日から閉鎖していた。

もう一つ、蔣介石が対日和平を考慮した要因は、なんでしょう。当時、中国国内では心配なことが起こっていたのです。中国は日本からの軍事的侵攻を三七年七月から三年間、受けていました。すると、中国国内はどうなるか。

——中国共産党が力を持ってきた。

そのとおりです。蔣介石のもとで作戦を指揮していた軍令部長の徐永昌《じょえいしょう》が、九月二十九日に蔣介石にこう提言していました。「戦争がさらに二年間延長すると、恐らく新疆《しんきょう》、甘粛《かんしゅく》、陝西《せんせい》、綏遠《すいえん》、チャハール、山西《さんせい》、河北《かほく》、山東《さんとう》、河南《かなん》、安徽《あんき》、江蘇《こうそ》の全部あるいは一部がことごとく中国共産党のものになってしまうだろう」[90]。日本軍と中国国民党軍双方が死力を尽くして戦えば、漁夫《ぎょふ》の利をしめるのは共産党だ、こう言って蔣に停戦を薦めます。

日本側も同じジレンマを抱えていました。満州国のソ満国境付近、ソ連の衛星国といってよかった外モンゴルと華北の国境付近には、中国共産党軍がいた。これらの勢力とソ連が呼応したらアウトですね。日中が合意できるのは、中国共産党の力を大きくしないことでした。

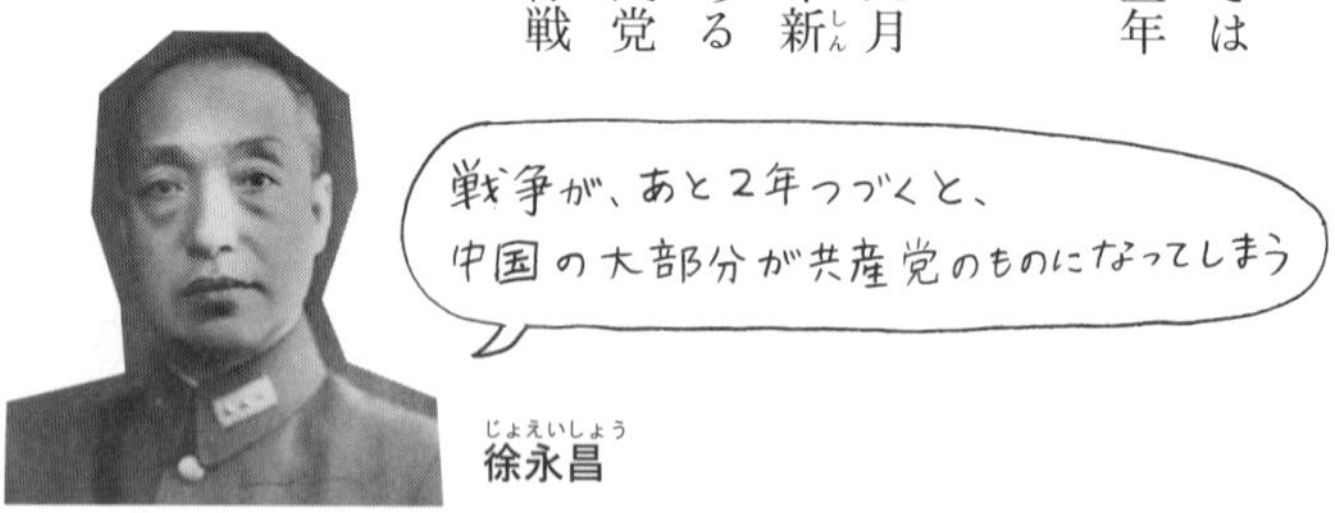
戦争が、あと2年つづくと、
中国の大部分が共産党のものになってしまう

徐永昌《じょえいしょう》

選ぼうとする中国

では、蔣介石は日独伊三国軍事同盟をどう見ていたのか。一九四〇年十一月十五日の蔣介石の考え方を、日記から見ておきましょう。[91]

今日の外交政策には英米路線、独日路線、ソ連路線という三つがある。

中国が手を結ぶ可能性としては三つあると。まず英米路線というのは、これまでとってきた路線で、アメリカからの借款《しゃっかん》で資金や武器を援助してもらい、世界の世論を味方に抗戦を続ける道です。アメリカも、蔣介石の選択肢を見透かしたかのように、三国同盟が調印される九月二十七日の二日前の二十五日、重慶国民政府に対し、二五〇〇万ドルの借款供与を発表し、また十一月三十日には、五〇〇〇万ドルが追加されます。[92] アメリカは、蔣介石の迷いに対して、道義的な支援だけではなく、実質的な資金援助に踏み切りました。

三番目のソ連との提携路線。中国とソ連は地続きですから、日中戦争で中国が苦境にあったとき、ソ連はパイロットや飛行機をずいぶん援助しました。ソ連にとってみれば、欧州での緊張があるとき、日本軍を大陸に引きつけ続ける中国の存在は大変にありがたい。中国共産党ではなく、抗日主体としての中国国民党をソ連が応援している限り、この路線は魅力的なものでした。

なぜ蔣介石はドイツ・日本と結ぶのも中国が選ぶべき道なのかもしれない、と思うのでしょう。先ほど読んだ日記（282ページ）にあった、日本が南下の野心に狂っているときだから講和条件を甘くするだろうという、これが一つですね。それ以外に、いま一つ考え方がある。

私が高校生の時代、世界史の授業などで中国について習いますと、日本に侵略され多大な被害を蒙《こうむ》った国、と教えられます。これは事実です。ただ、問題は、理不尽な戦争に対する罪悪感や責任感が先に立つだけですと、中国の側の主体的な意思決定、政策の選択の可能性について、非常にまずいことに鈍感《どんかん》になってしまう。倫理や善意からもたらされる鈍感は罪です。選ぼうとしている中国というところは、ちゃんと見ておかなければならない。

蔣介石の面白いところは、少なくとも二つ、多いときは五つくらいの選択肢を記して、物事を考えるのですが、蔣介石はどうしてドイツ・日本と組むという道を考えるのか。

——ドイツから中国に、軍事的な指導をする人が行っていたという話を聞いたことがあります。

よくご存知ですね。中国に、最大の軍事顧問団を送っていた国

？ 蔣介石は、なぜ
ドイツ・日本と組む道を考える？

はドイツでした（ドイツ国防軍の父と呼ばれるゼークトが、その弟子であるファルケンハウゼンなどを顧問団長として送っていました）。日本との全面戦争へ備えるため、蔣介石は一九三四年あたりから準備していましたが、その助言者がドイツにほかなりませんでした。

日独防共協定というものが三六年十一月に締結されていた[93]ので、日本側としては、ドイツは日本の味方でしょうと、何度もクレームをつけますが、なかなかドイツは中国援助を止めない。それもそのはず、ドイツと中国は、三六年四月、中独条約という、ドイツの経済と軍事にとって大変に実り多い条約を締結していたからです。この条約は、中国に借款を供与して、大量のドイツ製武器の購入費にあててもらうというものでした。三五年から三六年のドイツ武器輸出総額の57・5％、額にして二千万ライヒスマルクが中国向けでした（これに対し日本向けの武器輸出額は、中国向けの一パーセントにも満たない一七万七千ライヒスマルクです）[94]。お得意さんであった中国とドイツは、軍人も仲がいい。ドイツという仲介者がいれば、日本と戦争をやめる話し合いを安心してできる。このような気持ちは合理的な判断に裏打ちされていますね。

さらに、ドイツ史、中国史の研究者たちが探しあてた史料などから、大陸国家を束《たば》ねる構想がずっとあったということがわかるのです。日本、中国、ドイツ、ソ連、それからイタリアで五国同盟ですが、これはつまり、ユーラシア大陸ブロックになる。ヴェルサイユ・ワシントン体制の主唱者や信奉者の国々とは、違う国の名前がありますね。

第一次世界大戦で敗けたドイツ。ソ連は途中で革命が起きて第一次世界大戦の連合国側から離脱する。独ソというのは、ある意味で、ヴェルサイユ・ワシントン体制の「のけ者」という点で、共通項がある。また、中国は第一次世界大戦の戦勝国の側に立っていたはずでしたが、日本の主張を全面的に認めた山東条項（山東半島の旧ドイツ権益を日本のものとする）を持つヴェルサイユ条約に調印しませんでした。ですので、日本を除けば、ヴェルサイユ・ワシントン体制内の「こじらせた」国々が、反「ヴェルサイユ・ワシントン体制」を軸にした関係を密にしていたのです。これは、成城大学のドイツ近代史の専門家、田嶋信雄《たじまのぶお》先生が主唱されてきた学説[95]で、非常に説得的です。

——ドイツが結びたかったのは、資源ですか。

そう、中国を同盟に入れたいと考えるドイツの存在も大きかったと思います。日独伊の三国同盟は、経済的に相互補完的な同盟ではなかった。三国とも、総力戦に不可欠な戦略物資に乏《とぼ》しかったのです。事実、ドイツ外相リッベントロップは、駐独中国大使陳介《ちんかい》を呼んで、三国同盟に加わったらどうですか、日本との講和に応じなさい、と説得していました。

このような構想があったと知ると、世の中の見方が変わりませんか。私が高校生であった頃には、英米ソ中などの連合国は、ナチス・ドイツを打倒するため戦いました、といった紋切り型の説明がなされるわけで、ドイツと中国が提携を真剣に模索していたという事実に気づきにくい。

事実、四〇年十一月二十一日、蔣介石は陳介駐独大使に打電し、「日本が本気で和平を求める

五国同盟　ユーラシア大陸ブロック
→日本、ドイツ、イタリア、ソ連、中国

ならば、まず中国の領土に侵略した陸、海、空の軍隊を撤兵しなければならない[96]」とし、講和の前提としての撤兵と、日本側の傀儡政権であった汪兆銘《おうちょうめい》政権の承認の無期限延期の二点を日本側が認めるように、ドイツ当局から日本に伝えさせました。これに対する日本側の反応が気になるところですが、二日後の二十三日、日本の五相会議（首相のほか、陸海外相と蔵相を加えた会議）は、この二条件を認めるとした連絡を中国側にもたらしています。

蔣介石は、日本が約束を守るか不安でしたが、日本がかつて、ワシントン会議の後、本当に山東省を中国に返した事例（一九二二年、海軍軍縮や、極東問題を討議したワシントン会議で成立した九ヵ国条約で、日本は山東省における権益を返還しました）などを心に浮かべて、無理に安心しようと努めているさまが、十一月二十七日の日記からうかがえます[97]。

結末としては、これは日本が悪いのです。五相会議で蔣の要求を聞き、汪兆銘政権を承認しないといっていたのに、十一月三十日、日本側は汪兆銘政権を承認してしまう。ドイツを仲介とした講和の前提条件は、日本側が自ら崩してしまったのです。

軍事予算の陸海軍の比率は？

最後に、軍部の陸軍、海軍が、三国同盟を結ぶまでにどのようなことを考えていたのか、見ておきましょう。海軍の上層部は、同盟に懐疑的だったというお話は、御前会議のところで触れました。なぜなら、日本の海軍は、英米二国を合算した海軍力と戦えるようには、設計されてこなかったからです。

さて、当時の陸軍と海軍は、軍事予算を、どのぐらいの割合で分け合っていたと思いますか。四〇年頃の軍事費は総計で七〇億円ぐらいです。その内訳は陸海軍でどうなるか。みなさんの軍人度を確認したいと思います（笑）。勘《かん》でいいので、ちょっと手をあげてみてください。

三五億：三五億で折半という方はいますか。あ、一人ですね。では、陸軍六〇億：海軍一〇億と思っている人は？　……これはいませんね。じゃあ、陸軍五〇億：海軍二〇億。これに手を挙げている人がいちばん多そうです。それでは、陸軍は声はでかいけれど、実際は額が少ない、と思う人は？　こちらはいませんね。

正解は一番多かった答えで、陸軍五〇億：海軍二〇億[98]なんです。みなさんの軍人度は高いことがわかりました。

ちなみに、アメリカやイギリスなど、伝統的に海軍が強い国では、陸軍が海軍の二・五倍も軍事費を用いている日本などとは大きく違うはずです。もちろん陸軍側の予算が膨大なのは、対中戦争を正面で担当しているからです（日本銀行のホームページの「教えて！日銀」というコーナー[99]で、当時の陸軍の予算、五〇億円が現在のいくらになるかの換算方法が出ていますが、だいたい二兆二四〇〇億円ほどになります）。

海軍としては、本当に悩ましかった。どうにか予算はとりたい。三国同盟を結べば、

軍事費　合計70億円（1940年当時）
それぞれの取り分は…
陸軍50億円／　海軍20億円

英米との対立は不可避のものとなる。しかし、結ばなければ、戦争相手国は中国だけになり、日中戦争を戦っている陸軍の言い分、比率のままで、将来の予算配分が決まってしまう。イギリスやアメリカとの対立が強まれば、香港や英領マレーやフィリピンの米軍基地まで飛んでいける飛行機をつくり、航空基地を整備しなければならない。そのようなアルミニウムの購入や割当において、実際に日本軍の戦っている場所が中国だけであるというのは、海軍にとって交渉しづらいのです。

軍事予算の陸海軍の比率を変えないといけない。となれば、どうにかして日中戦争の戦面を小さくして、ソビエトと仲良くしてもらわなければいけない。それが海軍の望みで、日独伊三国軍事同盟を、対英米戦争を覚悟しなければ、なんて言いながらも結ぼうとした理由は、ここにあります。陸軍がソ連や中国と和解をしてくれるのであれば、南方へ向けた軍備充実に振り向けられるのではないか。海軍がドイツを仲介とした対ソ関係改善を望み、三国同盟に賛成してゆく動機は、このような軍事予算をめぐる相克《そうこく》がありました。

前半、御前会議の様子を見ましたが、軍令部総長の伏見宮《ふしみのみや》は、依存物資の取得が困難になり、日米戦争は持久戦となると言っていましたね。その前に彼は、この御前会議で、三国同盟の成立によって、日ソ国交の調整に寄与《きよ》する程度はどのくらいかと聞いている。これは、日本とソ連の関係が調整されるなら三国同盟もいいかな、と思っているということです。

高木惣吉《たかぎそうきち》という、この時期、海軍省調査課にいて、内閣側や陸軍側の情報をいろいろ集めて、海相や軍令部次長などに伝えていた政治的軍人がいました。高木は、ちょうど三国同盟が結ばれてから半年ぐらいたったときの四一年春、ちょうど日米交渉が始まる直前の頃、陸軍内部の様子を観察し、陸軍側のうち、日中戦争の長期化に責任がある人々が、どのようなことを宣伝していたか、海軍のトップたちに伝えていました。[100]

「事変解決（蔣を相手とする速決方針）は毫《ごう》も国力の負担を軽減することとならず、爾後《じご》の警備其の他を仔細《しさい》に計算すれば、精々予算面にて十億に過ぎず、この程度のことにて従来の大方針を変更し、国外国内的に種々の混雑を惹起《じゃっき》するがごときは、最も慎しむべきことなり」。ちょっと文章が難しいけれど、わかりますか。蔣介石を相手に停戦和平を合意したとしても、戦費は一〇億円ほど少なくなるだけだ。撤兵の後の警備費などを考慮すれば、これまで陸軍が使ってきた軍事費は少ししか減らない。だから、無理をして蔣介石との和平など考える必要はない。そのように豪語している人々がいる、こう高木は海軍上層部に伝えていました。この議論はむなしい。軍事費一〇億の有無という点に議論を矮小化《わいしょう》しているのは、陸軍のうちの継戦派（戦争を続けたいと考えている人々）で、問題になっているのは、停戦和平か継戦か、だった。これは日中戦争を停戦すべきだという議論への牽制なのです。

対米戦争の見通し　陸海軍で摺り合わせはできていたのか

それでは、アメリカとの戦争に対する海軍の見通しは、どのようなものだったでしょう。ここからは、海軍側がどんなふうに泣きついていたかを見ていきます。

一九四〇年七月二十四日、伏見宮軍令部総長は、昭和天皇の前で、陸軍の閑院宮《かんいんのみや》参謀総長と一緒に並んで上奏《じょうそう》した際、速戦即決では勝算はありますが、持久戦だと困難だとして、次のように奏上《そうじょう》します。[101]

「国内の準備、特に資材の準備を完成致しませんと、たとえ好機がありましても、軽々《けいけい》に開戦すべきではない」と。海軍の作戦関係のトップが、しかも宮様のトップが、陸軍を出し抜いて、とにかく海軍は資材の準備がないから開戦すべきではないとの展望を、天皇に述べてしまった。これに、陸軍側はかんかんに怒ります。

なぜなら、この二日前、宮様をのぞき、事実上のトップである沢田茂《さわだしげる》参謀次長が、陸海軍の協議のとき、次のようなことをわざわざ聞いていたからです。「万一海軍側において、対米海戦に自信なきにおいては、この南方策を強行するは考えものなり、この点隠すことなく真相[102]」を述べてください、と。海軍がアメリカとの戦争に自信がないなら、今議論している南方作戦の基礎が揺らぐから、これは隠さないで真相を教えてほしいと聞いている。このとき、海軍は大丈夫と答えていました。けれども、その二日後、伏見宮軍令部総長が、準備ができていなければダメです、なんて天皇の前で言っちゃう。

日米開戦にいたる海軍側の一次史料を、最もたくさん、最も正確に見た、森山優《もりやまあつし》先生の研究

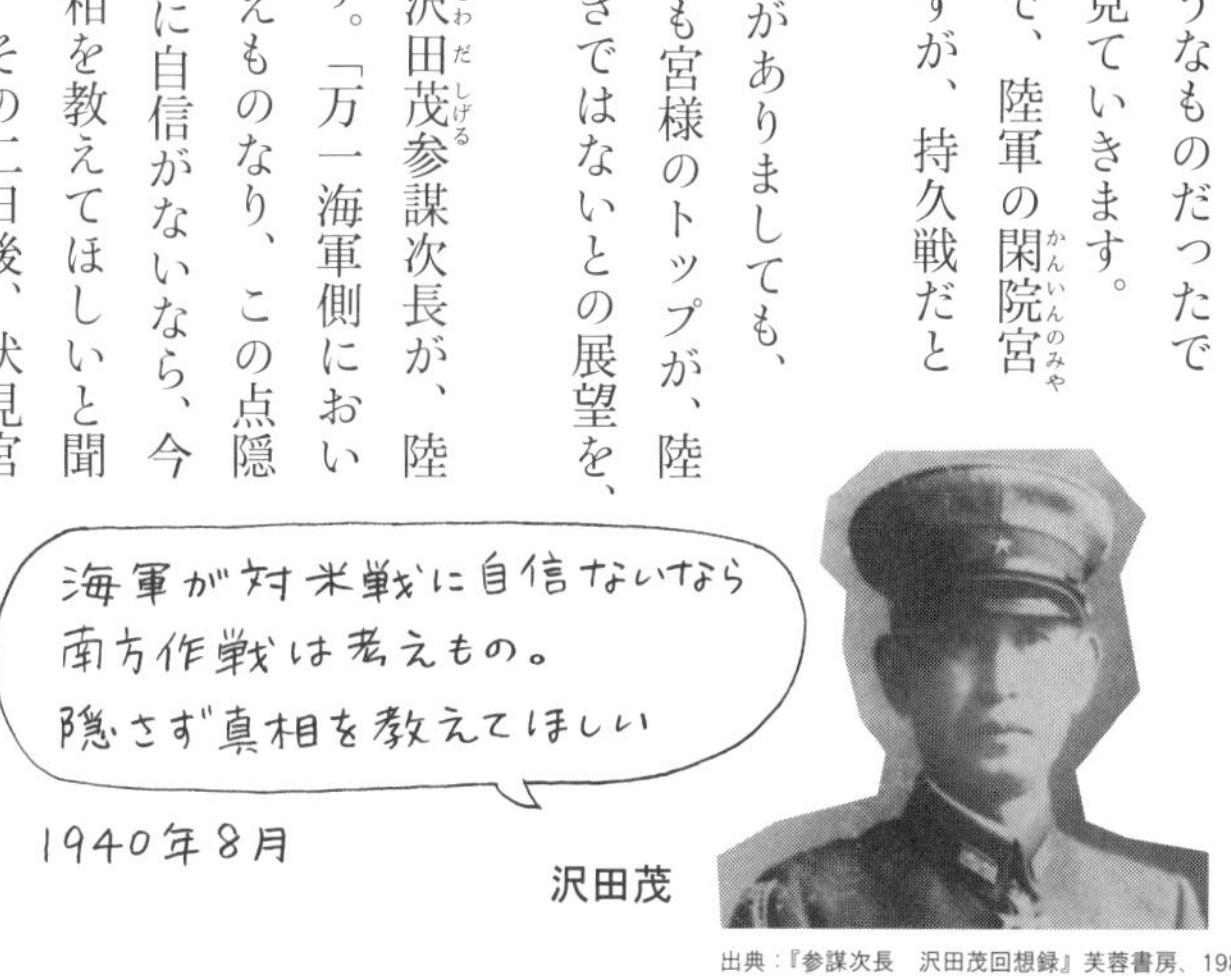
海軍が対米戦に自信ないなら
南方作戦は考えもの。
隠さず真相を教えてほしい
1940年8月
沢田茂
出典：『参謀次長　沢田茂回想録』芙蓉書房、1982年

によれば、四〇年夏の海軍は、本当に胃が痛くなるような切実な言葉を、部内では、やりとりしていることが明らかになっています。

四〇年八月二日、海軍部内で、戦備の実態についての説明会がなされるのですが、そこでわかったことは衝撃的でした。航空燃料は一年分しかなく、二年目からは原油四〇〇万トンの取得が不可欠だとわかり、輸入途絶後の物資持続力は平均一年、英米の物資が入らなければ、手も足も出ない状況が判明しました。この報告会の後、吉田海相は、国策運用に関して、「海軍は牢固《ろうこ》たる決意」で「ひきづられざること」、「陸軍に対し明晰《めいせき》に海軍の方針、肚《はら》を示すこと、釘をさすこと」[103]を指示していたのです。早く言ってよ、と言いたくなるじれったさです。吉田海相が望むように、誰かがしっかりと陸軍側に言えればよかったのです。

最後に、陸軍の側の問題にも触れておきます。反対というのは、言うべきときに本当に言わなければダメなのだ、海軍側に異議を唱えて、協同作戦の場合の陸軍への配慮を求めておかなければならなかった事例をお話ししましょう。

一九三〇年、今お話ししているときから十年前のことですが、日本はロンドン海軍軍縮条約を締結します。大型巡洋艦などの補助艦についての保有制限について、日英米仏伊間で話し合ったものです。英米が五を持っているときに、日本は三しか持てない。これでは、英米が合作して日本に対してきたとき、日本は半分以下になりますから、とうていお手上げです。英米二国を同時に敵国にして戦える海軍ではなくなってしまった。この点を考慮して、外交に配慮する必要があったわけです。

これに対して陸軍側は、三〇年三月三十一日、ロンドンで調印がなされる前、海軍側に大急ぎで尋ねていたのです。河邉虎四郎《かわべとらしろう》という、参謀本部作戦課の課員さんが、次のような文書をまとめて、海軍に訊《き》け、と言っていました。この文書がなかなか衝撃的なのです。[104]

> 要旨　軍令部の自信なき程度に海軍軍縮をするならば、陸軍の対南作戦はこれを計画することこれなし。

冒頭に要旨とありますが、陸軍がこういう文書を書くときは、必ず結論から書きます。陸軍は海軍に、軍令部が勝算のないような軍縮条約を締結する気ならば、陸軍はお付き合いの南方作戦には参加しませんよ、という脅《おど》かしと質問をしている。調印するなら自信があるような条約を結べと。そして、理由をこう書きます。

> 十対七の海戦も、素人から見て不安極まるものなり。しかし、これも信頼して比較的多くの陸兵を対南作戦に指向するは〔中略〕、海軍が信ずるところあるというがゆえなりしなり。それが、もし海軍自体が信ずるところなきまでに、海軍兵力を有しえぬならば、彼《か》の至難なる作戦を決行し、未開瘴癘《みかいしょうれい》の地に多くの陸兵を送

りて、これを疾病《しっぺい》、飢餓、敵刃《てきじん》の下に斃死《へいし》死滅《しめつ》せしむることは、断じて止むべきなり。それまで陸軍が犠牲を払《はらい》ても、海軍が負ければ犬死なり。

恐ろしいまでの予言になっています。一九四二年末からのガダルカナルの戦いあたりから、ニューギニア、インパールでの日本軍の敗退の実相が、そのまま書かれている。

主力艦（戦艦）制限の軍縮を行なったワシントン軍縮会議で、日本側は、英米それぞれ五、日本三に甘んじた。それを補ってきたのは、大型巡洋艦などの補助艦の建造で頑張ってきたからだ。その補助艦の制限を、その時点の五対三・五でも心配だというのに、今度は五対三とするのか。

陸軍としては陸海軍の協同作戦を行なうのは、海軍を信頼しているからである。海軍自体が勝利の自信のない割合でしか海軍力を持てないならば、陸軍は、未開の熱病が蔓延《まんえん》するような南方に作戦を展開して、病気、飢餓、敵の優勢な戦力のもとに陸兵を送って死なせるのは止めたい。海軍がダメになれば、制海権、制空権がなくなるので、陸軍が頑張っても犬死となるから、とこう述べている。

このときの海軍部内は、陸軍の一課員がクレームをつけてきたところで、対応できるような状況ではなかった。海軍部内でも、この比率では国防の責任が持てないとする軍令部と、軍縮条約は結構だと考える海軍省側とで、鋭く対立していたからです。河邉の願いは聞き届けられ

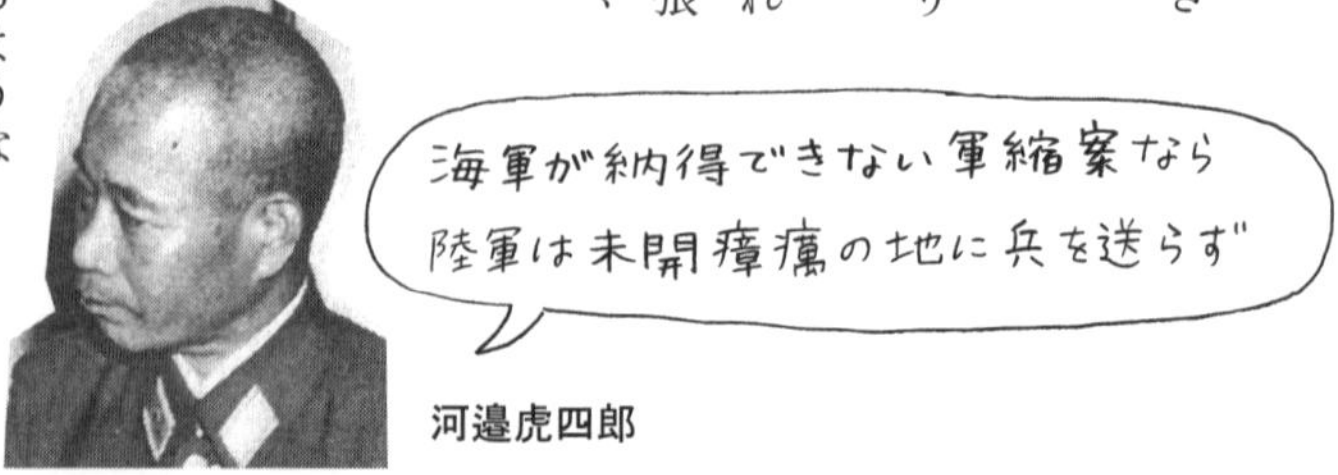
海軍が納得できない軍縮案なら
陸軍は未開瘴癘の地に兵を送らず

河邉虎四郎

出典：『日本陸軍指揮官総覧』新人物往来社、1995年

ないままに終わります。

太平洋戦争の敗け方というのは、同じ敗けるにしても、敗け方にもほかに手があったのではないかという研究があるくらい、ひどい敗け方でした。戦争は、相手の嫌がることを相手に強《し》いる行為です。アメリカは、ランド・ホップ作戦（制空権下に置いた島を適宜飛び越えつつ西太平洋を前進する）をやって、自らが最も有利に戦える戦場を選びつつ戦争をやる。米軍によって飛ばされ、補給の途絶した島々にいた日本兵の大半は餓死せざるをえない。日本軍の補給線が伸びきったところで、艦隊決戦などせずに、航空機による決戦で勝負が決まってしまった。五対三という数値をのんだ時点で、日本はアメリカと対抗する道を、本来は諦《あきら》めなければならなかった国だったのです。

これらの戦闘が行なわれた地域では、日本兵が歩いた場所は地図がなくても歩けるといわれていました。なぜかといえば、白骨が収容されないままに、道沿いにさらされていたからです。これは陸軍側が、一九三〇年三月に、紙の上で見た地獄そのままでしょう。

陸海協同作戦を立てる部署の人間には、「絵」が見えているんですね。彼ら専門家に見えている絵を、我々国民はチェックして、彼らに反論しなければならない。そのような素養をやしなっておく必要があります。

太平洋戦争について、陸軍と海軍とでは、圧倒的に陸軍が悪いイメージがあります。

1930年時点、
正確な未来の絵が描けて、
訴えた人はいた。

A級戦犯容疑者で死刑となった海軍将官はいません。しかし仔細《しさい》に見れば、三〇年三月時点、四〇年八月時点での海軍側の不正直さも万死《ばんし》に値《あたい》すると、私は思います。

因果はめぐるで、河邉虎四郎は、敗戦後の四五年九月、フィリピンはマニラ、マッカーサーの太平洋陸軍司令部に飛んで、降伏文書を受け取りに派遣された軍人です。一九三〇年から十五年後、自ら戦いの跡始末をすることになる。

選択するための「時間」

本日は、日独伊三国軍事同盟とはどのようなものだったかについてお話ししました。アメリカを牽制する同盟でしたが、日本が本当にほしかったものは、仏印蘭印など、宗主国を失った植民地だったわけです。そのための同盟であり、そのための大東亜共栄圏というスローガンでした。植民地解放などというスローガンは、後からつけられたものです。陸海外三省の代表者などが、内輪で協議している議事録を読めば、日本の赤裸々《せきらら》な姿が浮かびます。理念がないのです。人を惹きつける理念が。

かたちだけの条約文を求めた点では、ドイツも日本と同じでした。ですから、同盟を実体化するための、日独伊三国による「混合専門委員会」（第四条の規定による）が活動を始めなければならなかったはずですね。しかし、四一年四月に設置された経済、一般、軍事の三分野からなる混合専門委員会[105]のうち、軍事の委員会が、三国の作戦地域を決定できたのは、太平洋戦争が勃発した後の、四二年一月十八日でした[106]。軍事同盟の内実がわかるというものです。

本日の冒頭で、第二次世界大戦において、実際にどんな選択肢があったのか、ほかの選択肢を選んだ場合、戦後はどうなっていたのかという質問がありました。それに対しては、十分起こりえたかもしれない歴史の可能性という方向で答えていきました。倫理的、道徳的価値観からくる是非は、ひとまず考えないことにして、ナチス・ドイツが第二次世界大戦の覇者《はしゃ》となる世界は悪夢ですが、一九四〇年五月、イギリスがイタリアを仲介とした対独講和を選択する可能性の大小、同年秋、蔣介石がドイツを仲介とした対日講和を選択する可能性の大小などについてお話ししました。

お話ししているとき、ずっと頭にあったのは、二〇一六年四月十四日夜と十六日未明、震度七級の大地震が熊本・大分地方を連続して襲ったという事態でした。このような事態、マグニチュード（M）六級の地震の直後にM七級の地震が起こる確率を計算した先生がいます。アメリカが蓄積した、一九七六年から二〇一五年までに起きたマグニチュード六以上の地震四一七六回のデータを分析したところ、この熊本大地震が起こる確率は、なんと約〇・三パーセントの確率しかなかった。〇・三パーセントの確率でしか起こらない非常に珍しい事態が、今回は実際に起こった。

現実に起こったことは、
そうなる可能性が高かったから
起こったわけじゃない

この事例から、過去の歴史へと一歩考えを進めますと、歴史上で実際に起こったことについて、起こる可能性が高かったから起こったと単純には言えない、との厳粛《げんしゅく》な思いに打たれざるをえない。

戦略的資源の有無、国土面積・人口・資産の多寡《たか》、技術力の高低などからすれば、地球上に存在する国家、その為政者、その国民が持つチャンスは、最初から全く公平なものではありません。しかし、為政者や国民が、目の前の事態に対して、判断し、選択するための「時間」は、あまねく公平に与えられているのではないでしょうか。イギリスのチャーチルは、国論をまとめるために、国民の代表者である国会議員に対して説得しました。中国の蔣介石は、軍部のトップが対日妥協をせよと促したにもかかわらず、中国にとって選ぶべき選択肢を三つ、あるいは五つくらい立てて、考え抜きました。

かたや日本では、課長級の事務当局者が唱える目先の利益から国家のスローガンを後づけの論理でつくりあげ、最も密接な協議が必要な陸海軍の組織間で、腹を割った正直な検討は、十年も前から起こりうる事態が正確に予測されていたのに、実質的な検討は行なわれなかった。公平に与えられていたはずの「時間」が、日本の時空では機能していなかったように思えてなりません。歴史に学ぶといったとき、このような点こそ学ぶ必要がありそうです。

現在を考えますと、これまでの日米安保条約は、簡単にいってしまえば、基地を日本に置くかわりにアメリカは日本を守る義務を持つという基地交換協定でした。それが今後変わってくる。それを予期しなければいけない世界に、みなさんは生きています。

それでは、次回は最後の「時間」修正のチャンスであった、日米交渉を見ていきましょう。

一つ、宿題を出します。みなさんにとって身近な媒体で、日米交渉について調べてみてください。インターネットや本などで、いろいろなことがさらえると思うんです。自由に調べてみて、なにを面白いと思ったか、答えてもらおうと思います。

4章

日本人が戦争に賭けたのはなぜか

日米交渉の厚み

第五回：二〇一六年四月二十三日

日米交渉から太平洋戦争へ　1941年

1894　日清戦争
1904　日露戦争
1914　第一次世界大戦
1919　パリ講和会議
1923　関東大震災
1929　世界恐慌
1931　満州事変（9月18日）
1933　日、連盟に脱退を通告
1936　二・二六事件
1937　日中戦争が始まる
1939　第二次世界大戦
1940　日独伊三国軍事同盟調印
1941　日米交渉（7月～11月）、真珠湾攻撃（12月8日）
1945　ポツダム宣言受諾

1941年

3.8　野村大使、ハル米国務長官会談
3.11　米、武器貸与法
4.13　日ソ中立条約調印
4.16　日米、「日米諒解案」を基礎に交渉開始
6.22　独ソ戦開始
7.2　御前会議で「情勢の推移に伴う帝国国策要綱」決定
7.16　第二次近衛内閣総辞職（松岡外相更迭）、18　第三次近衛内閣成立
7.28　日、南部仏印進駐（6.25に決定）
8.1　米、対日石油全面禁輸措置
8.9-12　大西洋会談
9.6　御前会議で「帝国国策遂行要領」決定
10.16　第三次近衛内閣総辞職、18　東条英機内閣成立
11.26　米、「ハル・ノート」提示

戦争前夜、敵国同士が交渉の席に着く意味は

日米交渉を担った二人　野村とハル

こんにちは。今日は、三つの交渉の最後となりますが、一九四一年四月から始まり、太平洋戦争が始まる直前まで行なわれた日米交渉についてお話しします。

三九年九月の第二次世界大戦の端緒《たんしょ》をつくったのは、日本ではありませんでした。ただ、四一年十二月、日本の奇襲で始まった太平洋戦争が、ヨーロッパ、中東、北アフリカですでに戦われていた第二次世界大戦を、アジア・太平洋地域にまで拡大する環《かん》のような役割を果たした点で、日本は世界史の当事者の一角となっていったのです。

2章では、一九三二年十月のリットン報告書が、ほぼ十年後の日米交渉の予告編だったとお話ししました。3章でお話しした四〇年九月の日独伊三国軍事同盟は、アメリカを仮想敵国とし、アメリカの参戦阻止を狙って結ばれた条約でした。

しかし、それから約半年たった四一年四月、日本はアメリカと交渉を始めます。日米衝突を回避するために行なったとの説明は、聞いたことがあるでしょう。ハーバード大学で長らく歴史を教えてきた入江昭《いりえあきら》先生は、日米交渉が行なわれた理由を「日本側はワシントンを利用して

日中戦争打開を図ろうとし、一方米国は対独作戦展開のために時間を稼ぐ意味で日本との交渉に応じた」[1]もの、と簡潔に説明してくれています。

ただ、それだけでは、ドイツと同盟を結んだばかりの日本が、たった半年後に、今度はなぜアメリカと交渉を始めるのか、またアメリカ側もそれを受けたのか、よくわかりませんね。ヨーロッパでなにか特別な変化が起きたのか、あるいは三国同盟を結んだ日本側になにか不都合が起きたのか、日本とアメリカ、双方の背景を考えていく必要がありそうです。

四一年四月十六日、国務長官のコーデル・ハルが、駐米日本大使の野村吉三郎《のむらきちさぶろう》に交渉の基礎となる案を手渡し、その案を翌十七日、野村が東京の外務省に送ったことで、交渉はスタートしました。このときの交渉案が日米諒解案（了解案とも書く）というものです。

？ 三国同盟を結んだ半年後、
日本とアメリカは、
なぜ交渉を始める？

結果的にこの交渉は、七ヵ月後の十一月二十六日（ワシントン時間）、日本側最終提案へのアメリカ側の回答、いわゆる「ハル・ノート」が野村に手渡され、その案を見た日本側が、ああ、こんな厳しい案ではダメだと絶望して、戦争を決意したことで、幕切れとなりました。

交渉にあたった日本側窓口の野村吉三郎は、この交渉のため、特別に大使に任命された人物でした。野村は、海軍軍人として大将にまでなった人ですが、予備役《よびえき》（現役を終えた者が一定期間服する兵役）となってからは、学習院長のほか、三九年八月成立の阿部信行《あべのぶゆき》内閣では外相も務めました。外相経験もある海軍の大物がアメリカ大使に任命されたのは注目されます。大使任命は四〇年十一月ですから、日独伊三国同盟が結ばれてすぐ二ヵ月後に、野村の人事が動いていたことになります。

野村はアメリカ通で、一九一四年から一八年、第一次世界大戦時のアメリカに大使館付武官（大使館に駐在する軍人で、情報収集などを行なう）として駐在しましたので[2]、一七年四月にアメリカが、急遽《きゅうきょ》、総動員態勢をとり、ヨーロッパに四〇〇万超の兵員や物資を短期間に送った実績[3]を実見した人でした。注目すべきは、武官時代の野村が、当時は海軍次官だった若き日のローズヴェルトと知り合い[4]で、またアメリカ海軍の重《じゅう》鎮《ちん》ウィリアム・V・プラット大将（艦隊司令長官などを歴任）とは、三十年来の旧友[5]だったことです。ローズヴェルトは、大使になって挨拶に訪れた野村を、オールド・フレンドなどと呼びかけていました。

対するアメリカ側の窓口は、ハル国務長官でした。ニューヨーク州東部のハイドパーク生まれのローズヴェルト[6]とは違って、ハルは南部テネシー州出身の老練《ろうれん》な議会人で、一九三三年から、日本の外相にあたる国務長官の地位にありました。第一次世界大戦時の大統領ウィルソン流の民主主義者として知られ、ローズヴェルトとも考えが近く、議会のリベラル・保守双方から厚い信頼を得ていた人です。労働長官フランシス・パーキンス（女性の閣僚です）の親しみを込めた描写によれば、驚い

野村吉三郎

たとき口に出るOh Christなどの言葉を南部出身のハルが言おうとすると、crの発音がどうしても上手く出せずOh Chwistとなってしまい、[7]閣僚が笑いをこらえるのに必死だったとのエピソードの持ち主です。

ハルさんと南部人の名誉のため、国務長官としてハルが進めた経済構想と、その戦後世界への影響についてお話ししましょう。ハルは長官に就任してすぐ、一九二九年の大恐慌以来、沈滞していたアメリカの貿易構造を自由主義的なものに変えようと努力していました。[8]恐慌後のアメリカの輸入貿易は、恐慌直前の数値を一〇〇とすれば、三二年には三〇・一まで激減するありさまでした。

恐慌後、英仏などはブロック経済で乗り切ろうとしますが、アメリカは国内労働者の雇用を守るためとして、外国製品に摩天楼《まてんろう》のような高関税をかける暴挙に出たのです（日本のアメリカ向輸出品でこの影響をかぶったものに、鮪《まぐろ》缶詰、綿布、ファスナーなどがありました）。

これではアメリカ経済の利益にならないと考えたハルは、低関税自由貿易主義へ移行すべく、一九三四年から、中南米諸国、ベルギー、オランダ、フランス、イギリスなど欧州諸国やカナダと互恵《ごけい》通商協定を結び、[9]多くの品目の関税引き下げを実現しました。一つの協定の成果は他国にも均霑《きんてん》（等しく適用）されたため、日米貿易にも良い結果がもたらされたのです。

コーデル・ハル

ハルが低関税自由貿易主義者だとここでお話ししたのは、野村とハルが初めて極秘裏《ごくひり》に会って二人だけで会談した四一年三月八日、ハルが最初に述べた内容が、その理想とする経済構想[10]だったからです。それだけハルにとっては大事な項目だった。ハルの構想のうち低関税政策は、惜《お》しくも日米交渉では実現しませんでしたが、第二次世界大戦後の一九四七年に合意されたGATT（関税及び貿易に関する一般協定）に引き継がれていきます。2章でもお話ししましたが、GATTのような発想は、リットン報告書にも先取りされており、戦前から展望されていた幾つかの理想が、多くの犠牲を払った戦後に実現したといえるのです。

戦争前夜、敵国同士が交渉の席に着く意味は？

まずは、戦争する前、仮想敵国同士が交渉することにはどのような意味があるのか、それを考えておきましょう。一つは、お互いになんのために戦うのか、戦争目的を国内的に明示し、また対外的にも示すという意味があると思います。

――戦争目的を出しておくというのは、大義名分をつけるということですか？

そのとおりです。たとえば日清戦争（一八九四―九五年）にしろ、日露戦争（一九〇四―〇五年）にしろ、いまだ日本が幕末、明治以来の不平等条約体制を完全に脱することができなかった時期（関税自主権の回復は一九一一年）ですから、日本は列強を意識して、戦争の正当性を証明してみせなければならなかった。途中で他の国に介入されては困るのと、戦費を借りる必要があったからです。意外にも明治日本は、戦争の前の交渉事と戦争を正当化する論理づくりには長《た》けていました。日清戦争では清に対し「朝鮮の改革を拒絶するのは非文明」といい、日露戦争ではロシアに対し「門戸開放しないのは文明の敵」との言葉を投げつけます。[11] しかも、これらの言葉を創造していたのは、福沢諭吉《ゆきち》や吉野作造《さくぞう》という、当代一流の知識人だったのです。

日清戦争の場合、戦争開始までの二ヵ月、日本は清国や朝鮮に向かい、朝鮮の内政改革の必要性を訴えていました。日露戦争の場合、戦争開始の半年前から外交交渉を行なっています。このように、戦争を始める前に、相手国と交渉するのは、世界が注視する中で、両国の間の不一致点はなにか、相手方がどれだけ不当なのか、こちら側の大義名分はなにか、それを対外的に示すためでした。戦争前の交渉は、ある種、ショーウィンドウに飾るスローガンを見せる場となるのです。日本とアメリカが、それぞれなにを掲げていたかを見ていきましょう。

日米交渉と聞いて、なにを調べるか

さて、前回、日米交渉について、本やインターネットなど、身近な媒体を使って調べてみよ

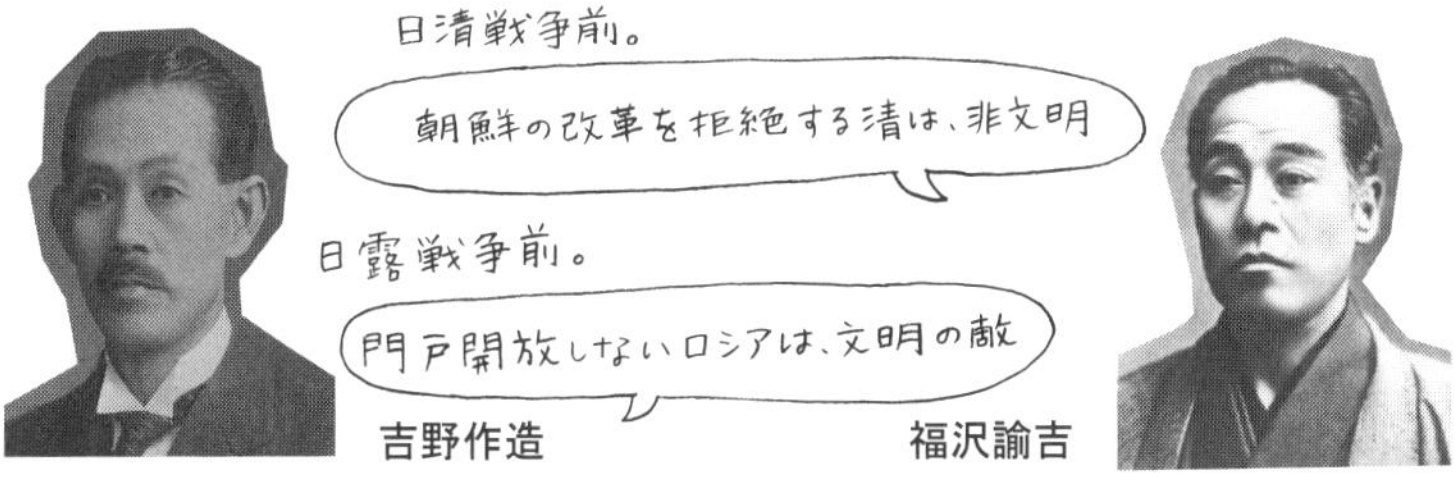
日清戦争前。
朝鮮の改革を拒絶する清は、非文明
日露戦争前。
門戸開放しないロシアは、文明の敵
吉野作造
福沢諭吉

うという宿題を出しました。みなさんは、どういうことから調べてみましたか。

――日米交渉について、あまり知らないので、まず、どういうものだったか調べてみました。調べた中では、アジア歴史資料センターというサイトがダントツでよかったです。人物の解説もくわしいし。

おお、良いものを見つけました。アジア歴史資料センターは、インターネット上の一次史料貯蔵庫です。これは、1章でお話しした村山談話とともに、日本政府が戦後五十年ということで取り組んだ事業の成果の一つです。国立公文書館が運営し、主として戦前期に作成されたホンモノの一次史料を、誰でもどこでも何度でも見られる、画期的な史料蔵です。「インターネット特別展」という特集には、「公文書に見る日米交渉」という項目もある。[12] いま言ってくれたように、主要人物の紹介、年表、用語解説まであり、私の説明など要らなくなります（笑）。ほかにはどうですか。

――私も、この時代にあまりくわしくないので、とりあえず概要をつかむために、本を読んでみました。対米交渉を行なっているとき、アメリカに日本の暗号が解読されていて、日本があたふたしているのが筒抜《つつぬ》けの状態で交渉していた、というのが衝撃的でした。

全体を見渡すため、本を選んだのは素晴らしいです。暗号解読についてですが、外交や安全保障の分野では、国家の方針が相手方に知られては困りますから、高度な暗号を使います。ならば、と人間の考えることは同じで、ギリシャ・ローマの頃から、双方が解読に精を出す。近代以降は無線で傍受《ぼうじゅ》したり、暗号書を盗みだしたり、数学の力で解読を試みた歴史があります。

アメリカが、日本の外交電報や陸海軍の作戦用の暗号の一部を解読していたのは本当のことです。日本の外交暗号「パープル」は、一九四〇年九月、アメリカの暗号解読チームによって解読され（解読文の通称「マジック」）[13]、日米交渉時の電文も読まれていました。ただ近年、イギリスやアメリカで大戦前後のインテリジェンス（諜報活動）史料が大量に公開されはじめたことで、研究が進み、さまざまなことがわかってきています。[14]解読していたのはアメリカ側だけではなく、日本側も、解読可能なアメリカの外交電報は、ほぼすべて読んでいたとの衝撃の事実が、[15]この道の専門家の森山優《もりやまあつし》先生によって明らかにされました。国務省が使っていた最高強度の暗号についても、日本の陸・海・外務、三省担当者は、三九年から解読に成功していたといいます。[16]森山先生は、ハル国務長官から東京のアメリカ大使館あてに出された外交電報の87・1%、また、東京のアメリカ大使館からハルへの電報の91・2%が解読されていた[17]と分析しています。これは驚きの数字です。戦前期の日本は、イギリス、アメリカには及ばなくとも、かなり高い解読能力を有していました。

ならば、日本もアメリカの外交電報を読んでいた、との点がもっと声高《こわだか》に主張されてもいいですよね。それがあまり知られてこなかったのには、理由がありそうです。

その一つには、日本の奇襲を、かなりの程度覚悟していながら（想定されていたのは、真

《日本の暗号解読率》
ハルから東京のアメリカ大使館向け電報 87.1%
アメリカ大使館からハルへの電報 91.2%

珠湾ではなくフィリピンなどの基地へ日本が攻撃を仕掛ける、というものでしたが）、アメリカ政府が、日本による真珠湾奇襲を「騙《だま》し討ち」だとして、国民の抗戦意識をまとめるために利用したのではないかという疑念が、今も昔も、日本社会に根強いのだと思います。アメリカ側は、日本の手の内をすべて読んでいたうえで、日本側に第一撃をわざと打たせた。このような偏った主張が受け入れられやすい土壌《どじょう》があるのでしょう。

アメリカはマジックを読み、真珠湾奇襲を予測していながら、ヨーロッパの戦争に参戦するため、わざと現地のハワイ司令部に警告を与えず、日本側に撃たれるままにした、との説まであります。ただ、もしそれが本当だとしたら、3章で見たマスター・ヨーダ、すなわち、国防総省でアメリカの対ソ冷戦期の戦略を長年練っていたマーシャルが、真珠湾攻撃を、相手国が不合理な決定をくだす最大の例として長年の研究課題としてきたはずがありません（アメリカ側が戦後、真珠湾攻撃のトラウマを抱えていたことは、本日の後半にお話しします）。

ところで、日本側がアメリカの暗号を解読していたのですから、日本側は、無線が傍受され、交渉に関与した民間人や政府関係者の家やホテルにＦＢＩ（アメリカ連邦捜査局）がうろつくのは予想の範囲内[18]でしたでしょうし、事実、ワシントンで交渉をやると決めたとき、それは覚悟のうえでした。アメリカ側に傍受されるのが嫌なら、日本の外相が、アメリカ大使グルーを相手として東京で交渉をやればよいのです（日独伊三国軍事同盟のときは、松岡洋右《ようすけ》外相とスターマー特使が東京で交渉していましたね）。

なぜ、日本はあえてワシントンで交渉したのか。暗号を解読されるのは承知のうえで、解読されるより、もっと避けたいものがあったということです。2章（178ページ）で触れたことですが、為政者を制約するものはなにかということ、覚えていますか。政府はなにを恐れていたのか。

——暴動とか、運動。

はい、そこです。政府を制約するものとして、民間の反政府運動の威力は、とても大きかった。この場合、日米交渉への反対運動です。日本でやった場合、国家主義団体などが、それこそ鵜《う》の目鷹《たか》の目で見ている。

このような反英米派の動きがばかにならないことは、三国同盟に同意を与える御前会議の際、海軍を代表して軍令部総長伏見宮《ふしみのみや》が反英米派の、無責任で強硬な言論をしっかり取り締まるよう求めていたことからも察せられます。

アメリカで交渉しようと決意した日本の選択を見ますと、交渉に臨む本気度がわかろうというものです。日本側としては、これは実現したい交渉だった。

「ハル・ノート」で罠に、はめられた？

——私は、日米交渉について、くわしく書かれているいくつかの個人ブログと、日本共産党の「しんぶん赤旗」のサイトを読んで、それらをくらべてみました。

面白い。なぜ赤旗のサイトとくらべてみたのですか。その心は。

――たまたま行きついた、最初に見たブログで、日本はハル・ノートでアメリカに罠にはめられて、真珠湾を攻撃せざるをえない状況に巻き込まれたんだ、と書かれていました。アメリカは、表向きには侵略戦争ができないから、なにかしら大義名分がないと攻撃ができない。そういうアメリカの視点は、日本史の教科書には載っていない、みたいなことが書いてあって、同じような書き方をいくつかのサイトで見ました。

ハル・ノートは、先ほども触れましたが、四一年十一月二十六日になされたアメリカ側の提案（日本軍の中国、および仏領インドシナからの全面撤兵、そして蔣介石《しょうかいせき》政権以外の政権の承諾拒否などを内容とします）で、日本側がのめない厳しいことが書いてあった。最後通告に等しいもので日米交渉は絶望的になったと、日本史の教科書にも書いてあります。あなたが見たブログには、アメリカが日本に最初の一撃を打たせたと書かれてあったと。……つまり、なんとなく謀略史観にはまっていそうな大人のブログを見つけたのですね。いけないですねえ。

――（笑）。しんぶん赤旗には、ハル・ノートの中身は、この段階で突然示されたものではなく、アメリカの基本態度として、最初からはっきりしていた、という記述があって。その二つをくらべると、アメリカの基本態度が前からはっきりしていたのだったら、

？「アメリカが日本に第一撃を打たせた」説が今も昔も、根強いのはなぜ？

「罠にはめられて」という表現とはギャップがあるし、そのあたりはどうなのかな、と思いました。

それと、加藤先生は日本史の山川の教科書の執筆に関わっているので、アメリカ側の視点が出てこない点について、どうお考えなのか聞いてみたいなと思って、すごくわくわくして、今日は来ました（笑）。

——（全員・笑）。

まずは、歴史好きな一般の方のブログを見て、それから共産党という、歴史は科学だということを戦前期からいっていた人たち、それぞれが史料を違うかたちで読んでいて、矛盾点が導き出されると。交渉に臨むアメリカの基本的態度は最初から一貫していたのか、それともじわじわと厳しいものになっていったのか、知りたいですよね。

また、教科書についての非常に厳しいご質問、ありがとうございました（笑）。教科書は多くの先生方と一緒に執筆するもので、また文科省による検定制度による縛りもありますから、ちょっと不自由なところがあります。今日は、私が一次史料から分析した説明をしっかりいたしますね。

——僕が気になったのは、他の国々がどう絡《から》んできたのかで、中国は、アメリカと日本が近づいてほしくなかったし、イギリス側も、アメリカに早くドイツ戦に参戦してほしかったから、日米交渉が上手くいかないように望んでいた、というのを読みました。

これも大切なことですね。他の国が日米交渉にどう反応し、どのような影響を与えていたのか、これを見れば、日米交渉の性質が鏡を見るようにわかるわけです。

ハルは、ハル・ノートを日本側に手渡した十一月二十六日のちょっと前、オーストラリア、オランダ、イギリス、中国の大使を呼び、自らの考える、対日最終提案（暫定協定案《ざんていきょうていあん》）を内示していました。これが、実際のハル・ノートとは大違いで驚きますよ。その案は、日本が南部仏印《ふついん》から北部仏印《ふついん》まで兵隊を引き上げて、北部仏印には二万五千までの兵隊を置ける、それが実行されれば、英米蘭による対日禁輸の一部を解除する、というものでした。

ハルは、フィリピンを防衛するための戦備《せんび》充実のための時間が必要だから、どうか、この暫定協定案に賛成してください、と大使たちに頼みます。すると、中国大使以外は、日本軍が南部仏印から本当に撤退するなら、この案で賛成、と答えてくれます。ただ、十一月二十五日、ハル・ノートの前日ですが、中国政府のトップである蒋介石《しょうかいせき》が、絶対反対の親電をアメリカ側に複数打ち、それをイギリスのチャーチル首相も支持したため、この暫定協定案をハルは諦《あきら》め、原則論を繰り返したハル・ノートだけを日本側に手渡すことになりました。[19]

ただ、アメリカが、オーストラリア、イギリス、オランダ、中国などに、いちいち交渉の内容を報告していたかというと、全く違います。アメリカは、これらの国々に交渉内容を知らせずに、独自に日本との交渉を進めていました。

一つだけ例を挙げておきますと、ハルは、四一年五月二十五日、駐米イギリス大使のハリフアックス卿《きょう》を呼びつけ、イギリス政府が日米交渉の進展に苦言を呈《てい》したことについて、大使にののしりの言葉を浴びせていました。Oh Christ と言うべきところを、Oh Chwist と言ったかはわかりません。ただ、そのときのハルは、「氏（ハル）があのように取り乱された姿を拝見したのは、私にとって初めての経験」でしたと、ハリファックスが本国あて電報に書いたほどの怒りようであったといいます。[20] イギリスが口出ししたことにハルは立腹し、この交渉は、日本の枢軸《すうじく》支持派（日独伊三国軍事同盟を支持する人たちのことです）の力を骨抜きにできる良いチャンスなのだから、黙っていてくれ、と述べたようです。アメリカが日米交渉にどのくらい本気で取り組んでいたか、それを考える際の重要な証左《しょうさ》となりますね。

アメリカの意図　なぜ、日米交渉をやるのか

アメリカにとって、日米交渉を進める必要性は、どこにあったのでしょうか。大使だった野村は、日米開戦後に交換船で日本に帰国したのち、ある講演会で、こう述べていました。アメリカ側は「（一九四一年）八、九月頃まで日米交渉を纏《まと》めたいために一生懸命であった」[21]、と。アメリカにもいろいろな勢力がいて、日本と本気で交渉したいと思っている勢力もいました。ハル国務長官がまずはその第一人者ですが、大統領のローズヴェルトもそうでした。

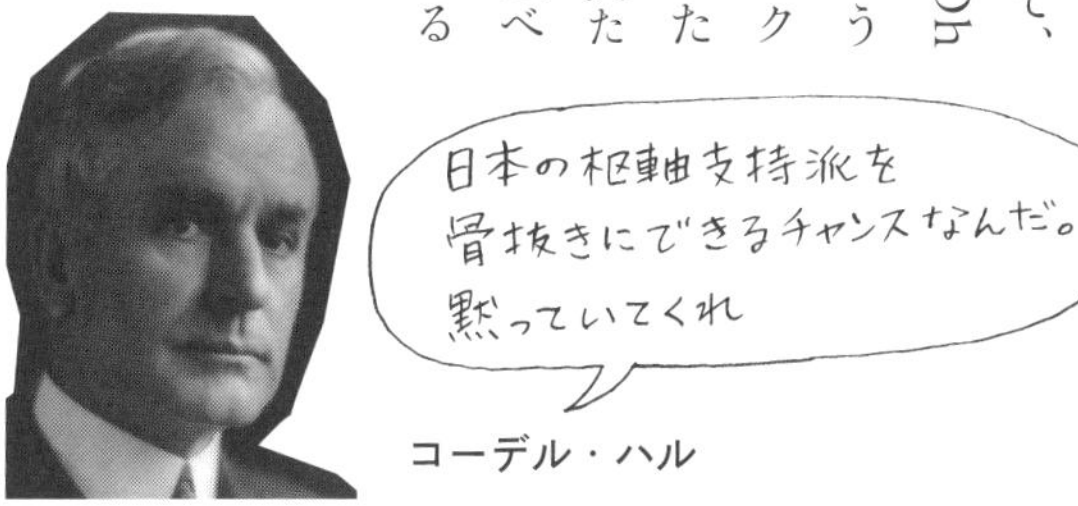
日本の枢軸支持派を
骨抜きにできるチャンスなんだ。
黙っていてくれ
コーデル・ハル

アメリカが、四一年四月から、日米交渉を、少なくともやらなければならない理由はなんだろう。時間稼ぎというのがまずは浮かびますが、時間を稼がなきゃならない理由はなにか。

——……？

三九年九月から続いていた第二次世界大戦に対し、アメリカの同情は、ドイツと戦うイギリス側に、イギリスに亡命政府を置いていたポーランド、オランダ、ベルギー側にあったのは明白です。ただ、アメリカ国民は、連合国民に同情はするけれども、戦争はまっぴらごめん、という気持ちが大変に強かった。この時期、世論を調べるためのギャラップ調査を見ると、アメリカ人の半数以上がイギリスへの軍需物資援助には賛成するものの、調査対象の88％もの人は、アメリカの参戦に断乎《だんこ》反対していたのです。[22]

ただ、武器援助もタダでは困るということで、イギリスはアメリカからの武器や物資に対価を払っていました。[23] その額、四〇年末段階で五〇億ドル。さらに、イギリスの戦況が深刻になると、アメリカは大西洋のイギリス海軍基地と交換に、アメリカの古い駆逐艦《くちくかん》を貸与《たいよ》します。

ですが、日米交渉の始まる一ヵ月前の四一年三月、大統領の発案で生まれた武器貸与《たいよ》法が成立することで、事態が動きます。これは、アメリカがイギリスに武器や補給物資を無償で送り、戦争終決後にドルではなく現物で返済してもらう、という構想です。[24]

当時、ローズヴェルトは、「炉辺《ろへん》談話（Fireside Chats）」というラジオ番組を持っていて、この番組が始まる時刻になると、映画館から人が消えると言われていました。みんなラジオを聴くために家に戻るのですね。ローズヴェルトは、この「炉辺談話」で、武器貸与法に署名したことを国民に報告しますが、そのとき、こんな話をします。

お隣が火事になったとする。そのときお隣から、あなたの家の水道栓《せん》から水をまいて消火したいのでホースを貸してくれますか、と問われたら、誰だって貸すでしょう、と。そのとき、はい二ドルですといってお金を取りますか。そんなことはしませんよね。ホースを貸して、お隣のお家の火事が消えれば、あなたの家が燃えてしまうリスクもなくなる。消火に成功した後でホースを現物で返してもらえれば万々歳《ばんばんざい》じゃないですか、とラジオで語りかけた。

それにしても、アメリカの大統領にしろ、日本の首相にしろ、為政者というものは、なぜ火事のたとえが大好きなのでしょう（笑）。あっ、みなさん、キョトンとしていますね。私が今、言ったのは、安倍首相が民放番組に出演して、火事のたとえで、日本の集団的自衛権を説明した一件（二〇一五年七月二十日と二十一日の両日）についての話でした。歴史の因果関係を深読みすれば、首相のスピーチライターさんなどが、まさにこの炉辺談話を参考にしたのかもしれません。

この武器貸与法が成立した少し後、アメリカの司法長官ジャクソンは、次のように演説していました。「現在行なわれている侵略

1941年3月、武器貸与法成立。

戦争は、国際共同体に対する内乱である。現在進行中のあからさまな侵略に対しては、［中略］国際法体系における戦争と中立の地位が、もはやそれ以前のものと同一でない」。[25] ジャクソンは、第二次世界大戦が枢軸国側の敗北に終わった後、戦後、枢軸国の為政者を罰するためのニュルンベルク裁判のルールなど、戦争裁判の基本ルールを書き上げた人です。で、人生で一番記憶力がよい時期のみなさんは、この「国際共同体に対する内乱」という言葉、どこかで耳にした記憶はないですか。

――確か、近衛首相が「変態的内乱」とラジオの演説で言っていました。

そう、日独伊三国軍事同盟を締結したときに、日中戦争を指して言った言葉でしたね。ジャクソン司法長官にしても近衛首相にしても、本来は「戦争」と表現すべき事態を「内乱」と表現している。

ジャクソンさんの演説は、かなりわかりにくいですが、次のような意味です。ドイツがヨーロッパで行なっている侵略戦争は、国際的な共同体、つまり世界に対する、ドイツによる反逆行為にほかならない。だからアメリカは、中立の地位のままで、イギリスを援助してもかまわない、ということです。

当時は、ある国とある国が戦争を始めたとき、それ以外の国が中立国だと称するためには、一定の義務を負わなければなりませんでした。つまり、戦争の圏外《けんがい》に立って、そのまま貿易を行なって利益を上げるのであれば、それ相応のリスクを取れというように考えられていたのです。

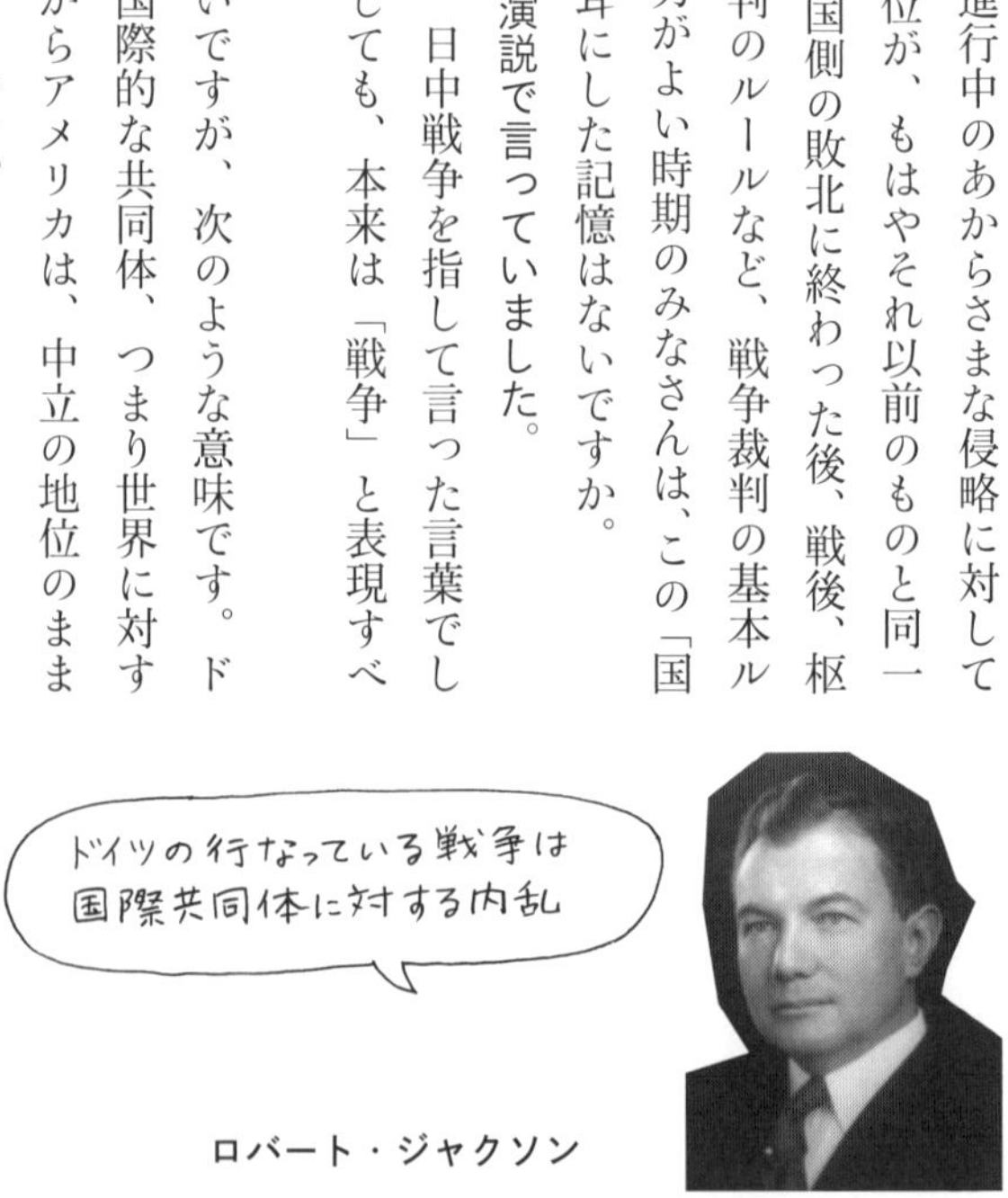
ドイツの行なっている戦争は
国際共同体に対する内乱
ロバート・ジャクソン

たとえば中立国は、戦争の一方の国だけに武器援助をしてはいけないし、一方の国だけに港湾などを貸してもいけない。日本が一九三一年九月の満州事変以来、中国に行なったことは、まぎれもない侵略でしたが、三七年に宣戦布告のないまま本格的な戦争である日中戦争が始まって以降、日本側が英米仏ソ連などの国々に強い不満を抱いていた理由は、これら中立国が、さまざまな形態をとりながらも、中国側だけに援助を与えていたという点にありました。

日本も中国も日中開戦にあたって、宣戦布告を行ないませんでしたから、日本側のクレームは、本来は筋の通らぬものでしたが、確かに中立国の義務という旧来の国際法の観点からは問題になしうる、ぎりぎりのグレーゾーンというところでしょう。ジャクソン長官の主張の大事なポイントは、ドイツの行なっている戦争は戦争ではなく内乱なのだから、アメリカが武器貸与法でイギリスを援助しても、アメリカは中立違反にはならない、という点にありました。

四一年三月、この武器貸与法を通過させたことで、事態が動くのです。イギリスは護送船団方式といって、たくさん商船を連ね、それを艦艇で護衛してアメリカからの兵器・物資を運んでいましたが、この時期には、大変な数のイギリス船がドイツの潜水艦Uボートの犠牲になっていました（イギリスに比べて海軍力で劣ったドイツは、かねてから潜水艦を有効に用いる戦術をとっていました。後にイギリスはUボートが用いる暗号を解読して撃沈数を減らします）。アメリカとしてはせっかく武器を貸与しても、大西洋上でドイツ潜水艦にやられて、海の藻屑《もくず》になっちゃ困るでしょう。だから、アメリカの海軍哨戒（パトロール）部隊を大西洋に置いてはどうか、という話

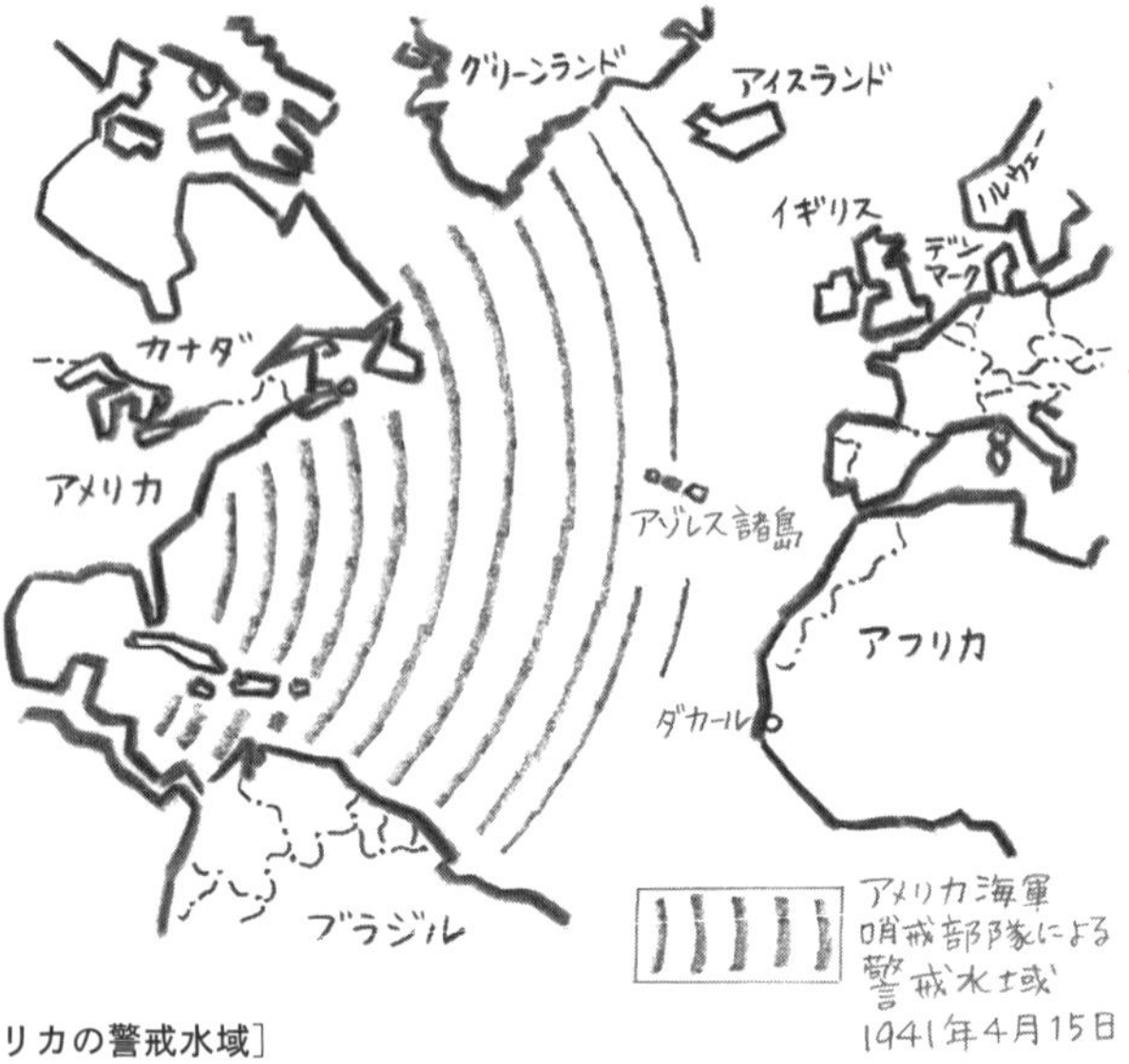

［アメリカの警戒水域］

1941 年 4 月、アメリカは警戒水域を拡大。ドイツ潜水艦の位置をイギリス側へ教えはじめた。

になってきます。

慎重だったローズヴェルトも、ようやく四月十五日、大西洋の海軍哨戒部隊による警戒水域を、グリーンランドとアゾレス諸島を含む、アフリカとブラジルのほぼ中間の線の西側まで拡大することに同意します。[26]アメリカ海軍哨戒部隊は、イギリス船をドイツの潜水艦攻撃から守るために船団護衛（コンボイ）することはできませんが、ドイツ潜水艦の位置をアメリカ海軍やイギリス側に教えられるようになりました。

大西洋での哨戒が始まれば、これまで太平洋に置いていたアメリカ艦隊の何割かを大西洋へと動かす必要も生じてきます。そのためには太平洋方面で、しばらく日米対立が起きないようにしたかった。

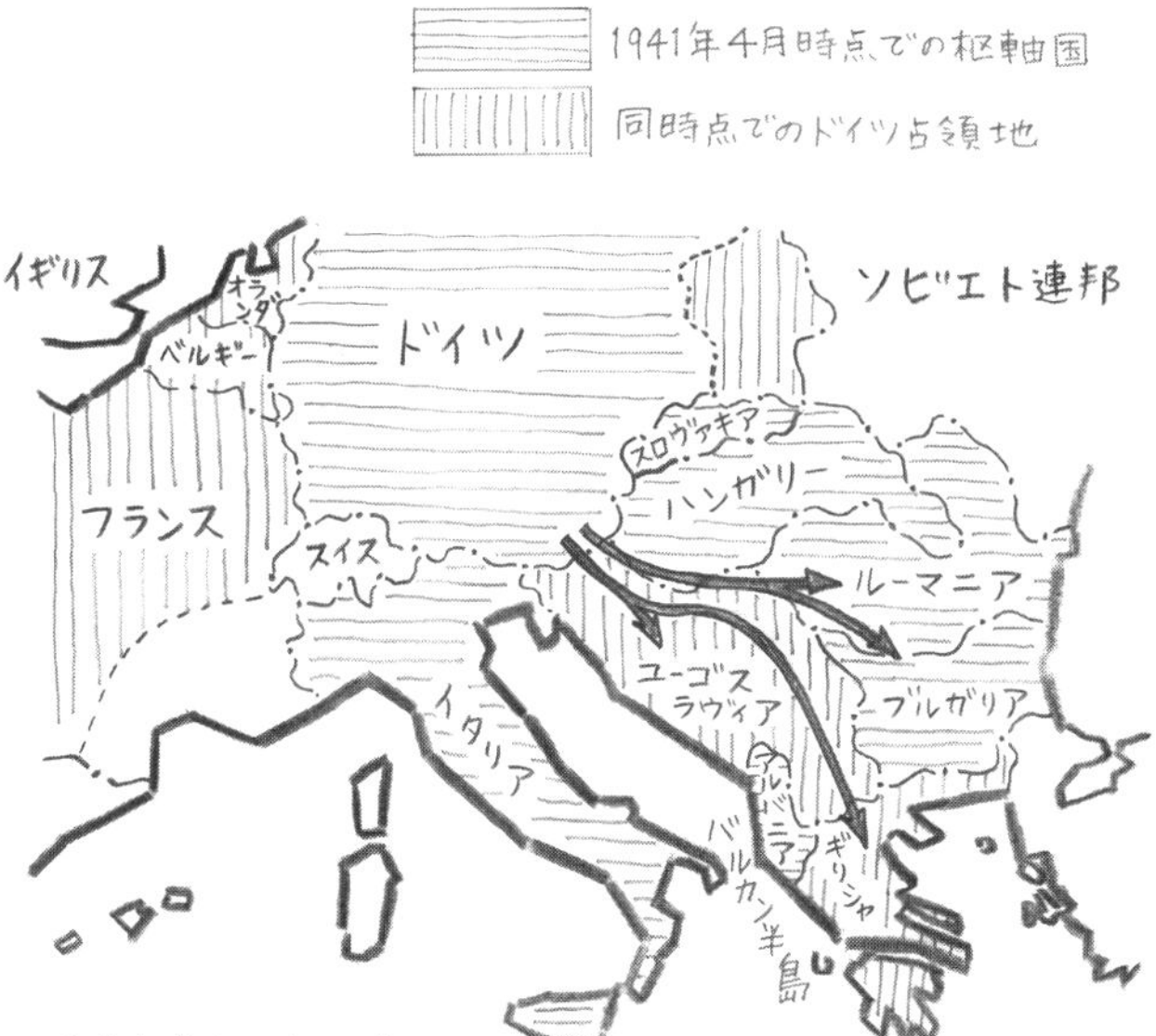

［バルカン作戦を進めるドイツ］
1940 年秋以降、ドイツは上の地図のバルカン半島の諸国に侵攻。

これが、アメリカが日米交渉を考慮した理由の一つでした。

一九四一年の春というのは、イギリスにとって、本当に暗い時期でした。四〇年秋以降、ドイツはヨーロッパの東南部、ハンガリー、ルーマニア、ブルガリア、ユーゴスラヴィア、ギリシャに進出あるいは侵攻し、このうちハンガリー、ルーマニア、ユーゴなどを三国同盟に加盟させてもいました（バルカン半島諸国を、ソ連あるいはイギリスの進入から予防するためにドイツが行なった作戦をバルカン作戦といいます）。このバルカン作戦を猛然と進めるドイツに対して、イギリスは連敗していたのです。

アメリカは、日米交渉を円滑に進めるため、交渉にタッチできる人間を、ローズヴェルト、ハル、ノックス海軍長官、ローズヴェルトの選挙参謀でもあったウォーカー郵政長官の四人に限り[27]、東京のグルー大使にも知らせない徹底ぶりでした。日本の政府内において激しい対立があったことは、三国同盟のところで見ましたが、アメリカ政府内にも、激しい意見対立があったのです。

大西洋で対英援助を安心して行なうため、太平洋では日本としばらく平穏な関係を築くべきだと考えるハルやノックスなどが一方にいます。しかし、その一方には、日本など資源・資金小国だから、アメリカが日本の出方を顧慮《こりょ》する必要はなく、ただ強硬な態度のみが日本をおとなしくさせる、そう考えていた、スチムソン陸軍長官やモーゲンソー財務長官などの対日強硬派が政権内にいたのです。

日本の意図　なぜ、日米交渉をやるのか

次に、一九四一年四月の交渉開始の背景を考えてみましょう。日本側の第一の危機感は、このままでは三国同盟が発動されてしまうような事態が起きやしないかという点にありました。日独伊三国同盟の第三条は、あくまでアメリカが、ドイツ、イタリア、日本のいずれか一国を「攻撃」したとき、「三国はあらゆる政治的、経済的及び軍事的方法により相互に援助」すると書かれていましたね。日本がアメリカを奇襲するのではなく、アメリカの側から「攻撃」を

仕掛けることが、三国同盟発動の要件でした。そうであれば、ここで重大な疑義が発生します。どのような条件を満たせば、「攻撃」とみなされるのかということです。

三国同盟には、第四条で、条約文の解釈を確定し、具体的になにを協力するかを協議するための「混合専門委員会」を早くつくるべし、と書いてあり、この委員会は、四一年四月に発足しましたが[28]、この時点で、具体的なことはなにも決まっていなかったのです。

よって、アメリカがなにをしたら、ドイツやイタリアや日本にとっての「攻撃」になるのか、日本は心配で仕方がない。日本の海軍の戦備の実態（アメリカからの輸入が途絶すれば航空燃料は一年分）を知っていた海軍上層部などは、それこそ青くなっていたのではないでしょうか。

松岡外相が胸を張ったように、日本側は、武力行使の発動について、「自主的に判断できる」[29]旨を、オット駐日ドイツ大使から松岡外相にあてた手紙のかたちで確約をとってはいましたが、スターマー特使が、それをドイツ本国へ伝えていなかったと話しましたね。

アメリカの対英援助が本格化する中で、たとえば、アメリカの駆逐艦《くちくかん》がドイツ潜水艦を誤って攻撃してしまったことを契機に、米独が交戦状態になるような可能性は否定できなかった。アメリカの対英援助姿勢は、日本側を交渉へと促したといえるでしょう。

そして、3章で見たように、ドイツの許可を得て、オランダ領東インドの石油などを手に入れ、大東亜を日本の生存圏にしていくための時間がほしかったというのもありそうです。当初は、宮内省や、外務省・大蔵省の一部などの親英米派だけでなく、意外にも陸海軍が一体となって、日米交渉に賛成していたのですが、その理由はここにありました。事実、四月二十二日、野村から諒解案を送られた海軍側がワシントンの日本大使館付海軍武官に発した電報で、「陸海軍ともに、この機会を捕捉《ほそく》し、概《おおむ》ね四月十七日付野村大使電による貴地案（日米諒解案のこと）を基礎とし、日米関係を調整することに意見一致」[30]した旨が、取り急ぎ、現地に伝えられていました。

チャーチルから松岡への手紙

先ほど、他の国はどう見ていたのか、という質問がありましたね。では、アメリカの動向が気になって仕方がない二つの国、すなわち、イギリスとドイツの反応を見ておきましょう。

まず、イギリスです。面白いのですが、なんとチャーチルから、当時の外相である松岡洋右《ようすけ》に手紙が届けられていました。このとき、松岡が手紙を受け取った場所は日本ではありません。四一年三月十二日に東京を出発した松岡は、ベルリン、ローマ訪問を果たし、帰りのモスクワでは、四月十三日、日ソ中立条約の電撃調印に成功します。松岡の訪欧は、日独伊三国同盟を欧州に誇示《こじ》するという意味のほかに、条約を御前会議で通した際、陸軍の閑院宮《かんいんのみや》参謀総長が出していた希望条件、すなわち、ソ連との緊張緩和をなんとか実現しようとしたものでした。

そのソ連との中立条約が調印される前日にあたる四月十二日、モスクワ駐在のイギリス大使が松岡のもとにやって来て、イギリス首相兼外相代理のチャーチルからの手紙を手渡したのです。かなり深刻な内容が簡潔な文章に表現されていて、一読した松岡が激怒すること必至《ひっし》の手紙なのですが、なにやら乾いたユーモアが漂うのはなぜでしょう。[31]

「私は日本帝国政府、および国民の関心を呼ぶに値すると思われる、二、三の問題を提案いたしたいと存じます」、と、こう書き始めた後、いきなり箇条書きの問いになります。

（一）ドイツは一九四一年の春、夏あるいは秋において、制海権またはイギリスの白昼《はくちゅう》の制空権なくして英国を攻撃して征服しうるでしょうか。［中略］これらの問題が判明するまで、待つのが日本にとり有利ではないでしょうか。

チャーチルは、腹をすえて素直に、松岡および、この文書を読む日本の為政者に問いかけています。日本はこれから先の半年で、ドイツが本当にイギリスを空爆により屈服させられると思っているのですか。結果を見た後、日本が漁夫《ぎょふ》の利をしめるほうがよいのではないですかと。

この問いかけには背景がありました。松岡のベルリン訪問の前後、ドイツ側は松岡に対し、極東のイギリス根拠地シンガポール攻撃を要請《ようせい》していましたが[32]、松岡は意外にもこの要請を断っていました。[33] ただ、日本によるシンガポール攻撃は、イギリスにとっては依然《いぜん》として懸念材料でした。以降のチャーチルの問いかけは、さらにぐさぐささきますよ。

（二）英国および米国が、その全工業力を戦争目的に転換したとしても、米国の援助が英国海岸に到達しがたきほど、英国の海上輸送に対するドイツの攻撃が強力であるでしょうか。

（三）三国同盟への日本の加入が、現在の戦争に対し、米国の参戦を容易にしたでしょうか。あるいは困難にしたでしょうか。

まず、ドイツの一番の弱点を、ずばり指摘していますね。ドイツは、Uボートで通商破壊戦（イギリス商船を撃沈することで、抗戦能力を下げる）をやっているけれども、世界第三位の海軍国家である日本（一、二位はアメリカとイギリスです）が信頼するに値するほど、ドイツの海軍力は屈強なものでしょうか、と。

（三）も手厳しい。日本が三国同盟を締結した結果、どうなりましたか。アメリカはイギリスを援助するため、戦争に一歩近づく武器貸与法を通過させましたね、と。そして、次が究極の問いであって、データで迫ってきます。

（八）一九四一年には米国の鉄鋼の生産高は七五〇〇万トンになり、英国においては約一二五〇万トンになり、合計してほとんど九千万トンになるというのは真実でしょうか。万一、ドイツが以前のごとく敗北すれば、日本の鉄鋼生産高の七〇〇万トンは、日本単独の戦争のためには不十分でないでしょうか。

これらの問題に対する解答を考うるならば、日本は恐るべき災難を避けて、西方《せいほう》の偉大なる海国、英国とますます提携の要を感ずるでしょう。

心憎いのは、傍点《ぼうてん》を付した「ドイツが以前のごとく敗北すれば」という語句ですね。これを最初に読んだとき、私はぞっとしました。「以前のごとく」って、いつのことかというと、第一次世界大戦を指しています。第一次世界大戦では日本は、イギリスと組んで連合国の一員としてドイツを敗北させた側の国でした。

――面白いです。諭《さと》すように惑《まど》わせるような言い方から、イギリスの考えがわかる。

チャーチルは、松岡外相を怒らせるのは覚悟のうえで、日米交渉の前に、こう書いて寄越すのです。たとえば松岡がチャーチルの手紙に激怒したことが日本政府部内で広まれば、逆にチャーチルの手紙の内容に注目が集まるというものです。日本側が言われていちばん嫌な問いを発して、日本の選ぶ道を考えさせていました。

イギリスの究極の本音としては、一刻も早くアメリカが、自らが戦っている第二次世界大戦に参戦してほしいということでしょう。けれども、アメリカの本格的な対英援助が始まり、兵器や物資がやってくる。その一番大事な時期に、日本が南下

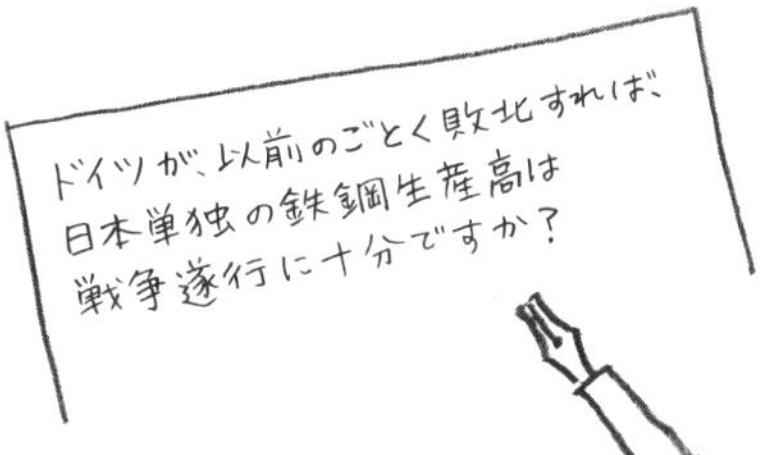
ドイツが、以前のごとく敗北すれば、
日本単独の鉄鋼生産高は
戦争遂行に十分ですか？

ウィンストン・チャーチル

し、シンガポールなどに兵を進められたら、イギリスとしては大変に困る。ですから、この時点でのイギリスの率直な対日要求は、しばらく黙って動かずにいてください、ということではなかったでしょうか。

松岡外相に手紙を出したときのチャーチルの気持ちというのは、日米交渉に真面目に取り組んでください、アメリカ側の話に耳を傾けてくださいね、というものだったと思われます。

ドイツ大使・オットから松岡への手紙

次に、日米交渉を牽制《けんせい》したい、邪魔したい側のドイツから松岡に手渡された抗議[34]を見ておきましょう。四一年五月十七日、オット駐日ドイツ大使が松岡のところにやってきました。四月十七日、アメリカからの提案だとして野村大使が日米諒解案を東京に伝達し、日本側の対案が五月十二日に作成された後のことでした。日本側はどうアメリカに答えたのか、ドイツにしてみれば、それが気になって仕方がない。書面には、こう書かれていました。

ドイツ政府は、米国の参戦を抑制《よくせい》する最良の方法は、日本が米国の提案につき交渉する［の］を、断乎拒否せらるるにありたるべし、との見解なり。ドイツ政府は、日本政府が米国政府に回答せらるる以前、ドイツ政府の意見を待たれざりしを遺憾《いかん》とす。

ここから、いろいろなことがわかりますね。日本がアメリカの参戦を抑止したいのなら、日米交渉を断乎拒絶するのが一番だ、とドイツは強く出ます。また、意外なのは、松岡外相がアメリカに回答を出す前、ドイツと相談していないことです。日米交渉の本のいくつかには、日ソ中立条約の調印を成し遂げて意気揚々《いきようよう》とした松岡が、野村・ハルの日米交渉に消極的だった、あるいは邪魔をした、と書かれたものもあると思います。しかし、このドイツ側の見方を確認すれば、日本政府は一体となって、対米提案をまとめるところまではいっていたことがわかる。ドイツの抗議の続きを読みましょう。

［三国同盟を］逸脱《いつだつ》すること、あるいは弱化することは、事態を転落のほうに導くべく、その結果として［中略］ついに三国条約を幻影化《げんえいか》なすべし。

同盟を弱体化するような言質《げんち》をアメリカに与えたりすれば最悪の事態となり、同盟は幻《まぼろし》となってしまう、と脅かしています。ドイツ側の危機感は、実体のない杞憂《きゆう》ではありませんでした。なぜなら、ちょうど同じ頃、四一年五月九日、沢本《さわもと》

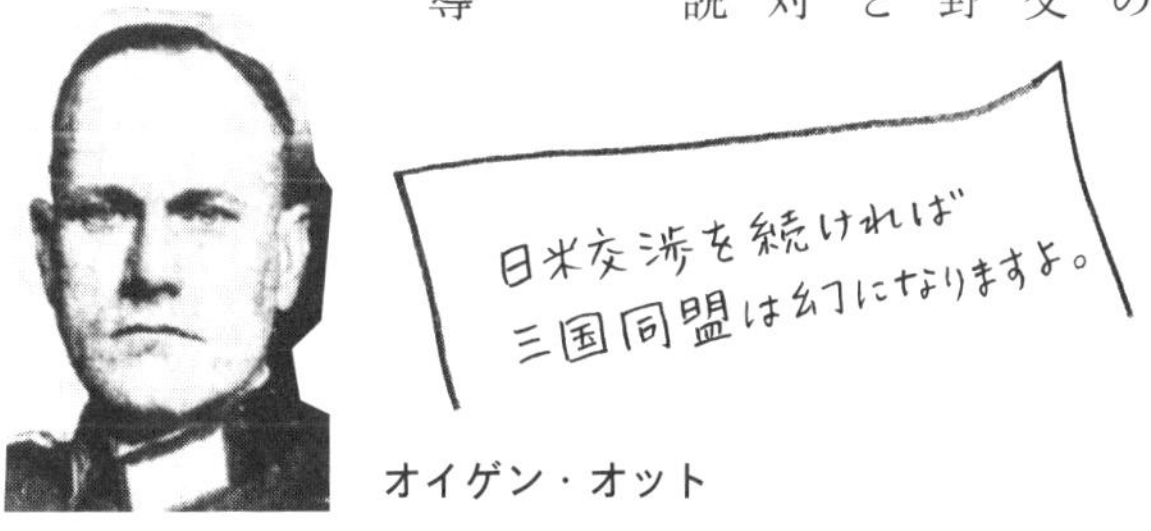
日米交渉を続ければ
三国同盟は幻になりますよ。
オイゲン・オット

頼雄《よりお》海軍次官と近藤信竹《こんどうのぶたけ》軍令部次長の二人の連名での極秘親展《しんてん》電報[35]が、ワシントンの野村に向けて送られていたことがわかるからです。その電報には、次のように書かれていました。アメリカとドイツが開戦した場合、日本がとるべきドイツ援助の方法や時期は、日本が独自に決定できる問題である。よって、米独開戦になればすぐ日米開戦と考えるのは間違いで、三国同盟の廃棄・不廃棄は、日米が戦うか戦わないかにとって、根本要件ではない、むしろ日本が心配すべきなのは、アメリカが全面禁輸を日本に対して行なってくるような場合である、と。

ドイツの期待する対米抑止力であった日本海軍、その海軍次官と軍令部次長が連名で、このように三国同盟の義務を理解し、むしろ、アメリカの対日禁輸を懸念《けねん》する電報を送っていたのを知れば、オット大使などは憤死《ふんし》したのではないでしょうか。

史料に残る痕跡

日米諒解案

日米交渉は、交渉の帰結として、四一年十二月の真珠湾攻撃が起こってしまうので、正確にわかっていないことや、誤解されたままのことが多い事柄なのです。誤解や曲解《きょっかい》の典型例として、よくあるのは、「野村吉三郎大使問題史観」とでもいうべきものです。専門外交官でもない野村が、日米交渉の最初の諒解案、四月十六日にハルが野村に示した案を、アメリカ政府からの提案であるかのように日本側に伝えた、と。本当は日米の民間人同士が準備した案だったにもかかわらず、アメリカ政府案だと誤解した日本側に過大な期待が生じ、ボタンの掛け違いが起こった[36]、という説です。大学で使用されるテキストにもこう書かれているものがあります。

しかし、これは史実のレベルで間違っています。野村は、日米諒解案を東京に伝えた最初の電報で、この案が、かねてから「内面工作を行い、米国政府側の賛意を『サウンド』[37]していた案であると伝えていました。「サウンド」とは、どう思っているのか尋ねてみるという意味で、日米の関係者が相談して、その結果できた案を、アメリカ政府に尋ね、まとまった案だと、正直に伝えている。

この諒解案が民間人のつくったいい加減な案かといえば、そうではない。民間側で周到に摺《す》り合わせた項目を、ハルと野村、国務省の日本担当者、ワシントンの日本大使館員らで十分にもんで、国と国との間の交渉事にまとめている。ローズヴェルト大統領による内諾[38]も得ていた案でした。ハルが国務省でこの案を野村に手渡しているのですから、アメリカ政府側の提案でなかったはずがないのです。

そう考えなければ、五月に入っても日本政府側の対案が出てこないのを心配したハルが、わざわざワシントンの日本側に密使を派遣して、次のように伝えさせた理

日米諒解案は、
米国政府の賛意を
「サウンド」した案だ
野村吉三郎

提供：外交史料館

由がわかりません。[39] 日本側の回答の遅れが、アメリカ側が「コンボイ」（船団護衛）をやるのではないかという憂慮《ゆうりょ》にあるのだとすれば、それは不要な心配で、アメリカは日本側が交渉を進めるのに困るようなことは、決してしないつもりだから、どうか心配をしないでほしい、早く回答をくれ、と。

　このハルの言葉は嘘ではありませんでした。確かにローズヴェルト政権は、五月八日の閣議で、スチムソン陸軍長官などの強硬論者に押され、船団護衛の方針を決定してはいました。[40] しかし、いまだ80％の国民が参戦を拒否していた[41] 現状をよく見ていた大統領は、五月二十八日の大統領演説では、「国力と国家権限が許すかぎりの国防体制の強化が必要とされる」と勇ましいことを述べながらも、翌日の記者会見では、「船団護衛を海軍に命令する考え」がないことを明言[42]していた。ハルの伝言は守られました。

　では、一九四一年四月十六日、ハルから野村に手渡された日米諒解案[43]の内容を、それぞれの項目が、日米どちらから出されたものか見ながら読んでいきましょう。七つの項目からなり、かなり正式の固い英語で書かれている。それをワシントンの日本大使館や外務省が訳したものですが、日本語もとても固い、古くさいものとなっています。

　一、日米両国の抱懐《ほうかい》する国際観念および国家観念

［前略］両国政府は恒久《こうきゅう》の平和を確立し、両国間に相互の尊敬に基づく信頼と協

力の新時代を画さんことを希望する事実において、両国の国策の一致することを闡明《せんめい》せんとす。〔中略〕

両国政府は相互に、両国固有の伝統に基づく国家観念および社会的秩序並《ならび》に国家生活の基礎たる道義的原則を保持すべく、これに反する外来思想の跳梁《ちょうりょう》を許容せざるの鞏固《きょうこ》なる決意を有す。

まず、日米両国で恒久平和を確立しよう、と書いてある。三行目の「闡明せんとす」というのは、はっきりここに宣言します、という意味です。また、日米の伝統的な国家観念を尊重しましょうともいう。その国にとって大事な、社会を成り立たせている基本秩序を相互に尊重しよう、ということでしょう。

――ここの最後の一文の、「外来思想」って、なんですか。

　不思議な文句ですよね。この原則部分の草案は、もともとアメリカ側が出したもので、暗にナチス＝ドイツの掲げる全体主義的な考え方に日米は反対だよ、と言わせたかったようです。一方、日本側の考えでは、「固有の伝統に基づく」という部分に、アメリカがモンロー主義（南北アメリカ大陸とヨーロッパ大陸との相互不干渉を謳う考え方）を主張するなら、日本も極東モンロー主義を主張してよいはず、との含意《がんい》があったといいます。[44]

　二つめは、地味なタイトルですが、三国同盟の適用問題についての項目です。

日米諒解案を読んでみよう。
それぞれの項目は
日米どちらから出されたもの？

二、欧州戦争に対する両国政府の態度
日本国政府は、枢軸《すうじく》同盟の目的は防御的にして、現に欧州戦争に参入しおらざる国家に軍事的連衡《れんこう》関係の拡大することを防止するにあるものなることを闡明《せんめい》す。

［中略］もっとも、枢軸同盟に基づく軍事上の義務は、該《がい》同盟締約国ドイツが、現に欧州戦争に参入しおらざる国により、積極的に攻撃せられたる場合においてのみ、発動するものなることを声明す。

米国政府は、その欧州戦争に対する態度は、現在および将来において一方の国を援助して他方を攻撃せんとするがごとき、攻撃的同盟により支配せられざるべきことを闡明す。


日本が結んだ三国同盟の目的は防御的なもので、現在、ヨーロッパの戦争に参入していない国（アメリカのことですね）が、戦争に関係を持たないようにするためだと書かれている。その後の「もっとも」という条件節の接続詞が入ったときは、後半に続く部分がむしろ重要なことが多いので、耳をそばだてましょう。日本の背負う義務が発生するのは、ドイツがヨーロッパの戦争に参戦していない国（アメリカのことです）から、積極的に攻撃された場合のみだよ、と確認している。この「積極的に」という部分が、日本側がアメリカ側に示している妥協の気持ち、三国同盟は安心していいのだよ、というシグナルだといえます。

続いて述べられているのは、アメリカの対英援助について、ある意味、行き過ぎを牽制しようとする書き方になっています。アメリカは、一方の国だけを援助して、一方を攻撃したりなどはしない、と。ただ、実際には、イギリスを援助し、ドイツを非難していましたから、この部分は、日本によるアメリカへの牽制、アメリカからすれば、日本に対する妥協的なシグナルといえそうです。第二点の草案は双方が持ち寄ったもので双方の歩み寄りが示されている。

三点めは日中関係の改善策とアメリカの関与について書かれています（当時の日本語訳にしたがって、ここでは支那《しな》事変、支那という呼称は、そのままにしておきます）。

三、支那事変［日中戦争］に対する両国政府の関係

米国大統領が、左記条件を容認し、かつ日本国政府がこれを保障したるときは、米国大統領はこれにより、蔣《しょう》政権に対し、和平の勧告をなすべし。

A、支那［中国］の独立

B、日支間に成立すべき協定に基づく、日本国軍隊の支那領土撤退

C、支那領土の非併合

D、非賠償

E、門戸開放方針の復活［後略］
F、蔣政権と汪《おう》政府との合流
G、支那領土への日本の大量的または集団的移民の自制
H、満州国の承認
［中略］
日本国政府は、前記条件の範囲内において、かつ善隣友好、防共共同防衛、および経済提携の原則に基づき、具体的和平条件を直接支那側に提示すべし。

面白い書き方で、AからHまでの条件をローズヴェルトが認めたなら、そしてこの条件について日本政府が実行しますと保証を与えたときは、ローズヴェルトは蔣介石に和平を勧告する、というものです。この部分の草案は、日本側が出しました。ちょっとびっくりしますが、Hに「満州国の承認」と入っていますね。アメリカはリットン報告書に賛同し、満州国を認めていません。ローズヴェルトがHについて最終的にどう決断するかは、日米諒解案ができた時点では、不明だったようです。しかし、こう書かれれば、日本側はより前向きに交渉に臨んでくるでしょう。

一方、アメリカ側が安心するような条件も入っている。Bでは、協定を結べば中国から日本軍を撤退させる、とある。また、G（日本の中国への移民の自制）も、日中戦争が終わったといっ

て現状よりも多くの日本人が中国へ渡っては困る、ということで入れた項目です。

三つの項目まで見てきましたが、ここまで読んで、なにか気づくことはありますか。

——……難しくて、日中戦争について、すごくたくさん条件が書かれているな、ということしかわからなかったのですが。

はい、それがわかれば十分で、今、答えてくれた点が大事です。どうして、日米交渉で、いちばんくわしく書かれている項目が日中戦争解決策なのか。もちろん、三国同盟の適用問題などは、二番目にくわしく書かれているわけですが。

ここで日本側が日米交渉を始めたかった、もう一つの理由が出てきました。中国との和平です。3章の最後のほうでお話ししましたが、蔣介石がせっかく乗り気になったのに、日本側が日本の傀儡政権である汪兆銘《おうちょうめい》政権との条約締結の期限を気にして、蔣の返事を待てずに、汪政権を正式承認してしまったため、ドイツを仲介とした日中和平は成功しませんでした。海軍としては、ここで陸軍が主に担当している中国との戦争を終わらせて軍事費を確保したい。また日中戦争開戦以来、中国へ道義的同情を寄せてきた、そのアメリカのローズヴェルト大統領に、和平の勧告をさせたらどうだろうか。こう日本側は考えたということですね。ほかにはいかがですか。

——三番目の、日中戦争の部分に、「善隣友好、防共共同防衛、および経済提携の原則」とありますが、これは第三次近衛声明と同じ文言だなと思って、それが気になりました。アメリ

いちばんくわしく書かれているのが
日中戦争解決策なのは、なぜ？

カと日本で話し合っているとき、日本の考え方がそのまま書いてある。

はい。このクラスの中で、最もちゃんと史料を読みこみ、史料に基づいて私に反論できる高校三年生女子が答えてくれましたが、そうなんです。第三次近衛声明というのは、一九三八年十二月、首相の近衛文麿が世界に向けて述べた日中国交調整方針で、善隣友好、共同防共、経済提携の三原則を謳《うた》っていた。このとき、国民政府のナンバー2であった汪兆銘が日本側につこうとしていた時期で、近衛としては、蔣介石政権の切り崩しのためにも、日本の対中国方針を綺麗な言葉で語る必要があったのです。

ただ、実質的な戦争をやっている相手国に向かって、なぜ「善隣友好」などといえるのか、不思議に思いませんか。日本はすでに三七年十二月に南京《なんきん》事件を起こしたほか、重慶《じゅうけい》など中国各地を空爆しては非戦闘員を多数殺害していました。共同防共というのは、中国国民政府の共産党を排撃《はいげき》したい勢力を取り込むため、また、日本軍を駐留させるための説得の論理として使われていた概念です。それらが日米諒解案に書かれている。これを入れておけば、日本の軍部が交渉に乗ってくるはずです。

日米諒解案は、日本とアメリカが周到に摺《す》り合わせて書いた文書だとわかりますね。交渉事の中で、どちら側の案が、どの言葉に反映されているか見えてくるでしょう。

日本とアメリカが実現したかったこと

「善隣友好・防共・経済提携」
日米諒解案に、近衛声明と同じ言葉が。

日米諒解案の続きを見ていきましょう。項目の四つめは、太平洋における日米両国の海や空の兵力について、敵対的な配備はやめよう、といった内容です。

四、太平洋における、海軍兵力および航空兵力並びに海運関係

A、日米両国は［中略］相互に他方を脅威するがごとき海軍兵力および航空兵力の配備は、これを採《と》らざるものとす［後略］。

B、［略］

C、支那事変解決の緒《しょ》に着きたるときは、日本国政府は米国政府の希望に応じ、現に就役《しゅうえき》中の自国船舶にして解役《かいえき》しうるものを速やかに米国との契約により、主として太平洋において就役せしむるよう斡旋《あっせん》することを承認す。ただし、そのトン数などは日米会談において、これを決定するものとす。

この項目はアメリカ側が出してきた案ですが、Aなどは、おそらく日本の海軍などは絶対に反対しそうな案ですね。日米両国は太平洋の平和を維持するため、相手方の脅威となるような海軍兵力・航空兵力の配備を行なわない、と。日本海軍にとっては太平洋が正面戦場でしたから、かなりの準備があったのです。しかし、この時点のアメリカにとっては、大西洋と太平洋

との二つ正面がある状態でした。アメリカにとって準備が不十分な太平洋において、海軍兵力も航空兵力も配備しないというのは、アメリカにとって、虫のよい提案です（この後の日米交渉では、二度とこの案は出されませんでした）。

また、Cも面白い。日中戦争が終わったら、日本側に余裕が生じた船舶（解役とは、任務が終わった船のことをいいます）をアメリカが借り受けて太平洋で就役させる、との大胆な案です。これを見たとき、私がすぐに思い出したのは、第一次世界大戦中の一九一八年、日米間で調印をみた船鉄《せんてつ》交換条約です。大戦中のアメリカが戦略物資である鋼材を禁輸した結果、日本は鉄飢《き》饉《きん》に陥ります。その対策として、アメリカが日本に鋼材を提供し、日本が建造した船をアメリカが買う交換協定が結ばれました。日米交渉の案を作成した人間の頭に、この船鉄交換条約が浮かんでいたのだと思います。[45]

次の五と六の二つの項目は、経済と金融に関するものです。日本の南方進出による資源獲得要求などを防ぐために、アメリカ側が経済的なメリットを日本に与えようとした項目でしょう。また、一面では、戦後を見すえた、ハルの経済構想が展開された部分、という読み方もできる。

五、両国間の通商および金融提携

［前略］新通商条約の締結を欲するときは、日米会談においてこれを考究《こうきゅう》し、通常の慣例にしたがい、これを締結するものとす。

両国間の経済提携促進のため、米国は日本に対し、東亜《とうあ》における経済状態の改善を目的とする商工業の発達、および日米経済提携を実現するに足る金「クレジット」を供給するものとす。

アメリカと新通商条約を結ぶのはどうですか、と誘っている。また、日本と東亜の経済状況を改善するため、アメリカは金クレジット（物資購入のための外貨など）を提供できるよという。以降はまとめますが、六つめは、南西太平洋方面における両国の経済活動という項目で、これは東南アジア、大東亜の地域で、日本が武力に訴えることなく、平和的手段に依《よ》ることを保証すれば、日本がほしい石油資源などの獲得にアメリカは協力すると。これは日米双方の願望が入った項目だと思います。

七つめは、太平洋の政治的安定についてですが、ある意味でアメリカ側のこの時期の懸念《けねん》が正直に書かれている項目だと思います。フィリピンについて、日米両国政府は独立を共同に保障するとある。つまり、日本はフィリピンのアメリカ軍基地を襲いに行かない、ということですが、これを確約するのは、日本の海軍側として難しかったのではないでしょうか。

さて、ここまで読んできて、両国はなにを予定していたと思いますか。明確には書いていないけれど、なにか、やろうとしていたことがあるのです。

——終戦ですか。

ああ、面白いです。その場合、なんの終戦でしょう。

――まず日中戦争を終わらせて、後は、ヨーロッパの戦争を終わらせることかなと思いました。

これは、なかなか予知能力があるといえばいいのか。四月十六日の日米諒解案には書かれていなかったのですが、五月十二日に日本側が回答した案の、三国同盟関連部分には、日米政府は、「相協力して欧州戦争の拡大を防止するのみならず、その速かなる平和克復に努力す」と書いてあり、これはアメリカ側がものすごく嫌った部分でした。日本とアメリカこそがヨーロッパの戦争を終わらせることができる、といった発想ですね（松岡外相の考え方をベースにしたものです）。

アメリカとしては、今ここでイギリスを援助しなければ、世界はドイツによって支配されてしまうと、対英援助を本格化させた、その矢先に、ドイツとイギリスの戦争に終止符《しゅうしふ》など打てない。そのような剣幕《けんまく》だったでしょう。

ほかにはどうでしょう。諒解案の中に言葉として出ているものです。

――経済連携とか、戦争が終わった後の秩序をつくろう、みたいな話をしている。

天国のハルさんが聞いたら、大喜びしそうです。交渉にあたった野村大使も、アメリカ側が、戦後の世界構想の樹立に意を用いていた点に自覚的でした[46]。五のところで、日米経済提携という言葉や、アジアの経済状態の改善という言葉がありましたが、まさに、第二次世界大戦が終わり、一九五一年に日本がサンフランシスコ講和条約で独立を認められて以降、東アジアで展

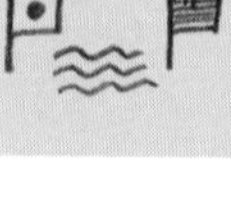

両国が、5月まで
やろうとしていたことは？

開された経済関係を予見するような内容になっていました。

ここでの答えは、ちょっと違うものです。実現できれば、インパクトがあって、世界にはっきりと示せるようなイベントですが。

——……？

これは、日米首脳会談なのです。これまで読んできた諒解案に、「日米会談」と出ているでしょう（項目四、五）。近衛文麿首相と、ローズヴェルト大統領が、ハワイのホノルルで会うことも計画されていました。当初はアメリカ側のほうが急いでいて、この頂上会談は日米間の了解成立後、なるべく早く開催すること、本年五月、との但《ただ》し書きもあった。

首脳会談プラン、アメリカと近衛の関係

えーっ、まさかって、驚くでしょう。日米首脳会談は、一九四一年八月ぐらいに最も実現に近づくのですが、みなさんもご存知のように、そのような史実はありません。実際には開けなかった。けれども、日米首脳会談という構想が絵空事《えそらごと》ではなかったことは、ある出来事から類推が可能です。もう少し後になりますが、チャーチルとローズヴェルトの首脳会談が、この時期にありました。

一九四一年八月九日、チャーチルとローズヴェルトが大西洋上で会い、十二日に米英共同宣

言（大西洋憲章）を発表します。大西洋憲章というのは聞いたことがありますか。ローズヴェルトとチャーチルは、ちょうど日米交渉をやっている裏側で、「ナチスの独裁体制」を打倒するための目標と戦後の国際協調への展望を語っていました（項目としては、領土の不拡大や不変更、民族自決、自由貿易、国際的な経済協力、公海の自由などが掲げられていました）。

アメリカは中立の地位にいながら、武器貸与法による対英援助を行なっていた国でしたので、国内の反対派あるいは日本などの枢軸国から批判もあった。それに対して、英米が望む世界はこうだ、戦後世界の構想はこうだよと示して、批判に対抗する狙いがありました。

もちろん、英米の首脳が会談する易《やさ》しさと、日米の首脳が会談する難しさは、天と地ほどの開きがあったことは事実です。ただ、問題を抱える国同士が、さっと会談をして、さっと中立条約を締結した事実もある。松岡外相が訪欧中に結んでしまった、四一年四月の日ソ中立条約のことですね。ソ連は、その西南にあたるバルカン方面で高まったドイツとの緊張関係があり、東にある日本との緊張関係をなくしておきたい。日本はオランダ領東インドなどの石油獲得のために南下したい。そのためには、北の安全確保が大事だと、ソ連と結ぶのです。長年対立してきた国でも、当面の利害が一致すれば、交渉の妥結も可能でした。

近衛文麿は、長男の文隆《ふみたか》をアメリカに留学させていた人で、文隆のハイスクール卒業式に出席することを口実とし、また貴族院議長として連盟脱退以降の日米関係を打開するため、半公式の親善使節のようなかたちで、一九三四年五月から七月の三ヵ月、アメリカを訪れたことがありました。[47] その際、近衛が一九一九年のパリ講和会議に全権西園寺公望《さいおんじきんもち》のお供のようなかたちで出かけたときに知遇《ちぐう》を得た、ウィルソン大統領の知恵袋・ハウス大佐などの縁で、アメリカ東部の財界人やウォールストリートの人々、元大統領のフーバー、そして現大統領ローズヴェルトと会見を遂《と》げていたのです。日本人の政治家で、近衛ほど、アメリカ人に良い記憶を残し、多くの為政者と会ったことのある日本人はいなかったはずです。

よって、日米交渉も、まずは近衛とローズヴェルトが会うことで、困難を突破してしまおうと考えられた経緯がありました。この二人がホノルルなどで会うと、なにが可能になりますか。どんなメリットがあるでしょうか。

――国の中の反対派を押さえられる。

はい、そこでした。国内政治では、担当の課長級、佐官《さかん》級の事務担当者がうるさい。また、閣議、大本営政府連絡会議などがある。まずは、頂上会談をして、天皇の裁可《さいか》を得てしまえば、その過程を全部省略できるのではないかと考えられた。アメリカにおいても、政権内の対日強硬派などに、日本にはまともな人もいますよ、と見せつけられる。

そして、ホノルルであれば、政府内の反対派がよく使う手で、わざと交渉の内容を新聞にリークすることなど難しかったでしょう。実際、野村は、この種のリークが日本側からなされていることに対して、松岡外相に苦言を呈《てい》していました。[48]

近衛ほど、
多くのアメリカの為政者と会った
日本人政治家はいなかった。

近衛文麿

日米交渉、舞台裏の立役者

日米諒解案は、日米の民間人や政府関係者によって周到に準備されていたと言いましたね。日米の窓口であった野村とハル以外に、日米交渉を支えた舞台裏にどんな人物がいたか、見てみましょう。

まず、ワシントンの日本大使館関係者から、駐米大使館参事官の井口貞夫《いぐちさだお》さん。参事官というのは、大使の次のナンバー2で、専門の外交官です。この井口さんは、ワシントンの日本大使館が暗号解読に手間取ったから、ハルに対する最後通牒《つうちょう》の手渡しが遅れ、真珠湾を騙し討ちとされたのだという「神話」の中心人物として、長らく批判された側の一人でした。これが神話であったことなど、後でご紹介しますから、井口という名前をご記憶ください。

そして、民間人として、最も早くからアメリカ側と交渉案を練っていたのが、井《い》川忠雄《かわただお》さんです。井川は、大蔵省の駐米財務官心得《こころえ》や外国為替《かわせ》管理部審査課長などの経歴を持っていました。この交渉のためにアメリカに派遣された時点では、産業組合中央金庫の理事をやっていました。とくに大切なのは、近衛内閣のブレーン組織であった昭和研究会という有識者グループの一員だったことです。ウォールス

駐米大使館参事官。
真珠湾騙し討ち「神話」の
渦中の人に。

井口貞夫

提供：朝日新聞社

トリート関係者、元大統領フーバーなどとのパイプも持っていた。井川は、日米交渉の特使として四一年二月十六日、氷川丸《ひかわまる》に乗り、アメリカに向かうのです。

それから、陸軍省の軍事課長だった岩畔豪雄《いわくろひでお》さんが、陸軍省の意思を反映してアメリカまで派遣されます。この人は、日中戦争解決条件をつめるため、陸軍省の軍務局長の武藤章《むとうあきら》から、お前ちょっと行ってこい、と言われた人です。井川が、アメリカ側の交渉担当者の一人、カトリック教のメリノール会神父、ドラウトさんに岩畔を紹介した手紙には、「彼は武藤軍務局長の右腕であるばかりでなく、陸軍を代表する実力者です。この重要な任務に彼が選ばれたことこそ意義あることと言わねばなりません」、と紹介されています。[49]

陸軍というと武断的、あるいは精神主義的な集団というイメージがありますが、武藤や岩畔は、ちょっと違った印象を与える軍人です。ほとんど政治家に近いといいますか。武藤は第二次近衛内閣のとき、明治憲法を改正し、既成政党を解体して、近衛を担《かつ》いだ新党をつくろうと考えた人で、この時点では対外戦争より、国内改革に関心がありました。日米交渉に尽力《じんりょく》したのは本当ですが、戦後、極東国際軍事裁判では、第一四方面軍（フィリピン）参謀長のときの責任を問われ、絞首刑になっています。

井川や岩畔などは外交官ではありませんでしたが、近衛首相周辺や陸軍省など、公的な機関の了解を背景に持っていたと考えていい。

さて、アメリカ側を見てみますと、国務長官のコーデル・ハルと大統領のローズヴェルトのほぼ専管《せんかん》事項として進められ、それにウォーカー郵政長官が加わると話しましたね。民間側の発意者としては、アメリカのカトリック教の一派であるメリノール会のドラウト、ウォルシュ両師がいました。カトリックの総本山は、ローマ教皇庁、バチカンですね。

一九四一年四月に公的に開始された日米交渉は、その源《みなもと》をたどれば、前年の四〇年十一月、ドラウトさんとウォルシュさんが日本にやってきたことに起源がありました。日米交渉の民間側の立役者について初めて本格的に分析した塩崎弘明《しおざきひろあき》先生によれば、このときに、両神父が面会した日本側の顔ぶれがすごい。まずは、到着したその日に、海軍軍人でカトリックの信者であり、宮内省御用係《ごようがかり》なども務めた山本信次郎《しんじろう》と会っています。山本は、一九二一年、昭和天皇が皇太子時代に半年かけてイギリス、フランス、ベルギーなどを訪れた旅で、東宮武官《とうぐうぶかん》兼英仏語の通訳をつとめた人物でした。ローマ教皇と裕仁《ひろひと》皇太子との面会を実現させてもいました。

外務省アメリカ局長の寺崎太郎《てらさきたろう》にも会い、沢田節蔵《せつぞう》にも会う。沢田もまた、皇太子の欧州訪問の随行員の一人で、国際連盟事務局などに勤務しています。この方もカトリックでした。また、公的な色彩の強い面会人としては、四〇年十二月に松岡外相、近衛首相、武藤軍務局長などがいました。武藤に両師を会わせたのは井川[50]です。

ですから、日米交渉は、四〇年十二月時点では、海のものとも山のものともわかりませんが、日本のカトリック勢力、宮内省関係者、首相、陸海軍など広範な範囲の人々によって支えられていたことが察せられます。ただ、これらの広い範囲の人々がお膳立《ぜんだ》てをしたということは、

日米交渉が失敗した後、また戦後の極東国際軍事裁判の過程などで曖昧《あいまい》にされていきました。

日米交渉の裏にある厚み

この交渉にかかわった民間人たちは、いったいなにをしたいと考えていたのでしょう。ドラウト神父らの発想は、①基本的に極東モンロー主義を認め、②東アジアにおけるヨーロッパ列強国の決定的後退の穴をうめ、東アジアをヨーロッパの戦乱から隔離《かくり》しておくため、③アメリカの資金供与によって東アジアの開発をはかる、[51] というものでした。

アメリカのカトリック、日本のカトリック関係者が作成した草案段階では、本当はどんなことが書かれていたのだろう。宗教家が書きたかったことは、なんでしょうか。

——……？

逆に、キリスト者が嫌がる世界を考えてみましょうか。キリスト教会をつぶして、人民の運動場にしてしまった国がありました。アメリカと日本のキリスト者にとって、共通の敵はなにか。人民というと、二つの国しかないですが。

——中国とソ連。

そうです。スターリンは、一九三一年十二月、モスクワにある救世主ハリストス大聖堂を爆破によって破壊し、その場所に市民プールなどを建設していました（ソ連崩壊後に再建

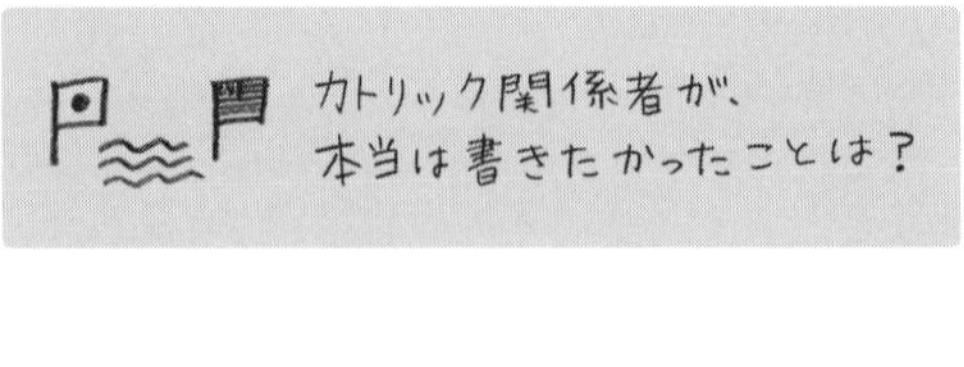
カトリック関係者が、
本当は書きたかったことは？

論議が始まり、二〇〇〇年に再建されています)。諒解案の正面には書かれていませんでしたが、アメリカと日本が避けるべきなのは、共産主義でしょう、という気持ち、日米両国諒解案の裏には、ソビエト的な力、共産主義が世界を席巻《せっけん》することへの恐怖感がある。

――そうだったら、日米諒解案のはじめの項目にあった、「外来思想の跳梁《ちょうりょう》を許容せざる」の外来思想というのは、共産主義も入りますか?

なるほど。確かに言われてみれば、そうです。国家生活の基礎となる原則を保持するために、これに反する外来思想がのさばるのを許してはいけないという、この「外来思想」には共産主義が含意されていたはず、という読みは深い。恐れ入りました。

外交文書や史料を、きちんと背景を考えながら読んでいくと、書いた人の考え方の痕跡《こんせき》が残っていることがわかる。日本側のカトリック、アメリカ側のカトリック、そして天皇のそばにもいる人が敵とする体制は、やはり共産主義のほうがファシズムより色濃い。ドラウト神父が書いたメモを、少し紹介しておきましょう。[52]

> 準備された「草案」では間接的に、といってもかなり強い形で、ロシアと共産主義に対抗する日米の基本的な提携をうたっている。結局のところ中国に共産主義がはびこることを許しておくと、ソ連と中国が共同して日本に対して戦線をはることになる。[中略] 日本を軍事的に攻撃しうる勢力は、二つと考える。ロシア

とアメリカである。そこでもしアメリカを除き、極東地域に日本の政治的経済的支配権を確立し、合わせて間接的にアメリカと対ソ共同戦線をはったとしたら、二つの敵のうち一つを完全に処置しえたことになる。

日米諒解案の日中戦争についての仲介条件には近衛声明の言葉がそのまま入っていましたね。近衛声明の中で重要なキーワードは「防共」で、日本が、満州や華北《かほく》に兵を進めたのは、中国に影響力を拡大させつつある共産主義を防ぐため、というスローガンを掲げてきた。けれども、中国で共産主義と唯一戦える蔣介石の頭を、日本はずっと叩いてきたわけです。日本が中国と戦争を続ければ続けるほど、共産党が大きくなってきていた。ここは、日本のジレンマでした。このジレンマをよく理解したうえで、日米のカトリックが動く。このドラウトの案は、郵政長官のウォーカーを通じて、すぐにハルやローズヴェルトに伝えられていました。

日米交渉案というのは、三国同盟をどうするか、日中戦争をどうするか、戦後の経済構想が書かれているよ、というだけじゃない。第二次世界大戦が終わった後の、もう一回戦われなければならなかった敵対関係が、予告編として少しだけ見えています。

アメリカは、議会制民主主義や自由主義経済という自らの憲法原理を守るため、まずは、ドイツのナチズムを打倒しなければならないと考える。ただ、ドイツを打倒するには、共産主義ソ連の力を自らの陣営に引き込まなければ絶対に不可能でした。そこで、第一段階として、まずは、議会制民主主義を守って全体主義を打倒するため、共産主義と手を組む。このような選択をアメリカは行ないます。しかし、全体主義が打倒された後、英米は、共産主義ソ連の憲法原理（ソビエト連邦共産党の下での一党独裁、私有財産制の否認、無神論）を許容できるでしょうか。

「外来思想」という言葉の裏に秘められたアメリカ側の反共意識、これは第二次世界大戦後、すぐに明らかになってくる、米ソの敵対関係の基底《きてい》をなすものとなっていきます。日米交渉の話し合いの裏には、このような厚みがあるのです。

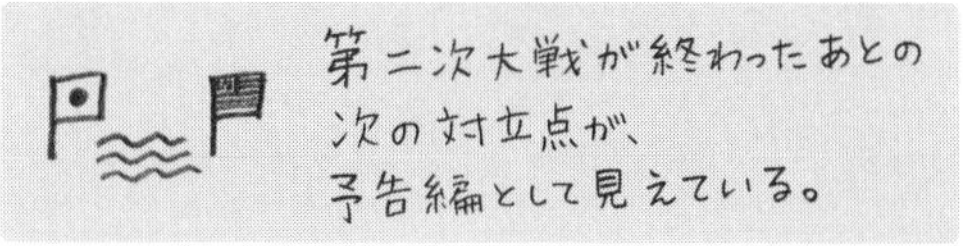
第二次大戦が終わったあとの
次の対立点が、
予告編として見えている。

日本はなぜアメリカの制裁を予測できなかったのか

日中戦争解決策の変遷

交渉過程で交渉案がどのように変わっていったのか、区切りながら見ていきましょう。変化をたどるうえでわかりやすい方法は、外相が誰のときかで分けるもので、四一年四月から七月中旬まで、松岡外相が日米交渉に任じていたとき、というのがひとつの分け方です。

松岡外相時代の日米交渉を概観《がいかん》すれば、三国同盟、日中戦争解決、太平洋の経済協力の三大テーマのうち、中国問題に意を用いたものと評価できると思います。日米諒解案には、日中戦争解決条件がくわしく書かれているとの感想が出ましたね。そのとおりで、日米交渉に前向きではなかった松岡外相も、この中国問題に関しては、アメリカの存在が不可欠と認めていた。

松岡外相は、野村大使が早く諒解案への返事をください、などと申達《しんたつ》しても、無視したり遅延させたり、松岡・野村の関係は、野村が外相経験のある大物大使だったこともあり、良好なものとはいえませんでした。ただ、松岡は、ドラウト神父などにも会ったうえで、交渉が始まる三ヵ月前の四一年一月、中国に赴任《ふにん》している日本の総領事たちを集めた会議を中国で開催して、アメリカとの国交調整に入る旨を伝えるとともに、寺崎太郎《てらさきたろう》外務省アメリカ局長を、中国巡見《じゅんけん》の旅に送り出していました。[53] アメリカと交渉するには、日中関係をどうつめるかという、隠れた問題があることに、松岡外相が自覚的であったということでしょう。

中国問題がアメリカとの交渉の鍵との理解では、野村も松岡と同じく、冷静な観察ができていました。同じく四一年一月、野村は「対米試案」という覚書[54]において、日米間の紛争の中心には日中問題があるとし、アメリカの日本に対する不満を緩和する必要性を説いていました。

アメリカは、中国に持っている自分たちの権益のことで、日本に対してすごく不満を持っていたのです。アメリカが中国に持っている病院、学校、銀行を、日本軍が平気で誤爆する。アメリカは、自分たちの権益が、日本と中国の戦争行為でどれほど損をしているかと三〇〇項目以上にもわたるクレームリストをつくっていた。とくに、三七年十二月、日本軍の飛行機がアメリカの砲艦《ほうかん》パネー号を誤爆した事件以降、日本に対する不満が蓄積していました。

松岡は、蔣介石を日中交渉のテーブルに着かせる役割をアメリカが果たすことを期待し、また野村は、アメリカが日中戦争に関して持っている不満を一つひとつ解消することによって、アメリカの原理主義的なスタンスを変えようとの意図を持っていました。ドイツ一辺倒の松岡にとっても、親米的であった野村にとっても、日中停戦交渉のテーブルに中国を着かせるためにアメリカを利用すべきだと考えていた点は同じでした。

では、四月の諒解案以降の、日中戦争解決案についての、日米の応酬《おうしゅう》を見ておきましょうか。五月十二日の日本案[55]で変えられていた点は、アメリカが蔣介石政府に勧告する際に事前に合意しておくべき条件として、日本側が中国に対して行なってきた既成事実（近衛三原則、日本と南《なん》京《きん》の汪兆銘《おうちょうめい》政権が締結した条約、日満支共同宣言に明示された原則）を、すべてアメリカ側が承認することを求めていました。また、蔣介石を交渉のテーブルに着かせるため、次のような条件をつけたのです。蔣が和平勧告を受諾《じゅだく》しない場合、アメリカは援蔣《えんしょう》行為を停止する約束を秘密文書でとりつけるというものでした。

これに対して、六月二十一日のアメリカ側回答案[56]では、近衛声明については認めますが、それ以外の日本政府側の既成事実を文章化することは拒絶し、また、蔣介石に対して、和平を勧告するのではなく、戦闘行為の終結と平和の回復のための交渉に入ることを「慫慂《しょうよう》する」（薦めるという意味です）という弱い表現に変更されています。また、四月の諒解案にあった、「満州国の承認」という言葉に代えて、この六月案では「満州国に関する友誼《ゆうぎ》的交渉」が採用されている点が、日本側にとっては後退と捉えられるものだったでしょう。

これに対して、日本側が七月十五日に送った対米回答では、五月十二日の日本案を撤回し、六月二十一日のアメリカ案を認め、ただ、蔣介石が和平に応じない場合、アメリカからの援助を打ち切る旨の約束をとりつける、という線まで妥協するようになります。ただ、この日本側回答は、松岡外相が交代する間《ま》際《ぎわ》に出されたため、野村は、第三次近衛内閣として、新たな対応を決定すべきだと意見具申していました（松岡は、四一年七月に更迭されるのですが、そのことは、また後でお話しします）。

武力行使の条件

日米双方の交渉にかける熱意の変化を考える際、最も大きな影響を及ぼしたのは、日本による行動で、一九四一年七月、フランス領インドシナの南部への進駐（南部仏印進駐）でした。それが引き起こした事態を見る前に、海軍の南進政策の考え方について見てみましょう。

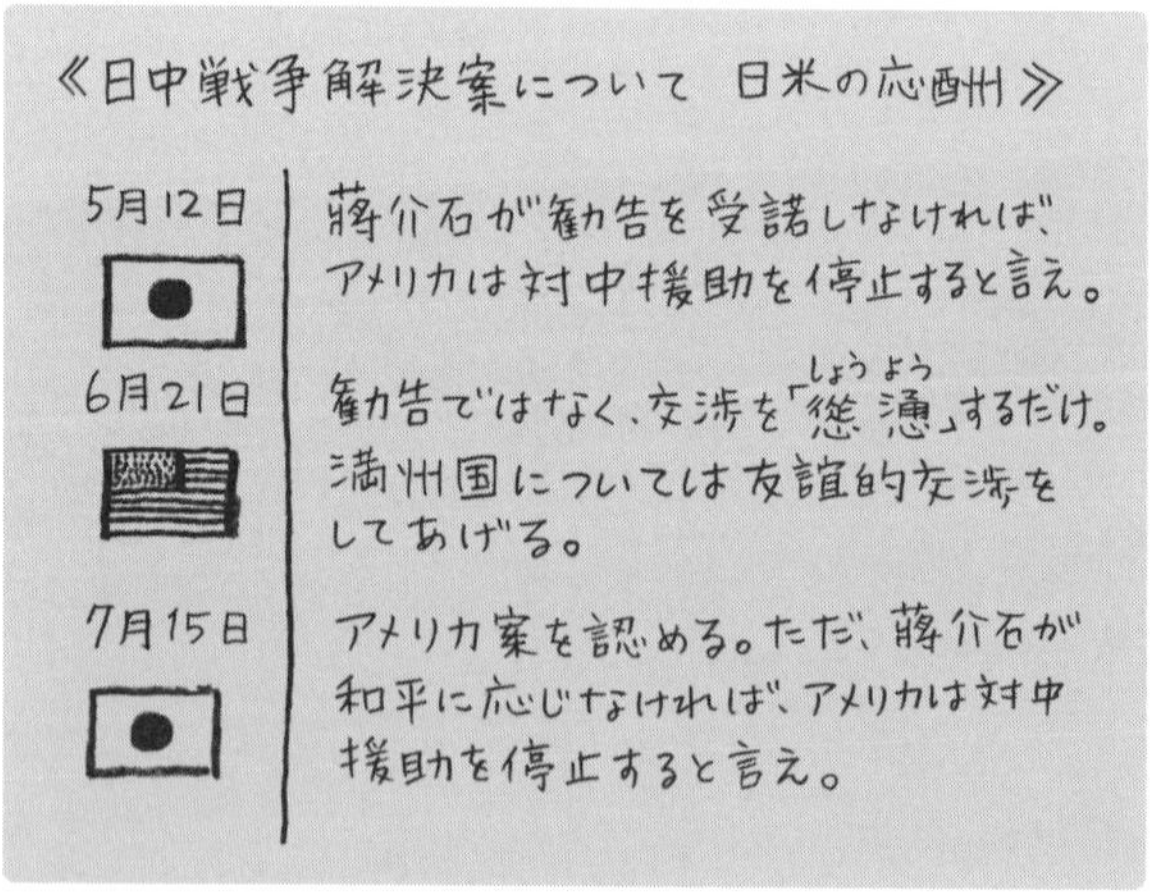
《日中戦争解決案について　日米の応酬》
5月12日
蔣介石が勧告を受諾しなければ、アメリカは対中援助を停止すると言え。
6月21日
勧告ではなく、交渉を「慫慂《しょうよう》」するだけ。満州国については友誼的交渉をしてあげる。
7月15日
アメリカ案を認める。ただ、蔣介石が和平に応じなければ、アメリカは対中援助を停止すると言え。

アメリカが怖れていた日本の南進ですが、日本は、どういう条件で南進することを決めていたのか。海軍が、武力をともなった南進の場合、ここまでしか行きたくない、ここまでならイギリスやアメリカが怒らないと考えていたのは、蘭印《らんいん》、つまりオランダ領東インド（現在のインドネシア）まででした。三国同盟を結ぶとき、陸・海・外務の実務担当者たちが話し合っていたのを思い出してください。ドイツが勝利してしまってから、さあ石油の分け前をくださいね、ここは日本の生存圏ですから、と主張しても虫が良すぎるから、日本側は、大急ぎでドイツと同盟を結びました。それほど日本にとっては、石油を豊富に産出する蘭印を獲得したかったといえる。

武力を行使しても南進する場所について、海軍の軍令部が陸軍の参謀本部のスタッフと相談して決めたのは、一九四〇年八月末の段階[57]のことです（参謀本部もまた軍令部と同じ、作戦を掌《つかさど》る機関で、陸軍省の組織からは独立しています）。軍令部と参謀本部のスタッフが、この時期に協議した理由は、その一ヵ月前の七月に決定された国策、「世界情勢の推移に伴う時局処理要綱」を具体化する必要があったためでした。

四〇年六月からの北部仏印、中国と国境を接するフランス領インドシナの最北部[58]への進駐は、どちらかといえば、蔣介石を援助するための援蔣ルートを閉鎖するための日中戦争解決策の一環であり、陸軍の担当範囲でした。しかし、これから見る南進は、海軍による、オランダの植民地、あるいはイギリスの極東根拠地を奪取するような作戦も含みます。

海軍は、武力行使を行なう場合の条件について、内容をつめるための文書をつくりました。みなさんに、海軍の作戦計画を掌る機関、軍令部の佐官《さかん》級の担当者になったつもりで考えてもらいましょうか。まず、日中戦争をやっている最中だから本当は嫌だけれども、帝国の存立にかかわるので、必ず武力行使を行なう場合というのは、次の二つだと書かれています（要約）。

A　日中戦争中であっても、帝国の存立上、必ず武力行使を行なう場合
　a　アメリカが全面的禁輸を断行して、第三国もこれに応じ、その結果、日本の必需物資の取得上、やむをえない場合
　b　アメリカとイギリスが協同し、もしくは単独で日本に対して圧迫を加える企《き》図《と》が明らかであり、日本の国防の安危《あんき》に関わるような、太平洋上の現状変更があった場合

もう一つの可能性は、日中戦争の解決・終結の見こみがついた後、チャンスだから武力行使に打って出るべきだ、という場合で、これも二つの条件が書かれています。

B　日中戦争がおおむね解決し、好機到来により武力行使を行なう場合
　a　アメリカが欧州戦争に参加し、東洋の事態に対応しうる余力が小さくなっ

た場合

b イギリスの敗勢が明らかとなり、東洋に対する交戦余力が小さくなり、イギリスが極東に持つ領土に進出しても、イギリス援助のためにアメリカが乗り出す可能性が小さい場合

好機到来というのは、具体的には、ドイツの戦力が圧倒的で、イギリス本土にドイツ軍が上陸するような場合をいいます。日本の海軍が、オランダ領東インドに侵攻するのは、このような条件が整った場合だけなのです。

では、このうち、最も戦争になってしまう可能性が高いのは、どの条件でしょう。

――Aのa。

そうです。Aのa、アメリカが全面的禁輸を断行して、第三国もこれに応じる場合が、いちばん起こりやすい。日本の武力行使の引き金となるものが、日本の意思とは別のことのように設定されている。日本があまり動かなくても、アメリカが全面禁輸などの経済制裁をやれば、武力行使しなきゃいけなくなりますね。

では、いちばん起こりにくいこと、最も武力行使をしないですむのは、どの場合でしょう。

――Bのbは条件が多いので、起こりにくそうです。

はい。条件をたくさんつけているのがBのbで、これがおそらく現実には起こらなさそうで

す。海軍がこの文章を、武力行使しないようにしたいと思ってつくっているとしたら、Bのbを書くのではありませんか。イギリスの敗勢は明らかなのか、イギリス極東領に日本が侵攻しても、イギリス援助のためにアメリカが乗り出す可能性が小さいかどうか、いちいち議論に持ち込める。前提条件をたくさん付けておけば、いや、海軍はこのような判断ですからといって、陸軍や国民の前で断われるわけです。

海軍は、本心では戦争したくないのだけれど、弱いことをいえば陸軍や外務省に怒られる。なぜなら、海軍はアメリカとの戦争の準備だとして、陸軍にくらべれば少なかったものの、ずっと予算を獲得してきたからです。海軍は、イギリス＋アメリカで来たとき、戦争できない、そのような場合に備えて建軍されていないのだとはいえない。でも、条件をいろいろつけておくことで、実際は、武力行使せずともすむようにしておく。

この話を、大学の講義でもしたのですが、ある学生が、次のように質問してきました。みなさんも最も戦争になる可能性が高いと答えた、Aのa の「アメリカが全面的禁輸を断行して、第三国もこれに応じ、その結果、日本の必需物資の取得上、やむをえない場合」を入れておく意味ですが、これは海軍がジタバタしなくても、相手が経済制裁してくれて、アメリカにイギリスが加わったりすれば、もう自動的に戦争になりました、といえるのではないか。むしろ、海軍中堅層に多かったといわれる開戦推進派が、このような条件をつくったのではないか、と。これは、説得力があり、そのようにも取れる問いですね。

ただ、私としては、海軍の開戦推進派がＡのａの条件を入れ込んだのではない、と考えています。確かに、陸海軍の中には、イギリス一国相手の戦争なら始めてもいいのではないか、そのように考える人はたくさんいました。日本の石油の備蓄量が最大のとき、また、イギリスが最も弱っているとき、アメリカの極東防備が間に合わないとき、そのようなときを狙って、打って出るべきだという人はいたのです。ただ、そういう勢力が、開戦するためにＡのａという条件を入れたのだ、と主張するためには、どのような因果関係が前提として成り立っていなければいけませんか。

――日本が、完全にアメリカを怒らせない限り、アメリカは全面的には禁輸しないとか……？

そこですね。だいたい六割ぐらいまで来ています。ヒントは、これまでの授業で扱ったことで、日本が現実の問題として、推測を誤ってしまった史実からもわかるのですが……。

――南部仏印《ふついん》に進駐すると、アメリカが決定的に怒って、全面的禁輸に出るという見通し。

もっとも戦争になる可能性が高い場合とは？

A 日中戦争中でも、必ず武力行使する場合	a	アメリカが全面禁輸を断行し、第三国も応じる場合
	b	英米協同して、太平洋の現状に変更を加えた場合
B 日中戦争に目途がつき、好機到来した場合	a	アメリカが欧州へ参戦し、アジアへの余力がない場合
	b	イギリスが劣勢で、アメリカのアジア関与がない場合

はい、まさにそこなのです。ちょっと難しいので、今回は参加してくださっている高校の先生が答えてくれました。日本が南部仏印進駐したいと考える理由は、オランダ領東インドなどへの南方進出が「確実に」有利になる飛行基地や港湾を求めてでした。今のベトナム中部のツーラン港や、南部のサイゴンなどの飛行場、カムラン港などを掌握《しょうあく》したかったのです。

2章の占領地を返還せずに失敗した例として出しましたが、日本は、まずは、中国への物資搬入路を閉じるために、一九四〇年、北部仏印への進駐を企てます。一九四〇年六月から、フランスや現地の植民地総督との交渉に入ったものの、難航します。結局、日本軍が国境を超えた後の同年九月二十二日、基地権利協定が日仏間に締結され[59]、フランス領インドシナ北部地域に同時に駐屯しうる日本軍の兵力規模の上限は二万五千人[60]と定められました。

同じ仏印といっても、一九四一年の南部仏印への進駐の場合、飛行場や港湾を勢力下に置くための南進でしたので、対象と目的と規模が違いました。ツーラン、カムラン、サイゴンなど戦略的な重要拠点への進出は、フィリピンのアメリカ軍基地、イギリスの極東根拠地のあった英領マレーなどに対して、将来的にはありうる侵攻を、「確実に」有利にしてくれる場所でした。ここへ出たかった。

禁輸にも、いろいろなレベルがあって、海軍がつくった条件に入っている「全面禁輸」というのは、在米日本資産凍結はもちろんのこと、石油類全部の禁輸ということで、とても厳しいものです。南部仏印に行けば、アメリカは全面的な禁輸をしてくるかと予測しているかどうか。

この因果関係をどう考えていたかが、死活的に重要でした。

政策立案にあたっていた陸海軍の中堅層は、その点を甘く見ていたことが史料からわかります。彼らはアメリカが全面的な禁輸や日本資産凍結という手段に出るとは考えていなかった。

ただ、334ページで見たように、海軍トップの沢本頼雄《さわもとよりお》海軍次官や近藤信竹《のぶたけ》軍令部次長などは違う判断をしていました。アメリカの全面禁輸について危険だと考えている。だから、日米交渉をしっかりやってくれとの電報を野村大使に出して激励《げきれい》していましたね。

では、なぜ、中堅層は危険だと考えていなかったのか。一つ、想定できるのは、あくまで彼らの頭の中の算段ということ

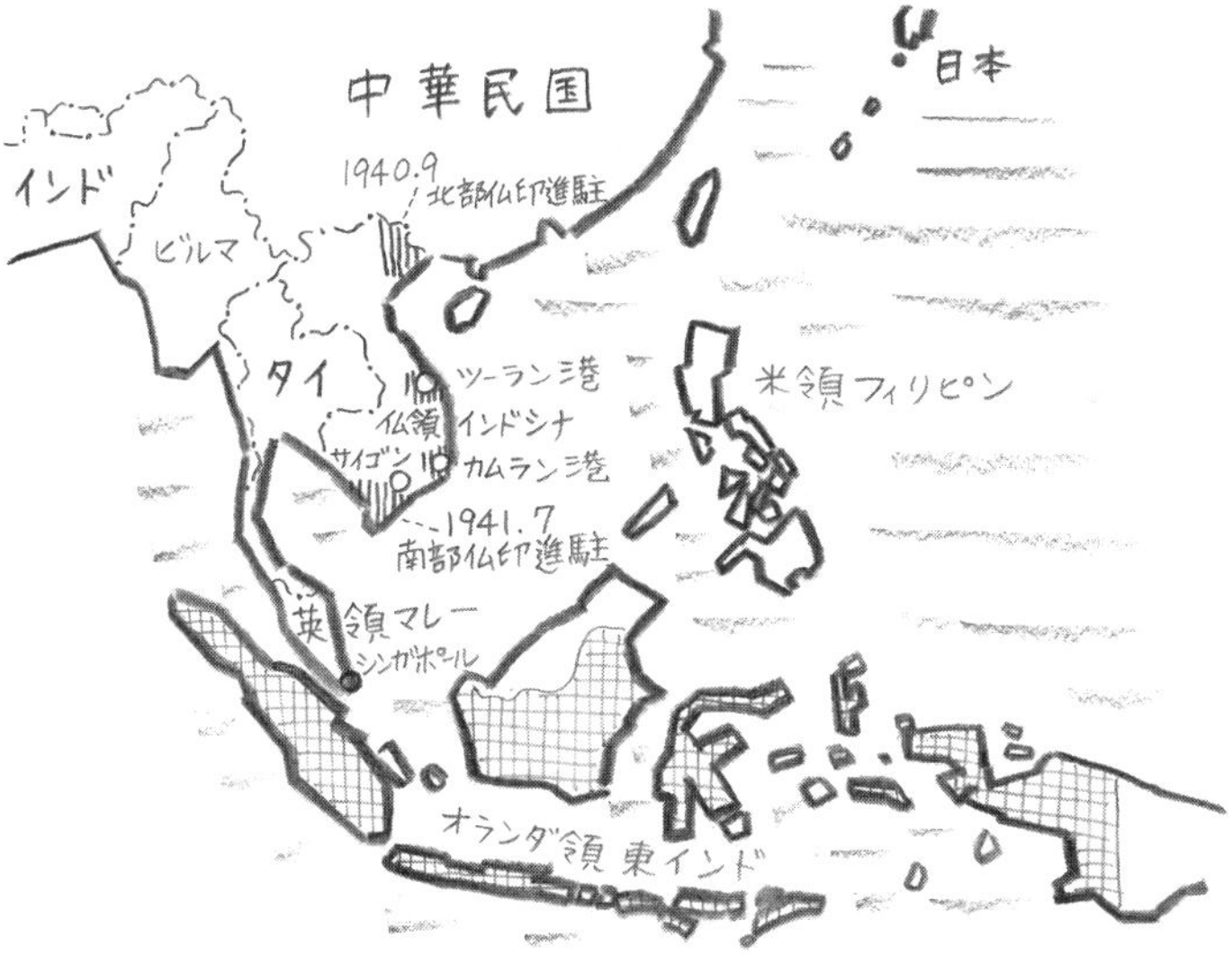

［仏印進駐、北部と南部で目的と規模が違う］
1940年9月、日本は中国への物資搬入路を閉じるため、北部仏印へ進駐。1941年7月、南部仏印へ進駐した理由は、南方進出が確実に有利になる飛行基地や港湾を求めたため。

ですが、日本はフランス側と外交交渉を遂げているのだ、との形式からくる安心感があったと思います。四〇年六月以降、フランスはドイツへの降伏の後、ドイツとイタリア両軍の占領下に置かれた地域と、ドイツと休戦協定を締結した主体であるヴィシー政権支配下の地域に分かれ、ともにドイツへの協力が求められました。フランスには、ドイツと一体となって戦中を生きた側面がありました。ドイツ占領時代の歴史は、戦後に戦勝国の一員となったフランスとしては、認めがたい負の歴史だったのでしょう。[61]ヴィシー政権が、枢軸国や連合国が、フランスの植民地だった場所をどう処分したのか、その交渉経緯などは、フランスにとって忘れたい歴史でしたので、日本がフランス領インドシナ当局やヴィシー政権側とどう交渉したかという話は、ようやく近年になって明らかにされてきています。

さて、一年後の南部仏印進駐です。四一年七月二十三日、日本は、フランス領インドシナ南部に日本の軍隊を送るための協定を日仏間で調印しました。インドシナに駐屯するフランス軍との交戦なしに駐屯できたという意味では「平和」進駐でしたが、五万という兵力規模[62]は、シンガポールや香港を持つイギリスへの強い圧力になります。そこに思い至らないのは、協定を締結しているから、「平和」的進駐だ、そのような形式に日本側はとらわれていたようです。

参謀本部の一つの部署に戦争指導班というものがありました。大本営政府連絡会議にあげる国策文書の作成にあたるところで、３章の種村佐孝《たねむらすえたか》さんがいる部署ですね（２６８ページ）。簡単にいえば、海軍などと文書の摺り合わせをするところです。その班の公式日記の四一年七月

二十五日の条には「当班、仏印進駐に止《とど》まる限り禁輸なしと確信す」と書かれ、翌日の条には、「当班、全面禁輸とは見ず。米はせざるべしと判断す。［中略］海軍小野田《おのだ》［捨次郎《すてじろう》］中佐も同意見」[63]と書かれています。この、小野田さんとは、陸軍の戦争指導班の海軍側の相手方というべき役割を負っていた、軍令部直属の軍人でした[64]。

南部仏印に進駐すれば、アメリカは全面禁輸に出る、そのように彼ら陸海軍の中堅層が思っていたとすれば、Ａのａは、開戦に導くための便利な条項になる。けれども、そうは考えていなかった。Ａのａが、あまりに危ない選択肢であるということを自覚していないのです。

被動者

日本という国は、戦争や武力行使が必要となるとき、自分はやりたくない、もしくはしたくないように見せたい、という行為を反復してきた国ではなかったか。最近、私はこのように考えるようになりました。ここで、ちょっと時代をさかのぼって、日清戦争（一八九四―九五年）の開戦直前、外務大臣の陸奥宗光《むつむねみつ》がどのようなことを考えていたのか、という点からお話ししましょう。これは、陸奥自身が戦争後に記した『蹇蹇録《けんけんろく》』という外交手記に書かれていることですので、批判

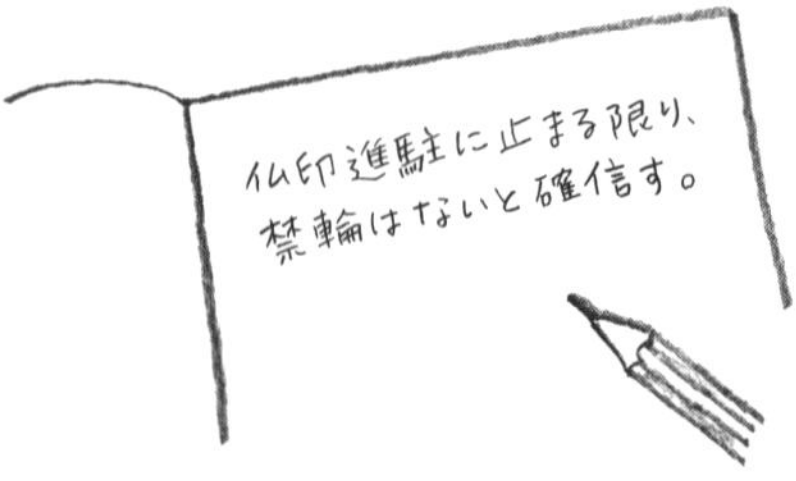

的に読む必要はあります。勝った戦争の後の手記ですから、当初から断乎として日本を開戦に導いた、などと書きがちだからです。

日清戦争時の陸奥外相は、やはり日本を戦勝に導いた外相ということで、日露戦争時の小村《こむら》寿太郎《じゅたろう》外相と並び称されることの多い人物です。ちなみに、霞ヶ関の外務省に唯一銅像が建っているのは、陸奥のものなのだそうです。

陸奥は、幕末期、開明《かいめい》的で軍制改革などに早くから着手していたことで有名な紀州《きしゅう》藩の出身で、その後は伊藤博文《ひろぶみ》系の外務官僚として、カミソリ陸奥と称された鋭い才覚で頭角を現します。ただ、一八七七（明治一〇）年の西南戦争のときに、西郷軍に共謀していたのではないかとの嫌疑で監獄に入れられている。こういった境遇が、薩長藩閥《さっちょうはんばつ》に批判的な人格を生み、幕末期に朝敵《ちょうてき》であった盛岡藩出身の原敬《はらたかし》を早くから見出し、目をかけた人でもありました。陸奥が危《き》篤《とく》となる直前、最後の面会だと覚悟して会った際の原の日記[65]は、涙を誘うものです。

陸奥の外相時代に外務次官を務めた原は、陸奥が外相を辞《じ》し病《やまい》に伏《ふ》せると、自らも外務省を辞め、大阪毎日新聞に入ることを決意していました。最後の挨拶を終えて覚悟して室外に出、階段をまさに降りようとした原を、陸奥が呼び止めます。陸奥は原に、大阪に行ってどうしたらよいかわからなくなったら、また相談においで、と言ったのです。死にゆく自らのことは外に置き、官を辞して大阪に下る原を最後まで気にかけた言葉でした。

さて、日清戦争開戦前を見ていきましょう。朝鮮（一八九七年からの国号は大韓帝国）国内で農民の反乱が起こったことで朝鮮政府が清に出兵を要請し、清は朝鮮へと軍隊を送るとともに、日本側に出兵した事実を知らせ、これに応じて、日本も出兵します。しかし、農民反乱自体、すぐに鎮《しず》まってしまうのです。

清国の側は、もう農民戦争は収まってしまったのだから、日本も清国も朝鮮から兵を引きましょうと冷静に主張します。けれども日本側は、朝鮮の首府に、四千あまりの兵をすでに上陸させてしまっている。よって、朝鮮の内政改革を日本と清国で行ないましょう、との提案をすることで、開戦の大義名分を探っていました。日本側として、引っ込みがつかない、どうしようかというとき、陸奥は、このように言う[66]のです。

> なるべく平和を破らずして、国家の栄誉を保全し、日清両国の権力平均を維持すべし、また我はなるたけ被動者《ひどうしゃ》たるの位置を執《と》り、つねに清国をして主動者たらしむべし。

朝鮮に対する政策として大事なのは、日本と清国の力が朝鮮に対して均等となるようにすることで、日本は「被動者」の位置をとる必要がある、と。「被動者」というのは、自分から動く能動ではなく、「〇〇させられてしまった」との受動態、受身

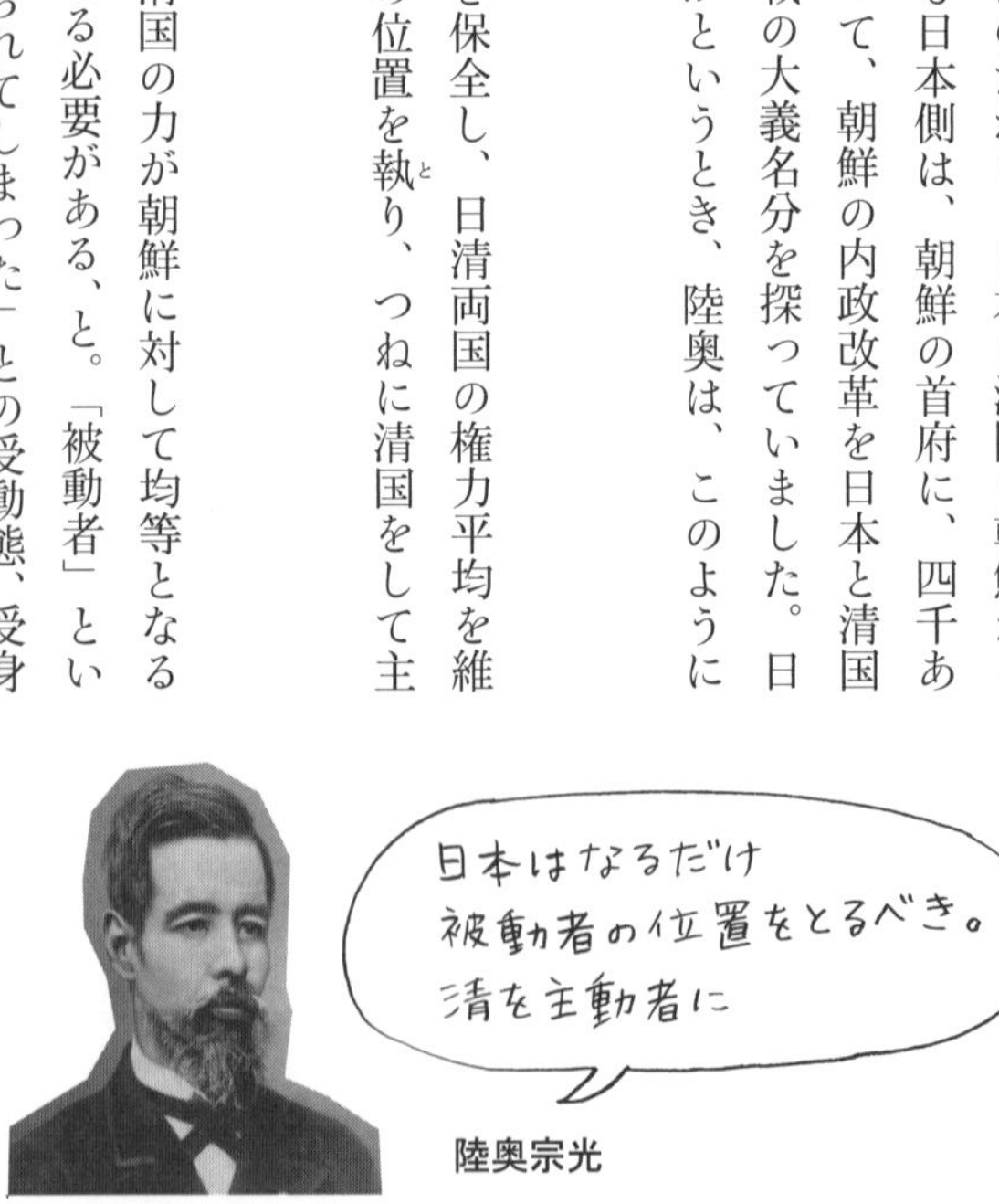
日本はなるだけ
被動者の位置をとるべき。
清を主動者に
陸奥宗光

形で行動する人を指す造語だと思います。清国の側が自ら動くようにさせるのが肝心《かんじん》だと、陸奥は言う。

こういう言い方って、興味深くないですか。日本は朝鮮半島に兵をたくさん送ってしまった。しかし、清国も朝鮮も内政改革など日本と相談する必要はないという。困った。引っ込みがつかない。そこで、もう交渉打ち切りですと相手に言わせたい。また、第一波は相手に撃たせたい。「被動者たるの位置」とは、このようなことでしょう。

先ほど読んだ海軍の文書も、戦争になるとは思わないけれど、まあアメリカが全面禁輸を仕掛けてきたときには、どのような状況であっても武力行使します、という、そのような条件付けをしている。戦争が最も起きそうな場合を、相手まかせの条件節で描写してしまう感覚というべきもの。私はこの文書を見たとき、ああ、陸奥さんの亡霊が、陸海軍中堅層に乗り移っている、と思いました。

被動者の位置をとりながら、状況が好転するのを待ってみる。このような日本側の決定や選択の特徴について、研究者たちは「非決定の構図」[67]、あるいは「両論併記」[68]などと名づけて研究を進めてきました。最後の最後の段階まで、両方の立場から読めるような文章を用意しておき、その場の状況を見て判断する。このようなやり方は、国際環境や国内政治の変化に柔軟に対応しうるという長所を持つ反面、長期的な視野で物事を進めてくる国を相手にした場合、一貫した態度をとることができず、支離滅裂《しりめつれつ》となってしまう致命的な欠陥を持っています。

「対英米戦を辞せず」という文言はなぜ入ったのか

そのような「両論併記」が行なわれた、決定的な国策決定の場面を見てみましょう。一九四一年七月二日、御前会議[69]が開かれ、「情勢の推移に伴う帝国国策要綱」が決定されます。

この日の決定の内容について、教科書や年表でどのように説明されているかといえば、対ソ戦を準備する一方、対英米戦争をも辞さない、というもので、北進と南進の両方を狙ったもの、と説明されることが多いです。確かに、帝国国策要綱の「方針」の部分を読めば、「情勢の推移に応じ北方問題を解決」するとあります。また、もう一つの「方針」として、「大東亜共栄圏を建設し、もって世界平和の確立に寄与《きよ》」すると掲げられていました。有名な、「対英米戦を辞せず」の文言は、「方針」に続いて書かれている、「要領」に出てくる言葉でした。

ですから、この七月二日の決定を見て、ああ、日本は英米との戦争を覚悟したのだな、あるいは、この決定の少し前に始まった独ソ戦につけこんで、ソ連攻撃も意図していたのか、これが日本にとって、ポイント・オブ・ノーリターン（引き返し不能点）なのだな、と思うでしょう。けれども、海軍部内の史料を見ていけば、対英米戦の決意が、海軍にあったとはとうてい思えないのです。これはどういうことか。

その経緯を説明するために、まずは当時の世界状況を確認しましょう。今、独ソ戦につけこんで、といいましたが、独ソ戦とは、四一年六月二十二日、ドイツ軍がソ連国境に、一五〇個師団、航空機二七〇〇機、戦車三三〇〇輌《りょう》を有する三〇〇〇万人の兵員を集結させ、ソ連領に一気に侵入し、始まった戦争でした。

四一年春以降、ドイツによる対ソ攻撃がなされるだろうとの情報や諜報《ちょうほう》は、実のところ、スターリンやソ連指導部にはたくさん届いていたのですが、それを英米側の謀略《ぼうりゃく》だと彼らは疑ってしまった。ソ連の赤軍第四部のスパイで、一九三三年から日本で諜報活動を行なっていた大物スパイのゾルゲは、ドイツによる対ソ攻撃が近いこと、開戦の確度は95%との報告を、六月一日、モスクワに送っていました。[70] ナチス党機関紙の記者という地位を表向きの職業としていたゾルゲは、駐日ドイツ大使オットの信頼を勝ち取り、彼から入手した精度の高い情報を送っていたのです。しかし、ゾルゲの電報を分析したソ連側上部機関が残したメモは、「疑問あり。挑発誘導の情報と［して］処理されたし」と書かれており、命がけで取った情報は、握りつぶされていたことがわかっています。

攻撃を予見していなかったソ連側の前線が総崩れになったのは無理もないことでした。そのようなとき、松岡外相や参謀本部が、今こそドイツと呼応してソ連を撃てば、ソ連は急速に土崩瓦解《どほうがかい》するのではないか、と主張しはじめました。つまり、四一年六月末の時期に、急速な北進論が高まったのです。これって、すごくないですか。松岡外相は、日独伊三国同盟の締結を最も熱心に進めた人でした。そして、ソ連との関係改善、中国との戦争終結の見通しを立てるように、と御前会議で注文されて同盟

リヒャルト・ゾルゲ

を結んだのに、今度は、ソ連を撃ちに行きますというのは、ヒトラーも舌を巻く豹変《ひょうへん》ぶりです。

七月二日の御前会議で、帝国国策要綱が決定された背景には、北進論を唱える松岡と参謀本部、それを抑えたい軍令部、海軍省、陸軍省の対立がありました。簡単にいえば、松岡と参謀本部に対抗するため、軍令部などが、国策中に「対英米戦を辞せず」という言葉を入れることで、陸軍側がソ連攻撃に突っ込まないように、文章を整えた、というのが真相です。[71] 戦争指導班の六月三十日の日記[72]には、次のような言葉が記されていました。

「作文は作文、陸海とん〳〵の国柄《くにがら》已むを得ず」。彼らは北進を主張した側です。

意味するところは、日本は陸軍と海軍が対等という建前で建軍されてきた国柄だから、海軍の側の言い分も仕方ないが聞かなければならない。「対英米戦を辞せず」という文言は、北進論を抑えるための海軍側の作文なのだ、という、やや自嘲《じちょう》気味の記録です。

北進論者が勢いを得ていたことは、陸軍が関東軍特種演習という形式を装いつつ、ソ連軍が崩壊するのに備え、ソ連国境に近い満州国北部に、内地からの二個師団に加え、満州・朝鮮にあった一四個師団を戦時編制に増員したうえで、一六個師団の警戒体制[73]を敷《し》いたことからもわかります。これにより関東軍は、七〇万人以上にふくれあがったことになる。

結局、日本が行なった四一年七月の南部仏印進駐に対し、アメリカが予想外の態度、すなわち、全面禁輸と資産凍結という措置に出たことで、南方での緊張が高まり、陸軍は八月、年内

「対英米戦を辞せず」の真相は、松岡と参謀本部を抑えるための「作文」。

における対ソ攻撃を断念することになりました。

南部仏印進駐をめぐって、なぜ日本側の目算は狂ったのか

日本側が南部仏印進駐を行なうと、アメリカは七月二十五日、アメリカにある日本資産の凍結を行ない、八月一日には、発動機用燃料のすべてと、航空機用潤滑油《じゆんかつゆ》の対日輸出禁止を決定します。結果的に、かなり断乎とした全面禁輸となりました。しかし、先にも見ましたように、日本側は、アメリカからの、このレベルでの制裁を予期していなかった。なぜ、そのような目《もく》算《さん》違いが起きたか、考えてみましょう。

まず、一つめの答えは、南部仏印に進駐する前、日本側は形式的にではあれ、日仏協定を締結し、進駐を「平和」的に行なった、との自己認識があったからですね。その認識は、アメリカが考えるものとは違っていたのですが。

次に指摘できるのは、「進駐」という行為についての日本側の見方ですが、アメリカ側も同じようなことをやっていると見えたとすれば、日本側の目算も違ってくるのではないでしょうか。アメリカは、四一年七月七日、アイスランドに進駐しました。アイスランドは、大西洋の最北部にある島で、デンマーク国王の統治下にある独立国でした。四〇年四月、デンマークがドイツへ降伏したことにより、イギリスがアイスランドに軍隊を駐屯《ちゆうとん》させていましたが、そのイ

ギリスが、四一年春、現在のシリアやアフリカでの戦いに敗北し、アイスランド駐留軍を中東と北アフリカに送らなければならなくなったため、その空白を埋めるべく、アメリカが進出したのです。いまだ参戦していないアメリカが、海軍基地をアイスランドに持つことは許されるのか。これは議論になりますね。

事実、日米交渉の場で野村大使などは、フランス領インドシナに日本が海軍根拠地や航空基地を設ける噂があるが真相はどうなのかを確かめるべく、ハルの使者として、七月十五日夜やってきた国務省のハミルトンなどに向かって、次のように反論していました。[74]

> この際、右のごとき噂ありとて本使（野村自身のこと）はなんら驚かず。現に米国は、アイスランドを占拠し、またダカール、アゾール島に手を付けるなどの噂あるに比較すれば、日本がかりに噂どおりに実行しても不思議にあらず。

？ 南部仏印進駐しても、アメリカは全面禁輸しないと日本側が思えた理由は？

日本が仏印に進駐したという噂など、自分は驚かない。現にアメリカだって、アイスランドに進駐し、大西洋に面したアフリカ大陸の西端の要衝《ようしょう》ダカールや、アフリカのポルトガル領アゾール（アゾレス）諸島にも出ていくという噂があるではないか、と言って反論していました。

もちろん、日本が行なった仏印進駐など、当時にあっては、形式的に協定を結んだ後の進駐だと胸を張れたとしても、他国領土への侵略以外のなにものでもありません。ただ、日米交渉などの場においては、アメリカのやっていること、日本のやっていること、それをあえて単純に比較してみせることで、交渉自体を先に進める手立てとなったことでしょう。このように、アメリカ自体が「進駐」を行なっていた点が、二つめの要因として挙げられると思います。

さて、それ以外の要因には、どのようなことが考えられるか。歴史家のE・H・カー先生は、なにかの出来事を歴史的に考えるためには、その出来事が、当時にあって特別なのかどうかを確認するのがまずは大事だと指摘しています。この場合、なにをチェックすべきかといえば、日本が四〇年六月から九月に、北部仏印に進駐したとき、アメリカはどのような態度をとったか、ということです。似たような前例に対し、アメリカがどう対応したのか。そこから、南部仏印進駐時の予測ができるはず、このように、当事者は考えたのではないでしょうか。

北部仏印進駐でのアメリカの対応

一九四〇年七月の北部仏印進駐の際のアメリカの対応を確認してみましょう。アメリカは、七月二十六日、石油と第一級屑鉄《くずてつ》（鋼材を製造する原料）を輸出許可品目中に加えると発表しました。つまり、これまでは自由に輸入できていたものが、許可制になるということです。この二品目は、日本がアメリカから輸入する中で最も重要な戦略物資であり、軍需資材でした。ただ、アメリカが布告《ふこく》したのは、あくまで輸出許可にする、という点です。第一級屑鉄でいえば、日本側はこの品目についての全面禁輸が決定された九月二十六日までの間に、五六万三千トン[75]もの量についての輸出許可をうまく獲得し、十分な対応をとる時間的余裕を持ちました。

そして、石油については、許可制という指示が出された五日後の七月三十一日、禁輸対象となるのは、オクタン価八七以上の航空機用ガソリンと潤滑油に限定する、と追加発表しました。

ガソリンのオクタン価というのは、異常燃焼を起こしにくい度合を示す数値で、数値が高いほど高性能の飛行機燃料に適したガソリンといえます。八七以上のオクタン価のガソリンだけを禁輸する措置は、実のところ、日本側を挑発しないように周到に考慮されたものでした。なぜなら、当時の日本の航空機の形状やエンジンの馬力《ばりき》数からいって、日本としてはオクタン価八六以下のガソリンで十分だったからです。日本は八六オクタンのガソリンと、国内で品質を改善できる高純度の原油輸入でしのいでいた。

ですから、輸出許可や禁輸という措置自体のインパクトは大きかったといえますが、アメリカのやり方は、実態として日本側に与えるダメージを冷静に計算したものでした。事実日本は、航空機用ガソリンを輸入し続け、禁輸発表後の六ヵ月間のアメリカからの輸入量は、三四〇万バレル[76]にも達していたのです。

アメリカ側の施策《しさく》が、表面上は強硬なかたちをとりながら、内実は日本を追い込まないようにしていたのには、理由がありました。一つは、ローズヴェルト政権の閣僚のう

《北部仏印時の制裁》
表面上は強硬でも、
実際は日本を追い込まないよう手加減。

ち、財務長官のモーゲンソーや陸軍長官のスチムソンなど対日強硬論者の意見を考慮しなければならなかったからです。また、アメリカ国民の道義的倫理的な同情心は、中国やフランスの側にあり、侵略者である日本に向けて、戦略物資が輸出し続けられていることに、国民は不満でした。

ユダヤ系の出自を持つモーゲンソーから見れば、ドイツの盟友《めいゆう》である日本は、アメリカの敵と見なされたはずです。彼は日本への経済的な圧迫のみが、日本の南進を阻止できると考えていた。日本は「粘土足《ねんどあし》の巨人」であるとの見方が、モーゲンソーに限らず、欧米の経済評論家の議論などに見られていたのです。

——粘土足というのは、足元がふにゃふにゃ、ということですか？

はい、そういうイメージですね。巨人は巨人かもしれないけれど、底の部分を支える力がない国、資源もなく、鉄鋼生産もアメリカの十二分の一程度だとの判断です。一九二〇年代のアメリカ向けの日本の輸出品の概《おおむ》ねを占めていたのは生糸《きいと》でした。生糸を輸出し、アメリカから工作機械（器械製品を製作するための機械）を輸入しているような後発の資本主義国にすぎない、というイメージを持たれていたはずです。一九三五年、日本の綿工業は、イギリスを追い抜きましたが、その理由について、日本側が生産費を下回るような価格設定を行ない、ダンピング輸出をしているからだ、との偏見に満ちた議論がまかり通っていた時代です。そのような経済小国の日本にアメリカが経済的に圧

日本は粘土足の巨人。
経済制裁すれば屈服する

ヘンリー・モーゲンソー

力をかけても、日本がアメリカに戦争を仕掛けるはずがない。モーゲンソーは、日本は粘土足の巨人なんだから、経済制裁をすれば屈服すると考えるのです。

このような考え方の人間は、ハルのお膝元《ひざもと》の国務省にもいました。ホーンベックという国務省顧問で中国通の国際法に明るい外交官です。そのホーンベックは、こんなことを言うんです。「いまだかつて、歴史上、絶望から開戦した国は一つもなかった」と。真珠湾攻撃が起きた後は、きっと、みなさんにボコボコにされたと思いますが、このホーンベックなど、結果的にですが、日本の行動を予期できていなかったわけですね。絶望から開戦を決意したかはわかりませんが、ギリシャ・ローマの戦史を学べば、恐怖と名誉から開戦する国があったことは知っていてもよかった。

このような、対日強硬派が閣内にいる一方、コーデル・ハルのいた国務省などは違った見方をしていました(ホーンベックさんは、国務省でも特異な部類に属します)。先ほど、日本海軍が武力行使の条件づけをしていた文書を見ましたね。国務省などは、こういうものを日本側が準備していることを予期していました。広範な禁輸は、日本に対し、極東における自国の行動を正当化する、恰好《かっこう》の口実を与えてしまう。アメリカが全面禁輸を行なえば、日本側が武力行使をする、その引き金を引いてしまうことを国務省は自覚している。アメリカが太平洋に配備すべき軍備が整うまで、大西洋での哨戒《しょうかい》や護衛が上手くいくまで、日本側を挑発して、間違った場所で間違った戦争を起こしてはならない

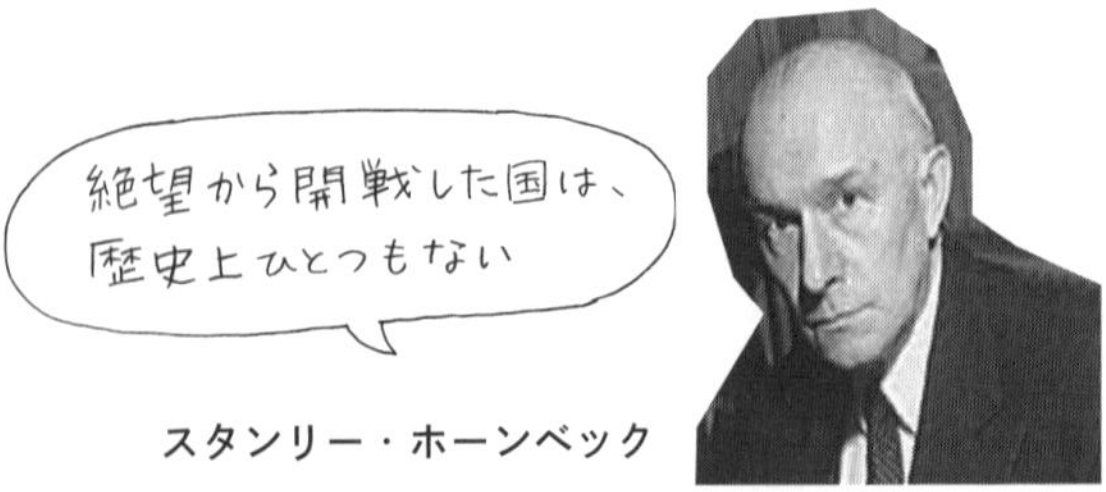

スタンリー・ホーンベック

と考えていました。

日本は、東京のアメリカ大使館と国務省間の外交電報のかなりを解読していましたから、アメリカが禁輸に対して慎重な対応をしてきた経緯をよく知っていた。それゆえ、甘い予測が生まれるのです。

日本の南部仏印進駐時のアメリカの対応

こうして、日本は四一年七月、二度目の仏印進駐である、南部仏印進駐に踏み切りました。では、南部仏印進駐の場合、アメリカは、なぜ、本当の全面禁輸をやってしまったかを考えてみましょう。

アメリカは、前年の北部仏印進駐では、抑制された警告を出していました。オクタン価八七以上の禁輸、といった玄人《くろうと》好みの制御策をとった。そして一年後の南部仏印となったとき、アメリカは全面的に強く出た。それはなぜなんだろう。日本が南部仏印にまで来ると、アメリカの基地があるフィリピンなどに圧力をかけられるようになる。オランダ領東インドの石油も狙える場所に来たことになりますね。イギリス、アメリカとしては大いに困るのは想像できます。それ以外の要因は、なにか想像できますか。

――……?

ヒントは、一九四一年七月ですから、なにかが起こった翌月です。先ほどお話しした、戦争の状況にかかわることですが……。

――ソ連がドイツに攻撃される。

そこですね。このときアメリカは、北部仏印のときとは違う国際環境を抱えてしまっていたわけです。ドイツの攻撃にさらされているのがイギリス一国だけだった状態から、ソ連もドイツと戦う陣営に加わるようになる。

四一年七月時点のアメリカとしては、ソ連が崩壊しては困るのです。ヒトラーが前に言っていたように（3章）、イギリスの頼みの綱は、アメリカとソ連で、その二国を牽制できるのが日本だったので、ヒトラーはその人種偏見にもかかわらず、日本と三国同盟を結んだわけでした。アメリカが、日本の南部仏印進駐に激しく反応したのは、実は、この北にいるソ連を元気づけるためだったのではないか。この仮説を提唱しているアメリカの研究者に、ウォルドー・ハインリックス先生[77]という方がいて、彼はアメリカが石油の全面禁輸をやった理由の一つが、ソ連の士気を鼓舞《こぶ》するという緊急性にあったと見ています。

さらに、意外な、もう一つの要素を紹介しておきましょう。先ほど、モーゲンソーと国務省のハルを、対日政策という点で対照的な位置に立つグループだと言いました。ローズヴェルトは、四一年の夏の段階では、いまだハルの国務省のほうを支持していた。モーゲンソーの前のめりの対日強硬策には反対していたのです。そうしますと、強硬派を上手く抑えていたハルと

《全面禁輸の理由　その1》
ソ連の士気を鼓舞するため。

ローズヴェルトに、なにか不具合が起きたのではないかと想像できそうです。

――……？

これは、ある意味で興味深いことですが、アメリカ国内にも日本の官僚制内の派閥対立のようなものがあったということでした。縦割りの硬直した関係が、各省庁の間に見られたのです。ハルやローズヴェルトとしては、致命的な誤算が起きていた。日本の参謀本部の戦争指導班の、全面禁輸をアメリカはとらないだろう、との予測は、通常であれば正しかったのです。

この時期は夏でした。ローズヴェルトは母親の葬儀のため、またハルは持病の治療のために、ともにワシントンを離れていた。また、ローズヴェルトは、四一年八月、チャーチルとの大西洋上の会談もあり、多忙を極めていました。

夏のワシントンには、私も出かけたことがあります。大学院を卒業して山梨大学に就職したばかりの夏、大使館がずらりと並ぶ通りを歩きました。もう、途中で行き倒れになるかというくらいの熱い日でしたが、人っ子一人歩いていないのです。避暑地であるケープコッドなどにみんな出かけて、むしろそこが外交の場になっている、そのような夏だったのでしょう。

ハルは、電話連絡こそきちんとしていましたが、国務省の目が行き届く範囲には限界がありました。外国資産管理委員会というところが、この禁輸に関する職務を専管したのです。ですから、国務省のハルはこの委員会のやることに、本来は目を光らせて、抑えなければいけなかった。しかし、ハルとローズヴェルトの不在をよいことに、対日強硬派が影響力を持つ外国資産管理委員会は、完全なる禁輸と資産凍結を実施してしまいました。このような強硬策を国務省が止められなかった理由の一つには、四一年一月から国務次官補に就任したディーン・アチソンの存在があげられます。アチソンはモーゲンソーと同じ考えに立つ外交官で、[78] 彼こそが外国資産管理委員会をリードした人間でした。[79]

全面禁輸というのは資産にかかわることですから、財務省の専管事項が多かった。ちょうど一年前になされた北部仏印進駐のときには、モーゲンソーを止めたローズヴェルトとハルでしたが、今回は止められなかった。モーゲンソーが文字通りの全面的な禁輸の指令を出していたことを、ローズヴェルトもハルも、八月末になるまで知らず、時間を空費してしまいました。

――大統領が知らないなんて、あるんですね……。

こういう組織間の行き違いは、日本側特有だと思われてきましたが、アメリカ側にもある。

八月末、日米交渉の会話を見ると出てくるのですが、ハルは九月四日、野村から指摘されて初めて、全面的な対日禁輸措置をアメリカ全土でとってしまっていたことを知るところとなりました。[80] 八月一日を境に、日本には一滴の石油も売らず、アメリカの港からの積み出しを全部止めてしまったとは、ローズヴェルトもハルも知らなかった。そのような齟齬《そご》、ボタンのかけ違いが発生していました。

《全面禁輸の理由 その2》
ローズヴェルトもハルも、
全面的禁輸措置を、1カ月間知らずにいた。

ただ、日本人として、日本の大蔵省や横浜正金《よこはましょうきん》銀行などのやり方が真っ正直なもので、日本がアメリカの資産凍結を全く予期せず、みすみすアメリカ側に差し押さえられたと思ってはいけません。幕末以来の不平等条約で痛めつけられてきた日本の経済感覚は、ばかにしたものではなかった。詳細な研究によれば、日本側が横浜正金銀行ニューヨーク支店の口座に秘匿《ひとく》していた資産は、四〇年はじめ段階のピーク時で一億六千万ドルにも上っていました。しかし、四一年十二月の真珠湾攻撃時点で、同口座に残されていた金額は、二千九百万ドルに過ぎなかったのです。[81] アメリカの目を盗んで、日本側は、これを早くから安全な場所に移していたと想像するしかありません。

国民は、その道のみを教えられ続けてきた

外相人事と近衛メッセージ

この後の日本の対応を見てみると、まだまだあきらめていません。一九四一年四月の日米諒解案で、じゃあ五月までに近衛とローズヴェルトの頂上会談をやろうなんていっていましたね。

諒解案の線での交渉に消極的だった松岡が、「俺は聞いていない」などと抵抗することで延び、独ソ戦で延び、日米首脳は現実的な話となる前に頓挫《とんざ》していたのです。

七月十六日、第二次近衛内閣が総辞職します。松岡が外相を辞めた理由は、内閣が総辞職したからですが、なんと近衛は、すぐ後の七月十八日、外相を豊田貞次郎《とよだていじろう》に代えて、第三次近衛内閣をさっと組閣し、日米交渉の最終盤に臨みます。

つまり、一人の外相を更迭《こうてつ》するためだけに内閣が一つ交代し、みなさんにとっても覚えることが増えたのですから、本当に犯罪的な話です(笑)。戦前期の首相は、国務大臣を更迭《こうてつ》する権限を持ちませんでした。ですので、松岡を代えるために、自らがいったんは退陣する、このような手続きが踏まれたわけです。近衛内閣が松岡を事実上更迭した理由は、松岡外相が六月二十一日付のアメリカ側回答案に対する日本側の対案を作成しようとせず、まさに同月二十二日に開始された独ソ戦に対して、即時ソ連を攻撃すべきだとし、日米交渉に背を向けたことにあります。近衛は内閣を代替わりさせて、ようやく松岡外相の排除に成功しました。

そこで選ばれたのが豊田貞次郎《とよだていじろう》外相です。豊田は、第二次近衛内閣時代、及川海相のもとで海軍次官を務めていた人物です。あれ、松岡の後は軍人外相か、と思われるかもしれませんが、豊田は海軍兵学校に入る前、現在の東京外国語大学にあたる学校で英語を学んだ相当な英語使いで、一九一一年からはイギリスのオックスフォード大学に海軍から留学を命じられたほどの英才でした。三二年から駐日アメリカ大使を務めていたグルーは、豊田のことを「同情的な人間味のあるタイプで、私はいままで交渉を持った外務大臣の誰よりも彼が好きだ」と、日記の中で褒《ほ》めていました。また、そもそも、渋る野村に、駐米大使になって日米交渉をまとめてくれ、と海軍上層部の意向を受けて説得した人も、この豊田でした。

その豊田に、次のような朗報がもたらされます。七月二十四日、野村駐米大使は、アメリカ海軍側のつてを頼って、ローズヴェルト大統領との極秘の会談を持ちます。なかなか大統領とじかに会える大使はいませんが、野村はワシントンでの任期中、大統領と一〇回近く会っていたと思います。そこで、ローズヴェルトは、対日石油の全面禁輸については前々から世論が強く求めていたが、太平洋の平和維持のためだとして自分が抑えてきた、しかし、日本の仏印進駐によって、自分の主張の論拠が失われて、まことに遺憾《いかん》だと述べます。その後、次のような注目すべき提案を、野村に申し入れています。いまだ、国務省とは打ち合わせしていないが、もし日本側が南部仏印から撤兵してくれて、また仏印の物資を各国が公平に分配できるような方法があれば、自分はそのような方法を考える努力を惜しまない、と言うのです。[82]

アメリカ側は、グルー大使のルートをも用いて、[83] この大統領提案の重要性を、日本側が誤解したり軽視したりしないよう、しっかりとシグナルを送りました。こうした動きを受け、近衛やその側近らは、もはや事務当局の協議を進めるので

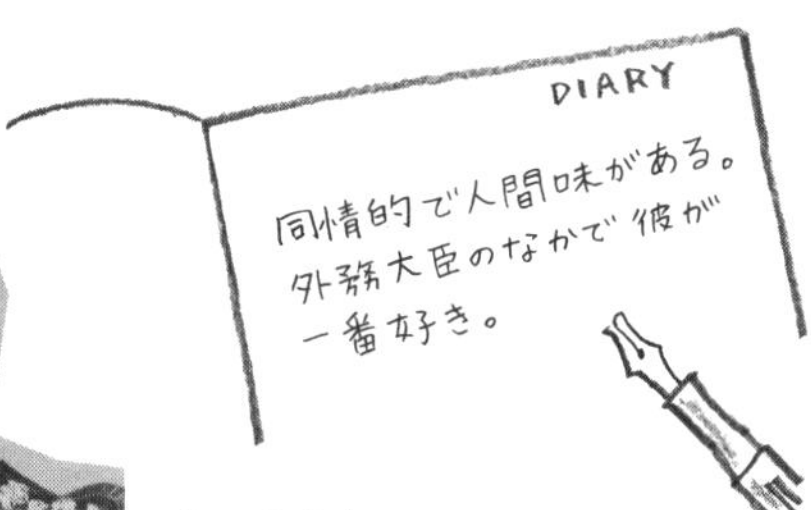
DIARY
同情的で人間味がある。
外務大臣のなかで彼が
一番好き。

豊田貞次郎

はなく、まずは近衛と大統領が会う算段をしようと考えます。日本側からの首脳会談申し入れは、八月七日と九日に、豊田外相から野村大使への訓令としてなされました。

この提案に対してハルは当初、冷淡にあしらいます。仕方ありませんよね。閣内の対日強硬派などは、日本が表では日米交渉を続けるふりをしながら、裏では南部仏印進駐を行なったとして、ハルなどを、日本の謀略にひっかかった者だと非難を強めていたからです。日本は、ハルの面子《めんつ》を完全に失わせることをしていた。

しかし、八月十七日、ローズヴェルトと会見した野村は、意外にもローズヴェルトが、巨頭会談に乗り気であると知らされます。[84] そこで、今度は、近衛自身のダメ押しのメッセージが発出されました。これが、八月二十六日、アメリカ側に近衛が送ったメッセージ[85]です。

貴大統領［ローズヴェルト］と本大臣［近衛］との会見に関する当方提案に対し八月十七日野村大使に手交《しゅこう》せられたる文書に依《よ》り、貴大統領が右着想に同感の意を表せられたるは、本大臣の深く多とする所なり。

まず、大統領が、首脳会談をやろうとの提案に同意してくれたことに感謝します、と書いています。ローズヴェルトはこのとき、大西洋上でチャーチルと会って帰ってきたところでした。八月十二日、英米がドイツに立ち向かわなければならない理由を世界に示した大西洋憲章を発表した後です。機嫌のよかった大統領としては、自分の力で、太平洋の平和が得られればよいと思ったのでしょうか。

現下世界動乱にあたり、国際平和の鍵を握る最後の二国、即《すなわ》ち日米両国がこのまま最悪の関係に進むことは、それ自体極めて不幸なることたるのみならず、世界文明の没落を意味するものなり。我方が太平洋の平和維持を顧念《こねん》するは、単に日米国交改善のためのみならず、これを契機として世界平和の招来に資《し》せんとするにほかならず。
惟《おも》うに日米両国間の関係が今日のごとく悪化したる原因は、主として両国政府間に意思の疎通《そつう》を欠き、相互に疑惑誤解を重ねたると、第三国の謀略策動に由《よ》るものと考えらる。

近衛は、こう言います。国際平和の鍵を握る最後の二国である日本とアメリカが、このまま最悪の関係に進んでしまうのは、世界文明の没落を意味する。日米の関係が良くなることが世界平和を招くのだと。誰も否定できない、きれいな理念が書かれていますね。
続いて、日米関係悪化の原因についての考察がなされていますが、これは非常に手前勝手な説明になっています。第三国の策動があって、日米間を仲たがいさせたのだと。いやいや、まずは日本が中国大陸に出て行って、中国におけるアメリカの権益などへの配慮をしなかったことに日米関係悪化の最初の要因はあったのですが、それは書かれない。また、日本側が南部仏印進駐を行なったことが直近の原因ですが、そこは決して書かれない。そして、こう続けます。

〔前略〕まず両首脳者直接会見して、必ずしも従来の事務的商議に拘泥《こうでい》することなく、大所高所《たいしょこうしょ》より日米両国間に存在する太平洋全般にわたる重要問題を討議し、時局救済の可能性ありや否やを検討することが喫緊《きっきん》の必要事にして、細目のごときは首脳者会談後必要に応じ、事務当局に交渉せしめて可なり。〔中略〕当方は会見の期一日も速やかなることを希望し、会見の場所としては〔中略〕布哇《ハワイ》附近を適当と思考する次第なり。

首脳会談を実現させ、細部にこだわらない大きな視点で、太平洋全般に関係する重要問題を話し合い、現在の事態を打開できるかどうかを検討することが必要だ。一日も早くお目にかかりたいと、こう述べている。

資産凍結が七月二十五日で、対日石油輸出も八月一日から全部止められてしまっている。同じ月の二十六日、近衛がこのようなメッセージを出した。これを読

近衛文麿

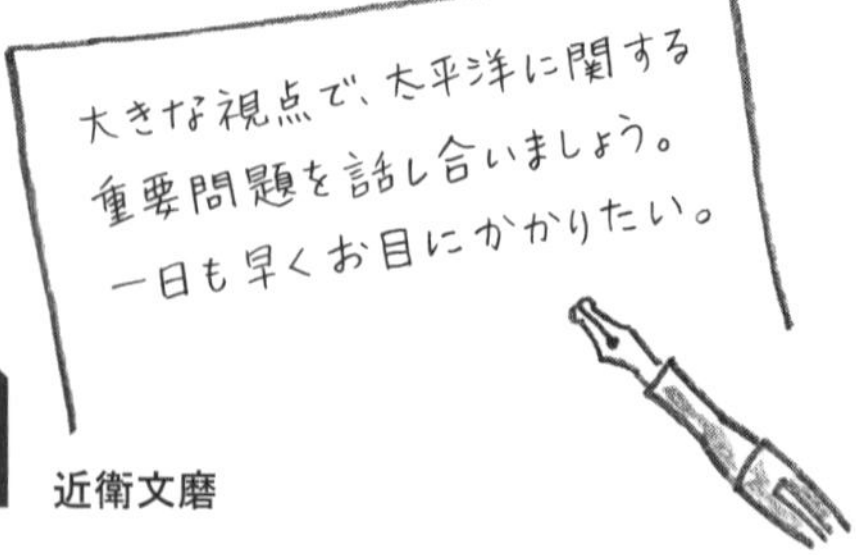
大きな視点で、太平洋に関する
重要問題を話し合いましょう。
一日も早くお目にかかりたい。

みますと、日米関係悪化の原因についての洞察《どうさつ》は非常に不十分ですが、とにかく打開するにはこの方法しかないと心から信じている、近衛首相の気持ちは伝わるのではないでしょうか。

交渉を制約したものは

近衛メッセージは、どのような結末を迎えたか。スタートは好調でした。メッセージを持参した野村に対して、ローズヴェルトは、近衛とは三日間くらい会談するか、などと述べていま す。[86] しかし、この後、なかなか衝撃的な展開が待ち受けていました。

まず、野村大使が、アメリカの新聞に漏らしてしまったのです。[87] アメリカの新聞記者も夜討《よう》ち朝駆けで特ダネをとりたくて待っているんですね。野村は人がよくて、ハルが住んでいるマンションなどから出てきたとき、野村さん、と声をかけられると、つい喋《しゃべ》ってしまう。

戦後の霞ヶ関（外務省）が野村に、必ずしも高い評価を与えていないことについて、私は同意しません。野村は専門外交官ではなく、アメリカの海軍トップや大統領と親しく話せる関係がつくれた人でした。また、外交電報や会談の要旨《ようし》などを読んでみますと、なかなかアメリカ側の弱点を衝《つ》いた本質論ができる人だったとわかる。ただ、この近衛メッセージに関する一件だけは、野村の失点だと思います。

野村がアメリカの記者に漏らし、それがアメリカの新聞で報じられたことが日本のマスコミに伝わり、日本の首相がアメリカと妥協しようとしていると思った国家主義団体が強く反発し、対米交渉派を批判する不穏ビラを撒《ま》きはじめるのです。近衛が、なにかひどい国辱《こくじょく》的な懇願《こんがん》をアメリカに対して行なっているとして[88]、彼らは、近衛メッセージの内容を発表せよ、と政府に脅しをかけます。このとき、国家主義団体が実際に撒いたビラをご紹介しましょう。みなさんの知らない名前がずらずら続くと思いますが、まずは読んでみてください（ビラに記された名前は、名字だけのものもあり、肩書きのないものもありますので、その点を補って書いておきました）。

一、平沼騏一郎《ひらぬまきいちろう》は首相当時、日、独、伊三国同盟を締結しなかった。即《すなわ》ち彼は親英米派の巨魁《きょかい》である。平沼は三井の池田成彬《しげあき》の財閥的巨魁と結び、また、荒木貞《あらきさだ》夫《お》陸軍大将と結ぶことによって関西財閥とも関係あり、同時に財閥官僚閥旧党と連絡して大幕府勢力を形成して居《い》るのである。

このビラで、国家主義者らが主張しているのは、日独伊三国同盟から、あわよくば日本を離脱させようと図っている親英米派は誰かということで、それらの人々の名前を曝《あば》いていました。まず、平沼騏一郎というのは、第二次近衛内閣の前の総理大臣で、「欧州の情勢は複雑怪奇」と言って内閣を辞職したことで有名な人です。平沼内閣のときにも、三国同盟と同じような攻守同盟交渉がドイツ・イタリアと日本の間でなされていたのですが、日本側が態度を決めかねている間に、一九三九年八月、日本側に全く知らせないまま、ドイツとソ連が独ソ不可侵条約を締結してしまう、そのような屈辱《くつじょく》をドイツから受けた首相でした。そのときに発せられた言葉が「欧州の情勢は複雑怪奇」でした。

ビラを撒いていた彼らの観点からいえば、内務大臣として近衛内閣を支えていた平沼、三井財閥の池田、既成政党、官僚閥などは、否定されるべき大幕府勢力だ、というのです。そして、このように続きます。

> 一、平沼は〔中略〕事実上の首相である。そして財閥の池田〔中略〕、宮中の湯浅《ゆあさ》倉平《くらへい》内大臣、松平恒雄《まつだいらつねお》宮内大臣、〔中略〕外交界の有田八郎《ありたはちろう》、豊田貞次郎、芳沢《よしざわ》謙吉《けんきち》等と共に反国体的親英米、ユダヤ的金権幕府を構成して皇国《こうこく》を私《わたくし》して居る。
> 昭和維新勤王討幕《きんのうとうばく》は迫る！

平沼は財閥や宮中や親英米派の外交官たちとつるんで、日本に害毒を及ぼしている、とこのビラは論じていました。大幕府勢力とか、ユダヤ的金権幕府という言葉が並んでいますが、幕府というのは、鎌倉幕府、足利《あしかが》幕府、江戸幕府の、あの幕府です。

どうして、幕府がこの時代、相手を罵倒《ばとう》する言葉になりうるのか。幕府的といわれたら、当時は死命《しめい》を制せられるくらいダメージを受ける言葉でした。つまり、天皇が行なっていた理想の政治を、力で奪ったものが幕府だとの理解です。明治維新期になってから、前時代までの武家政治を全否定した、そのような特定の史観で見た際の幕府のイメージです。ユダヤ的というのは、ユダヤ民族が劣等《れっとう》だというナチスばりの思想ではなく、この時期の日本で用いられる場合、イギリス・アメリカの資本主義勢力を批判して用いられることが多かったのです。

当時の反英米派や国家主義者にとっては、既成政党、財界、財閥、宮中、親英米派の外交官は、全員、皇国日本を自らの利益のために害している悪い人々、ということになります。

彼らは、近衛がアメリカに出したメッセージの中身を見せろと要求する運動を八月に起こします。そして、同じ八月、ビラに名前が挙がっていた平沼は国家主義団体の一つ、「勤皇《きんのう》まことむすび」のメンバーに狙撃され、重傷を負ってしまうのです。

これは、時代は違うけれど、なにかに似ていると思いませんか。近衛や平沼といった、彼ら国家主義団体にとっては嫌な奴が、幕府的にユダヤ勢力とつるんでなにかやっちゃっている。アメリカに対して屈服している、そのメッセージの中身を公表せよ。こういう迫り方って、ある時代に、ある勢力がしたことと似ていませんか。

——幕末?

幕末の、なにを見せろという運動が、尊王攘夷《そんのうじょうい》運動に火をつけましたか。

——井伊直弼《いいなおすけ》が、通商条約を結んだとき?

そうです。一八五八年、徳川幕府の大老《たいろう》井伊直弼が日米修好通商条約を無勅許《むちょっきょ》で結んだという、その一件です。日本は、一八五四年、日米和親条約を締結して開国しました。そのときの天皇は孝明《こうめい》天皇といい、明治天皇の父君にあたります。孝明天皇と徳川幕府との関係は良好でしたが、天皇は京都に近い神戸を開港することには反対していた。幕府は、孝明天皇の勅許を得ずに、つまり天皇のお許しを得ないままに、アメリカとの通商条約に調印し、開国を決断しました。

尊王攘夷《そんのうじょうい》派《は》が幕府を批判し、のちに倒幕にまで進むとき、幕府批判の国論を動員するのに用いた政治的手法が、勅許を取ったかどうかという、あの脅し方でした。幕府は、天皇から政治を委任された存在ですから、必ずしも天皇の同意を得る必要はなかった。また、当時の列強との関係からいって、日本側に条約を拒絶し続ける可能性があったかは疑問です。しかし、そのような理性的な判断は通用せず、無勅許調印という批判が幕府を圧倒し、一八六〇（安政七）年の桜田門外の変での井伊暗殺にまでいたったことは、歴史が教えるところです。

歴史において力を持ってしまう運動というのは、このように過去の歴史認識が持つエネルギーを上手く抱き込んで、異様な膨張を遂げることがあるのです。「維新」という言葉は、尋常《じんじょう》小学校の修身《しゅうしん》の時間で歴史を学んだだけの大部分の日本人にとっては、プラスのイメージをもって迎えられたはずです。「維新」によって明治の世が来て、いくつかの戦争に勝ち、日本は五大国の一つとなれ

た。大陸に植民地を持てるまでの国となった。このような歴史認識を前提に、「昭和維新、勤王倒幕は迫る」と、煽《あお》られれば、アメリカに媚《こ》びを売るような近衛内閣は退陣してよい、となるのではないでしょうか。

結局、内閣は、近衛メッセージを新聞に発表しました。蓋《ふた》を開けてみれば、別にアメリカに対して、媚態《びたい》的なことなど書いていないわけです。しかし、アメリカとの交渉を推進する勢力への、日本政府部内の批判は、国民の声をバックにして強まります。

最も強硬な北進論を、四一年六月末に主張していたのは、参謀本部の戦争指導班でしたが、その彼らが、日米交渉を推進したい人々をなんと言っていたか。こんなふうに書いています。[89]

豊田最も反枢軸、次《つい》で海軍なり。［中略］要は海軍省首脳なり。「お上」に原因あるやも知れず。国家の前途暗澹《あんたん》たり。

豊田外相が、最も反枢軸的、つまり、親英米だと。そして海軍トップがそれに続くというのですね。驚くべきは、お上という記述で、これは天皇を指しますから、天皇こそが親英米派なのではないかとの危惧《きぐ》を抱くようになっている。軍部とはいえ、国家の機関の一つを占める部署の公的な日誌に、国家主義団体の不穏ビラと同等の認識が現れて

軍部の公的な日誌に、
国家主義団体の不穏ビラと
同じ認識が現れる。

くるということです。

近衛メッセージに対するアメリカの国務省の回答は、つれないものでした。巨頭会談を行なっているときに、もう一回、日本軍の南部仏印進駐のようなことが起きれば、ローズヴェルトとハルの威信《いしん》が決定的に傷つくと恐れた国務省側が、巨頭会談に前向きの大統領を抑制しにかかったというのが実情でした。

戦後、昭和天皇は開戦前の国内政治状況について、自己弁護的にも見える発言を残しています。もし自分が、主戦論を抑えて、アメリカに屈服するといったら、「国内の与論は必ず沸騰《ふっとう》し、クーデタ」[90]が起こっただろう、というのです。天皇のこの発言は、一九四六年三月から四月にかけて、極東国際軍事裁判が開廷される前、宮内省側近らが天皇から聴き取りを行なった折のものです。連合国の中には、天皇が終戦を命じ、その命令に軍部が従ったのだから、開戦を止めることもできたはずではなかったかとの強い疑念が生じていたからです。ただ、日本占領にあたった連合国最高司令官総司令部（GHQ）のマッカーサー自身は、天皇を裁判で訴追《そつい》しないことを、この時点ですでに決定していましたが。

そのような政治的背景がある発言ではありますが、天皇の発言は、時代の緊迫感を伝えるものとなっています。[91]

私が若《も》し開戦の決定に対して「ベトー」［拒否権行使］したとしよう。国内は必ず大内乱となり、私の信頼する周囲の者は殺され、私の生命も保証出来ない［後略］。

内乱が起きて、側近のみならず、自分も殺されるような事態が起きたかもしれないと、天皇自身が回想している。このような空間が、四一年八月、九月にできてしまっている。天皇は、一九三六年の二・二六事件を、まさにつぶさに目撃し、青年将校や、それに呼応しようとした軍部のトップの姿を見てしまっていたわけです。二・二六事件では、当時の内大臣だった斎藤《さいとう》実《まこと》、大蔵大臣だった高橋是清《これきよ》、陸軍の教育総監だった渡辺錠太郎《じょうたろう》などが、蹶起《けっき》将校らによって殺害されていました。まさに天皇が「信頼する側近」が殺された事態が五年前に起きていました。

ところで、この頃の国家主義運動団体の組織数は、どのくらいだったのか。当時の警察にあたる内務省警保局が記録をとっていますが、四〇年十二月末段階の数字では、組織の数が約二千、総人数が約六三万人と書かれています。[92] 平沼さんを襲った組織の「勤皇まことむすび」の場合は約三千人といったところです。また、内務省の別の史料によれば、六三万の組織人員の中で、日独伊三国枢軸万歳派の占める割合が増えてきている、との指摘があります。

昭和天皇のそばで、国務についてアドバイスする役回りであった内大臣の木戸幸一《きどこういち》ですが、彼の日記の一九四一年八月の記述[93]を見ますと、警視総監《けいしそうかん》だの内務省警保局長だの憲兵《けんぺい》司令部本部長だのが、しょっちゅう治安状況の報告に来ています。日米交渉妥結に関する国家主義団体の動向など、不穏な情勢を伝えるデータが宮内省にあげられていたのでしょう。

駐米大使として日米交渉に携わった野村は、日米開戦後、日本に帰国した後の講演会で、八月まではアメリカ側も交渉をまとめようと熱心だったと回想していましたね。しかし、日本国内の反対運動も高まり、交渉妥結に向けた機運は遠のいていきました。

九月十八日には、近衛の暗殺計画が、十月二日には、東京にあるアメリカ大使館員に対する襲撃計画が発覚していました。[94] 近衛メッセージへの最終的な返答として、国務長官のハルが、事前に、日米の事務局レベルで一致が確認できなければ、巨頭会談を行なうのは危険だと、十月二日、野村に回答をよこした[95]のは当然であったと思います。

尾崎秀実と天皇の国民観

では、普通に日々の生活をしていた国民はどうであったのか。これを見たいのですが、たとえば彼ら、彼女らが残した日記などを通して、その考え方を知る方法もありえます。ただ、そのためにはかなり長い期間にわたって調査し、その変化と背景を注視する必要があり、思うよりもずっと難しい。そこで、歴史学では、国民と対極的な場にある人間が国民をどう見ていたのか、ある意味、国民の姿を鏡に映すことで、間接的に国民像を探る方法をとります。

その一環として、ソ連のスパイであったリヒャルト・ゾルゲとともに活動していた尾崎秀実《おざきほつみ》の国民観を見ておきたいと思います。みなさんは、尾崎という名前を聞いたことがありますか。

――わからないです。ゾルゲと仲間だったんですか。

そう、ゾルゲのスパイグループの一員として活動した人です。一九三六年十二月に中国で起きた西安《シーアン》事件を知っていますか。抗日のため、共産党と国民党が合作《がっさく》すべきだと考えた張学《ちょうがく》良《りょう》が蒋介石を監禁して説得にあたったとされ、国共合作が成立する契機となった事件でしたが、この事件の直後、内外の報道の大部分が蒋介石は殺害されたと見るなか、尾崎は、事件の背景やその展開について正確な論評を書いたことで名をあげたジャーナリストでした。近衛内閣のブレーンであった昭和研究会の主要メンバーでもありました。

尾崎は、ちょうど第三次近衛内閣が総辞職した、四一年十月十六日の前日、十五日に検挙されます。近衛内閣から東条英機内閣へと代わるときを狙って検挙したのでしょう。

さて、これからみなさんと一緒に読むのは、逮捕される二ヵ月ほど前に、尾崎が南満州鉄道本社のため、東京の政治状況を知らせる部内報に書いた記事[96]です。日本の政界上層の動きと国民の様子を、かなり率直に描写しています。

> 日本国内の庶民的意向は、支配層の苦悩とほとんど無関係に反英米的な事である。〔中略〕〔それもそもそも〕満州事変以来十年、民衆はこの方向のみ歩むことを、指導者階級によって教えられ続けて来たのであって〔不思議ではない〕、屈服は、敗

戦ののち、初めて可能である。たとえ支配層が、その経済的窮地《きゅうち》のうちに、いち早く屈服の合理性を見出したとするも、大衆にとっては、いまだ思いもよらざることである。［後略］

尾崎の国民観があらわれていますね。民衆は、「撃て、英米」といった反英米の気持ちにとらわれてしまっている。でもそれは当たり前のことで、支配階級がそう仕向けたからなのだ、と。2章でもお話ししましたが、リットンが言っていたように、国民は満州事変の真相を知らされてこなかった。日本人は、満州事変は関東軍が起こしたのではない、中国側が起こしたと思い込んでいる。ですから、反英米となっていて、上から急に、英米と仲良くするんだといわれても、大衆は面食《めんく》らうだけだ、と尾崎は分析していました。

面白いのは、民衆の反英米気分と、そのよってきたる理由を描く一方、為政者の側が抱える現在の苦況も描かれている点です。尾崎が優れたジャーナリストであっただろうと思わせるのは、「たとえ支配層が、その経済的窮地のうちに、いち早く屈服の合理性を見出したとするも」の部分です。きびきびとした、無駄のない描写ですね。支配層がいま頃になって、日本の経済的な弱さを自覚して、英米に屈服することが合理的な選択肢だとわかったとしても、大衆はそれを聞く耳を持たない

民衆は、この方向のみ
歩むことを教えられ続けた。
屈服は敗戦ののち、初めて可能
尾崎秀実《ほつみ》

し、戦争に敗けた後でなければ、国民は屈服が正しい選択肢であったなどとは決して認めないに違いない、と。このように、非常に暗い見通しを述べていたのです。

尾崎は、四四年十一月七日、国防保安法、軍機保護法、治安維持法違反の罪で、ゾルゲとともに巣鴨《すがも》拘置所《こうちしょ》で絞首刑になりました。処刑された日は、ロシアの十月革命が一九一七年十一月七日（ロシア暦十月二十五日）に起きたことを記念した革命記念日でした。このようなことは、どの国もやることで、極東国際軍事裁判でA級戦犯七名が絞首刑に処せられた日は、四八年十二月二十三日、当時の明仁《あきひと》皇太子、現在の天皇の誕生日でした。

ソ連の国際諜報団の一員として死刑となった尾崎ですが、尾崎と対極の位置にいた昭和天皇の国民観を、次に見ましょう。四一年十月十三日、内大臣の木戸に向かって、天皇が述べた言葉[97]です。この日は、尾崎が捕まる二日前にあたり、日米交渉が難しくなってきたときです。

昨今の情況にては、日米交渉の成立は漸次《ぜんじ》望み薄くなりたるように思わるるところ、万一開戦となるがごとき場合には、今度は宣戦《せんせん》の詔勅《しょうちょく》を発することとなるべし。その場合、今迄《いままで》の詔書について見るに、連盟脱退の際にも、特に文武恪循《ぶんぶかくじゅん》と世界平和ということについて述べたのであるが、国民はどうも此《この》点を等閑視《とうかんし》して居る様に思われる。又、日独伊三国同盟の際の詔書についても、平和の為《た》めということが忘れられ、如何《いか》にも英米に対抗するかの如く国民が考へて居るのは誠に面白くないと思う。

天皇が言っているのは、こういうことです。日米交渉が失敗し、万が一にも対米開戦となれば、宣戦の詔書を出さなければならなくなる。詔書といえば、連盟脱退のときに出した詔書が、軍部と内閣がしっかり協調せよということと、世界平和のための脱退である点を強調したものになるよう自分は意を用いた。しかし、国民はこの点に全く気づいていないようで残念だ。また、四〇年九月の日独伊三国軍事同盟が発布されたときの詔書にも、平和のためだとこの条約を位置づけたのに、いかにも英米に対抗するためのものだと、国民が考えているのは困ったことだと、天皇が国民の態度への不満を述べている、そのような珍しい史料です。

スパイと天皇という、対極の立場にいる二人が、ある意味で、同様の国民観を抱いていたという点が興味深い。ただ、二人とも、国民を批判しているのではなく、国民がそのように思い込まされてきている、その点を憂慮した言葉になっている点を読み取ってください。

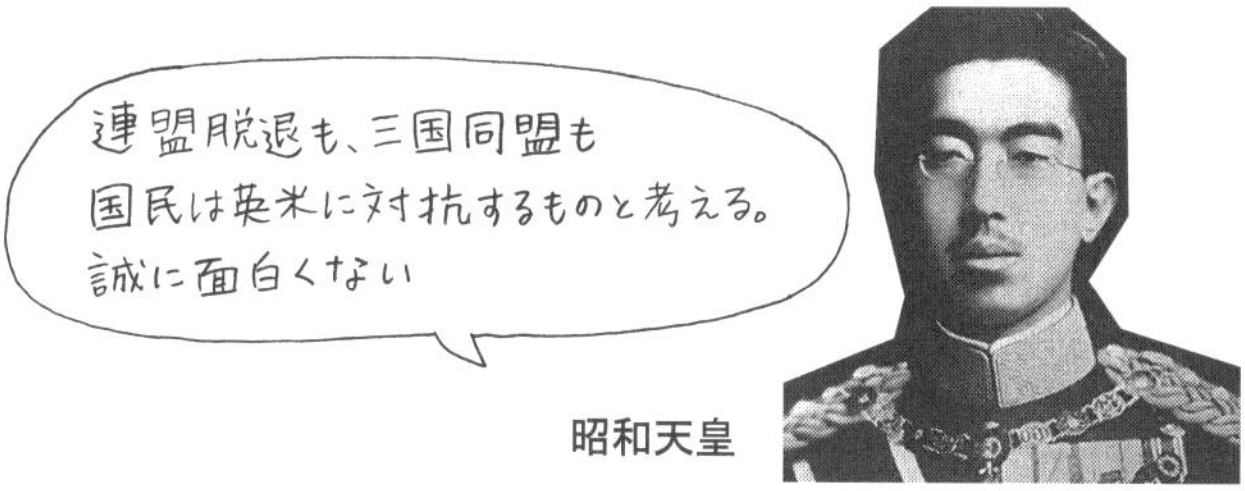
連盟脱退も、三国同盟も
国民は英米に対抗するものと考える。
誠に面白くない

昭和天皇

絶望したから開戦したのではない

「日支新取極」とはなにか

日米交渉自体は、第三次近衛内閣の豊田外相時代の交渉、また、東条内閣の東郷茂徳《とうごうしげのり》外相時代の交渉といったかたちで、四一年十一月二十七日のハル・ノートまで続きます。しかし、決定的に大きかったのは、日本側が同年九月六日に行なった御前会議での国策決定「帝国国策遂《すい》行《こう》要領」で、外交交渉の期限を区切ってしまったことでした。外交交渉と戦争準備について、例のように、両論併記で書くのですが、交渉に期限を付した。

ここで陸軍側が作成した、知能犯的な別紙「対米(英)交渉において帝国の達成すべき最少限度の要求事項」[98]を見ておきましょう。次のような文句が書かれていました。

米英は帝国の支那事変処理に容喙《ようかい》し、または、これを妨害せざること。

(注)[前略]特に日支間新取極《しんとりきめ》による帝国軍隊の駐屯に関しては、これを固守するものとす。

日米交渉の諒解案の項目のうち、ローズヴェルトが日中戦争を仲介する、という項目があったことを覚えていますか。その部分について、陸軍が追加の要求を出しているのです。つまり、英米側は蒋介石を交渉の席に連れてくるだけでよく、日本の日中戦争解決方針に干渉するな、と言っている。そして、特に注を付けて、最も大事なことを書いていました。つまり、「日支間新取極」によって定められた、日本軍の駐屯については、必ず守るものとする、と書いたのです。

みなさんの頭に浮かんだ疑問は、「日支間新取極」ってなにか、というものでしょう。この別紙と（注）部分を書いたのは、陸軍省軍務課の石井秋穂《いしいあきほ》という人でした。石井の念頭にあった「新取極」とは、四〇年十一月末に、日本が汪兆銘政権と締結した日華《にっか》基本条約のことでした。つまり、（注）に陸軍側が書き込んだのは、日本側が一年前に、傀儡《かいらい》政権である汪政権と結んだ協定です。ということは、重慶の正式な中国政府の主席である蒋介石としては、交渉の土台として、到底認められないものが書かれてしまっていることになる。

しかし、本当に恐ろしいことですが、この御前会議の際、豊田外相は、この「日支間新取極」の意味を、将来的にローズヴェルトの仲介で、日本と中国が交渉の席についたときに締結されるべき「新しい取極」といった意味に、素知らぬ顔で使っ

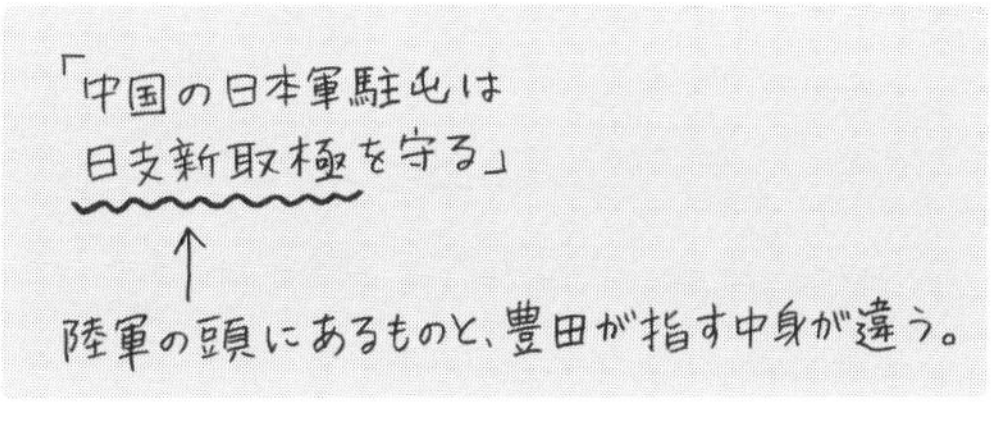
「中国の日本軍駐屯は
日支新取極を守る」
陸軍の頭にあるものと、豊田が指す中身が違う。

ていました。[99] 英語にしてしまえば、新しい日中間での取極、といった普通名詞なのか、陸軍の頭の中では自明の日華基本条約なのか、一見するとわからないですね。

ただ、海軍出身で、三国同盟の無害化を図っていると陸軍側から警戒されていた豊田外相の行なうことを、陸軍側がみすみす見逃すはずはなく、戦争指導班などは「日支間「新取極」の解釈、疑義あるままに打電せるは不可なり」[100] として憤慨《ふんがい》しています。「新取極」の解釈一つが、日米交渉をぶちこわしたい人には便利な項目となり、妥結させたい人には、これからの日中交渉で話し合われるべき、駐兵のルールということになる。

この九月六日の御前会議決定における、中国での日本軍の撤兵をどうするか、この点で、陸軍側が撤兵について、最後まで妥協しなかったことで、日米交渉は頓挫《とんざ》することになりました。

妥結した場合の国内輿論指導方針

ただ、日本側としても、交渉が最後の最後までまとまるかもしれないとの気持ちでいたことが、次のような史料からわかります。交渉というのは相手があることですから、アメリカ側がひょっとして、なんらかの妥協をしてくるかもしれない、このような希望的観測もあったでしょう。日本側が強硬な態度をとることで、アメリカ側が妥協するかもしれない、このような考え方は、アメリカのローズヴェルト政権内部の対日強硬派の論理でもありましたから、日本側の対米強硬派の論理としても成り立ちうる。

外務省が作成した文書に、「会談成功の際の輿論《よろん》指導要綱」[101]というものがあります。史料を見ますと、国家機密というスタンプが押されていて、生々しいです。輿論というのは、国民の考えということで、国民を指導する方針が書かれていました。十一月二十七日付で、ちょうどハル・ノートが来るのと入れ替わりの時期に作成されています。

今回の会談の成功は、主として国民の覚悟と団結とによりてもたらされたものにして、戦わずして米英両国の戦意を喪失《そうしつ》せしめ非常なる成功と言わざるべからず。

会談成功を受けての、国民に発表する骨子案なのでしょうが、なんだか強いことを述べているのが気になりますね。これは、他の史料と組み合わせて考えますと、三国軍事同盟を良いと考えていた国民が圧倒的に多かったわけですから、そのような反英米がよいと考えてきた人々が怒り狂わないように、との意図があったと思います。外務省としても、戦争が回避されるかもしれない可能性を、この時点でも真面目に考えていたことがわかる。

このような、現在の地点から見ればとても意外なことが、どれほど真剣になされていたかを知ること。これは、当時、生きていた人々の感覚を再現するために、とくに歴史学者が自覚的にやっていかなければならないABCなのです。

最後にアメリカ側の失敗についても触れておきます。アメリカ側が日本の抑止に失敗した要因はなにかといえば、ちょっと前にお話ししたような、ホーンベック、モーゲンソー流の考え方にありそうです。絶望から開戦する国はないという、あの、日本に対する判断の間違いです。そもそも、日本は、絶望したから開戦したのではありません。あと二年間、石油という資源を確保できている時期に開戦しようという発想は、ありえなくはない。

アメリカ側は、日本を押さえつけて、ハル・ノートを出せば、やっぱりやめますと言うと思っていた。ホーンベックなどは、80％の確率で日本は屈服すると考えていたそうです。戦争になるなどとは考えずに、強硬な最終案が準備されました。しかし、日本側は、ならばと、一か八かに賭けたわけです。

「駐米日本大使館員の勤務怠慢による対米通告の遅れ」という神話

一九四一年十二月七日、日本がアメリカに日米交渉の打ち切りを伝える、そのときなにが起きたかを見ていきましょう。

日米交渉に関する神話の一つですが、駐米日本大使館員の怠慢《たいまん》によって、日本のアメリカへの宣戦布告の通告が遅れた、というお話を聞いたことがある人も多いと思います。ワシントンの日本大使館で、ある人の送別会が、前日に開かれていた。大使館員のみなさんは、本当は朝早く出勤しなければいけなかったのに、やや登庁が遅れた。だから、緊急の日米交渉打ち切り通告の重大な電報が本国から届いていたにもかかわらず、解読に時間がかかり、国務省に手渡すはずの時間に遅れた、ということです。

これについては井口武夫《いぐちたけお》さんという方が、この問題についての必読文献『開戦神話』（中公文庫）という本[102]を書いていますので、読んでみてください。さて、井口武夫さんというお名前ですが、井口って名字は、どこかで見たな、と覚えていますか。日米交渉の当事者の一人、井口貞夫《さだお》駐米日本大使館参事官、大使の下のナンバー2だった方の息子さんです。井口武夫さんはアメリカ生まれで、外交官らが引上げる船で開戦後に日本に帰って来た。だから、開戦前までの日本大使館の雰囲気にも通じていましたし、武夫さん自身も、長じたのちに父と同じ外交官になりました。この方が面白いのは、外交官でありながら、外務省がこれまで語ってきた外務省にとって都合のよい正史、その再検討を迫った勇気ある方だということです。

極東国際軍事裁判では、開戦時の外務大臣である東郷茂徳《しげのり》さんの弁護に、外務省は懸命になりました。本当のところ、東京の外務省は、陸海軍の圧力に屈し、出先である大使館がどんなに頑張っても不可能な時間と方法で、ワシントンに電報を送っていたのです。

日米開戦は十二月八日、現地時間では十二月七日に始まりますが、陸海軍の奇襲作戦について、そもそも、真珠湾を攻撃するとわかっている人たちは、軍令部と参謀本部といった統帥部《とうすい》と、後は御前会議のメンバーあたりで、それ以外の人は、十二月一日まで教えてもらえていません。海軍軍人であった野村は察してはいたかもしれませんが、教えてもらえてはいない。東郷外相が真珠湾を知るのは十二月一日です。

最後通告の電報は、全部で一四通ありました。暗号機での解読や、解読したものの清書、そういうものに時間がかかるので、前倒しで進んでいて、一三通目までは、十二月六日の早い時間にワシントンに着いていました。しかし、これで会談は終わる、だからどこかで日本の攻撃が始まるよという、その最後の一四通目を、ぎりぎり三〇分前までは出すなということを、陸海軍の統帥部が外務省に要求しました。その要求を外務省はのんでしまっている。

しかも、一四通目に、もともとは入っていた「一切の事態」という文言が消されてしまうのです。この文言がどういう言葉かというと、みなさんが大使館員であれば、これが暗号の字にあらわれたら、暗号書や重要な書類を暖炉で全部すぐに燃やす、それが始まる合図なのです。ちなみに、外交用語では、「宣戦布告します」なんて書く必要はありません。今後生ずる一切の事態は、あなたの国が責任を負います、という書き方をして、これが事実上の最後通告、宣戦布告の代わりの文言になる。

「一切の事態」という文言は、外務省がつくっていた一四通目に、十二月四日までは入っていました。でも、陸海軍の統帥部は、マジック（アメリカの暗号解読チームによって解読された日本の暗号文）などで解読されるのを恐れ、これを消すのです。さらに分割された一四通目の電報は、東京から発出されるとき、一五時間も遅らされた。これでは、ワシントン側では奇跡でも起き

ない限り、対応できません。このような外務省の実態は、戦後長らくタブーでした。それを井口さんは調査し続け、真実を突き止めて本に書きました。

奇襲を成功させるためにはなんでもやったという、軍部の横暴の例を一つだけ追加しておきます。天皇に対して、最後の最後に発出されたローズヴェルトの親電です。これは、マジックによって日本の最後通告の解読文書を手に入れていたアメリカ側が、後で、自分は昭和天皇に最後の妥協を提案したのだと、そう言い逃れるためにやったという謀略説も流布《るふ》しています。しかし、マジックの解読電報がローズヴェルトに届けられた時間は、十二月六日の午後九時三〇分で、ローズヴェルトが天皇あての親書電報を、アメリカ大使館に向けて発出した時間は午後九時なのです。つまり、マジックが届く三〇分前、大統領は、最後の頼みの綱の昭和天皇にメッセージを送っていたのです。

ローズヴェルトは、可能性があれば何でもやってみる人、という人物評があった大統領でした。ワシントン時間の十二月六日午後九時段階、天皇に電報を出すのと同じ頃、ローズヴェルトは、いま一度、日本側に交渉を試みてみるから、なにか行動を起こすのは控えてくれと、中国、イギリス、オーストラリア大使館向けに、連絡していました。

陸軍は、このローズヴェルトの電報に対しても、東京の中央郵便局で一五時間留め置くよう

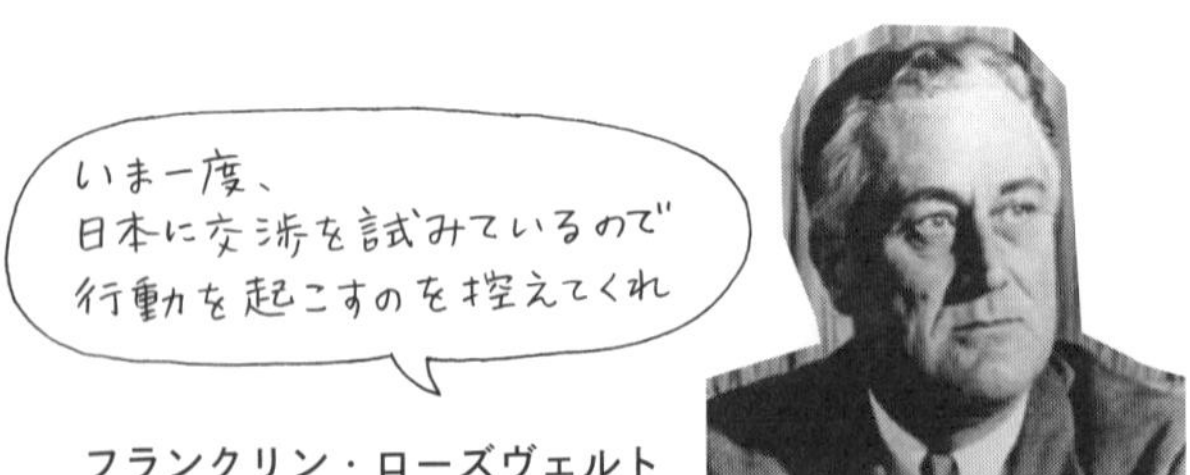
いま一度、
日本に交渉を試みているので
行動を起こすのを控えてくれ

フランクリン・ローズヴェルト

指示し、東京のアメリカ大使館に届く時間を引き延ばしたのです。大元帥《だいげんすい》である天皇に対して、アメリカの元首から送られた電報を、勝手に止めてよいと陸軍がこの時点で考えていたということ自体、統帥（軍隊の作戦・用兵を決定する最高指揮権）の崩壊といえるのではないでしょうか。国体の破壊者としての軍の存在が、開戦の直前に顕《あら》わになっている。

アメリカの失敗

アメリカは日本に第一打を撃たせた、真珠湾攻撃のことを、ローズヴェルト大統領やハル国務長官とか、何人かは知っていた。けれども、現地の人には言わず、日本に騙し討ちさせるようにした、という見方があります。でも、これが全く嘘であることは、アメリカの国防総省が研究し続けていることからわかる。3章で紹介した、ペンタゴンのマスター・ヨーダ、アンドリュー・マーシャルさんが、ずっと研究し続けていたケースのうちの一つが、日本の真珠湾攻撃だとお話ししましたね。

日本政府や軍の指導者は、真珠湾攻撃の前に、自国がアメリカとの長い戦いを乗り切るための産業基盤や軍事力を持たないということを知っていました。日本側にその自覚がありながら、開戦に踏み切ったことを、アメリカ側も戦後に知りました。

アメリカの側も、膨大なマジックを解読し、後から精査すれば、日本の真珠湾攻撃を予測できたかもしれない一五の明確なヒントがあったというのです。にもかかわらず、なぜアメリカは、それを活かせなかったのかを分析した優れた研究として、ロベルタ・ウールステッターという女性研究者による『パールハーバー』[103]があります。この本は、アメリカの歴史をテーマとした学術書に与えられる権威ある賞、バンクロフト賞をとりました。このような本を書け、とロベルタさんに勧めたのは[104]、マスター・ヨーダなのです。

アメリカは、多くの情報の中に含まれるノイズと呼ばれるどうでもよい情報から、真に大事な情報を選《え》り分けることが全くできていなかった。たとえば、アメリカ陸軍省は、ハワイ方面の陸軍司令官だったウォルター・ショート中将に、日本がハワイに対して敵対行為を行なう可能性がある、と警告していました。けれども、現地の中将は、日本軍が攻撃を仕掛けてくる可能性ではなく、軍事施設の修理工場などで働く労働者に対して、仕事の能率を下げるために変な工作をするのだろうなどと、警告を軽視してしまうのです。

日本がどのように戦争を始めるか、普通の考えでは、極東のイギリス根拠地である英領マレーには行くだろうと思っていました。イギリスのシンガポールとか、アメリカが持っているフィリピンの基地を襲いにいくだろうというのは、イギリス、アメリカもわかっていた。まさか、十一月からずっと、空母六隻を択捉島《えとろふとう》にある単冠湾《ひとかっぷ》から出撃させて、荒海を無線封止してハワイまで行っているなんて思わない（海上で船舶が通信する手段は無線ですが、これを発しないようにして、傍受されるのを防いだ状態を封止といいます）。

なぜアメリカは、日本を抑止できなかったのか。なぜ、一対七〇〇の石油生産、一対一二のGDP差というようなことがわかっていても押しかけてくる国があるということを見落としたのか。これはアメリカの戦略分析では、戦後の冷戦期、ソ連の不合理な行動を予見するプログラムを開発する際の、非常に重要な歴史的教訓とし続けたといいます。

——数年前ですが、日米交渉についてインターネット掲示板を見ていたことがあります。やっぱり根拠のないことを書いている人がいて、そういうのを見るたび、どうしてなんだろう、なんとかならないのかなとか、ずっと思っていて……。

私もずっと考えていますいます。史実と違うことを、なぜ信じたいと思うのか。そのあたりを解きほぐしたいと思ってきました。我々は、物理や数学の話なら、現在なされている最前線の研究など、なかなか難しいこともあって、わからないこともあると、素直に認められますね。でも、歴史ではそうはいかない。その点が、反復可能で検証可能な自然科学と、人文科学の違いなんだろうと思います。

アメリカの国防総省などが、冷戦期を通じてずっと、軍事革命を果たしたドイツの四〇年春の電撃戦の意味や、不確実なことも起きるという例を提供した四一年十二月の真珠湾攻撃の意味を真剣に考えていた、その事実自体を、広く知らせることは意味があるかもしれない。本当の専門家ですら、いまだ真珠湾の謎がわかっていないと言っているよ、と教える。まずは、問題の大きさの意義を認めるところから始めるのがよさそうですね。

開戦、敗戦後の日米交渉の扱われ方

開戦、そして敗戦後、日米交渉は、どのように捉えられていくのか。戦争する前に交渉する理由としては、開戦前に、戦争を回避するため、私たちは一生懸命頑張りました、と正当化するために交渉する、とお話ししましたね。日米交渉を見ても、やはり日米開戦の後、同じことを双方が言えるような関係になっています。

一九四一年十二月七日（日本時間）、日本側はこう言います。日本がアメリカ大使館に向けて、一四部分からなる交渉打ち切りの通告をする、その始まりの部分の言葉[105]です。

　本年四月以来合衆国政府との間に両国国交の調整増進並《ならび》に太平洋地域の安定に関し誠意を傾倒《けいとう》して交渉を継続して来《きた》り。

四月以降、誠意を傾けてアメリカと交渉を続けてきたけれど、残念ながら、ということが、事実上の宣戦布告文にあたるところに書いてある。

一方、ローズヴェルトが真珠湾を攻撃された旨の演説をアメリカ議会で行なった際、同じように主張します。読んでみましょう。

米国は、日本とは平和関係を維持しあり、日本の希望により、日米交渉継続中であった。

ローズヴェルトは、日本側の希望によって日米交渉が継続中だったと言います。交渉が継続中だったのは本当ですが、これまで見たように日米交渉の発端は、日本とアメリカ双方にあった。ローズヴェルトの言い分は、ある意味、国内の抗戦意識をまとめあげるためのものですね。双方が、誠実に戦争回避に努めたと、アリバイとして日米交渉を使いながら、真珠湾攻撃後、どんな扱いを受けることになるか。そして戦争が終わった後、日本が裁かれた極東国際軍事裁判で、裁く連合国側は日米交渉をどのように位置づけていたか。

アメリカは、日本側に真に平和希求の意図があって交渉していたなどとは思っていなかったことにしたい。その結果、日本側は時間稼ぎをして卑劣《ひれつ》なことをやった、アメリカ側も真剣に対応などしてこなかったというストーリーが、極東国際軍事裁判で描かれます。日本は不誠実に時間稼ぎし、アメリカも、日本がどう出るかわからないから、せいぜいお話を聞きおいた。真剣に交渉を妥結させようなどとは思わなかった。このようなストーリーが語られるのです。

これまで、何度も参照してきた、外務省編纂の『日本外交文書　日米交渉』という史料集がありますが。この本の英訳タイトルは、「US Japan negotiation（交渉）ではなく、US Japan talksとなっているんです。日本とアメリカがお話をしていました、ということですね。これは、極東国際軍事裁判の時点から、日米交渉を振り返る、その立場を端的に語っていると思います。

アメリカはこれに対応するアメリカの外交史料集に、「戦争と平和」あたりのタイトルをつけています。せめて、日本の英訳タイトルも、このようなタイトルをつけられなかったでしょうか。

日本人が最終的に戦争を選んだ理由

さて、ずいぶん長い話になりましたが、これで三つの交渉の最後、日米交渉のお話はおしまいです。今回の授業では、みなさんの意見を聞いて、私自身、どこまでわかっていたのかがわかった、という経験をしました。みなさんと調べてここまでわかったと、面白さが共有できたということが、私自身、すごく面白かった。

——僕も、他の人の見方を聞いて、自分では気づかなかったことをたくさん考えました。

同じ史料をみんなで読んでいく意義はそこにあって、同じ史料から違う考え方ができる、違った見方がありうることを知ったわけですね。学ぶということは、そういうことです。

——アメリカでさえも予想していなかった戦争に、日本が最終的に走ってしまったというのは、やっぱり民衆の声というのが一番大きかったんですか。

外務省編纂『日本外交文書 日米交渉』
英訳タイトルは、US Japan talks。
negotiation ではない。

自分たちの身の回り三メートルの世界の幸福を考えていてよいはずの民衆が、なぜ、一番強硬なところへ、天皇も恐れなければならない勢力や意見に引っ張っていかれちゃうのか。その哀切《あいせつ》さに、誰しも打たれますね。これを避けるための一つの知恵は、教育だと思うのです。この話になると私も頭に血が上りますが、戦前期においては、女子という、人口のおおよそ半分を占める人間に、男子と同じ教育を授《さず》けてこなかった。また、尋常小学校から高等小学校までの教育と、中等学校以上の教育の内容がかけ離れていました。

普通の子どもたちにとっての天皇は、修身の授業で習う天孫降臨《てんそんこうりん》神話の中の登場人物です。本当の古代史上の天皇について、史料から日本史を教えてもらえるのは、旧制高校に入ってようやく一年目です。これは、中国の史書なども用いることで、批判的に古代史を教えてもらえたわけですね。しかし、その真実を教えてもらえた人は、割合からいえば、一〇〇人に一人くらいしかいなかった。正直な教育が大事ですね。

最適解という言い方をしますが（たくさんある選択肢から比較し、最も適切な答えを探すということです）国民がそれを選べない。交渉は妥結したほうが、ずっといい。でも、それを選べない民衆がいる。

一九三一年の満州事変からすると、四一年の日米交渉のときには十年がたっている。日清戦争から日露戦争の間も十年でした。後者の場合の十年ですと、内村鑑三《うちむらかんぞう》など、日清戦争では日本の戦争を聖戦だと信じた人々も、戦争後の日本の政策を見て、日露戦争に反対していく人がいました。満州事変が起こされたとき、それが中国側の仕業《しわざ》だと信じ込まされていた人々は、四一年までの十年で、なぜ目の前で進んでいく事態に疑問を抱かなかったのでしょうか。

日米交渉における近衛メッセージが新聞に掲載されたとき、ああ、これは「世界の道」であって、当然のことを近衛は言っていると思える気持ちに、普通の人々がなれるような教育がなされ、情報が公開されていなければならなかった。尾崎秀実《ほつみ》や昭和天皇が述べていたことは、今、読み返すと、本当に普通のことを言っていますね。逆に、近衛を脅かしたような人々がビラで述べていたことを現在読むと、信じられない気持ちになる。このギャップを肌で感じておくことが大事です。

逆に言うと、私たちが後世の人から同じように批判されるかもしれない。後世にとって、現在が鏡になる可能性もある。鑑とも書きますね。歴史が鏡だという意味はそこにあります。過去の歴史を正確に描いたり学んだりしていれば、自然に自分の将来や未来をつくることにつながる。歴史を学ぶ意味は、ここにあるのだと思います。

歴史は鏡。
過去を正確に学ぶことが
未来をつくることにつながる。

終章

講義の終わりに

敗戦と憲法

第六回目：二〇一六年五月八日

講義の終わりに

国民を存亡の危機に陥れた戦争

ここまでの講義では、戦前期の日本が直面した三つの大きな選択とそこにいたるまでの交渉事を、みなさんと一緒に史料を読みながら見てきました。その結果、日本がどのような戦いをすることとなったのか、また、敗戦の後に憲法が書き換えられ、戦後がどのように始まったのか、講義の終わりにあたって、この二つの問題を考えていきたいと思います。

まず、戦争最終盤の日本の様子を見ておきましょう。戦前期の帝国日本は、台湾や朝鮮などの海外領土を植民地として持ち、満州国や南京《なんきん》政府（汪兆銘《おうちょうめい》政権）を傀儡《かいらい》国家として位置づけ、これらの地域や国家を、日本の周縁部《しゅうえんぶ》に配置するようにしていました。

1章では、敗戦五十年を期して政府が閣議決定のうえ発表した、一九九五年の村山談話に触れました。この談話を支えていた認識を一言でまとめれば、遠くない過去の一時期、国民を存亡の危機に陥れたような、そのような戦争を日本はやった、というものです。戦争の惨禍《さんか》を被《こうむ》ったアジア諸国の人々への加害を認めるのはもちろんのことですが、帝国日本の行なった戦争は、その最終盤において、とくに帝国の周縁部にいた国民の「残虐死《ざんぎゃくし》」[1] を招いた戦争だった。村山談話を初めてきちんと読んだとき、この点に、あらためて思い至りました。

　敗走する自国軍に見捨てられ、侵入してくる敵国軍の前に無防備でさらされ、忘れられた戦場で遺棄《いき》された国民や兵士たち。その遺骨の収集は、いまなお十分に進んでいません。周縁部のうち、北方の満州においては、関東軍に見捨てられた開拓民や満蒙《まんもう》開拓青少年義勇兵（数え年一六〜一九歳の少年たち約一〇万人が送り出されました）らが、侵攻したソ連軍に包囲されました。南方の西部・中部太平洋においては、マッカーサー率《ひき》いるアメリカ・オーストラリア連合軍の周到な作戦[2]によって、戦場として飛ばされた島々で兵士は餓死《がし》しました。

　戦没者三一〇万のうち二四〇万人が海外で死亡していますが、二〇一三年時点で日本に帰還した遺骨は約一二七万柱《ばしら》に過ぎません。八割の遺骨が戻されていない戦場はフィリピンでした。なぜなら、一九四四年一〇月からのレイテ作戦やフィリピン沖海戦の時点では、もはや日本軍には近代的な戦いをアメリカ軍と戦うだけの空母も航空機も失われていたからです。日本は、兵士の死に場所や死に方を遺族に教えられなかった国でした。[3]

　なぜ日本軍は、帝国の周縁部に防衛線を設定しようとしたのでしょうか。一つには、もちろん、日本の国土の形態からくる制約がありました。日本本土は、防衛しにくい地理的な構造を持っていたからです。海岸線の長さでは世界第六位（三位のインドネシア、五位のフィリピンの独立は戦後なので、戦前において日本は、カナダ、ノルウェー、ロシア

戦没者310万人のうち
240万人が海外で死亡。
帰還した遺骨は約127万柱だけ。
（2013年時点）

閣東大震災直後　1923年9月

に次ぐ海岸線だという意識があったはずです）につけ、国土の七割強が山で、海岸線のすぐ近くまで山が迫る国です。ロシア・ソ連との戦争に備えるために、台湾、朝鮮、満州国というように、日本本土から遠ざかる方向で、海峡《かいきょう》・半島・山脈といった自然の要害や地形を活かした安全保障策に頼ろうとしたのは無理もありません。[4]

一九四五年三月一〇日、東京大空襲を行なった米軍は、一九二三（大正一二）年の関東大震災直後の東京でいかに大火災が発生したのか、風向きなどについても入念な調査を行ない、そのうえで、二十二年後に爆撃を実施したことがわかっています。[5]

爆撃の効果を確認したアメリカ側、あるいは研究者も、不思議に思ったことがありました。一九二三年の大震災の経験を活かし、日本側は東京周辺に防空システムを施《ほどこ》しているかと思っていたと。大震災とその直後に東京を焼尽《しょうじん》させた火災を見れば、将来の戦争において、大震災＋大火災と同じ役割を敵国による空襲がもたらすことは、十分予想できたはずだったからです。事実、予想した人はいました。大震災の一年後に陸相に就任し、昭和期の陸軍の重鎮《じゅうちん》の一人となった宇垣一成《うがきかずしげ》は日記に、こう書き残しています。[6]

今次の震災に次ぐに火災をもってしたる惨事《さんじ》を実見《じっけん》して、敵国航空機の襲撃を蒙《こうむ》りたるときの状況に想到せば、実に炎天のもと、膚《はだ》に粟《あわ》を生ずるの感な

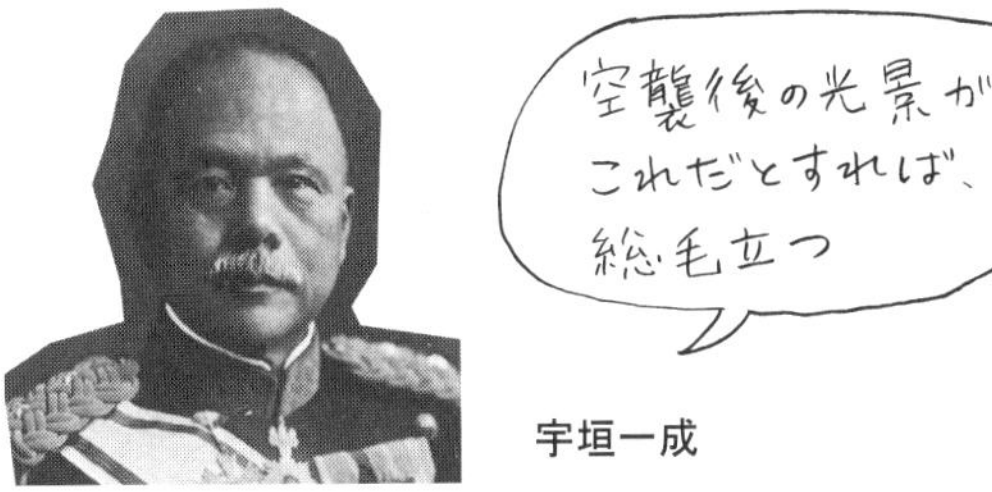

宇垣一成

くんばあらず。

「なくんばあらず」という二重否定部分が難しいですが、これは強い肯定を意味しますから、肌に粟、つまり、ぞっとして鳥肌が立ちました、という意味です。大地震の後の惨状《さんじょう》を実際に目にすると、これは、将来の日本が敵国の航空機によって爆撃された後の情景そのもののように見え、それを考えるとぞっとする、こう宇垣は暗い感慨《かんがい》を懐《いだ》いていました。これは正しい予想でした。けれども、太平洋戦争の最終盤、日本本土にアメリカ軍が空襲を始めた一九四四年十一月から四五年八月まで、マリアナから飛び立った、のべ二八七八二回の爆撃に対して、日本側が撃墜《げきつい》した数は、五〇機。その成功率は、なんと、0・17%しかありませんでした。

東京だけではありません。敗戦までに日本の八二の都市の41%近くが灰燼《かいじん》に帰《き》しました。なぜ首都に対してだけでも、レーダー網の構築による防空システムを準備しなかったのか。軍は二十年以上もの間、なにをしていたのか。首都には宮城《きゅうじょう》（皇居のこと）もあるのに、なぜ防衛に意を用いないのかという疑問を、アメリカ側が持ったということですね。このような、鋭い論点で本を準備している先生が[7]、香港大学で教えているチャールズ・シェンキングさんです。

シェンキングさんは、先の問いの答えとして、①日本軍にあった防空軽視の思想、

28,782回の爆撃で、
日本側が撃墜できたのは50機のみ。
その成功率0.17%。

②レーダーや最新式発動機など科学技術開発の遅れ、③陸海軍の対立、④飛行機生産の遅れと航空燃料不足、などを上げています。ただ、私としては、防空軽視の思想などの根幹に、昭和期の軍部の中に、日本本土から離れた場所で敵を撃退する、との発想があったことを重視したいと思います。ソ連からの飛行機・戦車に対しては満州で迎撃《げいげき》する、アメリカに対してはトラック島に基地を置いて、連合艦隊による艦隊決戦で打ち敗かせばよい、このような考えで、帝国の外縁部に防衛線が布《し》かれたのです。

トラック島は、ニューギニアの北、サイパンの南にあるカロリン諸島のほぼ中央に位置する環礁《かんしょう》で、日本から約三三〇〇キロも離れた地点にありました。

［日本軍の最大侵攻範囲と終戦時］

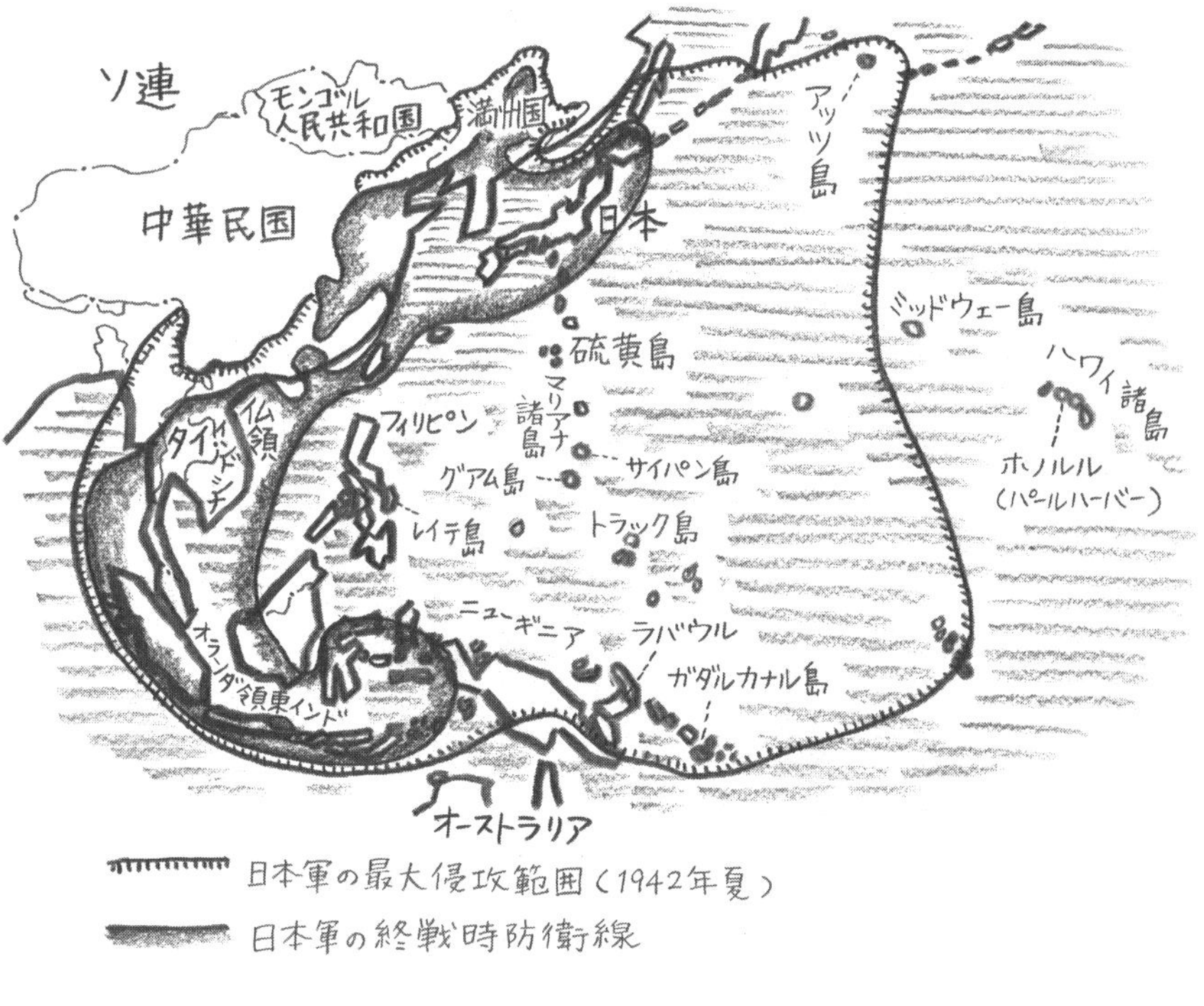

日米の決戦海面として本来想定されていた場所にくらべ、太平洋戦争時の海軍は、すこしでも早く決戦を行なうため、決戦海面そのものを前方に予定するようになっていきました。[8]

沖縄の人々の意識を縛った、共生共死の四文字

一日目の授業で、沖縄県は、日本の国土のうち、住民を巻き込んだ大規模な地上戦が唯一行なわれた場所だったとお話ししましたね。帝国の周縁部に防衛線を布《し》いた日本にあって、例外となったのが沖縄でした。

米軍は、一九四五年三月二十三日から機動部隊による大規模な空襲を開始し、「鉄の暴風《ぼうふう》」と呼ばれた、軍艦からの精度の高い艦砲射撃《かんぽうしゃげき》などを行なったうえ、四月一日、本格的に沖縄本島へ上陸しました。その兵力は五四万といわれています。迎え撃つ日本側の兵力は、現地召集した三万近い補充兵力を入れても約一〇万にも満たないものでしたが、約三ヵ月もの間、激闘が続けられました。

ひめゆり学徒隊や白梅《しらうめ》学徒隊など、兵員の看護などに従事させられた八隊の女子学徒隊の存在はよく知られていますが、忘れてならないのは、防衛召集という名前で現地召集された人々でした。本来の兵役関係の法規では決して許されなかったはずの、満一四歳から一七歳の少年が、満足な訓練も装備もなく、本人の意志とは無関係に、県と学校間の協定一つで、軍の組織

に編入されることになりました。

沖縄戦の犠牲者は、民間人と軍人合わせて、一八万八一三六人となり、民間人が九万四千人、軍人が九万四一三六人です。[9]民間人と軍人の犠牲者数がほぼ同数であるところに、住民を巻き込んでなされた最大の地上戦の苛酷《かこく》さの本質が、よく現れていると思います。

日本軍による組織的抵抗は六月二十三日に終わったはずでしたが、それ以降の時期において、四万人以上の人々が亡くなっている点[10]も、他では見られない特徴です。どうしてそのようなことが起きたのか、想像できますか。もちろん、最も大きな理由は、このとき、沖縄守備軍の最高指揮官である第三二軍司令官牛島満《うしじまみつる》が自決したことで、軍司令部の指揮系統が消滅し、軍とともに本島最南端まで移動していた民間人が離散《りさん》をよぎなくされたことにあります。

ガマと呼ばれる自然洞窟に逃げ込んだ民間人の多くが、アメリカ軍に投降を呼びかけられたとき、なぜ、出て行けずに集団自決《じけつ》を選んだのか。戦うのは軍人で、民間人は投降を許されていたはずだといった、通常の戦場を見る気持ちでは、沖縄戦は理解できないのです。沖縄という、本土決戦の最初の砦《とりで》に擬《ぎ》せられた戦場における、ある特別な意識が人々を縛っていました。

沖縄防衛にあたった第三二軍は、一九四四年十一月十八日、極秘「報道宣伝防諜《ぼうちょう》等ニ関スル県民指導要綱」という文書を作成します。[11]そこには、「我が国の存亡は［中略］真に六十万県民の総蹶起《そうけっき》を促し、以《もっ》て総力戦態勢への移行を急速に推進し、軍官民共生共《きょうせいきょう》

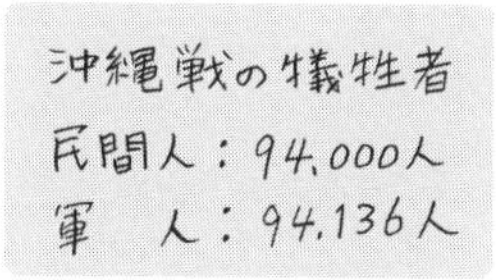

死《し》の一体化を具現」することにかかっているとの、県民を戦闘へ向かわせる檄文《げきぶん》が書かれていました。意味するところは、日本という国が生き残れるか滅亡するか、それが、ひとえに沖縄県民の戦いぶりにかかっている、県民は官吏《かんり》や軍人と共に死ぬような心構えで米軍上陸に備えよ、との命令です。民間人に犠牲者が多く出た背景を考える際には、この、共生共死の四文字が不可欠です。

そして、沖縄に米軍が上陸する、約九ヵ月前に陥落《かんらく》していたサイパンと沖縄との深い関係もあります。沖縄県民には、サイパンなど旧ドイツ領南洋諸島へと渡る人々が多くいました。第一次世界大戦に勝利した連合国の一員である日本が、委任統治領としてサイパンを受け取ったことはお話ししましたね。サイパンには精糖工場がありました。

時代は下り、太平洋戦争中の一九四四年六月から七月にかけて、急襲した米軍と日本軍の戦闘によって、サイパンに住む日本人、現地の人々、そのほか、飛行場建設のためにサイパンに連れてこられていた多数の朝鮮人が亡くなりました。

沖縄の人々にとって、沖縄出身者が多く住んでいたサイパンという土地での玉砕《ぎょくさい》情報は、ことのほか重く響いたはずです。しかも新聞は、サイパンが思いのほか早く陥落してしまったのは、住民が十分に抵抗しなかったからだという筋で、記事を書き立てていたのです。

洞窟で読み聞かせられたビラ

戦場の沖縄県民に対して、日本軍が、敵国である米軍のことをどのように伝えていたのか。それが生々しく伝わる資料をお見せしましょう。

これは、沖縄で戦っていた歩兵第八九連隊が全滅した後、アメリカ軍が収集し、のちに日本側に返還された史料の一部で、日本軍が撒《ま》いたビラです。ガリ版刷《ばんずり》のビラですが、冒頭部分の右上のところに、鉛筆でさっと書き込みがなされています。「〇〇〇の住民に」と書いてあるのですが、読めますか。

――洞窟内？

あっ、崩し字なのに読めましたね。あなたは確か中学生でしたよね。驚くべき感性です。

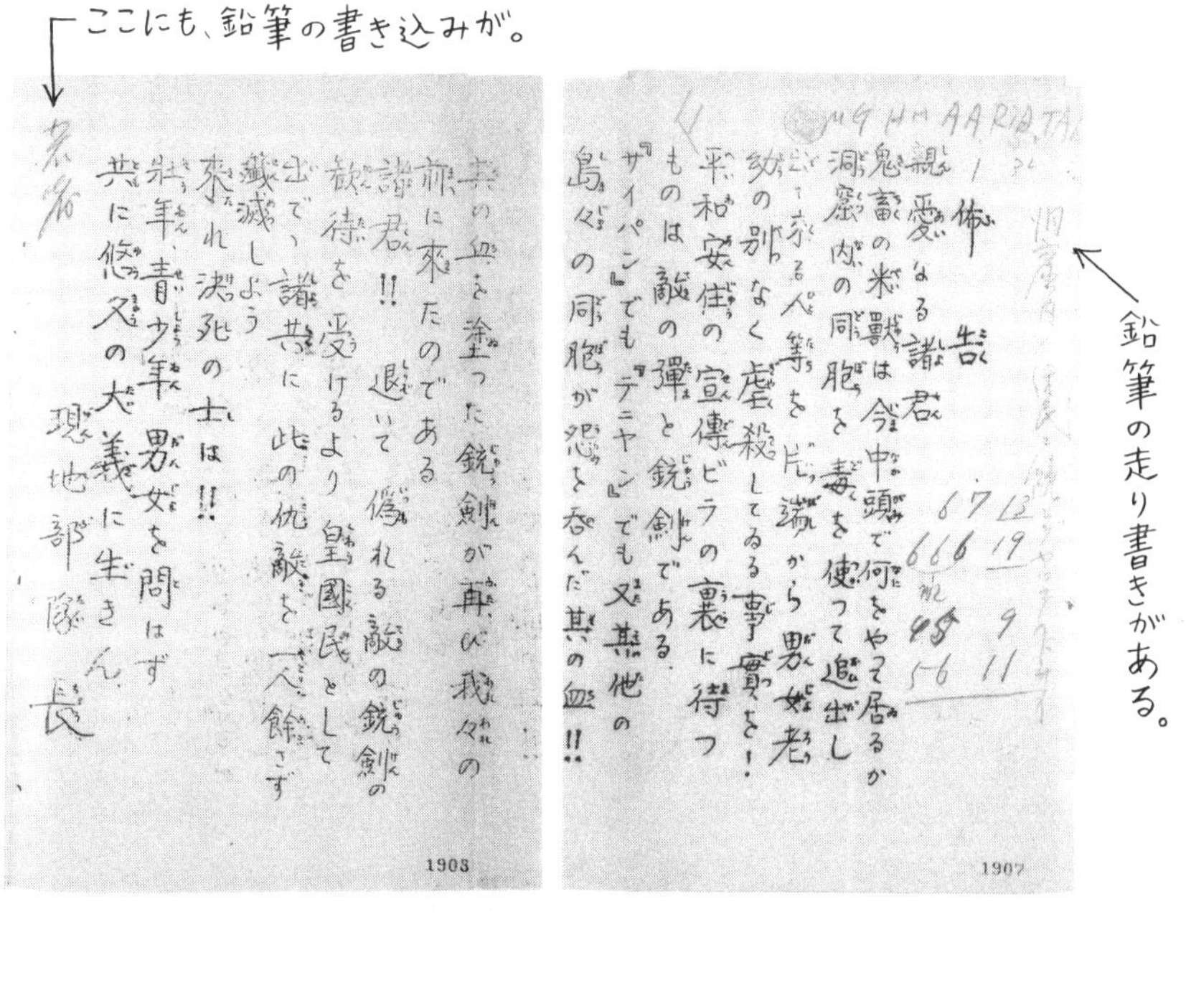
ここにも、鉛筆の書き込みが。
鉛筆の走り書きがある。

布告
親愛なる諸君
鬼畜の米獣は今中頭で何をやって居るか
洞窟内の同胞を毒を使って追出し
幼な子等を片端から男女老若
の別なく虐殺してゐる事實を！
平和安住の宣傳ビラの裏に待つ
ものは敵の彈と銃剣である
『サイパン』でも『テニヤン』でも又其他の
島々の同胞が怨みを呑んだ其の血!!

1907

其の血を塗った銃剣が再び我々の
前に來たのである
諸君!! 退いて優れる敵の銃剣の
歓待を受けるより皇國民として
出で、諸共に此の仇敵を一人も餘さず
殲滅しよう
來れ決死の士は!!
壮年、青少年男女を問はず
共に悠久の大義に生きん
現地部隊長

1903

「洞窟内の住民に読んでやってください」との走り書きが、鉛筆で書かれている。つまりこれは、日本軍の部隊が、洞窟内の住民に読んで聞かせるためのビラの一枚だったのです。

布告《ふこく》とあって、「親愛なる諸君」から始まっていますが、これは中国語の呼びかけの言葉、「亲愛的朋友们《チンアイダポンヨウメン》（親愛なるみなさん）」とかいうのと似ています。このビラを作成した歩兵第八九連隊は、中国の満州の国境警備に任じていた、主に北海道出身の兵から構成された部隊でした。「親愛なる諸君」という、ビラの出だしの文句は、異国の地で警備にあたっていた軍隊が、四四年に沖縄に移動してきた、その歴史を語るものといえるのかもしれません（ＮＨＫの戦争証言アーカイブズというサイトに、この第八九連隊の生き残りの元日本兵六人の方の証言が残されています[12]）。

意味をとりながら、ビラを読んでいきましょうか。鬼畜《きちく》の米獣《べいじゅう》は、洞窟内の沖縄住民たちを毒を使って追い出し、男女老若《ろうにゃく》の別なく虐殺している。平和安住の宣伝ビラの裏に待っているのは敵の弾だ、と書いてあります。宣伝ビラ云々というのは、アメリカ軍が投降を呼びかけるために撒《ま》いていたビラのことです。米軍が準備した避難所に来れば、食糧もあるし安全だから、民間人は安心して投降してください、というビラです。それに対して、第八九連隊が撒いたビラは、米軍のビラに騙《だま》されてはいけない、ビラを撒いている米軍とは、あなたがたの同胞をサイパン、またその隣の島のテニアンで殺戮《さつりく》した、その同じ米軍なのだからと述べて、投降を止めようとしている。投降なんてしないで、敵を一人残らず殲滅《せんめつ》しようと呼びかけているのです。

このビラの最後の部分には、「壮年、青少年、男女を問はず、共に悠久《ゆうきゅう》の大義に生きん」という文句が書かれています。男女を問わず老若男女が、死を恐れずに敵を倒そうという主旨ですが、最後の行の左上のところ、鉛筆書の文字が見えますね。これは「若者」と書いてある。見るからに走り書きで、後から書き込みがなされていますが、このビラが、実態として誰に向けて訴えていたのか、この鉛筆書からわかるのです。結局のところ若者にターゲットを絞り、文字通りの決死、必死の抵抗を強く呼びかけるものとなっていました。「悠久の大義に生きん」とは、当時の決まり文句で、死のうということです。

洞窟内の住民は、このようなビラを読み聞かせられていた。投降を禁じられ、敵を撃つにも満足な武器も訓練もなかった人々に残された選択肢など、自らの死以外には極めて少なかったことが想像できます。

中国での武装解除

第二次世界大戦が終わった瞬間、中国大陸には一〇五万人の日本人将兵がいました。中国東北部の満州地域を除いた中国では、蔣介石《しょうかいせき》が連合国軍として日本軍の降伏を受け入れます。蔣介石が統治していた中国地域から日本への引揚《ひきあ》げの過程で、日本軍の将兵は、実に5%ぐらいしか犠牲者が出ませんでした。[13] 勝利に沸《わ》く中国の民衆に襲われたり、報復されたりといった行為が全くなかったとはいえませんが、本当に少なかったことがこの数字からわかります。

これは、第二次世界大戦でドイツ軍が敗退し、ドイツ人が故国に帰還するまでに蒙《こうむ》った損害とくらべれば、大変な違いでした。四五年四月のヒトラーの自殺により、軍隊の指揮系統が崩壊した後、ドイツ軍は連合国軍に降伏しました。その結果、敵国だった国の軍隊や国民から報復にさらされる率は高いものとなり、戦後になってからのドイツ人犠牲者は数十万に達するとされています。

蔣介石統治下の日本軍の引揚げが順調に進んだ理由として、蔣介石が日本人にとっての終戦の日である八月十五日にラジオ放送を行なって、「我々は報復してはならず、まして敵国の無辜《むこ》の人民に汚辱《おじょく》を加えてはならない。彼らが自ら誤りと罪悪から脱出できるように［中略］我々は慈愛《じあい》をもって接する」[14]と放送したことも、まずは大きかった。蔣介石が倫理的に優れた指導者であったことが、ここからもわかります。

一方で、現実的な話をしますと、日本軍に対する中国側の扱いがよかったもう一つの理由は、日本軍が保有していた武器や弾薬を、国民党軍にしても共産党軍にしても、無傷で渡してほしかったことがありました。国民党と共産党は、基本的には協力して日本と戦っていましたが、日本がポツダム宣言を受諾《じゅだく》して敗けた後、今度は、中国国内で内戦が始まります。

日本の軍人さんは、武器と資材を置いていってくれれば、もう早く帰ってくれてよいです、そ

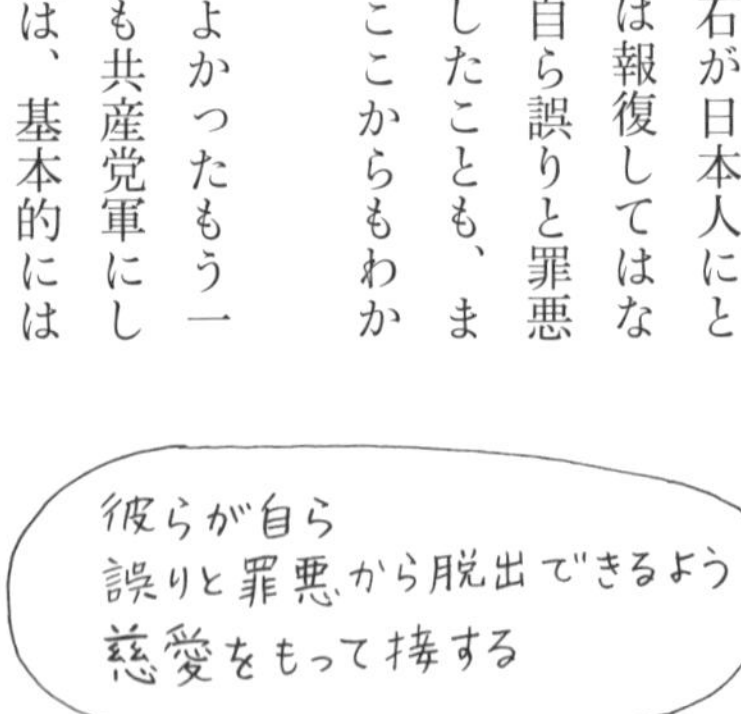
彼らが自ら
誤りと罪悪から脱出できるよう
慈愛をもって接する

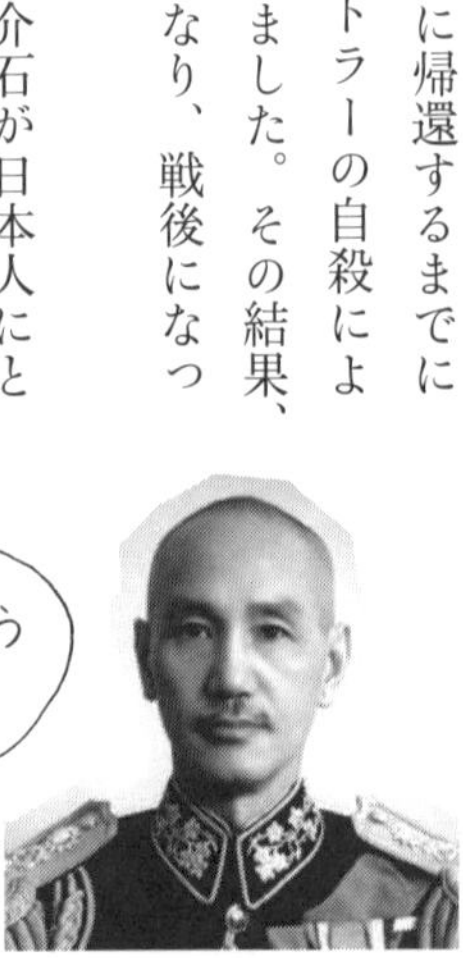
蔣介石

ういう感じの武装解除でした。場所にもよりますが、中国から帰還した軍人たちの中に、日本は中国に敗けていなかった、武器を与え、軍馬を与え、帰ってきました、という言い方をする人もいますが、そのような心情の背景には、このような経緯もあるのです。

確かに日本軍が、中国軍を戦闘という面で圧倒していたのは事実です。一九四四年、戦争が終わりに近づく頃、日本軍の兵隊は、中国大陸の海岸線を千キロ以上も行軍して、アメリカ軍が使いそうな中国側の飛行場をすべて潰《つぶ》してまわります。これを大陸打通《たいりくだつう》作戦というのですが、この作戦によって、中国側が蒙った地域社会の変化や国家の仕組みの変化が、非常に大きかったということが最近の研究でわかっています。[15] 端的にいえば、蔣介石の国民政府軍が、この日本軍の作戦によって疲弊《ひへい》させられ、戦後の共産軍との内戦において不利になったということです。このような日本軍が、中国各地で一斉に投降したことの意味は大きかったはずでしょう。

共産党軍などは、内戦を戦うための軍医や看護婦が足りず、日本軍の軍医や日赤の看護婦さんを、徴用《ちょうよう》というかたちで足止めして、数年間日本に帰国させなかった事例もありました。この点については、国民党軍も同じようなことをしています。

一九三七年七月の日中戦争勃発《ぼっぱつ》以降、四五年八月の敗戦まで、中国大陸で戦没した日本軍兵士は約七一万人に達し、海外の戦没者二四〇万人の三分の一弱にあたります。[16] 大変に多いのです。もちろん、日本軍が中国軍や民衆に与えた被害は、このような数字ではおさまるはずがありません。なお、戦後、中国国民政府が作成した統計では、中国側の犠牲者数について、軍人の戦死傷者を約三三〇〇万人、民間人の死傷者を約八〇〇〇万人と推計しています。[17]

中国にとって、第二次世界大戦の終結は、日中戦争の終結にほかなりませんでした。戦後の四五年から四九年にかけて、国民党軍と共産党軍との間で内戦が戦われ、それに敗れた蒋介石は台湾へと移り、そこで大陸反抗を企図《きと》することとなるのです。

戦争に賭けた日本は、なにに敗けたのか

リットン報告書と日米交渉に関し、これまでの講義では、「世界の道」というキーワードを用い、世界が日本に向けて呼びかけていたメッセージを見てきました。一九三二年のリットン報告書のときには、満州ではなく全中国を相手にすべきではありませんか、との声が、また、十年後の日米交渉のときには、極東にアウタルキー（閉鎖的な自給自足経済）をつくるのではなく太平洋に開かれた自由主義経済の中で生きてみませんか、との声が、日本に向けて発せられていました。

その声に対し、日本の政治と経済を掌《つかさど》る為政者らは、日本経済の底力を信じ、軍の力を背景にしなくても、満州市場や中国市場で立派に、列強や中国との経済的競争に伍《ご》していける、とは考えなかったようです。そうではなく、戦争に賭けた日本は、一体なにに敗けたのか。それを考えるため、そもそも、この戦争が起こった根本原因を見ておきましょう。

中国で戦没した日本兵は約71万人。
海外戦没者240万人の3分の1弱。

十八世紀の哲学者であるルソーは、なぜ戦争が起こるのか、その根本原因を一言で教えてくれると1章でお話ししましたね。相手国の社会の基本を成り立たせている基本的秩序＝憲法にまで手を突っ込んで、それを書き換えるのが戦争だ、と。憲法原理とは、憲法第○条というものではなく、その国を基本的に形作る根本的なルールのことでした。

——ルールのもとになる考え方。

そうです。相手方の権力の正統性の源泉である憲法を攻撃目標とするのが戦争で、そのために人々は殺し合いをする。

ドイツとイギリス、日本とアメリカが開戦した背景には、多くの理由がありました。けれども、究極的にドイツとイギリスがあれほど対立したのは、ヨーロッパの秩序《ちつじょ》の在り方をめぐるルール、資源の分配の仕方のルールをふくめ、そのルールを誰がつくるのかという点での競合だったと思います。それを議会制民主主義でやるのか、それともファシズムや全体主義でやるのかという違いはありますが。ファシズムとは、内外の問題への国民の危機感を煽《あお》りつつ、決定に時間のかかる議会権限を限りなくゼロにする一方、一党独裁、テロ・暴力の駆使《くし》による「恐怖の支配」で国家を運営していこうとするシステムだといえます。[18]

戦前期の日本が望んでいた社会の基本秩序と、アメリカが望んでいた社会の基本秩序に差があったことは、日米交渉の諒解案をめぐるやりとりを見ていても、わかりました

？ 戦争に賭けた日本は、
何に敗けたのか。
戦争の根本原因を見る。

ね。アメリカは、民主主義国であり、また世界最強の資本主義国家でしたから、資源には誰でもアクセスできるという自由貿易を標榜《ひょうぼう》することが、自らの利益を最大化する道でした。日本は、近代となってつくられた天皇制を国体とする一方、遅れてきたとはいえ立憲国家として歩み、アジアにおいては最も強大な資本主義国家、植民地帝国となった国です。植民地との閉鎖的な貿易関係を築く一方、資源の輸入と工業製品の輸出という点では、オープンな自由主義経済のルールを満喫《まんきつ》した、複雑な二面性を持つ国家、それが日本でした。

戦前期のアメリカにとって死活的に重要だったのは、中国・東南アジア地域への自由航行と自由貿易の権利の確保だとまとめられます。では、この二つを邪魔していたものはなにか。それは、満州事変以降、大陸侵攻をめざした日本の国家体制であり、また、体制の護持者を自認していた軍部・軍隊の存在だ、このようにアメリカ側は考えます。米国にとっては、望ましい世界秩序と、達成すべき戦争目的は地続きのものだった点にご注意ください。

アメリカが、連合国に勝利をもたらした原動力となれた理由として、その圧倒的な軍事力、物量、そして優れた科学技術力によるところが大きかったのは事実です。持てる国であったわけですね。ただ、それらの物的な優位性を、総力戦態勢下に、全面的に国家が引き出せた背景には、国家を支える国民の広範な支持があったからでしょう。緊急時における国家と国

アメリカにとって、
望ましい世界秩序と、達成すべき戦争目的は
地続きのものだった。

戦争直後に長崎で撮影
されたジョー・オダネル氏の
写真より
墓

民の間の緊密な関係を、議会制民主主義や国民主権の原理が支えたといえるのではないでしょうか。

対する日本はどうだったでしょう。沖縄戦を思い出してください。また、帰還を予定しない特攻機によるアメリカ艦艇への自殺的な攻撃をも想像してください。戦前期の日本は、いわば、国民の生活のすべてが、国家に吸収されてしまっていた国でした。民間人にも投降を禁じ、悠久の大義に生きろ、と若者に言わなければならない国となってしまった。

ある組織体の最後の姿というのは、その組織体の本質を最もよく示す場合があります。明治維新によって、東アジアの片隅に躍り出た日本の本質が、戦争の最終盤でいかんなく現れたのではないでしょうか。

総体として見ると、アメリカは一九四一年四月段階にも、資源を共有しませんか、船舶を貸《たい》与《よ》してくれませんか、資金援助をしてあげますよ、と日本側に呼びかけていた。一緒に共産主義に対抗していきませんか、中国との戦争をやめませんかといって、「世界の道」を、日米諒解案として示していました。日本は、アメリカの申し出に背を向けますが、大東亜共栄圏内の地域の人々に、十分な物資と食糧を供給することはできず、日本の選んだ道は失敗に帰します。

日本の国家と社会が、「世界の道」の掲《かか》げる理念に敗北した具体的なかたちが、太平洋戦争の敗北にほかなりませんでした。共産主義者だった尾崎秀実《おざきほつみ》が分析していたように、屈服の合理性というものを理解できるような階層は、ごく一握りの人間でしたでしょう。

戦争に敗けた結果、憲法が書き換えられるわけですが、平和憲法といったとき、交戦権《こうせんけん》（国が戦争を遂行する権利）の否認までを掲げることに懐疑的な人々はよく、憲法はＧＨＱの軍人が、わずか八日間で英文の草案をまとめてつくりました[19]、このような憲法を七十年もの間、後生《ごしょう》大事に護っていて大丈夫なのか、と言いますね。でも、誰がつくったかはあまり関係がありません。占領軍としてやってきたのがアメリカでなくとも、ソ連であってもイギリスであっても中国であっても、彼らはやはり憲法を書き換えたと思います。事実、連合国の側は、一九四一年八月、ローズヴェルトとチャーチル両巨頭会談の後に発表された大西洋憲章以降、戦争目的を明示し、戦後に樹立されるべき世界秩序を掲げて戦争をしていました。

英米側の掲げる戦争目的が、最強の資本主義国家の彼らにとって有利なルールであったのはもちろんです。そして戦争の途上で、英米側の戦争目的に共鳴できる国家を募《つの》り、増やしていって、最後に、のちの国際連合の基礎としていく。自らの利益の最大化を図りつつも、他のものもその道に仮託《かたく》することで利益が得られるように配慮すること、そのような行為を、普遍的な理念の具体化、というのではないでしょうか。日本の場合、先の戦争では、この、普遍的な理念を掲げることができませんでした。

戦後の日本を眺めてみれば、戦中期の日本から軍部と軍事力を引き算し、国民

《普遍的な理念の具体化》
自らの利益の最大化を図りつつ
第三者も、その道に仮託することで
利益が得られるよう配慮すること。

が個人として尊重される国に変貌したこと、この二つが大きな変化として心に刻まれます。アメリカが指し示した憲法原理を日本側が受け入れ、それが戦後となったのです。

百年前の古傷がうずく現代史

――相手国の憲法を書き換えることが、戦争の目的だということでしたが、今、中東のほうで起こっている戦争、紛争についても、同じことが言えますか。

ものすごく難しいけれども、現代に起きている問題を考えさせてくれる、よい質問をしてくれました。まず、ルソーは「戦争および戦争状態論」という論文で、戦争は国家と国家の間だけに起こる、と喝破《かっぱ》しています。戦争というものは、国と国との間だけで存在するから、ルソーの分析が当てはまる、ということができた。

しかし、現代において、世界から最も注視されている紛争の一つは、「イスラーム国」を名乗る過激派組織IS＝イスラミックステート（以下、ISと略します）をめぐる問題で、どうも彼らは国家ではない。そして、ISが、シリアやイラクにおいて支配領域を広げたことに対して、シリア政府軍、イラク軍、トルコ軍、アメリカ軍、ロシア軍、フランス軍、イギリス軍など諸勢力が介入し、市民を巻き込んだ戦闘が続いていることは、みなさんもご存知ですね。

少し話がさかのぼりますが、第一次世界大戦中、イギリスとフランスが、敵国であったオスマン帝国支配下の中東地域を勝手に線引きして分けようと考えていた（サイクス・ピコ協定）ことは2章で触れておきましたが、この協定は、①現在のトルコ共和国の南東部と、②シリアやイラク、パレスチナからヨルダンなどにかけての一帯とを切り離して、②の部分を英仏で分けようとしたものです。みなさんも、ISが、自らの勝利を宣伝する画像中に「サイクス・ピコ協定の終わり」などと効果的に掲げていたのを見たことがあるでしょう。

ただ、この道の専門家である池内恵《いけうちさとし》先生によれば[20]、第一次世界大戦中、英仏が暫定《ざんてい》的に結んだサイクス・ピコ協定などより重要なことは、大戦末期から終了後の情勢を反映させ、中東に誕生した新国家（アルメニア）や自治区（クルド人）、勢力圏を持つ域外の大国（イギリス、フランス、イタリア）によって、さらなる地図の書き換えがなされ、

中東問題の大本には、百年前の古傷がある

一九二〇年にセーブル条約が結ばれたことにあるといいます。この地域をめぐる問題が、もっとややこしくなった。

セーブル条約は、英仏伊などの地域外の大国が、アルメニア人やクルド人という地域の少数民族保護を隠れ蓑《みの》にして、オスマン帝国崩壊後のトルコ人の本拠地に介入したものでした。も

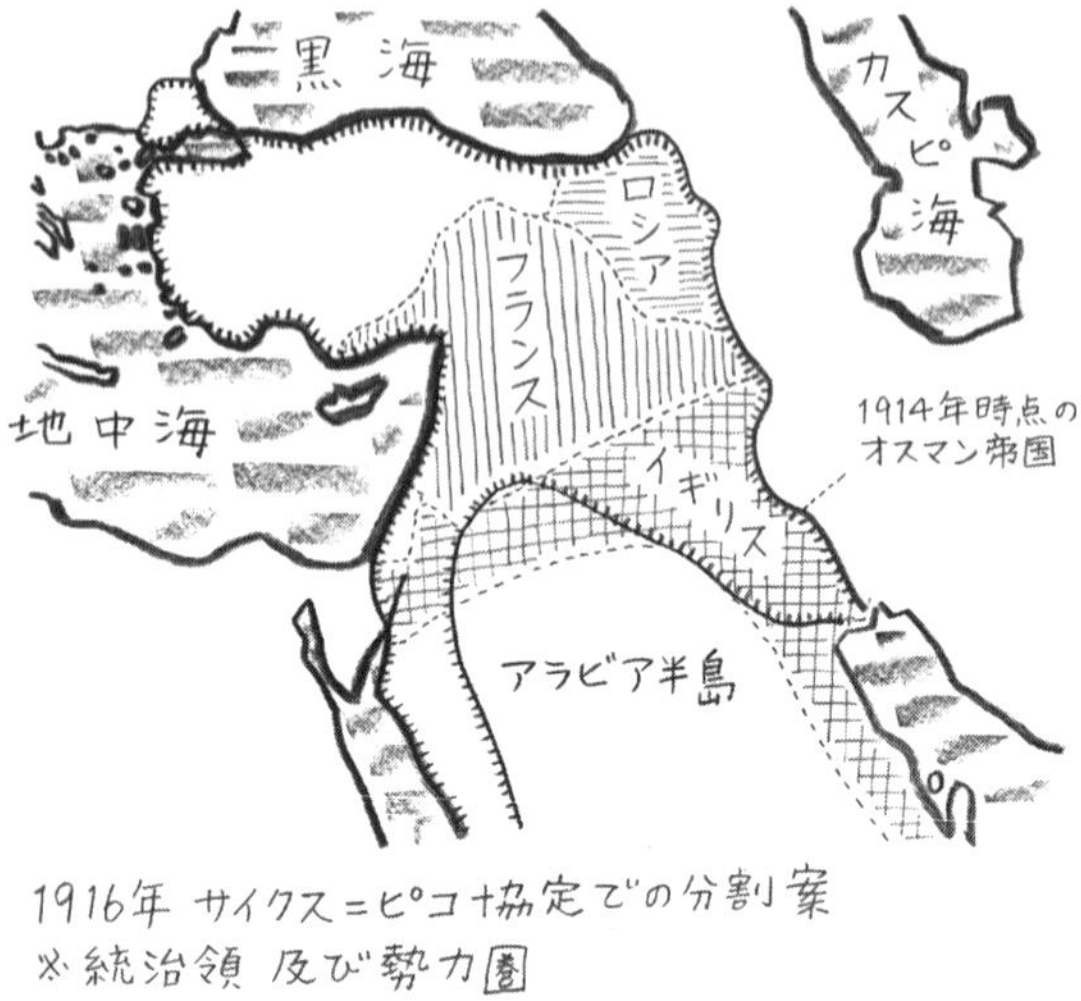

イギリスとフランスが勝手に分割した。

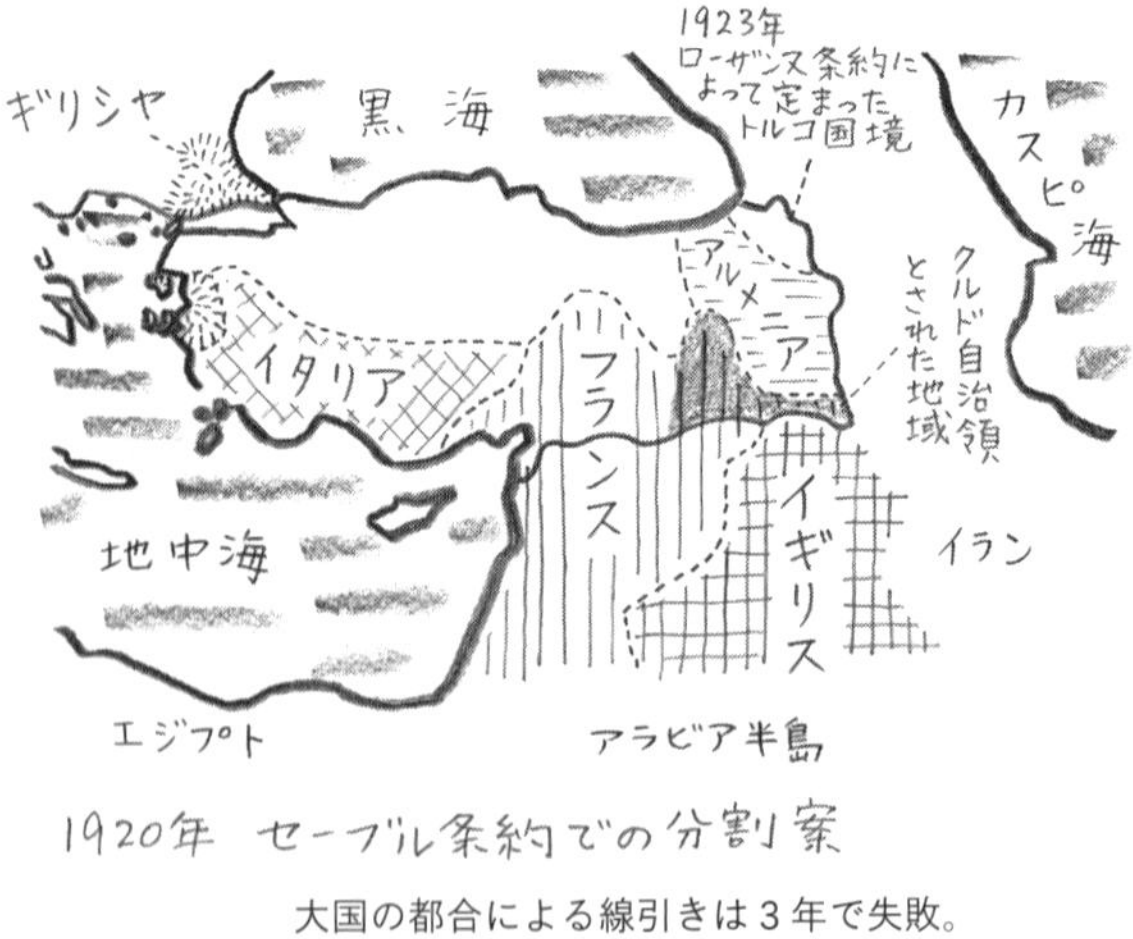

大国の都合による線引きは3年で失敗。

池内恵『サイクス＝ピコ協定　百年の呪縛』（新潮選書）をもとに作成

ともと無理があった、セーブル条約体制は、この条約に強く反発したトルコ人勢力が、トルコ独立運動を起こした結果、たったの三年で破棄され、トルコ共和国が誕生することになります（このトルコ共和国と地域外の大国が結んだ条約が、一九二三年のローザンヌ条約でした）。つまり、現在の中東問題の大本には、百年前の古傷があるのです。

確かに、国際社会はISを国家とは認めていません。しかし、過激派組織であるといっても、IS自身は、二〇一四年、国家を樹立したと称しています。また、ISを空爆している国々を見ればわかるように、地域内の国家としてはシリアとイラクとトルコが関与し、地域外の大国では米英仏露が介入しています。クルド人勢力には地域外の大国であるアメリカなどの援助がなされている。中東地域内の問題に、地域内の国家と、地域外の大国、自治勢力が入り乱れて介入する構図は、百年前のオスマン帝国衰退時と似ているといえます。

この地に多くの国家が介入したことは、ISの側からすれば、逆宣伝がしやすい。ISを批判し攻撃する地域内の国家や勢力に対し、そうした国家や勢力は、地域外の大国と結んだ卑怯《ひきょう》な傀儡《かいらい》だ、と批判できるからです。百年前のサイクス・ピコ協定を終わらせる、との主張自体、彼らの組織と権力を成り立たせている正統性原理として機能しているのだと思います。

ですから、ISと各国の戦いは、テロリストとの戦いであって、それは、お互いの憲法原理を攻撃する戦争ではない、とは必ずしも言えないのではないかと私は考えています。ルソーの見立ては、この非対称的に見える紛争においても、十分に通用しているのではないでしょうか。

ところで、なぜ、ルソーがこのようなこと、戦争と憲法原理について考えたかといいますと、理論上では、人を一人も殺すことなく戦争を終わらせること、あるいは避けることができると考えていたのだと思います。つまり、それまでの社会契約を解消して、違う社会契約をつくる、そのような判断や決断を人民が選択すれば、戦争をやめてしまったり、戦争を始めたりする必要はないのではないか、ルソーはそのようなところまで考えていたのだと思います。

ある国家の人民が、戦争の危機、自らの民族が根絶されるかもしれないほどの危機に直面したとき（これは、たとえば、サイパンが陥落した、一九四四年七月以降の日本にあてはまると思います）、異なる社会契約を結ぶ、別の国家となってしまいます、ということを、その国を構成する国民が選択してもいいのではないか、そのような考え方です。

1章で、「日本」と名乗る国が八世紀にできたとお話ししましたね。もちろん、中国に対して名乗るわけですが。六六三年、白村江《はくそんこう》の戦いで、倭《わ》は唐に敗ける（昭和天皇が、日本が敗けた前の戦争として挙げた戦いですね）。そして三十二年ぶりに、中断されていた遣唐使を再開し、派遣された粟田真人《あわたのまひと》が、唐の則天武后《そくてんぶこう》に、「今回、私が唐にやってきたのは、日本という新しい国の遣いとしてです。倭国はなくなり、唐の制度をならって、日本という新しい国をつくりました」と説明していましたが、こ

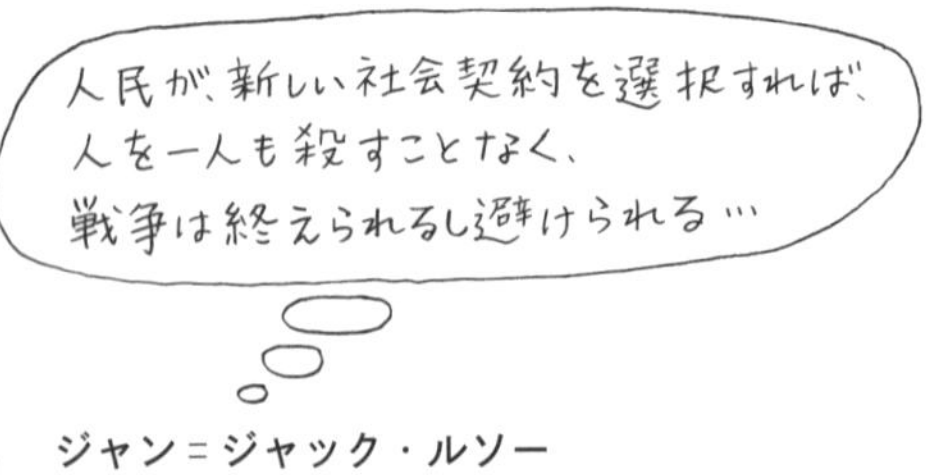
人民が、新しい社会契約を選択すれば、
人を一人も殺すことなく、
戦争は終えられるし避けられる…
ジャン＝ジャック・ルソー

れは自ら憲法原理を変えた好例だと思います。

大東亜戦争調査会

一九四五年八月に戦いに敗け、憲法原理の普遍性という点でも敗けた私たち日本人が、戦後になにをしようとしたのか、その戦後の始まりについて見ていきましょう。

まず、敗戦から三ヵ月後、大東亜戦争調査会という組織がつくられました。この組織は、政府の公式の機関で、幣原喜重郎《しではらきじゅうろう》総理大臣が内閣に設けた組織でした。四五年十月三十日の閣議決定がなされたとき、なぜこの組織を設けるか、その意義については、次のように説明されていました。

大東亜戦争敗戦の原因、および実相を明らかにすることは、これに関し犯したる大なる過誤《かご》を、将来において繰り返さざらしむるが為《ため》に必要。

太平洋戦争の敗戦の原因とその実態を明らかにすることは、日本が犯した大きな過ちを二度と繰り返さないために必要だ、といっています。広島の原爆死没者慰霊碑に刻まれた、「安らかに眠って下さい　過《あやま》ちは繰返しませぬから」との文句を思い起こさせる表現ですね。慰霊碑《いれいひ》の文章は、死者に向け、生きている人間が誓う、そのような方向性を持った言葉でした。幣原は、戦前期においては若槻礼次郎《わかつきれいじろう》内閣や浜口雄幸《はまぐちおさち》内閣などの外相を務め、中国との間では協調外交を進めたことから、戦後にあって、手の汚れていない、まさにこのような誓いを述べるにふさわしい人でした。

この大東亜戦争調査会は、当初の予定では、しっかりと半永久になされるもののはずでした。残された史料を見ますと、幣原自身、第一回総会で読み上げる開会宣言について、事務官が準備した挨拶文に、自ら筆を入れるほどの意気込みを持ち、調査委員会に臨んでいたことがわかります。一九四六年三月二十七日、第一回総会での幣原総裁の挨拶[21]を読んでみましょう。

今日我々は、戦争拋棄《ほうき》の宣言を掲《かか》ぐる大旗を翳《かざ》して、国際政局の広漠《こうばく》なる野原を単独に進み行くのでありますけれども、世界は早晩、戦争の惨禍に目を覚し、結局私共と同じ旗を翳して、遙か後方に踵《つ》いて来る時代が現われるでありましょう。我々は、この際、戦争の原因および実相を調査致しまして、その結果を記録に残し、もって後世国民を反省せしめ、納得せしむるに充分力あるものに致したいと思うのであります。

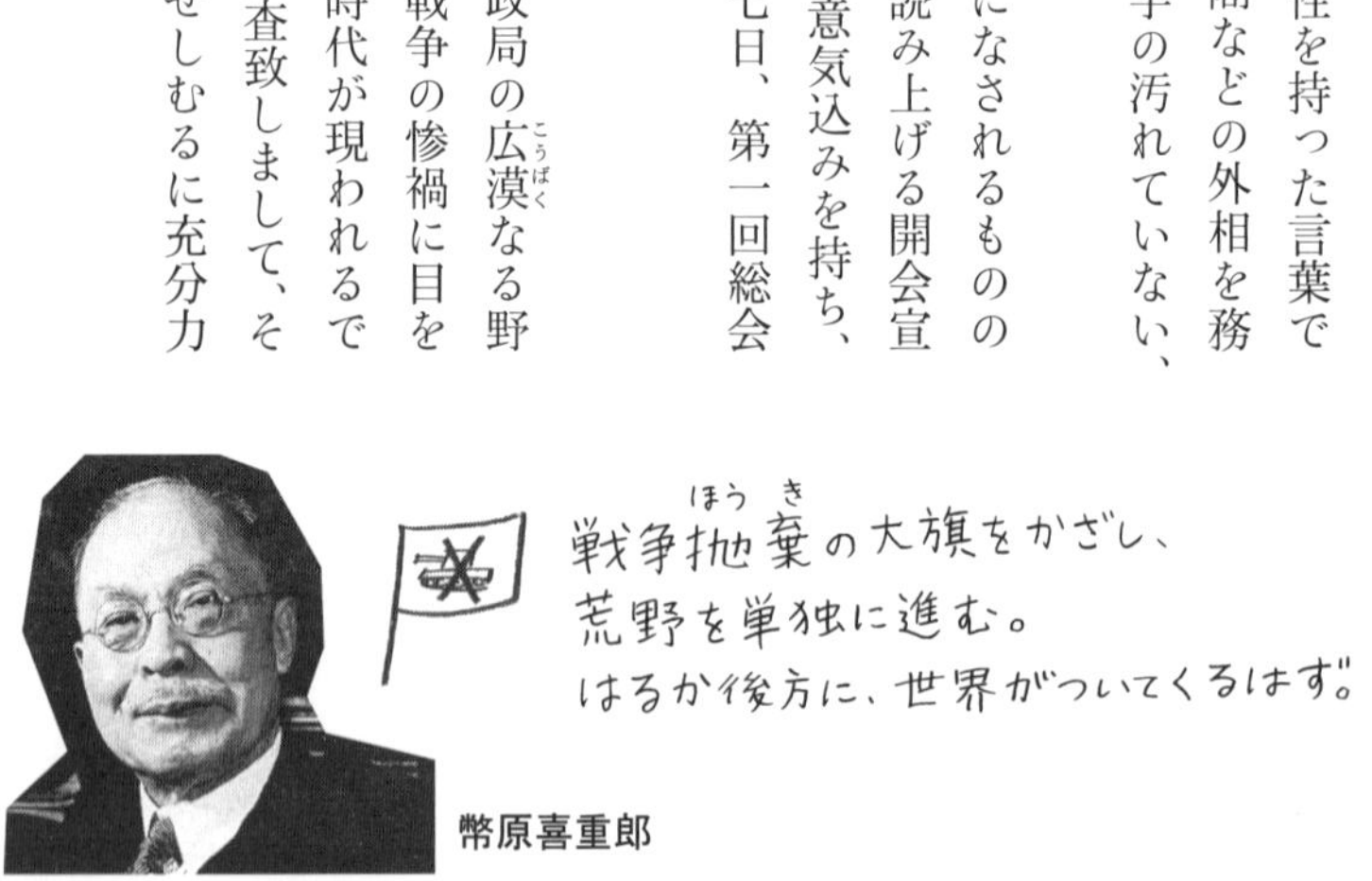
戦争拋棄《ほうき》の大旗をかざし、
荒野を単独に進む。
はるか後方に、世界がついてくるはず。

幣原喜重郎

幣原は、この時点で、戦争放棄の宣言と言っています。幣原の言葉が読む人を強く打つのは、自らは今、荒野を一人で進んでいくけれども、その後ろに世界がやがてついてくるはずだという、孤高の決意と確信の部分にありそうです。平和主義という言葉自体は用いられていませんが、幣原が述べていたのは、戦争への反省をふまえた平和主義の精神だと思われます。

ここで、勘の鋭い人は、あれ、どちらが先かな、との問いが頭をよぎったのではないですか。つまり、ＧＨＱが、戦争放棄を掲げた憲法草案を日本側に示したのはいつだったか、幣原のこの開会の挨拶の前だったか後だったか、気になるでしょう。

ＧＨＱが、日本側によって準備されていた憲法草案中の天皇条項や主権の表記を不徹底だとして自ら草案を書き換え始め、戦争放棄条項を含んだＧＨＱ憲法草案を日本側に示したのは、四六年二月十三日のことで、日本政府が国民に向け、日本国憲法草案を発表したのは同年三月六日でした。ですから、もちろん、幣原は、ＧＨＱが戦争放棄に関する草案を準備していたことは知っていましたし、幣原の挨拶より前に、戦争放棄についての考え方は、国民の前に知らされていたことになります。

ただ、憲法制定史に詳しい古関彰一《こせきしょういち》先生が明らかにしたところ[22]では、戦争放棄という主旨は、確かにＧＨＱ草案に起源を持っていたけれども、平和主義の発想は、日本側の発案によって憲法の条項として入れられた、というのです。

もともとのアメリカ側の発想では、日本の軍国主義復活への警戒や、懲罰《ちょうばつ》的な意味あいから、戦争の放棄が議せられました。また、間接統治によって占領を安上がりに、かつ、少人数で行なうためには、天皇の利用が不可欠でした。天皇を極東国際軍事裁判で訴追《そつい》することなく、利用することに関しては、アメリカ国内や連合国内部に強い反発が起こることが予想され、それに対する事前の対策として、戦争放棄条項が入れられたのも、よく知られたことです。

GHQの憲法草案には平和主義や平和という言葉がなかった、との指摘は衝撃的ではないですか。また、アメリカ側の英文草案を受けて、日本政府が文章を練った日本側草案段階でも、平和という言葉は入っていなかったというのです。

それでは、どの段階で入ったのか。憲法九条一項のはじめの文節「日本国民は、正義と秩序を基調とする国際平和を誠実に希求し」という部分が入れられたのは、衆議院においてでした。四六年六月二十一日、第九〇帝国議会衆議院本会議において、社会党の片山哲《かたやまてつ》が、吉田茂《しげる》首相にこう質問していました。[23]

> 民主憲法は積極的に、日本国は平和国として出発するものであることを明示する、世界に向［か］っての平和宣言を必要とすると私は考えるのであります。

この片山の提案に、金森徳次郎《かなもりとくじろう》憲法担当国務大臣をはじめとする吉田内閣はこたえ、九条一

GHQ憲法草案、日本側草案段階にも「平和」は、入っていなかった。

項の上段に、平和に関する記述が加えられたのです。このような経緯を見ますと、幣原が戦争調査会において、あのように開会の挨拶をしたこと、これは三月二十七日のことでしたが、憲法の平和主義について、なかなかに大きな意義を持ったのではないかと思います。片山が衆議院で質問をする、三ヵ月ほど前にあたりますね。

幣原は、大東亜戦争調査会の第二回総会でも、こう述べていました。[24]

戦勝国にせよ、敗戦国にせよ、戦争が引き合うものでない、この現実なる参考を作る。〔中略〕将来我々の子孫が戦争を考えないとも限らない。その時の参考に今回の資料が非常に役立つような調査をせねばならぬ。

後世、われわれの子孫が、戦争を考えるかもしれない。そのようなとき、戦勝国であれ、敗戦国であれ、戦争は引き合わないということの記録をしっかりと残しておけば、非常に参考になるだろう。そのための調査会だと述べていました。つまり、戦争はダメだと知るためのインデックスや参考をつくるために調査会はある、とそう言っていたのです。

日本の敗戦の記録は、世界に対する贈りもの

大東亜戦争調査会の聴き取り調査に応じた経済人に、水津《すいつ》利輔《りすけ》という方がいました。水津さんは、戦前期日本の鉄鋼業の歩みそのものと言ってもよい人でした。一九二〇年から四一年まで満州の鞍山《あんざん》製鉄所（のちの昭和製鋼所）に勤務し、四一年からは日本製鋼統制会理事として戦時期の鉄鋼増産の最前線に立っていました。

四六年五月三十日、この水津さんが大東亜戦争調査会に呼ばれ、戦争中の鉄鋼増産の裏面史を語ったとき、最後に述べていたこと[25]を、ぜひ、みなさんに知らせておきたいと思いました。

> 最終に自分の感想としては、今後来るべき平和的、文化的世界に対して日本は一つの贈りものがあるのではないか。それはどういうことかというと、失敗原因の報告、この失敗の原因を具《つぶさ》に、冷静に公平に適正に研究して、これを報告するということ。

これも五月の時点での言葉だとすれば、片山の質問よりも、こちらも早いことになります。水津さんは、ご自身が保管していた約三五〇〇点の史料をきれいに遺《のこ》し、

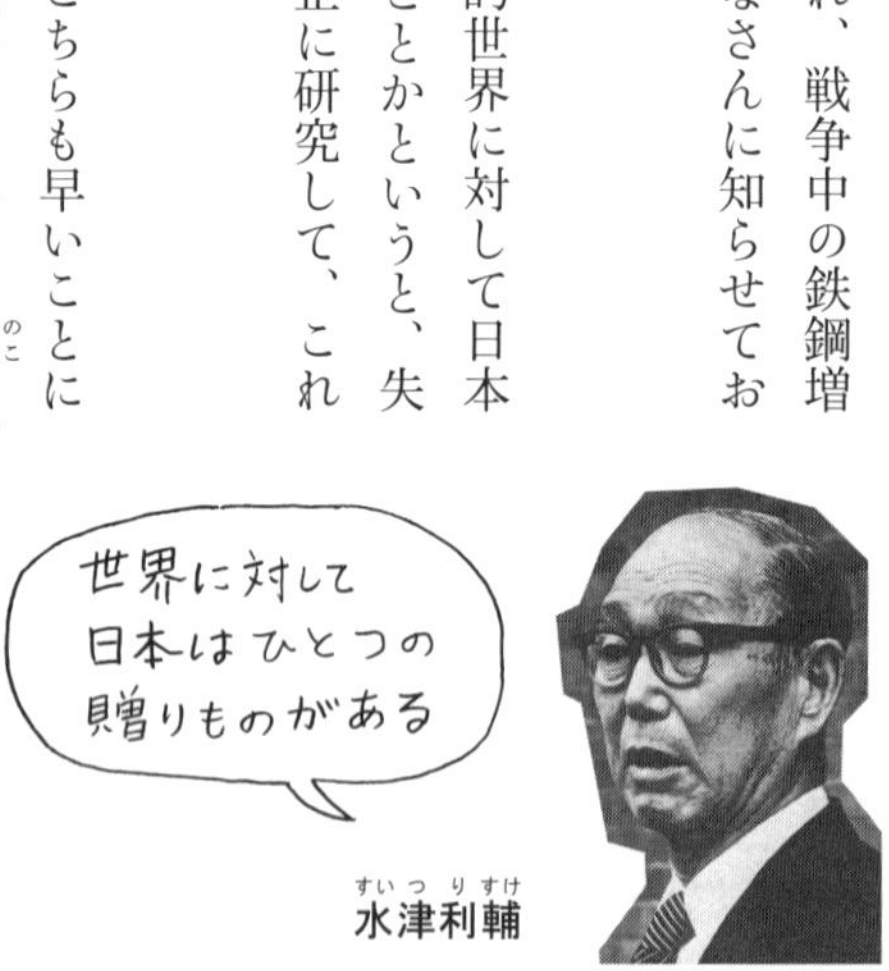
世界に対して
日本はひとつの
贈りものがある

水津利輔《すいつりすけ》

出典：水津利輔『鉄鋼一代今昔物語』

一橋大学大学院経済研究科に寄贈しました。まず自らが始めて、後世の子孫のために贈り物をしたのですね。

この戦争調査会の史料は国立公文書館に所蔵されていて、知る人ぞ知る史料でしたが、ようやく、二〇一五年一〇月、『戦争調査会事務局書類』[26]（ゆまに書房）として刊行され、手軽に読めるようになりました。

調査会は、立派な志でつくられたものでしたが、この後、実は残念な結末が待っているのです。GHQが武装解除や占領改革を進める中、四六年四月、連合国最高司令官総司令部（GHQ／SCAP）の諮問《しもん》機関として、対日理事会が設置されます。この対日理事会は、アメリカ、イギリス、ソ連、中国の代表からなっていましたが、イギリスとソ連が、調査会の動きに警戒感を示し、マッカーサーに対し、このような調査会は解散させるべきだと意見を述べたのです。なお、アメリカと中国の代表は、調査会の動きに、むしろ賛成していました。

イギリスとソ連の代表の主張は、戦争の原因を考え、犯罪人を処罰するのは極東国際軍事裁判所の任務だ、というものでした。まさにキリストのようなことをいう。マッカーサーは、この勧告に従い、結局、この調査会は一年もたたずに解散させられてしまいました。

占領下に置かれ、外交権も失っていた日本にとっては、対日理事会の勧告は絶対であり、また、天皇を利用した間接統治を行ない、GHQによる憲法草案の線で占領改革を行ないたいマッカーサーとしても、対日理事会の勧告に従うほうが便利であったのでしょう。

調査会が存続させられていれば、日本人自身がどのように戦争の原因を探求し、後世の資料として遺したのかがわかることになり、解散は本当に残念なことでした。解散にいたるまでの調査会でなにが聴取され、なにが明らかにされたのかについて、今後も、研究を進めていきたいと思います。日米交渉にあたった、野村大使も呼ばれて聴き取りをされていました。その記録もちゃんと残っています。

近年になって、日本の国内では憲法を変えるという気運が高まってくるようになりました。二〇一四年あたりから、安倍内閣は、日本国憲法改正を本格的に論議しはじめましたね。

ここまで見てきたように、日本国憲法の中の平和主義は、先の大戦への反省と深く結びつき、日本社会の中で生み出されてきたものでした。

戦争の結果、書き換えられたこの日本国憲法を、自らの手で書き換えようとするのであれば、論理的な必然性からいって、四五年八月十五日に終わった戦争について、再度、しっかりと見なおす必要があるはずです。戦前期の日本が行なった大きな三つの決断や交渉事について、私がお話ししてきた理由の一つは、ここにありました。

戦争が、相手国の権力の正統性原理への攻撃であったとすれば、その攻撃の前に敗北し、憲法を書き換えられることとなった当事者である日本人として、戦争それ自体の全貌を、ちゃんとわかっていなければならない。しかし、沖縄を例外として戦場が主に海外であったこと、戦争の最終盤が余りにも悲惨だったことで、戦争を正視するのがなかなか難しかった。

このことは、多くの国民が気づいていたのだと思います。二〇一五年四月に朝日新聞が行なった世論調査[27]では、一九四五年八月十五日に終了した戦争について、「日本人がなぜ戦争をしたのか、自ら追及し、解明する努力を十分にしてきたと思うか」という問いに対し、「いまだ不十分である」と答えた人が、なんと65％もいたのです。これが、戦後七十年の数字であることに、あらためて注目してください。

講義を終えて

この講義の目的は、みなさんの現在の日々の生活においても、将来的に大人になって社会人になった後においても、交渉事にぶちあたったとき、なにか、よりよき選択ができるように、相手方の主張、それに対する自らの主張を、掛け値なしにやりとりできるように、究極の問題例を挙げつつ、シミュレーションしようとしたことにあります。

見かけだけの「確実」性に騙されたり（リットン報告書の一件です）、相手から自分だけ最大限の利益を上げようとして普遍的な理念を掲げることを失念したり（三国同盟の一件です）、自国の安全について、自らリスクをとる覚悟がないまま、被動者《ひどうしゃ》としてふるまいつつ結果的に戦争に

Q. 日本人がなぜ戦争をしたか、
自ら追及し、解明する努力を十分してきたか
→「いまだ不十分」が回答の65％
（2015年の朝日新聞世論調査）

近づいていったり（日米交渉の一件です）、現時点から見れば、戦前期の日本がとってきた行動は、残念な、歯がゆいものばかりに見えます。

そのような説明をするとき、私が採《と》った方法は、当時の人間に見えていた世界を、現代のみなさんの頭の中に再現できるように促《うなが》し、なおそのうえで、最適な道を見つけるにはどうしたらよかったのかを考えさせるという、まことに意地悪なものでした。そのような講義を長時間、聞いてくださって、本当にお疲れ様でした。話をする私自身も、くたくたになりました（笑）。最後に質問や、感想などありましたら、何でもどうぞ。

――僕はこの授業に参加するまで、自分のことを世界一、社会科ができる人間と思っていました（笑）。でも、一緒に授業を受けているみんなのメモをとる真剣さ、情報処理能力を見て、この人たちには勝てないと感じました。このメンバーで他の教科も学びたいと思うくらいです。

授業は難しくて、わからないことがたくさんありました。質問にいくと、さらにわからないものが出てくる、その繰り返しで、中学生にこういう話し方をする先生はいません（笑）。

私がお答えしているうちに、また新たな疑問がわいてきてしまう、と。知ることやわかることが増えると、また次の段階に上がっていって知りたいことが増えていく感じですね。研究していて、私も同じ感覚にとらわれることがあります。わからなくて苦しいのだけれども、なんだか幸福感があるんですよね。ただ、今度からは心を入れ替えて、質問されたらちゃんとわかるように説明したいと思います（笑）。

中学生のあなたは、アジア歴史資料センターのことを、みなさんに紹介してくれましたね。このクラスには、質問の大家《たいか》がたくさんいて、みなさんの問いによって、講義の間、私は生かされていたと思います。

――これからのことを考えて、質問ですが、外交交渉で相手を説得できなかったとき、力で相手を自分のいいなりにさせること以外で、どういうことができますか。

日米交渉の場合が顕著《けんちょ》ですが、日本の陸海軍省や外務省など、本音や自分の弱いと自覚している部分を、アメリカに隠すのみならず、日本の国民の前からも隠し、交渉をしていました。内輪の議論では、絶対にアメリカと戦争したくないと、常に述べていた海軍の姿など、当時の普通の国民には絶対に想像できなかったに違いありません。

ならば逆に、外交交渉で相手方の説得に失敗したときには、もう自国民の前に、すべてを正直に見せて、謝ってしまうことは、一つの道ではないですか。ゼロから、また国民を説得しつつ、普遍的な理念の言葉で語れるような中身を、交渉の題目にしていく。このような転換策は、ありうるのではないでしょうか。

最近、ドイツのフォルクスワーゲン社の排気ガス規制偽装問題や、日本の三菱自動車の燃費偽装問題が社会に露見《ろけん》しましたが、これらはすべて、途中の段階で社内の誰かが告発して止めさせていたほうが、浅い傷の段階で会社を救うこともできた、との見方もありますね。リコールへの対応、集団訴訟などへの賠償金の合算額を考えれば、途中での告発の道こそが、関係者が選ぶべき道だったのではないですか。

また、先ほど紹介した水津《すいつ》さんの言葉なども参考になりそうです。失敗の歴史、敗けた歴史を自国民に正直に教えていく。外交交渉で相手方に敗れたときなど、次の五十年、百年を考え、歴史の教育から始めるというのは、悪くないと思います。

――僕は、これまで、大人と政治や歴史について話し合う機会はあったのですが、今回のように多面的に解釈を知る機会はなかったと思います。今回の授業で見た大戦前後の様子は、ごく一部だろうと思うので、この先、もっとたくさんの史料を読んだり、様々な視点を知っていけたらと思います。今の国内政治、世界情勢は、大事な局面にあると思っているので、この経験を活かしたいです。

難しい表現が出てくるのは承知のうえで、今回はあえてたくさん史料を読みました。一緒に史料を読むのが、なぜ大事かといえば、同じ史料を読んでも、最初に目が行く場所や、最も面白いと思える場所が、それぞれ違うということが、よくわかるからです。私自身も、まったく自覚していなかった読み方や、解釈を気づかせてもらいました。

今の世界情勢について触れてくれましたが、二〇一六年六月、正式には連合王国と訳されるイギリスが、おおかたの予測を裏切り、ＥＵからの離脱を選択しました。これは国民投票によって、国民の意思表示がなされた結果ですが、私にとっては衝撃的なことでした。近年は、起こりそうもないことが実際に起こるようになってきている気がします。

――私は、戦時中の日本に対して、何やってるんだ、敗けるに決まってるじゃん、みたいに感じたことがありました。教科書では、出来事一つひとつに文章で理由が書かれていますが、今なら絶対こう考えないのに、どうして?、と思っていました。ですが、今回、それを一つの文章で明確にすることはできないんだと知りました。

一つの出来事には、それに賛成する人、反対する人、行動を起こす人、迷う人など、多くの人が絡んでいて、それぞれの思いがあり、結果として歴史があるんだなって。これから生まれる歴史もきっと、人の思いによって、良くも悪くもなっていくんだと思います。だから、過去を学ぶことに、未来を作る希望を見出せるのかなって。

なんだか、じーんときてしまいましたよ。感動的な感想をありがとうございました。一本の線としての歴史ではなく、面でもなく、厚みのある立体としての歴史が目に浮かぶようになったら、これはもうしめたものです。

おわりに

　このページまで読み進めてくださり、ありがとうございます。本書は多くの方々のご協力で世に出ました。確かに多くの部分で語っているのは私ですが、講義を聴き、深い質問を何度もしてくれた二八人ほどの中高生の存在なしにこの本は成り立たなかったと思います。本書の中の「――」の後に続く中高生の質問や回答は、本書を読む方にとって、一定のリズムをつくってくれる音楽のような役割を果たしてくれたかもしれません。また、読みつつ浮かぶ問いや考えを中高生のそれとくらべることで、新たな発見なども生まれたのではないでしょうか。

　そのような意味で、本書は生徒さんの存在なしには、成り立ちませんでした。ただ、私がこう述べるもう一つの理由は、中高生の集団を前に話し続けることで私の中に化学変化というべきものが起き、歴史を説明する際の私の姿勢が、より原初的な、根源を摑《つか》むものへと変化していったことにもあります。本書で描いた時代は、世界的規模で起こった経済的危機の時代であり、英米独ソ中日などの列国の角逐《かくちく》が、極東と欧州の軍事的危機として現れた時代でした。そのような、昔の史料を一心に読み込み、当時の考え方を理解しようと努める中高生を前にしますと、なんとかわかりやすく説明したいと思い、結果として、これまで私の頭の中で線でしかつながらなかった歴史事象が、突如《とつじょ》、面となって立ち上がってくる稀有《けう》な体験をしました。

発端は、二〇一五年十月からの半年間、ジュンク堂書店池袋本店で「作家書店」をやってみませんかという、同書店の田口久美子さん、森暁子さん、井手ゆみこさんからのお誘いにありました。店長として自分が選んだ本を特設会場で売ってよいとのお話は、書痴《しょち》の私にとっては、猫にマタタビ以上の誘惑であり、即座にお引き受けしたのはいうまでもありません。

トーク企画もどうですかとの提案がなされ、ならば中高生を相手に連続講義をしましょうと答えたのは、私と朝日出版社編集部の鈴木久仁子さんでした。鈴木さんは、前著『それでも、日本人は「戦争」を選んだ』の企画・編集を担当した編集者（霊媒師）であります。今回参加してくれた中高生は、書店からの募集に自ら応募した熱意ある生徒さんたちでした。

政治とは、諸勢力からの利益要求に順序をつけて分配すること、と仮に定義しますと、話が政治に及んだ瞬間、水際《みずぎわ》だった洞察《どうさつ》力を示す男子生徒がいました。そうかと思えば、私が史料中のある言葉と論理を用いて説明したことに対し、同じ史料中の別の言葉と論理を用いて異なる説明をしてみせ、私を脱帽させた女子生徒もいました。このような若い知性と出会えたことは、私の一生の宝となるはずです。全員の名前を巻末の謝辞のところに挙げてあります。

デザイナーの有山達也さんには、美しい装幀《そうてい》と文字組を実現していただきました。本の内容を直感的に摑んで仕事を進められるさまは敬服のほかありません。アリヤマデザインストアの岩渕《いわぶち》恵子さんと中本ちはるさんには、魅力的な本文レイアウトを作っていただきました。

画家の牧野伊三夫《いさお》さんには、表紙の絵に始まり、各章の地図や人物画を描いていただきました。二次元であるはずの絵の背後から音楽が聞こえてきそうな、太陽さえのみこむ勢いの土着的な明るさを持つ、世界に一つだけの牧野さんの絵を、皆様どうぞ存分にご堪能《たんのう》ください。

講義の内容を、その空気感をまるごと大事にしながら、いかに多くの読者の心に届けるか、そこに全身全霊を傾けてくれたのが朝日出版社第二編集部の鈴木久仁子さんでした。また、編集者の赤井茂樹さんは、鈴木さんの相談役となり、要所要所の大切な場面でお力添えいただきました。複雑な本文を本当に丁寧に組み上げてくださった濱井《はまい》信作さん、資料集めなど、細やかにサポートくださった朝日出版社第二編集部大槻美和さんにも、心からお礼申し上げます。

私はこれまで、自らが研究してきた歴史学の面白さを語ることはあっても、その大切さについては必ずしも語ってきませんでした。自分のやっていることは重要だと言うのは誰しも気恥ずかしいものです。ただ現在、地球においては活発な地震の活動期に入り、人間社会においても環境問題や経済問題などで、人類の将来を揺るがしかねない不可逆な選択がなされるようになっています。このようなときにあって、社会を構成する人間の、ある時期における認識の変化をもたらす要因について、それを総合的に捉えうる歴史という学問は、頼りがいのある、働きどころのある学問と言えるのではないか、としみじみと感じる毎日です。

十八世紀前半の近世社会にあって、人間が主体的に社会秩序を作為し、変革することができると考えた人物に儒者《じゅしゃ》の荻生徂徠《おぎゅうそらい》がいました。徂徠の思想の中に、そのような近代的思考の萌《ほう》芽《が》を見たのが、戦前期の若き丸山眞男《まさお》であった[1]のは、ご存知でしょうか。その徂徠が、「学問は歴史に極まれり」[2]と述べていたことを知ると、私はなんだか励まされたように感じます。意味するところは、学問の中では、歴史が最も大切だといったあたりでしょうか。

　これも徂徠が教えてくれたことですが、いにしえにあって学問は、「飛耳長目《ひじちょうもく》の道」と表現されていたといいます。飛耳長目とは、あたかも耳に翼が生え、遠くに飛んで行って聞いてくるように、自国にいながら他国のことを理解することであり、また、あたかも望遠鏡のように遠くを見通せる「長い目」で眺めるように、現在に生きながら昔のことを理解できること、という意味です。つまり、自国にいながら他国のことを理解し、現在に生きながら昔のことを理解するのが学問であり、その極めつけが歴史なのだ、ということです。

　この本の1章の冒頭で、「歴史のものさし」で世の中をはかってみようとのお話をしたとき、私の頭にあったのは、徂徠のいう、この「長い目」という言葉でした。グローバル化が極まったこの時代、十八世紀の思想家による歴史の定義など、あまりにも無力だとお考えの方もいるかもしれません。しかし、地球の誕生が四六億年前なのに比して、現在のヒトの祖先は約五〇万年前といいますから、長い目で見てくださると幸いです。

二〇一六年七月　参議院選挙結果の報を聞きながら

加藤陽子

注

1章
国家が歴史を書くとき、歴史が生まれるとき

1　蠟山政道「トインビー史学と現代の課題」『世界の名著 73　トインビー』蠟山政道責任編集、中公バックス（中央公論社）、1979 年、15 頁
2　川北稔『世界システム論講義』ちくま学芸文庫、2016 年、第 13 章
3　イギリスは、2016 年 6 月 23 日の国民投票により、ＥＵ離脱を選択。
4　1985 年、1990 年、2005 年と順次締結された 3 つの協定からなる。
5　長谷部恭男『憲法とは何か』岩波新書、2006 年、36 頁
6　クラウゼヴィッツ『戦争論』全 3 巻、篠田英雄訳、岩波文庫、1968 年
7　同前書、下巻、316 頁
8　日本殉職船員顕彰会ウェブサイト（2016 年 6 月 30 日閲覧）http://www.kenshoukai.jp/
9　吉田裕、森茂樹『アジア・太平洋戦争』吉川弘文館、2007 年、257 頁
10　浜井和史『海外戦没者の戦後史』吉川弘文館、2014 年、5 頁
11　「翁長知事の平和宣言」、『琉球新報』2015 年 6 月 23 日付デジタル版
12　『新しく学ぶ西洋の歴史：アジアから考える』南塚信吾ほか責任編集、ミネルヴァ書房、2016 年、32 頁（村井章介氏の執筆部分）
13　「おことば・記者会見」宮内庁ウェブサイト（2016 年 6 月 30 日閲覧）http://www.kunaicho.go.jp/
14　2014 年 8 月 15 日の式辞の第 2 連の全文は、「終戦以来既に 69 年、国民のたゆみない努力により、今日の我が国の平和と繁栄が築き上げられましたが、苦難に満ちた往事をしのぶとき、感慨は今なお尽きることがありません」。
15　1952 年 4 月 8 日の閣議決定「全国戦没者追悼式の実施に関する件」
16　「時論公論　安全保障関連法　成立」NHK ウェブサイト、http://www.nhk.or.jp/kaisetsu-blog/100/227939.html
17　中村元哉「相反する日本憲政観」『対立と共存の歴史認識』劉傑、川島真編、東京大学出版会、2013 年、171-190 頁
18　堀和生『東アジア資本主義史論』第Ⅰ巻、ミネルヴァ書房、2009 年、216 頁
19　堀和生「東アジアにおける資本主義の形成」、『社会経済史学』76 巻 3 号、2010 年 11 月、29-32 頁
20　前掲『東アジア資本主義史論』第Ⅰ巻、192 頁
21　前掲「東アジアにおける資本主義の形成」33 頁
22　和辻哲郎『倫理学』第 3 巻、岩波文庫、2007 年、138 頁
23　寺沢薫『日本の歴史 02　王権誕生』講談社学術文庫、2008 年
24　大津透『天皇の歴史 01　神話から歴史へ』講談社、2010 年
25　ヘロドトス『歴史』全 3 巻、松平千秋訳、岩波文庫、1971-72 年
26　トゥーキュディデース『戦史』全 3 巻、久保正彰訳、岩波文庫、1966-67 年
27　桜井万里子『ヘロドトスとトゥキュディデス』山川出版社、2006 年
28　前掲『戦史』上巻、164-165 頁
29　久保正彰「解題」、同前書、45 頁
30　三和良一『概説日本経済史：近現代』第 3 版、東京大学出版会、2012 年
31　吉野作造「我国近代史に於ける政治意識の発生」『吉野作造選集』11 巻、岩波書店、1995 年
32　同前書、223 頁
33　「本郷各学部案内　経済学部」『教養学部報』第 565 号、2014 年
34　鹿子木康弘「共感・同情行動の発達的起源」『ベビーサイエンス』13 号、2013 年、26-35 頁
35　堂目卓生『アダム・スミス』中公新書、2008 年
36　同前書、263-264 頁

2章
「選択」するとき、そこでなにが起きているのか

1　田中上奏文については、服部龍二『日中歴史認識』（東京大学出版会、2010 年）参照。
2　「創造する AI（人工知能）」『朝日新聞』2016

年1月6日付朝刊
3 山室信一『キメラ:満洲国の肖像』増補版、中公新書、2004年
4 『日本の選択8 満州事変:世界の孤児へ』NHK取材班編、角川文庫、1995年、64-65頁
5 『日本外交文書:満州事変』第1巻第3冊、外務省編刊、1978年、561頁
6 『リットン報告書の経緯』太平洋問題調査会訳編、1933年、1頁
7 『東京朝日新聞』1932年9月30日付朝刊
8 前掲『リットン報告書の経緯』14頁
9 同前書、14-15頁
10 桑田悦、前原透共編著『日本の戦争:図解とデータ』原書房、1989年、3頁
11 安冨歩『満洲暴走 隠された構造』角川新書、2015年、140-141頁
12 前掲『リットン報告書の経緯』16頁
13 吉野作造「国民生活の一新」『吉野作造選集』第1巻、岩波書店、1995年、215頁
14 『日本外交文書:満州事変』別巻、外務省編刊、1981年、136-137頁
15 同前書、184頁、212頁
16 同前書、227頁
17 『日支紛争に関する国際連盟調査委員会の報告附属書』国際連盟協会編刊、1933年、681頁
18,19 前掲『日本外交文書:満州事変』別巻、245頁
20 同前書、249頁
21 同前書、254頁
22 同前書、243頁
23 前掲『リットン報告書の経緯』16-17頁
24 前掲『日本外交文書:満州事変』別巻、255頁
25 同前書、258-259頁
26 前掲『日本の選択8 満州事変』160-165頁
27 O. M. Greenは、1924年時点で、上海デイリー・ニュースの主筆。「外国新聞通信機関及通信員関係雑件/通信員ノ部/米国人ノ部 第二巻」外務省外交史料館(1-3-2-50_2_2_002)、アジア歴史資料センター(JACAR)ウェブサイト(Ref. B03040931700)
28 Bland, John Otway Percy(1863-1945)
29 *China: the Pity of It*
30 前掲『リットン報告書の経緯』22-24頁
31 川島真『シリーズ中国近現代史② 近代国家への模索1894-1925』岩波書店、2010年、42-54頁
32 『新しく学ぶ西洋の歴史:アジアから考える』南塚信吾ほか責任編集、ミネルヴァ書房、2016年、167-168頁
33 前掲『リットン報告書の経緯』24-26頁
34 前掲『新しく学ぶ西洋の歴史』168頁
35 前掲『リットン報告書の経緯』27頁
36 布川弘「戦間期における国際秩序構想と日本:太平洋問題調査会における論議を中心として」(科研報告書)広島大学、2007年、33頁
37 同前論文、48頁
38 前掲『リットン報告書の経緯』29頁
39 「満州を日本の保護領とし、若くは併合せしむることは断じて許すべからず」、『東京日日新聞』1932年9月29日付朝刊
40 蠟山政道『日満関係の研究』斯文書院、1933年、275頁
41 NHK放送文化研究所『20世紀放送史 資料編』日本放送協会、2003年、688頁
42 『東京朝日新聞』1932年10月3日付朝刊
43 前掲『新しく学ぶ西洋の歴史』228頁
44 同前書、220頁
45 『日本の選択7 「満州国」ラストエンペラー』NHK取材班編、角川文庫、1995年、112-114頁
46 同前書、114-115頁から再引用
47 同前書、166頁
48 顧維鈞『顧維鈞回憶録』第2巻、中国社会科学院近代史研究所訳、中華書局、1985年、60-61頁。1932年10月11日付、代表団発中国国民政府外交部宛電報
49 同前書、68頁(1932年10月17日、蔣介石発代表団宛電報)
50、51、52 『東京朝日新聞』1932年10月3日朝刊2頁
53 1931年12月に成立した広東派の胡漢民政権などの勢力。中国国民党西南政務委員会。西南とは、広西省、貴州省、四川省、雲南省を指す。以下の記述は、三村佳緒、杉本優綺による「近代政治史演習」(2015年6月30日、東京大学文学部)の報告による。
54 前掲『顧維鈞回憶録』第2巻、70頁
55 二十一ヵ条要求の簡便な一覧は、加藤陽子『満州事変から日中戦争へ』(岩波書店、2007年)44-45頁参照。

56　注46と同じ。
57　連盟規約第15条、第16条の内容については、前掲『満州事変から日中戦争へ』133頁、136頁を参照のこと。
58　ジャン＝ピエール・デュピュイ『経済の未来』森元庸介訳、以文社、2013年、94-96頁
59　同前書、96頁
60　等松春夫「一九三二年未発の「満洲PKF」?:リットン報告書にみられる特別憲兵隊構想」『再考・満州事変』軍事史学会編、錦正社、2001年。ここにあるPKFとは国連平和維持軍のこと。
61　前掲『日本外交文書:満州事変』別巻、248頁
62　同前書、267頁
63　南満洲鉄道『南満洲鉄道株式会社第三次十年史』竜渓書舎、1976年、2750頁。1931年度の鉄道収支差額は、4818万5482.24円とされている。社史は、不振の原因を世界的な不況と銀貨の惨落に求めている。
64　前掲『日満関係の研究』124頁
65　前掲『日本外交文書:満州事変』別巻、267頁
66　前掲「一九三二年未発の「満洲PKF」?」123頁
67　『牧野伸顕日記』伊藤隆ほか編、中央公論社、1990年、517頁
68　『木戸幸一日記』上巻、木戸日記研究会校訂、東京大学出版会、1966年、130頁
69　同前書、136頁
70　奈良武次『侍従武官長奈良武次　日記・回顧録』第3巻、波多野澄雄、黒沢文貴責任編集、柏書房、2000年、409頁
71　原田熊雄 述『西園寺公と政局』第2巻、岩波書店、1950年、377頁
72　加藤陽子『戦争の日本近現代史』(講談社現代新書、2002年) 195-196頁により詳しい説明がしてある。原史料は、「山東問題乃至我一般対支政策ニ対スル在巴里、英、米仏操觚者等ノ感想一斑」牧野伸顕文書(書類の部) R22.306「山東問題関係書類」所収(国立国会図書館憲政資料室蔵)。
73　『松岡洋右　人と生涯』松岡洋右伝記刊行会編、講談社、1974年、483-484頁
74　『日本外交文書:満州事変』第3巻、外務省編刊、1981年、16-17頁
75　クリストファー・ソーン『満州事変とは何だったのか』下巻、市川洋一訳、草思社、1994年、195頁から再引用
76　同前書、195頁から再引用
77　ボリス・スラヴィンスキー、ドミートリー・スラヴィンスキー『中国革命とソ連』加藤幸廣訳、共同通信社、2002年、252頁
78　井上寿一『危機のなかの協調外交』山川出版社、1994年、第1章。酒井哲哉『大正デモクラシー体制の崩壊』東京大学出版会、1992年、第1章
79　前掲『牧野伸顕日記』538頁
80　前掲『危機のなかの協調外交』

3章
軍事同盟とはなにか

1　「ジョン・F・ケネディ大統領就任演説」ジョン・F・ケネディ大統領図書館ウェブサイト(2016年5月14日閲覧) http://www.jfklibrary.org/JFK/Historic-Speeches/Multilingual-Inaugural-Address/Multilingual-Inaugural-Address-in-Japanese.aspx
2　E・H・カー『歴史とは何か』清水幾太郎訳、岩波新書、1962年、143頁
3　前沢伸行「反事実の歴史学」『史学雑誌』第125編7号、2016年7月
4　栗原優『第二次世界大戦の勃発』名古屋大学出版会、1994年、622頁
5　大木毅『ドイツ軍事史』作品社、2016年、154頁
6　同前書、210頁
7　イアン・カーショー『運命の選択』下巻、白水社、2014年、171-172頁
8　同前書、140頁
9　三谷太一郎「同盟の歴史に学ぶ」、『朝日新聞』2014年6月10日付朝刊
10　閣議決定「国の存立を全うし、国民を守るための切れ目のない安全保障法制の整備について」。森肇志「集団的自衛権行使容認のこれから　閣議決定から法制整備へ　下」『UP』510号、2015年4月、46頁
11　森肇志「集団的自衛権行使容認のこれから　閣議決定から法制整備へ　上」『UP』509号、2015年3月、1頁
12　同前、2頁
13　経済条項などと呼ばれる。条文は、「締約国は、その自由な諸制度を強化することにより、これらの制度の基礎をなす原則の理解を促進するこ

とにより、並びに安定及び福祉の条件を助長することによって、平和的かつ友好的な国際関係の一層の発展に貢献する。締約国は、その国際経済政策におけるくい違いを除くことに努め、また、両国の間の経済的協力を促進する」というもの。

14 「御署名原本・昭和十五年・条約第九号・日本国、独逸国及伊太利国間三国条約」国立公文書館、アジア歴史資料センター（JACAR）ウェブサイト（Ref. A03022538200）

15 加藤陽子『戦争の論理』勁草書房、2005年、第5章参照

16 黒野耐『帝国国防方針の研究』総和社、2000年

17 外務省「日米安全保障条約（主要規定の解説）」外務省ウェブサイト（2016年5月20日閲覧）http://www.mofa.go.jp/mofaj/area/usa/hosho/jyoyaku_k.html

18 注9と同じ。

19 佐道明広『自衛隊史論』、吉川弘文館、2015年、130頁

20 同前書、134頁

21 同前書、136-137頁

22 同前書、161頁

23 外務省「日米防衛協力のための指針」外務省ウェブサイト（2016年5月21日閲覧）http://www.mofa.go.jp/mofaj/files/000078187.pdf

24 前掲『自衛隊史論』167頁

25 「2015年8月11日 小池晃（共産党）の質疑（全文）参議院『平和安全特別委員会』」、ウェブサイト「聞文読報」（2016年5月21日閲覧）http://bunbuntokuhoh.hateblo.jp/entry/2015/08/11/180853

26 秘密了解事項第一条。条文は、英文版Wikisourceで閲覧可能（2016年5月21日閲覧）https://en.wikisource.org/wiki/Molotov%E2%80%93Ribbentrop_Pact#Secret_Additional_Protocol

27 前掲『運命の選択』上巻、46頁

28 同前書、34頁

29 同前書、79-80頁

30 大野裕之『チャップリンとヒトラー』岩波書店、2015年

31 小野塚知二「戦争と平和と経済　2015年の「日本」を考える」『国際武器移転史』1号、2016年1月、22頁

32 Lord Hankey, *Politics, Trials and Errors*, H. Regnery, 1950, p. vii, p.57

33 アントニー・ベスト、武田知己訳『大英帝国の親日派』中央公論新社、2015年、180頁

34 Timothy Snyder, *Black Earth: The Holocaust as History and Warning*, Tim Duggan Books, 2015.（邦訳『ブラックアース』上下巻、慶應義塾大学出版会、2016年）

35 「（インタビュー）ホロコーストの教訓　米エール大学教授、ティモシー・スナイダーさん」『朝日新聞』2016年4月5日朝刊

36 ルーシー・ウェストコット、スタブ・ジブ「死者47万人、殺された医師705人　シリア内戦5年を数字で振り返る」、『ニューズウィーク日本版』インターネット版、2016年3月16日付（2016年5月21日閲覧）

37 田嶋信雄「総説一　東アジア国際関係の中の日独関係」『日独関係史』第1巻、工藤章、田嶋信雄編、東京大学出版会、2008年、47頁

38 Warren F. Kimball ed., Churchill & Roosevelt, *The Complete Correspondence*, Princeton University Press, 1987, vol. 1, C-17x, pp. 49-51

39 前掲『運命の選択』上巻、289頁

40 林董『後は昔の記　他　林董回顧』由井正臣校注、平凡社、1970年

41 近衛文麿「演説　重大時局に直面して（一）」国立国会図書館デジタルコレクション：歴史的音源（永続的識別子 info:ndljp/pid/3573908）http://rekion.dl.ndl.go.jp/

42 内務省警保局「日独伊三国条約に関する記事取締に関する件」『現代史資料　41　マスメディア統制2』内川芳美解説、みすず書房、1975年、274-276頁

43 参謀総長であった期間は、1931年12月から40年10月まで。

44 軍令部総長（1933年10月、それまでの海軍軍令部長を軍令部総長へと改称）であった期間は、1932年2月から41年4月まで。

45 「沢田茂参謀次長覚書」『太平洋戦争への道：開戦外交史』別巻（資料編）、稲葉正夫ほか編、朝日新聞出版社、1963年、337-370頁

46 岡崎哲二「読み解き経済　国力データ秘したまま戦争決断」、『朝日新聞』2013年12月5日付朝刊

47　ドリス・カーンズ・グッドウィン『フランクリン・ローズヴェルト』上巻、砂村栄利子、山下淑美訳、中央公論新社、2014年、196頁
48　同前書、229頁
49　前掲『運命の選択』上巻、252頁
50　前掲『フランクリン・ローズヴェルト』上巻、286-287頁
51　同前書、429頁
52　同前書、427頁
53　日本国際政治学会、太平洋戦争原因研究部編著『太平洋戦争の道：開戦外交史』第5巻（三国同盟・日ソ中立条約）、新装版、朝日新聞社、1987年、214頁
54　『昭和天皇実録』第2巻、宮内庁編、東京書籍、2015年（1916年8月14日条）
55　注14に同じ。
56　日独間における条文の摺り合わせは、日本語とドイツ語ではなく、英語でなされた。枢密院の審議にかけられた条約本文も英語版であった。のちに差しかえ。『日本外交文書：日独伊三国同盟関係調書集』外務省編刊、2004年、193-197頁
57　外務次官の大橋忠一、外務省顧問の白鳥敏夫と齋藤良衛ら。
58　「基本国策要綱」、前掲『太平洋戦争への道』別巻（資料編）、320-321頁
59　前掲『日本外交文書：日独伊三国同盟関係調書集』51頁、108頁
60　「日独伊提携強化に対処する基礎要件」、同前書、35頁
61　同前書、256-257頁
62　『杉山メモ』下巻、新装版、参謀本部編、原書房、1994年、41頁
63　「第161回国会　国家基本政策委員会合同審査会　第2号」議事録（2016年5月31日閲覧）http://www.shugiin.go.jp/internet/itdb_kaigiroku.nsf/html/kaigiroku/008816120041110002.htm
64　松本〔俊一〕条約局長手記「日独伊三国条約に関する枢密院審査委員会議事概要」『日本外交文書：第二次欧州大戦と日本』第1冊（日独伊三国軍事同盟・日ソ中立条約）、外務省編刊、2012年、238頁
65　第六条は、条約の有効期限を10年と定めたもの。
66　前掲『日本外交文書：第二次欧州大戦と日本』第1冊、210-214頁
67　前掲『日本外交文書：日独伊三国同盟関係調書集』92頁
68　同前書、36-37頁
69　現在では、ミクロネシア連邦、マーシャル諸島共和国、パラオ共和国、アメリカの自由連合州北マリアナ諸島となっている。
70　前掲『日本外交文書：日独伊三国同盟関係調書集』40頁
71　前掲『日本外交文書：第二次欧州大戦と日本』第1冊、214頁
72　同前書、251-254頁。交換公文の主な内容は、①日英間に武力衝突が発生した場合のドイツからの援助確保、②旧ドイツ植民地の日本への有償無償処分、③細目については第四条に規定する混合専門委員会で行うが、この決定は各政府の承認なしには実施されない、④第三条の攻撃の有無の認定は三締約国間の協議による、の四点。
73　渡辺延志『虚妄の三国同盟』岩波書店、2013年
74　前掲『日本外交文書：第二次欧州大戦と日本』第1冊、167-172、178-184頁
75　『日本陸海軍の制度・組織・人事』日本近代史料研究会編、東京大学出版会、1971年、425-432頁
76　秦郁彦『戦前期日本官僚制の制度・組織・人事』戦前期官僚制研究会編、東京大学出版会、1981年、12頁
77　注74と同じ。
78　浅野豊美編『南洋群島と帝国・国際秩序』中京大学社会科学研究所、2007年
79　同前書、43頁
80　同前書、5頁
81　このような論点を最も鮮やかに示した研究に、河西晃祐『帝国日本の拡張と崩壊』（法政大学出版局、2012年）がある。
82　三国同盟が、ドイツの対アジア進出を封ずるための同盟であったとの見方自体は、これまでにもすでに、義井博、細谷千博、井上寿一、森茂樹らの諸氏の研究で明らかにされてきてはいた。義井博『増補　日独伊三国同盟と日米関係』（南窓社、1977年）、細谷千博『両大戦間の日本外交』（岩波書店、1988年）、井上寿一「国際協調・地域主義・新秩序」『岩波講座　日本近現代史』第3巻（岩

波書店、1993年)、森茂樹「松岡外交における対米および対英策」『日本史研究』421号(1997年)。
83　Andrew Krepinevich and Barry Watts, *The Last Warrior*, Basic Books, 2015
84　アンドリュー・クレピネヴィッチ、バリー・ワッツ『帝国の参謀』北川知子訳、日経ＢＰ社、2016年
85　同前書、248-260頁
86　同前書、258頁
87　同前書、90-91頁
88　「蔣介石日記手稿」(スタンフォード大学フーバー研究所所蔵)、鹿錫俊『蔣介石の国際的解決戦略：1937-1941』(東方書店、2016年)152頁から再引用。
89　前掲『太平洋戦争への道：開戦外交史』別巻(資料編)、298頁(1940年3月17日陸軍省部決定「桐工作実施要領」)。『続・現代史資料4　陸軍畑俊六日誌』伊藤隆ほか編、みすず書房、1983年、259頁(1940年6月25日条)
90　前掲『蔣介石の国際的解決戦略』173頁から再引用(原典は徐永昌日記)
91　同前書、196頁から再引用(原典は蔣介石日記)
92　前掲『日独関係史』第1巻、51頁
93　この同盟は、文言上はコミンテルンを、実際上はソ連を対象として、日独の官憲が情報交換と防諜の面で協力するというもの。田嶋信雄『ナチス・ドイツと中国国民政府：1933-1937』東京大学出版会、2013年、2頁
94　『日独関係史』第2巻、工藤章、田嶋信雄編、東京大学出版会、2008年、12頁
95　田嶋信雄「東アジア国際関係のなかの日独関係」、前掲『日独関係史』第1巻
96　前掲『蔣介石の国際的解決戦略』197頁
97　同前書、199頁
98　森山優『日米開戦の政治過程』吉川弘文館、1998年、47頁
99　例題として書かれているのは「昭和40年の1万円を、今のお金に換算するとどのくらいになりますか？」というもの。日銀ホームページ(2016年6月2日閲覧) http://www.boj.or.jp/announcements/education/oshiete/history/j12.htm/
100　『高木惣吉　日記と情報』下巻、伊藤隆編、みすず書房、2000年、525頁(1941年4月12日条)
101　前掲『日米開戦の政治過程』54頁
102　同前書、55頁
103　同前書、85頁から再引用(原典は軍令部第一課長であった中沢佑の日記の記述)
104　参謀本部「昭和4年7月起　海軍　軍備制限綴(倫敦会議)」国立公文書館、アジア歴史資料センター(JACAR)ウェブサイト(Ref. C08051999400)
105　工藤章「戦時経済協力の実態」、前掲『日独関係史』第2巻、291頁
106　1942年1月18日ベルリンで日独伊軍事協定調印。東経70度で、日本と独伊の作戦地域を分けた。

4章
日本人が戦争に賭けたのはなぜか

1　入江昭『日米戦争』中央公論社、1978年、42頁
2　『日本陸海軍の制度・組織・人事』日本近代史料研究会編、東京大学出版会、1971年、110頁
3　清沢洌「アメリカは日本と戦わず」『清沢洌評論集』山本義彦編、岩波文庫、1970年、153頁
4　野村発松岡宛136号電、外務省『日本外交文書：日米交渉』上巻、外務省、1990年、8頁
5　『戦争調査会事務局書類』9巻、広瀬順晧解説・解題、ゆまに書房、2015年、161頁
6　ドリス・カーンズ・グッドウィン『フランクリン・ローズヴェルト』上巻、砂村榮利子、山下淑美訳、中央公論新社、2014年、116頁
7　同前書、453頁
8　加藤陽子『模索する一九三〇年代：日米関係と陸軍中堅層』山川出版社、1993年、第一章
9　『昭和十三年版　各国通商の動向と日本』外務省通商局編、日本国際協会、1938年、360頁
10　注4に同じ
11　加藤陽子『戦争の日本近現代史』講談社現代新書、2002年、115頁、151頁
12　「公文書に見る日米交渉」アジア歴史資料センターウェブサイト(2016年6月11日閲覧) http://www.jacar.go.jp/nichibei/index2.html
13　小谷賢「1941年2月の極東危機とイギリス情報部」『軍事史学』153号、2003年、11頁
14　日本については、宮杉浩泰「戦前期日本の暗号解読情報の伝達ルート」『日本歴史』703号

(2006年)、同「日本軍の対ソ情報活動」『軍事史学』49巻1号(2013年)、森山優「戦前期における日本の暗号解読能力に関する基礎研究」『国際関係・比較文化研究』3巻1号(2004年)、同「戦前期日本の暗号解読とアメリカの対応」『Intelligence　インテリジェンス』9号(20世紀メディア研究所編刊、紀伊國屋書店、2007年)。日英のそれについては、小谷賢『日本軍のインテリジェンス』(講談社、2007年)。
15　前掲「戦前期における日本の暗号解読能力に関する基礎研究」33頁
16　同前論文、17-18頁
17　同前論文、30頁
18　前掲「「諒解案」から「ハル・ノート」まで」147頁
19　臼井勝美「日米開戦と中国」『太平洋戦争』細谷千博ほか編、東京大学出版会、1993年
20　ジョナサン・G・アトリー『アメリカの対日戦略』五味俊樹訳、朝日出版社、1989年、229-230頁
21　清沢洌『暗黒日記』第1巻、橋川文三編、ちくま学芸文庫、2002年、81頁(1943年5月12日の講演会)
22　前掲『フランクリン・ローズヴェルト』上巻、307頁
23　イアン・カーショー『運命の選択』上巻、白水社、2014年、300頁
24　前掲『フランクリン・ローズヴェルト』上巻、304頁
25　ジャクソンの演説は、大沼保明『戦争責任論序説』(東京大学出版会、1975年)139頁から再引用。
26　前掲『運命の選択』上巻、317頁
27　野村発松岡宛247号電、野村発松岡宛305号電、前掲『日本外交文書:日米交渉』上巻、32頁、73頁
28　工藤章「戦時経済協力の実態」『日独関係史』第2巻、工藤章、田嶋信雄編、東京大学出版会、2008年、291頁
29　この、オット駐日大使発松岡外相宛書簡には、「一締約国が条約第三条の意義において、攻撃せられたりや否やは、三締約国の協議により決定せらるべきこと勿論とす」と書かれており、「専門委員会の決定は、それぞれ関係各国政府の承認を経るにあらざれば実施」されない、とも書かれています。外務省『日本外交文書:第二次欧州大戦と日本』第1巻、外務省、2012年、253頁。
30　海軍次官・次長発横山一郎宛電報、「野村吉三郎文書771」(国立国会図書館憲政資料室所蔵)
31　『日本外交年表並主要文書』下巻、外務省編、原書房、1966年、489-491頁
32　大木毅『ドイツ軍事史』作品社、2016年、187頁、191頁
33　ゲルハルト・クレープス「三国同盟の内実」、前掲『日独関係史』第2巻、62頁
34　前掲『日本外交年表並主要文書』下巻、522頁
35　海軍次官・軍令部次長発野村宛親電(1941年5月9日付)、前掲「野村吉三郎文書771」
36　たとえば、有賀貞『国際関係史』(東京大学出版会、2010年)366頁の野村評価は次のようなもの。「しかし野村はなぜかハルの四原則については東京に伝えず、『日米了解案』をアメリカ政府側の提案であるかのように報告して交渉を混乱させた」。
37　野村発近衛臨時外務大臣宛233電(1941年4月17日)、前掲『日本外交文書:日米交渉』上巻、20頁
38　井川忠雄発近衛文麿宛電報(1941年3月27日)『井川忠雄　日米交渉史料』伊藤隆・塩崎弘明編、山川出版社、1982年、194頁
39　米国大使館付陸軍武官磯田三郎発東条陸相宛102号電(1941年5月11日付)、前掲『日本外交文書:日米交渉』上巻、57頁
40　磯田発東条宛101号電(1941年5月11日付)、同前書、56頁
41　前掲『運命の選択』上巻、325頁
42　同前書、320頁
43　前掲『日本外交年表並主要文書』下巻、492-495頁
44　井川発近衛電(1941年3月27日付)、前掲『井川忠雄　日米交渉史料』195頁、解題15頁
45　史料からも明らかで、「船舶チャーター(貸与)は米国関係のみ。英蘭へは困る。かつ一隻チャーターごとに一隻建造の資材要求」という日本側のメモが残されている。井川忠雄メモ(1941年3月22日付)、同前書、189頁参照。
46　野村発近衛宛237号電、前掲『日本外交文書日米交渉』上巻、25頁

47　矢部貞治『近衛文麿』上巻、弘文堂、1952年、248-291頁
48　野村発松岡電314号（1941年5月16日付)、前掲『日本外交文書：日米交渉』上巻、78頁
49　前掲『井川忠雄　日米交渉史料』
50　同前書、解題17頁
51　同前書、解題15頁
52　ドラウト発井川宛意見書（1941年3月27日付)、同前書、212頁
53　『日米関係調書集成』第1巻、細谷千博、佐藤元英編、現代史料出版、2009年、302頁
54　「対米試案　未定稿　昭和16年1月3日」、「野村吉三郎文書768」（国立国会図書館憲政資料室所蔵）
55　松岡発野村宛205電（1941年5月12日付)、前掲『日本外交文書：日米交渉』上巻、58-60頁
56　野村発松岡宛電報425号（1941年6月23日付)、同前書、125-129頁
57　「「世界情勢ノ推移ニ伴フ時局処理要綱」ニ関スル覚」、『太平洋戦争への道：開戦外交史』別巻（資料編)、新装版、朝日新聞社、1988年、328-329頁
58　現在のベトナムのハイフォン、ハノイを結ぶ線の北東側から中国に接する周辺。
59　ロバート・O・パクストン『ヴィシー時代のフランス』渡辺和行、剣持久木訳、柏書房、2004年
60　防衛庁防衛研修所戦史室『戦史叢書　大本営陸軍部大東亜戦争開戦経緯』第2巻、朝雲出版社、1973年、57頁
61　前掲『ヴィシー時代のフランス』98頁
62　防衛庁防衛研修所戦史室『戦史叢書　大本営陸軍部大東亜戦争開戦経緯』第4巻、朝雲出版社、1974年、323頁（この数字は、6月11日段階のもの）
63　『大本営陸軍部戦争指導班　機密戦争日誌』上巻、軍事史学会編、錦正社、1998年、138頁
64　森山優『日米開戦の政治過程』吉川弘文館、1998年、82頁
65　『原敬日記』第1巻、原奎一郎編、福村出版、1965年、269頁（1897年8月24日条）
66　陸奥宗光『蹇蹇録』中塚明校注、岩波文庫、1983年、26頁
67　前掲『日米開戦の政治過程』
68　吉沢南『戦争拡大の構図』青木書店、1986年
69　決定された国策の全文は、佐藤元英『御前会議と対外戦略』（原書房、2011年）164-182頁。
70　前掲『運命の選択』上巻、379頁
71　波多野澄雄「開戦過程における陸軍」、前掲『太平洋戦争』12頁
72　前掲『大本営陸軍部戦争指導班　機密戦争日誌』上巻、125頁
73　前掲「開戦過程における陸軍」15頁
74　野村発松岡宛520号電（1941年7月16日)、前掲『日本外交文書：日米交渉』上巻、160頁
75　前掲『アメリカの対日戦略』163頁
76　同前書、196頁
77　ウォルドー・ハインリックス「「大同盟」の形成と太平洋戦争の開幕」、前掲『太平洋戦争』
78　エドワード・ミラー『日本経済を殲滅せよ』金子宣子訳、新潮社、2010年、163頁
79　同前書、298頁
80　同前書、303頁
81　同前書、269頁
82　野村発豊田宛565電（1941年7月24日付)、前掲『日本外交文書：日米交渉』上巻、170頁
83　ジョセフ・グルー『滞日十年』下巻、毎日新聞社、1948年、161-164頁（41年7月27日の条）
84　野村発豊田宛706-709電（1941年8月17日、18日付)、前掲『日本外交文書：日米交渉』上巻、224-235頁
85　前掲『日本外交年表並主要文書』下巻、542-543頁
86　野村発豊田宛752電（1941年8月28日付)、前掲『日本外交文書：日米交渉』上巻、259頁
87　豊田発野村宛電510電（1941年8月29日付)、同前書、261頁
88　「平沼国務相狙撃事件」『現代史資料23　国家主義運動（三)』高橋正衛編、みすず書房、1974年、208頁
89　前掲『大本営陸軍部戦争指導班　機密戦争日誌』上巻、150頁（1941年8月27日条）
90　『昭和天皇独白録』文春文庫、1995年、85頁
91　同前書、160頁
92　「国家主義団体員数表」アジア歴史資料センター（Ref. A05020251700)、「種村氏警察参考資料第80集」（国立公文書館）
93　『木戸幸一日記』下巻、木戸幸一研究会校訂、東京大学出版会、1966年

94　それぞれ、『特高月報』1941年9月号42-45頁、11月号49-50頁。
95　野村発豊田宛889号電（1941年10月2日付)、前掲『日本外交文書：日米交渉』下巻、1頁
96　「東京時事資料月報」（1941年8月)、今井清一編著『開戦前夜の近衛内閣』青木書店1994年、284頁
97　前掲『木戸幸一日記』914頁
98　前掲『日本外交文書：日米交渉』上巻、310頁
99　前掲「開戦過程における陸軍」20頁
100　前掲『大本営陸軍部戦争指導班　機密戦争日誌』上巻、154頁（9月5日条）
101　『日米交渉関係調書集成』Ⅱ巻、細谷千博、佐藤元英編、現代史料出版、2009年、859頁
102　井口武夫『開戦神話』中公文庫、2011年
103　Roberta Wohlstetter, Pearl Harbor, Stanford University Press, 1962（一部を圧縮した邦訳に、『パールハーバー』岩島久夫、岩島斐子訳、読売新聞社、1987年）
104　前掲『パールハーバー』7頁
105　山本熊一遺稿「大東亜戦争秘史」

講義の終わりに　敗戦と憲法

1　トラック島で敗戦を迎えた俳人・金子兜太は、「戦後70年　国のため死んでいく制度は我慢ならぬ」、『毎日新聞』（2015年6月23日付朝刊）で、残虐死という言葉を用いていた。
2　田中宏巳『消されたマッカーサーの戦い』吉川弘文館、2014年
3　一ノ瀬俊也『故郷はなぜ兵士を殺したか』角川選書、2010年。浜井和史『海外戦没者の戦後史』吉川弘文館、2014年
4　半藤一利「歴史のリアリズム」『世界』874号、2015年10月、45頁
5　『ＮＨＫスペシャル　東京大空襲　60年目の被災地図』NHKエンタープライズ、2005年（DVD）
6　『宇垣一成日記』第1巻、角田順校訂、みすず書房、1968年、445頁（1923年9月6日の条）
7　J. Charles Schencking, *Japan in the Shadow of the Bomber: Airpower and Japanese Society in Interwar and Wartime Japan.* 2011年10月、ピッツバーグ大学アジア研究所開催の国際会議「アジアにおける第二次世界大戦」報告ペーパー
8　吉田裕、森茂樹『アジア・太平洋戦争』吉川弘文館、2007年、20頁
9　林博史『沖縄戦と民衆』大月書店、2001年、5頁
10　「NHKスペシャル　沖縄戦全記録」(2015年6月14放送)。糸満市役所所蔵文書。戦後、沖縄県が唯一個々の市町村に向けて調査したデータ。
11　「秘密戦ニ関スル書類」(国立公文書館)、アジア歴史資料センター（JACAR）ウェブサイト(Ref. A06030046800)
12　「NHK戦争証言アーカイブズ」(2016年6月24日閲覧)。http://www.nhk.or.jp/shogenarchives/
13　『引揚援護の記録』引揚援護庁長官官房総務課編刊、1950年、11頁
14　家近亮子『蔣介石の外交戦略と日中戦争』岩波書店、2012年、270-271頁
15　『日中戦争の国際共同研究2　日中戦争の軍事的展開』波多野澄雄、戸部良一編（慶應義塾大学出版会、2006年）所載の原剛「一号作戦」、ハンス・ヴァン・デ・ヴェン「中国軍事史の文脈から見る日中戦争」など。
16　原朗「戦争、そして七〇年」『評論』200号、2015年7月、4頁
17　加藤陽子『それでも、日本人は「戦争」を選んだ』朝日出版社、2009年、389頁
18　加藤陽子「ファシズム論」『日本歴史』700号、2006年9月
19　たとえば、自民党憲法改正推進本部パンフレット「ほのぼの一家の　憲法改正ってなあに？」。
20　池内恵『サイクス＝ピコ協定　百年の呪縛』新潮選書、2016年、第1章
21　「昭和二十一年　会議記録　事務局書類十」(2A／37／委1357、国立公文書館所蔵)
22　古関彰一『平和憲法の深層』ちくま新書、2015年、90頁
23　同前書、92頁
24　注21に同じ。
25　「資料原稿綴　二」(2A／37／委1362、国立公文書館所蔵)
26　広瀬順皓、長谷川貴志『戦争調査会事務局書類』全15巻、ゆまに書房、2015年
27　『朝日新聞』2015年4月14日付朝刊

おわりに

1　丸山眞男『日本政治思想史研究』新装版、東京大学出版会、1983 年
2　荻生徂徠「答問書」『荻生徂徠』尾藤正英責任編集、中央公論社、1983 年、303 頁

二〇一六年四月二十三日　ジュンク堂書店池袋本店にて

本書を刊行するにあたって、以下のみなさまにお力ぞえいただきました。篤く御礼申し上げます。──編集部

穎明館中学高等学校　森谷隆史さん（中学三年生）／鷗友学園女子中学高等学校　大島好恵さん（二年生）／
晃華学園中学校高等学校　森谷菜々絵さん（二年生）／神奈川県立横浜修悠館高等学校　伊波澄信さん／
東京学芸大学附属国際中等教育学校　佐藤大空さん（一年生）、橋本花さん（二年生）／
東京成徳大学高等学校　金原永典さん（三年生）／東京都立工芸高等学校　藤原侑椰さん（二年生）／
東京都立竹早高等学校　廣田友紀さん（一年生）、石出脩平さん（二年生）、大西直己さん（二年生）、
宮澤奎太さん（二年生）／東洋英和女学院高等部　櫻井甲矢子さん（二年生）／豊島岡女子学園高等学校
疋田悠真さん（二年生）、堀口志穂さん（二年生）／慶應義塾高等学校　向井優佑さん（二年生）／
埼玉県立川越女子高等学校　上野春香さん（一年生）、小宮山聡美さん（一年生）、増田凜々さん（一年生）、
鈴木梨央さん（二年生）、中島沙織さん（二年生）／富士見中学高等学校　鈴木万亜矢さん（二年生）／
筑波大学附属高等学校　大澤桃乃さん（二年生）、佐藤剛さん（二年生）／
横浜市立日限山中学校　森田向現さん（中学二年生）／奥山ひかるさん

高等学校教諭
鈴木康成さん、秋田県立雄勝高等学校・三森朋恵先生、岐阜聖徳学園大学付属中学校・長尾美武先生、
東京都立竹早高等学校・深井信司先生

※学年・肩書は当時のものです。学年は中学と特記していない場合、高等学校の学年です。

本書は「作家書店特別企画　加藤陽子の連続日本近現代史講座」（全5回、ジュンク堂書店池袋本店にて）、
特別補習講座（1回、東京大学にて）を収録し、書籍化したものです。

加藤陽子　かとう・ようこ

一九六〇年、埼玉県生まれ。東京大学大学院人文社会系研究科教授。八九年、東京大学大学院博士課程修了。山梨大学助教授、スタンフォード大学フーバー研究所訪問研究員などを経て現職。専攻は日本近現代史。二〇一〇年に『それでも、日本人は「戦争」を選んだ』（小社刊）で小林秀雄賞受賞。二〇一七年に本書で紀伊國屋じんぶん大賞受賞。主な著書に『模索する1930年代』（山川出版社）、『徴兵制と近代日本』（吉川弘文館）、『戦争の日本近現代史』（講談社現代新書）、『戦争の論理』（勁草書房）、『満州事変から日中戦争へ』（岩波新書）、『昭和天皇と戦争の世紀』（講談社）、『この国のかたちを見つめ直す』（毎日新聞出版）などがある。

戦争まで　歴史を決めた交渉と日本の失敗

二〇一六年八月十日　初版第一刷発行
二〇二四年六月二十日　初版第八刷発行

著者……加藤陽子
絵・書き文字……牧野伊三夫
造本・装丁……有山達也＋岩渕恵子＋中本ちはる（アリヤマデザインストア）
DTP制作……濱井信作（compose）
収録協力……齋藤綾（朝日出版社営業部）
編集協力……赤井茂樹
図版・校正協力……大槻美和（朝日出版社第2編集部）
編集担当……鈴木久仁子（朝日出版社第2編集部）
発行者……原　雅久
発行所……株式会社朝日出版社
〒一〇一―〇〇六五東京都千代田区西神田三―三―五
電話〇三―三二六三―三三二一／FAX〇三―五二二六―九五九九
http://www.asahipress.com
印刷・製本……TOPPAN株式会社

ISBN978-4-255-00940-7 C0095
©Yoko Kato 2016 Printed in Japan
乱丁・落丁の本がございましたら小社宛にお送りください。送料小社負担でお取り替えいたします。
本書の全部または一部を無断で複写複製（コピー）することは、著作権法上での例外を除き、禁じられています。

［朝日出版社の本］

それでも、日本人は「戦争」を選んだ

加藤陽子・著

普通のよき日本人が、世界最高の頭脳たちが、「もう戦争しかない」と思ったのはなぜか？
「目がさめるほどおもしろかった。こんな本がつくれるのか？　この本を読む日本人がたくさんいるのか？」――鶴見俊輔さん
高校生に語る、日本近現代史の最前線。第九回小林秀雄賞受賞。
定価　本体一、七〇〇円＋税

本当の戦争の話をしよう　世界の「対立」を仕切る

伊勢﨑賢治・著

平和を訴えても、「悪」を排除しても、戦争はなくならない。「紛争屋」が高校生に語る、日本人と戦争のこれから。
「この本には、日本という国が世界の中でいかなる地位を占めるべきなのかという、大文字の問いへの答えがしかと書かれている。
［中略］若者と国家の双方に、生き方を指南できる本はそうそうない」――加藤陽子さん（毎日新聞）
定価　本体一、七〇〇円＋税

単純な脳、複雑な「私」　または、自分を使い回しながら進化した脳をめぐる4つの講義

池谷裕二・著

ため息が出るほど巧妙な脳のシステム。私とは何か。心はなぜ生まれるのか。脳科学の深海へ一気にダイブ。
ベストセラー『進化しすぎた脳』の著者が、母校で行った連続講義。
「脳に関する本はあまたあるが、これだけ勉強になり、かつ遊べる本も珍しい」――竹内薫さん（日経新聞）
定価　本体一、七〇〇円＋税